21世纪高等院校会计学专业精品系列（案例）教材

税务会计

SHUIWU KUAIJI

（第十三版）

理论·实务·案例·习题

盖 地　张孝光　李彩霞　编著

首都经济贸易大学出版社
Capital University of Economics and Business Press
·北 京·

图书在版编目（CIP）数据

税务会计 / 盖地，张孝光，李彩霞编著. -- 13版. 北京 : 首都经济贸易大学出版社，2025. 1. -- ISBN 978-7-5638-3834-9

Ⅰ. F810.42

中国国家版本馆 CIP 数据核字第 20244GU426 号

税务会计(第十三版)

盖　地　张孝光　李彩霞　编著

责任编辑　王　猛
封面设计　小　尘
出版发行　首都经济贸易大学出版社
地　　址　北京市朝阳区红庙（邮编 100026）
电　　话　(010)65976483　65065761　65071505(传真)
网　　址　http://www.sjmcb.cueb.edu.cn
经　　销　全国新华书店
照　　排　北京砚祥志远激光照排技术有限公司
印　　刷　北京建宏印刷有限公司
成品尺寸　185 毫米×235 毫米　1/16
字　　数　604 千字
印　　张　30
版　　次　2002 年 9 月第 1 版　**2025 年 1 月第 13 版**
印　　次　2025 年 1 月总第 16 次印刷
书　　号　ISBN 978-7-5638-3834-9
定　　价　69.00 元

丛书总序

新世纪的会计教学面临着新的挑战，特别是我国加入WTO（世界贸易组织）以后，情况更加严峻。我国普通高校本科会计学专业肩负着为各条战线输送会计专业人才的重要任务，在新的形势下，只有不断地进行教学改革，用最新的专业知识武装学生，努力从各个方面提高教学水平，才能培养出符合时代需要的会计人才。在教学改革中，教学内容的改革是关键，而教学内容的改革又主要体现在教材的改革和建设上。我国目前各高等院校会计学专业所使用的教材，尽管存在着版本众多、内容和结构有所差别、各校可选择的空间较大等特点，但仍有继续进一步改革之必要。这是因为：第一，目前各校所使用的教材，大都编写于20世纪末期，而这几年会计所处的环境发生了很大变化，新的会计理念和新的会计处理方法不断出现，再加上电子计算机、网络技术和电子商务的不断发展，原有的会计教材内容需要不断更新。第二，随着会计理论与会计实践的发展，人们对会计的认识也在不断深化，对于原有教材的某些内容也需要在新的认识基础上重新解读，使学生能够在更宽广的视野和更高的层次上掌握会计这门专业知识。第三，原有各种版本的会计专业教材虽然在内容上略有不同，但总体而言却是小异大同，各种版本存在着雷同化倾向。其实，具有创新性、突破性、与我国实际情况结合紧密的可选的素材很多，但从目前看来版本不同的教材却难以起到相互补充的作用。第四，现有教材在体系结构上大多采取教材、案例、习题相分离的编排形式，而且有的教材根本没有案例，这给教学工作带来诸多不便，需要加以改进。

基于上述情况，由首都经济贸易大学出版社牵头，我们共同组织策划、出版了这套定名为《21世纪高等院校会计学专业精品系列（案例）教材》的丛书，邀请在相关领域的教学、科研方面有突出成果的国内知名高等院校和研究机构的学者、教授参与编写。这套丛书基本上涵盖了大学本科会计学专业的核心课程。我们在策划这套教材时，从新世纪面临剧烈竞争的客观环境出发，本着“不断改革、与时俱进”的精神，经过深入研究、多方研讨，确立了这套教材的总体设计方案。其基本思路是：在充分继承我国原有教材良好的编写风格（包括内容、结构、体例以及行文）的基础上，尽可能吸收近年来国内外会计研究的新成果和实践中的新创造，力争处理好会计国际化与国家化的关系，努力编写出一套既体现国际会计通行惯例又符合中国国情的理论性、操作性并重的新教材。在内容编写上，我们要求作者应根据各门课程发展的新动向，尽可能吸取最新研究和实践成果，努力扩大信息量，强化可读性，使教材内容具有较强的科学性、先进性和适用性。在案例的选材上，作者力争采用第一线的调查材料，追踪实践中出现的新问题，使案例真正成为联系理论与实践的纽带。在结构安排上，本书各章均采取了内容提示、专业知识论述、案例展示和思考题、习题并列的方式，以方便教、学双方的使用。据我们了解，目前国内所使用的会计本科专业教材将专业知识讲述和案例展示结合在一起进行编排的情况尚不多见，这种安排可以说是本套教材的一大特点。

本套丛书的编写，我们邀请了中国人民大学、复旦大学、厦门大学、南京大学、中南财经政法大学、上海财经大学、东北财经大学、西南财经大学、天津财经学院、首都经济贸易大学、国家会计学院等著名院校以及财政部财政科学研究所的学者、教授参与，对他们的热情支持表示深切的谢意。首都经济贸易大学出版社为我们编写这套丛书提供了良好的条件，我代表全体作者向他们表示衷心的感谢！

2002 年 8 月 8 日

于中国人民大学

第十三版前言

党的二十大报告提出“加强教材建设和管理”，为此本次的修订增加了与党的二十大报告相关的内容；同时由于财税政策的变化，相关章节的内容也有所补充，如：增加了数电发票的内容；修订了增值税的减免税政策及纳税申报表；增补了消费税纳税范围（电子烟）；完善了企业所得税纳税政策及纳税申报表；调整了个人所得税的专项附加扣除政策及纳税申报表；根据《关税法》及相关规定，完善了关税会计的内容；增补了资源税的纳税范围（水资源）等。

本教材首次出版发行于2002年9月，由盖地教授编著，至今已是第十三版。我们一贯秉承盖地教授治学严谨的精神，努力做好教材的修订工作。

第十三版修订由盖地教授的弟子张孝光副教授、李彩霞教授负责，之后本书的修订工作也将由二位老师负责。

各章内容均以目前最新截止日的税收和相关会计法律、法规为主要依据。税收和会计法规制度变化频繁，书中所涉法规制度，若理解有误，应以法规为准；若以后又变，则以新法规为准。

党的二十大报告提出：“健全现代预算制度，优化税制结构，完善财政转移支付体系”，“加大税收、社会保障、转移支付等的调节力度”，“完善个人所得税制度，规范收入分配秩序，规范财富积累机制”，“完善支持绿色发展的财税、金融、投资、价格政策和标准体系”①等对完善现代税收制度体系作出了新部署，为完善现代税收制度、促进建立现代财税体制指明了方向。正如盖地教授常说的：变化总是在发生，唯有变化是永恒

① 习近平．高举中国特色社会主义伟大旗帜，为全面建设社会主义现代化国家而团结奋斗：中国共产党第二十次全国代表大会上的报告［M］．北京：人民出版社，2022：29，47，50.

的，让我们适应变化、享受变化，并努力去追踪变化。

感谢首都经济贸易大学出版社对本书的一贯支持，感谢本书策划编辑乔剑编审。当然，更要感谢本书的广大读者，你们的关爱和支持永远是本书不断进步的动力。谨以此书再版告慰恩师盖地教授！敬爱的盖老师，我们永远怀念您！

张孝光　李彩霞

2024 年 10 月于天津财经大学

前　言

2001年初，首都经济贸易大学出版社乔剑同志找我谈及他们准备出版会计学专业精品系列教材，邀我写《税务会计》一书。此前，我曾经写过同类教材，因此，有些犹豫不决。但得知本套书有那么多会计界德高望重的前辈领衔主编，使我深受感动，便欣然接受。既然承诺要写，就应该有新意——内容要新、结构要新、体例要新。说来容易，实际动手写时就不那么容易了。近年来，我国税收法规变化频繁，这些法规散见于各类文件中，而未能从整体上形成系统的法律文件（大多未完成立法程序），但又是非常重要的税收法规，如从2002年1月1日起执行的新关税税则、生产企业实行的新出口退税管理办法、新的进出口货物关税完税价格确定办法等，以及此前新修订的《中华人民共和国税收征收管理法》、企业所得税税前扣除办法、企业股权投资和合并分立业务所得税处理方法等。我国的会计制度改革更是取得了长足进步，包括具体会计准则陆续颁布并修订；企业会计制度、金融企业会计制度颁布和逐步实施；内部会计控制基本规范的颁布以及具体规范的陆续公布等等。由此而产生的涉税会计处理也比较突出：一是同类法规的前后衔接问题；二是会计与税收法规的差异及其会计处理问题。只要实行市场经济，会计与税法的差异总是会有的（如果没有差异，那就会回到会计服从税法的计划经济时代），问题是如何协调、如何界定、如何处理，需要从理论、法规及实务上予以明确。本书根据作者的理解和认识，试图对上述问题作出回答，但囿于本人的水平，肯定会有缺憾，诚望读者不吝赐教。

税务会计与管理会计作为财务会计的两翼，正被越来越多的人所接受（见日本番场嘉一郎主编的《新版会计学大词典》）。对税务会计的认识，美国汉弗莱·H. 纳什在其所著《未来会计》（中国财政经济出版社，2001年版）中有精辟论述："公司的目标是在税务会计的限度内实现税负最小化及税后利润最大化。在永无休止的税务争战中，税务会计只能算是一组'争战法则'。"2001年7月，根据国家劳动人事部披露的一份人才需求预测，"会计类中的税务会计师"位居榜首。这说明在我国会计实务中，需要大量应用型、复合型会计专业人才——税务会计人才。正是在这种背景下，我国越来越多的高校开设了"税务会计"课。会计、财务管理等专业设置的"税务会计"课程显然比原先的"税法"更适应专业培养目标的需要。本书的前导课应是会计原理、财务会计，其平行或后续课程应是成本会计、管理会计、财务管理等。为了更好地理解和掌握本书内容，培养具有实战能力的专业人才，本书除了主要阐述涉税会计处理外，还对税务筹划进行了概述，并请具有实务工作经验的专业人员对每章设计了案例，同时还设计了思考题和练习题，供读者分析思考和动手练习。本书以交稿日止的我国税收、会计法律和法规为主要依据，若理解有误，以法规为准；若以后法规有变，应以新法规为准。“惟有变化才是永恒的”（赫拉克利特），让我们“随着奶酪的变化而变化，并享受变化。”（见斯宾塞·约翰逊著《谁动了我的奶酪?》，中信出版社，2001年9月第1版）

本书第三、第四章，第六至第十一章的案例由江苏省地税局高金平同志提供，第五章的案例由天津财经大学的赵颖老师提供。在成书过程中，天津市国税局许书敏、周光磊，对外经济贸易部夏鹏，河北省国税局毕景峰都曾给予我大力支持，在此深表感谢。本书在介绍税务会计理论知识的基础上，加入案例教学的内容，强化了理论与实践相结合的教学思路，因此本书除了作为本科专业教材外，也可以作为各类成人教育用书，还可以作为广大在职会计人员、审计（政府审计、社会审计、内部审计）人员以及财税干部业务学习用书。

在本书付梓之际，感谢盖路、盖昊为本书提供那么多有形和无形的宝贵支持，还应该感谢首都经济贸易大学出版社及编辑乔剑同志，正是因为有了他们的精心策划、辛勤工作，本书才得以与广大读者见面。

2002年4月

目　录

第一章

税务会计概念结构

本章要点

主要阐述税务会计的产生、税务会计概念，税务会计对象、目标、基本前提、会计原则、会计要素、计量属性，纳税会计信息与涉税会计信息的区别，应重点掌握税务会计作为一个独立会计学科的概念结构(框架)体系，明确税务会计与财务会计的联系与区别。

第一节 税务会计概述

一、税务会计的产生

在国家产生并开始征税后，作为税款的缴纳者，与关心自己的生产耗费一样，也必然会关心自己的税收负担，自然也会有纳税计量和记录的要求。但在一个相当长的历史阶段，社会生产力水平低下，各国的税制也远未走向法治化，在这种纳税环境中，纳税人纳税的原始记录和计量不可能形成规范的体系。随着19世纪末20世纪初现代所得税的产生，各国税收逐步走上了法制化的轨道，社会也从自给自足的自然经济（农业经济）逐步走向工业经济，税务会计（纳税会计）的产生也就逐步具备了经济、法律等环境。正如美国著名会计学家E. S. 亨德里克森在其《会计理论》一书中写道：很多小型企业的会计目的主要都是为了填制所得税申报表，他们在报税以前都不记账。甚至在大公司，收益的纳税也是会计师们的一个主要问题。因此，所得税法规对建立会计的通用程序具有一定的影响就毫不足怪了。这些程序转过来也就有助于会计理论的形成。

在税务会计的产生和发展过程中，首先，现代所得税法的诞生和不断完善对其影响最大，因为企业所得税涉及企业的经营、投资和筹资等各环节、各方面，涉及收入、收益、成本、费用等会计核算的全过程；其次，科学先进的增值税的产生和不断完善，也对税务会计的发展起到了重要的促进作用，因为它对企业会计提出了更高的要求，迫使企业在会计凭证、会计账簿的设置和记载上分别反映收入的形成和物化劳动的转移价值及转移价值中所包括的已纳税金，这样才能正确核算其增值额，从而正确计算企业应纳增值税额。为了适应纳税人的需要，或者说，纳税人为了适应纳税的需要，税务会计有必要从传统会计中独立出来，以充分发挥现代会计的多重功能。现在，国内外已经有越来越多的人承认，税务会计与财务会计、管理会计（成本会计可以与管理会计融合，也可以独立）构成会计学科三大分支。

二、税务会计概念

迄今为止，会计的概念仍是各执一词，税务会计当然更是众说不一。日本税务会计专家武田昌辅认为，税务会计是为计算法人税法中的应税所得而设立的会计，它不是制度会计，是以企业会计为依据，按税法的要求对既定的赢利进行加工、修正的会计①。日本的富岗幸雄则认为，税务会计是根据会计的预测方法来掌握并计算出被确定的计税标准，从而起到转达和测定财务信息的租税目的与作用的会计②。中国台湾地区税务会计专家卓敏枝、卢联生、庄傅成认为，税务会计者，乃是一门以法令规定为准绳，会计技术为工具，平时负责汇集企业各项交易活动、股东可抵扣税额与未分配盈余计算之合法凭证，并加以整理、记录、分类、汇总，进而年度终了加以结算、编表、申报、纳税的社会（人文）科学③。中国台湾地区陈建昭等人认为，税务会计为一种国内性会计，非为国际共通性会计。税务会计即在企业会计理论结构上，以重叠之形态，再注入其特有之计算方法或会计理论，以达成课税为目的之完整体系④。

本书编著者认为，税务会计是以国家现行税收法规为准绳，运用会计学的理论和方法，连续、系统、全面地对税款的形成、调整计算和缴纳、退补，即对企业涉税事项进行确认、计量、记录和申报，以实现企业最大税收利益的一门专业会计。税务会计是社会经济发展到一定阶段（社会成熟到能够把征税、纳税看作是社会自我施加的约束，传统会计已不能满足税务会计信息使用者的要求等）后，从传统会计中独立出来的。它是介于税收学与会计学之间的一门新兴的边缘学科，是融国家税收法令和会计处理为一体的一种特种专业会计，可以说是税务中的会计、会计中的税务。

税务会计并不是要求企业在财务会计的凭证、账簿、报表之外再设一套会计账表（纳税报表及其附表除外）。各企业均应设置专职税务会计人员（办税员），大企业还应设置专门的税务会计机构和税务总监（CTO）。

随着各国税制的逐步完善、会计的不断发展，以及税收的国际协调、会计的国际趋同，税务会计理论与实务也会不断发展、不断完善。

三、税务会计模式

税务会计模式既受各国税法立法背景、程序的影响，又受各国会计规范方式、历史传统的影响，但基本上可以归为非立法会计（盎格鲁·撒克逊模式，社会公认型）、立法会计（大陆模式，法治型）和混合会计（准法治型）三种模式，也可以分为立法与非立法会计两种模式，如表1-1所示。

---

① 武田昌辅．新编税务会计通论[M]．日本森山书店，1985.

② 富岗幸雄．税务会计[M]．日本富业出版社，1995.

③ 卓敏枝，卢联生，庄傅成．税务会计[M]．台北：三民书局，1998.

④ 陈建昭，等．税务会计（修订版）[M]．台北：文笙书局，1994.

表 1-1　立法会计与非立法会计

项　　目	非立法会计	立法会计
实施国家	英国、加拿大、澳大利亚、南非、美国、荷兰等	德国、法国、瑞士、大部分拉美国家
会计实务	公认会计原则指导	广泛立法规范
导　　向	投资人(股东)	税法

在法国、德国等立法会计的国家,其会计准则、会计制度从属于税法(特别是所得税法),即以税法为导向。因此,其会计所得与应税所得基本一致,只需对个别永久性差异进行纳税调整,税务会计与财务会计可以不必分开,而在非立法会计的国家和部分立法会计的国家,会计准则、会计制度独立于税法的要求,因此,其财务会计的账面所得不等于其应税所得,需要进行纳税调整,税务会计与财务会计应该分开。我国现行税法及会计准则、会计制度也是遵循两者分离的原则。财务会计与税务会计属于不同会计领域,两者分离有利于形成具有独立意义、目标明确、科学规范的会计理论和方法体系,应是会计发展的主流方向。

由于各国社会经济环境存在明显差异,财务会计与税务会计之间形成了不同的关系模式,一般可以分为以英、美为代表的财税分离会计模式;以法、德为代表的财税合一会计模式和以日、荷为代表的财税混合会计模式三种模式。三种模式对比见表 1-2。

表 1-2　财务会计与税务会计关系模式

比较项目	财税分离会计模式	财税合一会计模式	财税混合会计模式
目标	体现真实公允	国家宏观需要	满足多方需要
账簿	财务会计与税务会计分设"两套账"	财务会计与税务会计为"一套账"	财务会计与税务会计合为"一套账"
程序	分别按会计准则、税法要求各自进行会计处理	对会计准则、制度与税法差异之处,按税法要求进行处理,期末无须调整	在会计记录环节"混合",其他环节各自处理
优点	会计信息质量较高	无须进行纳税调整	居于折中
缺陷	比较复杂	影响财务会计信息质量	居于折中

因各国的税制结构体系不同,税务会计一般可以分为以下三种类型:

1. 以所得税会计为主体的税务会计。采用这种税制模式的国家(如美国、英国、加拿大、丹麦等)，其所得税收入要占税收总收入的50%以上，这种税制模式必然要求构建以所得税会计为主体的税务会计模式。

2. 以流转税(货物劳务税)会计为主体的税务会计。在一些发展中国家，流转税(商品劳务税)收入是税收收入的主体，其所得税所占比重很小。在这种情况下，应建立以流转税会计为主体的税务会计模式。

3. 流转税与所得税并重的税务会计。在这些国家，实行的是流转税与所得税并重的复合税制，两者比重相差不大，共同构成国家的税收收入主体。如德国、荷兰、芬兰、意大利等。尽管我国的流转税，尤其是增值税、消费税占的比重最大，但从税制体系看，我国也是复合税制体系。因此，在这些国家，应建立以流转税会计与所得税会计并重的税务会计模式。

四、税务会计与财务会计之异同

(一)税务会计与财务会计的联系

探讨税务会计与财务会计的关系，就必须明确会计与法律、会计与税收、会计与企业决策者的关系。法律对会计的影响是一个渐进的历史过程。在公元前18世纪的巴比伦时代，正式法典对记录企业的经济业务就起到了促进作用。历史发展到今天，各国包括税法在内的法律、会计都发生了巨大变化。会计的法规制度对我国会计工作影响是方向性的。税收对会计的影响，往往与法律对会计的影响是分不开的，税收通过法律发挥作用，法律保障税收的执行，但它们对会计影响的着重点不同。法律规定会计“能做什么”和“不能做什么”，而税收则引导企业及其会计“怎样做”，从而影响企业及其会计的具体行为。例如，当税务会计与财务会计在实务中允许存在合理差异时，会计计量模式的选择必须遵循分别反映的原则，否则，两者之间量的差异将无法揭示出来。因此，税收对会计的影响是调节性的。企业决策者则要求在国家法律、制度许可的范围内，进行某些会计政策选择，如选择会计原则、会计程序、会计方法等。但会计的规范、计量方法、处理方法等也会反作用于法律、税收和企业决策者。

税务会计与财务会计，两者具有互调性。对财务会计根据会计准则确认、计量、记录和报告的事项及其结果，只要与税法规定不悖，税务会计就可以直接采用。只有对与税法规定有差异或者不符合税法规定的事项，才进行纳税调整，即进行税务会计处理，使之符合税法的要求。根据成本效益原则，对小税种的会计处理，财务会计一般都是直接接受税务会计的处理结果，“没有差异”也就不必进行纳税调整。由此可见，两者互相依赖、互相借鉴，共同承担企业会计的重任，税务会计向政府提供纳税申报表，财务会计向投资人、债务人提供财务报表(报告)。在会计主体设置一套账簿体系下，税务会计与财务会计的关系,比管理会计更为密切。

(二)税务会计与财务会计的区别

税务会计与财务会计除目标不同、对象不同(见本章第二节)外,主要还有以下区别。

1. 核算基础、处理依据不同。税收法规与会计准则存在不少差别,其中最主要的差别在于收益实现的时间和费用的可扣减性上。税收制度是收付实现制与权责发生制的结合,因为计算应税所得是要确定纳税人立即支付货币资金的能力、管理上的方便性和征收当期收入的必要性,这与财务会计所依据的持续经营假定(假设)是相矛盾的,这便是纳税年度自身存在独立性的倾向。财务会计只是遵循财务会计准则处理各种经济业务,会计人员对某些相同的经济业务可能有不同的表述、出现不同的会计结果,应该认为是正常情况。税务会计要遵循税务会计的一般原则,也遵守与税收法规不相矛盾的那些财务会计一般原则(质量要求)。

2. 计算损益的程序不同。税收法规中包括了修正一般收益概念的社会福利、公共政策和权益条款,强调应税所得与会计所得的不同。各国所得税法都明确规定法定收入项目、税法允许扣除项目及其金额的确认原则和方法。企业按税法规定确定两者金额后,其差额即为应纳税所得额。税务会计以此为法定依据,但在实际计算时,要在“会计所得”的基础上调整为应税所得。当财务会计的核算结果与税务会计不一致时,财务会计的核算应服从于税务会计的核算,使之符合税法的要求。

税务会计坚持历史成本,不考虑货币时间价值的变动,更重视可以预见的事项,而财务会计却可以有某些不同。各国都在力图缩小财务会计与税务会计的差异,但两者的差异不可能消失,因为两者目标不同。此外,承认税务会计与财务会计的区别,实际上是承认政府有权对纳税人的非营业收益等进行确认和征税的问题。抹杀两者的区别,可能对征纳双方都是无益的。因此,既不必要求对方适应自己,也不必自己削足适履去符合对方。应该各自遵循其本身的规律和规范,在理论上不断发展自己,在方法上不断完善自己,更好地体现各自的具体目标,共同服务于企业的整体目标。

第二节 税务会计对象、任务与目标

一、税务会计对象

税务会计对象是税务会计客体,企业发生的涉税事项(应税行为)都是税务会计对象。具体而言,就是因企业发生的涉税事项(应税行为)而产生的应缴税款(税金负债)的形成、计算、缴纳、补退、罚款等经济活动以货币表现的资金运动。

(一)计税额、计税依据

1. 流转额(金额、数额)。流转额是税务会计按税法规定确认、计量、记录的销售(购进)额、销售(购进)量等,是各种流转税的计税依据,也是计算企业所得税的基础。

2. 成本费用额。成本费用额是企业在生产经营过程中的耗费和支出。它包括生产过程中的生产费用和流通过程中的流通费用。成本费用主要反映企业资金的垫支和耗费,是企业资金补偿的尺度。一定会计期间的成本费用总额与同期收入总额相配比,可以反映企业的生产经营成果。税务会计按税法规定确认、计量的税前扣除额,是计算企业所得税的基础。

3. 所得额。税务会计在财务会计核算的经营利润、投资收益等基础上,按税法规定调整、确认的应纳税所得(利润、收益)额。

4. 财产额。税务会计按税法规定,对车船税、房产税、契税等所涉应税财产确认、计量的计税依据,如计税单位、基准税额、房产原值、成交(交换、市场)价格等。

5. 计税额。对行为税(如印花税、车辆购置税等),税务会计按税法规定确认、记录的计税额(计税依据),如应税(成交)金额、计税价格等。

(二)税款的计算与核算

按税法规定,在正确确认应缴税种计税依据基础上,计算应缴税金,并做相应的会计记录。

(三)税款的缴纳、退补与减免

由于各种税的计税依据和缴纳方法不尽相同,企业应按税法规定,正确进行税款缴纳的会计记录。对企业多缴税款、应退的税款或应补缴的税款,要进行相应的会计处理。减税、免税体现税收政策的灵活性和税收杠杆的调节作用,企业应正确进行减免税的会计处理。

(四)税收滞纳金与罚款、罚金

企业因逾期缴纳税款或违反税法规定而支付的各项税收滞纳金、罚款、罚金,也应如实进行会计记录。

从总体上讲,财务会计的各项会计要素都与纳税有关,但并非各会计要素的每一经济事项都与纳税有关。税务会计对象与财务会计对象虽然总体范围一致,但在具体内容上，税务会计对象要小于财务会计对象。

二、税务会计任务

税务会计作为会计的一个重要分支，既要以国家税法为准绳，认真履行纳税义务，又要在国家税法的允许范围内，寻求企业税收利益。因此，税务会计的主要任务有以下六项：

(1)反映和监督企业对国家税收法令、制度的贯彻执行情况，认真履行纳税义务，正确处理企业与国家的关系。

(2)按照国家现行税法所规定的税种、计税依据、纳税环节、税目、税率等，正确计算企业在纳税期内的各种应缴税款，并进行相应的会计处理。

(3)根据主管税务机关的审定，及时、足额缴纳税金，并进行相应的会计处理。

(4)正确编制、及时报送会计报表和纳税申报表，认真执行税务机关的审查意见。

(5)正确进行企业税务活动的财务分析，不断提高企业执行税法的自觉性，不断提高涉税核算和税务管理水平，降低纳税成本。

(6)充分利用现行税法和有关法规、制度赋予企业的权力，积极进行税务筹划，尽可能降低企业的税务风险和税收负担。

三、税务会计目标

对于税务会计目标，美国会计学家直言："税务会计有两个目的：遵守税法和尽量合理避税。"①(查尔斯·亨格瑞等，1997)"税务会计有两个目标：既要遵循税法规定，又要使公司纳税金额最小化②"。(沃尔特·T.哈里森等，2006)

本书编著者认为，税务会计目标可以分为基本目标、最终目标和特定目标，以避免单一目标的局限性。基本目标是遵守或不违反税法，即达到税收遵从(正确计税、纳税、退税等)，从而降低税法遵从成本。最终目标是向税务会计信息使用者提供有助于其进行税务决策、实现最大涉税利益的会计信息。特定目标则是根据税务会计信息使用者的不同，向其信息的使用者提供具有决策相关性的信息：首先是各级税务机关，可以凭以进行税款征收、监督、检查，并作为税收立法的主要依据；其次是企业的经营者、投资人、债权人等，可以据以从中了解企业纳税义务的履行情况和税收负担，并为其进行经营决策、投融资决策等提供涉税因素的会计信息，最大限度地争取企业的税收利益；再次是社会公众，通过企业提供的税务会计报告，了解企业纳税义务的履行情况，对

① 查尔斯·T.亨格瑞，等．会计学[M]．北京：中国人民大学出版社，1997.

② 沃尔特·T.哈里森，等．财务会计[M]．北京：北京大学出版社，2006.

社会的贡献额、诚信度和社会责任感等。对纳税主体来说，税务会计更看重的是其自身的税收利益。

第三节 税务会计基本前提

由于税务会计以财务会计为基础，财务会计中的基本前提（基本假设）有些也适用于税务会计，如会计分期、货币计量等，但因税务会计的法定性等特点，税务会计的基本前提也有其特殊性和特定性。

一、纳税主体

税法规定的直接负有纳税义务并享有纳税权利的实体，包括单位和个人（法人和自然人）。正确界定纳税主体（应税实体），就是要求每个纳税主体应与其他纳税主体分开，保持单独的会计记录并报告其经营状况。国家规定各税种的不同纳税人，有利于体现税收政策中合理负担和区别对待的原则，协调国民经济各部门、各地区、各层次的关系。

纳税主体与财务会计中的“会计主体”（会计实体）有密切联系，但不一定等同。会计主体是财务会计为之服务的特定单位或组织，会计处理的数据和提供的财务信息，被严格限制在一个特定的独立的或相对独立的经营单位之内，典型的会计主体是企业。纳税主体必须是能够独立承担纳税义务的纳税人。在一般情况下，会计主体应是纳税主体，但在特殊或特定情况下，会计主体不一定就是纳税主体，纳税主体也不一定就是会计主体。例如，企业的分支机构是会计主体，但不是纳税主体；对稿酬征纳个人所得税时，其纳税人（即著作人）并非会计主体，而作为扣缴义务人的出版社或杂志社则成为这一纳税事项的会计主体。纳税主体作为代扣（收）代缴义务人时，纳税人与负税人是分开的。作为税务会计的一项基本前提，应侧重从会计主体的角度来理解和应用纳税主体，即税务会计主体。

在美国等发达国家，与应税实体相对应的是管道实体。管道实体是没有纳税义务的实体。这类实体只记录其从事的交易活动，向政府报告其经营成果，但对其经营成果不缴税。在管道实体中，实体的税收属性（所得、抵免、扣除等）通过管道实体转给应税实体，由其纳税。

二、持续经营

持续经营这一前提意味着该企业个体将继续存在足够长的时间以实现其现在的承诺,如预期所得税在将来被继续课征。这是所得税款递延、亏损前溯或后转以及暂时性差异能够存在并且能够使用纳税影响会计法进行所得税跨期摊配的理论依据。以折旧为例,它意味着,在缺乏相反证据的时候,人们总是假定该企业将在足够长的时间内为转回暂时性的纳税利益而经营并获得收益。

三、货币时间价值

货币(资金)在其运行过程中具有增值能力。即使不考虑通货膨胀的因素,今天的1元钱比若干年后收到(或付出)1元钱的价值要大得多。这说明,同样一笔资金,不同时间具有不同的价值。随着时间的推移,投入周转使用的资金价值将会发生增值,这种增值的能力或数额,就是货币的时间价值。这一基本前提已成为税收立法、税收征管的基点,因此,各个税种都明确规定纳税义务的确认原则、纳税期限、交库期等。它深刻地揭示了纳税人进行税务筹划的目标之一——纳税最晚,也说明了所得税会计中采用纳税影响会计法进行纳税调整的必要性。

四、纳税会计期间

纳税会计期间是指纳税人按照税法规定选定的纳税年度期间。因此,纳税会计期间亦称纳税年度。应税实体必须以年度为基础报告其经营成果,确定其纳税年度,即所有应税实体都必须选择一个年度会计期间,向政府报告其经营成果。我国纳税会计期间统一规定为日历年度,非由纳税人自己选择。虽然税务会计也可将会计年度划分为月、季,但强调的是年度应税收益,尤其是企业所得税。纳税会计期间不等同于纳税期限,如增值税、消费税的纳税期限是日或月。如果纳税人在一个纳税年度的中间开业,或者由于改组、合并、破产、清算等原因,使该纳税年度的实际经营期限不足12个月的,应当以其实际经营期限为一个纳税年度。纳税人清算时,应当以清算期间作为一个纳税年度。各国纳税年度规定的具体起止时间有所不同,一般有日历年度、非日历年度、财政年度或营业年度。纳税人在税法规定的范围内选择、确定纳税年度,但必须符合税法规定的采用和改变应纳税年度的办法,并且遵循税法中关于对不同企业组织形式、企业类型的各种限制性规定。

五、年度会计核算

年度会计核算是税务会计中最基本的前提,各国税制都是建立在年度会计核算的基础上,而不是建立在某一特定业务的基础上。课税只针对某一特定纳税期间发生的全部事项的净结果,而不考虑当期事项在后续年度中的可能结果如何,后续事项将在其发生的年度内考虑。比如,在"所得税跨期摊配"中应用递延法时,由于强调原始差异对税额的影响而不强调转回差异对税额的影响,因此,它与未来税率没有关联性。当时间性差异后来转回时,按时间性差异产生时递延的同一数额调整所得税费用,从而使税务会计数据具有更多的可稽核性,以揭示税款分配的影响金额。

第四节　税务会计原则

为了实际有效地对纳税人稽征税款,在税收原则指导下,通过税法体现并逐步形成了税收核算原则。如果站在纳税人的角度,税收核算(税款稽征)原则就是税务会计原则。税务会计虽然要遵循(财务)会计的一般程序和方法[①],但它必须以税法为导向,因此,美国学者认为,美国的国内收入法典(IRC)既是联邦税收的最高法律,也是税务会计(Federal Tax Accounting)的实务指南,于是,税务会计原则也就隐含在国内收入法典(IRC)之中[②]。本书编著者认为,包括我国在内的世界各国,其税务会计原则都隐含在税法中,它虽然远远不如(财务)会计原则那么明确、那么公认[③]、那么耳熟能详,但其刚性、其硬度,却要明显高于(财务)会计原则,纳税人一旦违反,就要受到税法等相关法律的惩处。

在(财务)会计中,反映会计信息质量特征(要求)原则、会计要素的确认与计量原则、确认与计量的修正原则,其基本精神大多也适用于税务会计,但因税务会计与税法的特定联系,税收原则理论和税收立法原则会非常明显地影响甚至主导税务会计原则。此外,还应体现税务会计主体的税收利益,并逐步形成税务会计原则。税务会计原则主要有税法导向等十项原则。

一、税法导向原则

税法导向原则亦称税法遵从[④]原则。税务会计应以税法为准绳,在财务会计确认、

① 尤其是所得税、增值税。

② 凯文·E.墨非,马克·希金斯.美国联邦税制[M].大连:东北财经大学出版社,2001.

③ 尽管各国(财务)会计原则并不完全相同,但相差不多;我国的会计原则属于(财务)会计法规体系的组成部分,不仅具有"公认性",而且具有强制性。

④ 即他律遵从和强制遵从。

计量的基础上,再以税法为判断标准(或以税务筹划为目标)进行重新确认和计量,在遵从或不违反税法的前提下,履行纳税义务,寻求税收利益。该原则体现“税法至上”、税法优先于会计法规等其他普通法规。

二、以财务会计核算为基础原则

以财务会计核算为基础的原则适用于税务会计与财务会计混合的会计模式。只有当某一交易事项按会计准则在财务会计报告日确认以后,才能确认该交易事项按税法规定确认的应课税款;依据会计准则在财务报告日尚未确认的交易事项可能影响到当日已确认的其他交易事项的最终应课税款,但只有在根据会计准则确认形成征税效应的交易事项之后,才能确认这些征税效应。其基本含义是:①对于已在财务会计报表中确认的全部交易事项的当期或递延税款,应确认为当期或递延所得税负债或资产;②根据现行税法的规定计量某一交易事项的当期或递延应纳税款,以确定当期或未来年份应付或应退还的所得税金额;③为确认和计量递延所得税负债或资产,不预期未来年份赚取的收益或发生的费用的应纳税款或已颁布税法、税率变更的未来执行情况。

三、应计制原则与实现制原则

由于收付实现制不符合财务会计要素的确认、计量原则,不能用于财务会计报告目的[①],为了更多的借助于财务会计记录,降低税收征管成本,因此,目前大多数国家的税法都接受应计制原则。但在其被用于税务会计时,与财务会计的应计制还是存在明显差异的:第一,应该考虑税款支付能力原则,使得纳税人在最有能力支付时支付税款。第二,确定性的需要,要求收入和费用的实际实现具有确定性。例如,在收入的确认上,应计制的税务会计由于在一定程度上被支付能力原则所覆盖而包含着一定的收付实现制的方法,而在费用的扣除上,财务会计采用稳健原则列入的某些估计、预计费用,在税务会计中是不能够接受的,后者强调“该经济行为已经发生”(在费用发生时而不是实际支付时确认扣除)的限制条件,从而起到保护政府税收收入的目的。第三,保护政府税收收入。由此可见,税务会计(实质是税法)是有条件地接受应计制原则,体现的是税收实用主义。

各国早期的税法都是按收付实现原则计税,因为它体现了现金流动原则(具体化为公平负税和支付能力原则),该原则是确保纳税人有能力支付应纳税款而使政府获取财政收入的基础。目前,实现制原则一般只适用于小企业、非营利组织和个人的纳税申报。如果税法明确规定某些涉税事项采用收付实现制原则,税务会计则应以实际收

---

① 现金流量表则是将以应计制为基础的财务会计信息转换为以实现制为基础的会计信息。

付现金为标准确认、计量应税收入与可扣除成本、费用。

在税法和税务会计实务中，世界上大多数国家实际采用的是修正的权责发生制原则。在美国税制中，有一条著名的定律，即克拉尼斯基定律，它可以充分说明修正的权责发生制原则的"真谛"：如果纳税人的财务会计方法致使收益立即得到确认，而费用永远得不到确认，税务当局可能会因所得税目的允许采用这种会计方法；如果纳税人的财务会计方法致使收益永远得不到确认，而费用立即得到确认，税务当局可能会因所得税目的不允许采用这种会计方法。在该原则下，如果纳税人采用实现制，其发生的一次性资产租金支出，税务当局不允许将其一次扣除，而要求企业将租金资本化，在租赁期内平均摊销。如果纳税人采用应计制，其取得的一次性资产租金收入，税务当局则要求将租金收入全部计入当期的应税收入，而不允许在租赁期内分期确认应税收入。

四、历史(实际)成本计价原则

按历史成本计价原则进行会计处理，既有利于对资产、负债、所有者权益的存量计量，也有利于对收入、费用、利润的流量计量，因此能够客观、真实地反映企业的财务状况和财务成果。在财务会计中，该原则有一定的局限性，为纠正其不足，可以根据判断标准，对资产计提减值准备等，从而对历史成本计价原则进行修正。但在税务会计中，除税法另有规定者外，纳税人必须遵循历史成本计价原则，因为它具有确定性与可验证性。正如诺贝尔经济学奖获得者萨缪尔森所言："会计人员之所以使用历史成本，是因为它反映的是客观的评价，并且容易证实。"

五、相关性原则

与财务会计的相关性原则的含义不同，税务会计的相关性体现在所得税负债的计算上，是指纳税人当期可扣除的费用从性质和根源上必须与其取得的收入相关。

六、配比原则

配比原则是财务会计中对某一会计期间的收入与其相关的费用相配比，以正确计算当期损益并据以进行收益分配。税务会计的配比原则是在所得税负债计算时，应按税法确定收入(法定收入)并界定同期可扣除费用，即纳税人发生的费用应在费用应配比或应分配的当期申报扣除。

七、确定性原则

确定性原则是指在所得税会计处理过程中，按所得税法的规定，在应税收入与可扣除费用的实际实现上应具有确定性，即纳税人可扣除的费用不论何时支付，其金额必须是确定的。该原则适用于所得税的税前扣除，凡税前扣除的费用，如财产损失等，必须是真实发生的且其金额必须是可以确定的。

八、合理性原则

合理性原则是指纳税人可扣除费用的计算与分配方法应符合一般的经营常规和会计惯例。该原则属于定性原则而非定量原则，具有较大的弹性空间。对同一交易事项的认定和会计处理，征纳双方角度不同、利益不同，对是否“合理”会有不同的解释。税务会计信息应该具有“合理性”的充分说服力。

九、税款支付能力原则

税款支付能力与纳税能力有所不同。纳税能力是指纳税人应以合理的标准确定计税基数（税基），有同等计税基数的纳税人应负担同一税种的同等税款。因此，纳税能力体现的是合理负税原则。与企业的其他费用支出有所不同，税款支付必须全部是现金支出，因此，在考虑纳税能力的同时，也应考虑税款的支付能力。税务会计在确认、计量、记录收入、收益、成本、费用时，应尽可能选择保证税款支付能力的会计处理方法（包括销售方式、结算方式、结算工具的选择等）。

十、筹划性原则

税务会计既要保证依法计税、纳税，又要尽可能地争取纳税人的最大税收利益。因此，选择什么样的会计政策，采用何种税务筹划方案，必须事先进行周密的谋划。“凡事预则立，不预则废。”“税务会计的目标不是会计，而是收益。”（汉弗莱·H. 纳什，1997）因此，它还具有财务职能，具有预测性。

第五节　税务会计要素

税务会计要素是对税务会计对象的进一步分类，其分类既要服从于税务会计目标，又要受税务会计环境的影响。税务会计环境决定了纳税会计主体的具体涉税事项和特点，按涉税事项的特点和税务会计信息使用者的要求进行的分类，即形成税务会计要素，它同时也是税务会计报表（纳税申报表）要素。税务会计要素主要有以下六项。

一、计税依据

计税依据是税法中规定的计算应纳税额的根据，在税收理论中称为税基。纳税人的各种应缴税款是根据各税的计税依据与其税率相乘之积。不同税种的计税依据不同，有收入额、销售(营业)额(量)、增值额(率)、所得额等。

二、应税收入

应税收入是企业因销售商品、提供劳务等应税行为所取得的收入，即税法所认定的收入，因此也可称为法定收入。应税收入与财务会计收入(简称"会计收入")有密切联系，但不一定等同。确认应税收入的原则有两项：一是与应税行为相联系，即发生应税行为才能产生应税收入。换言之，如果纳税人发生非应税行为或免税行为，其所取得的收入就不是应税收入，而只是会计收入。二是与某一具体税种相关。纳税人取得一项收入，如果是应税收入，那必然与某一具体税种相关，即是某一特定税种的应税收入，而非其他税种的应税收入。

对应税收入的确认和计量，一般也是按财务会计原则和标准。但在具体掌握上，税法又有例外，如对权责发生制的修正，税法对某些应税行为按收付实现制确认应税收入。

三、扣除费用

扣除费用是企业因发生应税收入而必须支付的相关成本、费用、税金、损失，即税法所认可的允许在计税时扣除项目的金额，亦称法定扣除项目金额。属于扣除项目的成本、费用、税金、损失是在财务会计确认、计量、记录的基础上，分不同情况确认：一是按其与应税收入的发生是否为因果关系，如为因果关系，可按比例扣除；二是在受益期内，按税法允许的会计方法进行折旧、摊销；三是对财务会计中已经确认、计量、记录的某些项目，凡超过税法规定扣除标准的，一律按税法规定的限额作为"扣除费用"。由此可见，财务会计确认、计量、记录的成本、费用、支出与法定扣除项目金额虽然有密切关系，但两者并不等同。

四、应税所得(亏损)

在经济学、财务会计学与税务会计学中，关于"所得"的含义有所不同。财务会计中的"所得"就是账面利润或会计利润。税务会计中的"所得"即指应税所得，或称应纳税所得额，它是应税收入与法定扣除项目金额(扣除费用)的差额，也是所得税的计税依据[①]。在税务会计实务中,企业是在财务会计提供的账面利润的基础上,按现行税法与财务会计的差异及其选定的所得税会计方法(详见本书第九章)确认应税所得,进而计算应纳税额。

如果"应税所得"是负数,则为"应税亏损";如果财务会计提供的账面利润是负数,即为账面亏损。在账面亏损的基础上,按现行税法进行调整,如果调整后仍是负数,即为应税亏损。对应税亏损,可按税法规定进行税前弥补。若企业有意虚列亏损,则视同逃税行为。

五、应纳税额

应纳税额亦称应缴税款。它是计税依据与其适用税率或(和)单位税额之乘积。应纳税额是税务会计特有的一个会计要素,其他会计没有这个要素。影响应纳税额的因素有计税依据、税率、单位税额和减免税规定。计税依据体现征税的广度,每个税种都要明确规定其计税依据,除附加税外,各个税种均有独立的计税依据。税率体现征税的深度,各个税种一般都有其特定的税率。如果是对税基的减免,减免税则体现在计税依据中;如果是对应纳税额的减免,减免税则是一个单独的因素。

上述税务会计要素也可以称为基本要素,因为主要税种还可以将基本要素细化,即税务会计具体要素,如增值税会计要素、所得税会计要素等。此外,免退税、退补税、滞纳金、罚款、罚金等也可以作为税务会计要素,但不是主要会计要素,或者说,是税务会计要素的调整因素。

六、税务会计等式

在我国财务会计的六项会计要素中,资产、负债和所有者权益构成资产负债表,收入、费用和利润构成利润表,通过这两张主要会计报表,分别体现出静态、动态会计要素之间的关系。在财税混合会计模式下,当财务会计要素的确认与税务会计一致时,按财务会计处理;当两者不一致时,按税法要求进行调整,调整后再融入财务会计之中。税务会计要素是税制构成要素在税务会计中的具体体现,它们之间的关系构成以下两个会计等式:

应税收入-扣除费用=应税所得计税依据×适用税率(或单位税额)=应纳税额

前者仅适用于所得税,后者适用于包括所得税在内的所有税种。

---

① 应税所得是计税依据,但计税依据并非都是应税所得。

第六节 税务会计计量属性与纳税会计信息

一、税务会计计量属性

如果说会计确认是定性问题,那么,会计计量、会计记录和会计报表都涉及定量问题,而定量问题涉及计量模式,计量模式即计量单位与计量属性的不同组合。目前,多数国家采用或基本上都采用历史成本/名义货币计量模式。

会计计量就是在恰当的时间、以特定的单位所做出的数量反映。"会计计量是会计系统的核心职能"①"会计计量不论在理论上还是实务上都是会计的核心。因为会计的'语言'就是量化的信息"(葛家澍、杜兴强,2005)。财务会计计量属性在会计理论研究、会计准则规范以及会计实务处理中,比较明确,几成共识。在《企业会计准则——基本准则》中,明确了财务会计的计量属性有历史成本、重置成本、可变现净值、现值和公允价值五种计量属性。

税务会计计量属性源于税法,但哪个国家的税法也没有像财务会计那样在一个规范性文件(如基本准则、编报财务报表的框架、概念框架、原则公告等)中集中阐明其计量属性,而税务会计计量属性既是实际存在,又有别于财务会计。试问,哪个企业在填报税务会计报表(纳税申报表)时不需要对税务会计要素(涉税要素)进行确认、计量?而且绝不能出现差错,否则,将受到税务机关"立竿见影"的惩罚。因此,需要认真研究税法、正确理解税法,并从税法中归纳、提炼出其计量属性,以便正确地进行各种应交税金的计算与申报。由于各国税法的立法层次都要高于会计,因此,由税法决定的税务会计计量属性也要重于财务会计。在财务会计与税务会计合一的情况下,财务会计计量属性要服从于税务会计;而在财务会计与税务会计分离的情况下,财务会计计量属性与税务会计计量属性应体现或服务于各自的会计目标。基于对税法的理解和认识,本书将税务会计计量属性归纳为——以历史成本为主,以重置成本、现行市价为补充,在特定情况下采用公允价值。

① YURI IRIJI. *Theory of Accounting Measurement, as Studies in Accounting*, No. 10(AAA), 1979:29.

（一）历史成本（实际成本）

"历史成本，是指企业取得该项资产时实际发生的支出"①。在一般情况下，企业的各项资产，包括固定资产、生物资产、无形资产、长期待摊费用、投资资产、存货等，均以历史成本为计税基础。历史成本强调两点：①其计算时点是企业取得该项资产时，而不是企业取得以后持有期间的价值；②企业取得资产时实际发生的支出，强调的是现实性，即使是企业取得资产时应当负担的支出，如果企业最终没有兑付这种义务性支出，其"支出"也是不能包括在历史成本之中的。

历史成本是在特定环境和时点下，企业为取得某项资产所实际发生的支出，其金额是既定的、固定的，而且作为资产的计算基础，企业不得自行调整，否则会侵蚀税基。但企业的资产可能会在企业长期存在，持有期限较长；在持有期间，资产会因各种原因而发生增值或减值，对此，税法保留了一定的空间："企业持有各项资产期间资产增值或者减值，除国务院财政、税务主管部门规定可以确认损益外，不得调整该资产的计税基础。②"

（二）重置成本（现行成本）

重置成本是指在当前市场状况下，用现时价格水平生产或购建与某项资产具有相同使用功能或效用的全新资产的支出。税法中的重置成本含义与会计准则基本相同，只是使用范围、内容有所不同。税法仅限于在特定情况下允许企业采用重置成本计量属性，如对旧房及建筑物评估价格的计量、对盘盈资产的计量。在土地增值税法中规定，旧房及建筑物的评估价格是"由政府批准设立的房地产评估机构评定的重置成本乘以成新度折扣率后的价格"。其中"重置成本"的具体运用是：对旧房及建筑物，按转让时的建材价格及人工费用计算，建造同样面积、同样层次、同样结构、同样建设标准的新房及建筑物所花费的成本费用。

（三）现行市价

现行市价是根据目前公开市场上与被评估资产相似的或可比的参照物的价格来确定被评估资产的价格。按税法规定，对企业视同销售行为以及纳税人销售货物或应税劳务的价格明显偏低、又无正当理由时，其计税基础的确认应按现行市价。在具体操作时，必须按税法规定的方法和顺序依次采用（而非自行选择）：①按纳税人当月同类货

---

① 《中华人民共和国企业所得税法实施条例》第五十六条第二款。

② 《中华人民共和国企业所得税法实施条例》第五十六条第三款。

物的平均销售价格确定;②按纳税人近期同类货物的平均销售价格确定;③按组成计税价格确定,其计算公式为:组成计税价格=成本×(1+成本利润率),"成本"以企业历史成本计量,"成本利润率"则由国家统一规定。对进口货物,当需要估定其关税计税价格时,以同时或者大约同时进口货物的相同货物成交价格法或类似货物成交价格法作为计税价格,该计税价格其实也是现行市价。

(四)公允价值

"公允价值,是指按照市场价格确定的价值"①。以市场价格作为公允价值的确定标准,具有客观性和公平性。对市场价格,可以理解为熟悉情况的双方在公平交易的条件下所达成的价格。当企业以非货币形式从各种来源取得收入时,其金额的确定应当采用该计量属性,它既适用于关联方,也适用于非关联方。由此可见,税法中界定的公允价值,基本上相当于会计准则中公允价值的"市场法",它是基于相同或可比资产的市场交易而产生的价格。市场法主要指市场的价格信息,即在市场真实交易中可观察到的相同、相似或可比的资产的价格。如果在活跃市场上能够观察到这类信息,应尽可能用它进行估计。市场价格被认为是公允价值的最好反映,因为一个公开市场上的价格通常是公允和可接受的,相对而言也是容易得到的。这种方法是站在销售人(卖方)的立场上,利用已被市场检验的实际交易价格来判断和估计计量对象的市场价格,因此被认为是公允价值最为直接和最具说服力的获取方法。

二、纳税会计信息与涉税会计信息

在财务会计提供的财务信息中,包括税金及附加、所得税费用、递延所得税资产、递延所得税负债、应交税费余额、支付的各项税费、收到的税费返还等涉税会计信息,而税务会计提供的是企业纳税申报、税款缴纳和退补等纳税会计信息。由此可见,纳税会计信息与涉税会计信息是两类会计信息,两者虽有一定联系,但具体内容不同、作用不同,究其因是目标不同。纳税会计信息与涉税会计信息分属不同的会计信息处理系统,不能互相替代,但在进行企业税务管理税负分析、财务分析、风险识别及防控和投融资决策时,可以综合考虑、结合运用(计算分析)。

不论是税务会计信息使用者,还是财务会计信息使用者,不能将单一会计信息作为信息的唯一来源,也不能将涉税会计信息等同于纳税会计信息。

---

① 《中华人民共和国企业所得税法实施条例》第十三条第二款。

思考题

1. 试述税务会计概念及其独立的成因。
2. 税务会计与财务会计有何联系与区别？
3. 简述税务会计的目标和对象。
4. 简述税务会计的基本前提。
5. 简述税务会计原则（质量要求）。
6. 简述税务会计要素及其关系。
7. 试比较税务会计与财务会计计量属性。
8. 简述涉税会计信息。
9. 纳税会计信息与涉税会计信息有何不同？

第二章

纳税基础

本章要点

掌握税收的基础知识是学习税务会计的基本前提。主要阐述简述税收的基本特征、税收实体法的各项构成要素、税收的征收和缴纳制度、诚信纳税等，应重点掌握税收实体法税目的设置、税率的分类，起征点与免征额的异同点，纳税的信用管理与评价制度。

第一节 税收概述

一、税收的产生

在历史的长河中，税收曾被称为“赋税”“租税”“捐税”等，简称为“税”。税收的产生必须具备两个前提条件：一是国家的产生和存在；二是私有财产制度的存在和发展。只有同时具备这两个条件，税收才能产生，因此，税收是国家和私有财产制度并存这样一种特定历史条件下的产物。

国家的出现同税收的产生有着本质的、内在的联系。第一，税收是国家实现其职能的物质基础，国家为了行使其职能，必须拥有一批专政机构、管理国家的行政管理机构，而这些国家机构及其公职人员，并不直接从事物质生产，但要不断耗用一定的物质资料，为了满足这种需要，就要向社会成员征税。第二，税收是以国家为主体，以国家政治权力为依据的特定产品的分配。只有出现了国家，才能有征税的主体——国家，也才能有国家征税的凭据——国家的政治权力，从而才会使税收的产生成为可能和现实。恩格斯说：“为了维持这种公共权力，就需要公民缴纳费用——捐税。捐税是以前的氏族社会完全没有的。”①“赋税是官僚、军队、教士和宫廷的生活源泉，一句话，它是行政权力整个机构的生活源泉。强有力的政府和繁重的赋税是同一个概念。”②私有财产制度的出现同税收的产生也有着直接的、必然的联系。国家可以通过多种形式取得财政收入，但用什么方式，要受客观经济条件的制约。税收是国家凭借政治权力而不是财产权利的分配形式，只有社会上存在着私有财产制度，而国家又需要将一部分不属于国家所有或不能直接支配使用的社会产品转变为国家所有的情况下，才有必要采取税收方式。而那些本来就属于国家所有或国家可以直接支配的社会产品，国家无须采用税收的方式获得，而可以采用利润分配等方式获得。

古今中外，税收都是遵循“无商无税、无税无国”的运行轨迹而变化和发展的，它深刻地揭示了税收同经济、税收同国家的内在辩证关系。归根结底，税收是为适应人类社

---

① 马克思，恩格斯．马克思恩格斯选集（第4卷）[M]．北京：人民出版社，1972：167.

② 马克思，恩格斯．马克思恩格斯选集（第1卷）[M]．北京：人民出版社，1972：697.

会经济发展的需要,特别是国家的需要而存在和发展的,同时,它又被用来作为执行国家职能的必不可少的重要经济杠杆。随着社会生产力的发展和社会政治、经济情况的发展变化,税收也经历了一个由简单到复杂,即由不成熟、不完善、不合理到比较成熟、比较完善、比较合理的发展演变过程。历史发展到今天,税收也由一国一制向国际化方向发展,税收的国际协调也日趋明显。

税收概念的表述与会计概念一样,由于所处的时代不同、环境不同、角度不同,对其表述也各异。目前比较一致的说法是:税收是国家为实现其职能,凭借政治权力,以法律规定的形式,取得再分配来源的一种方式。它体现以国家为主体的特定征缴关系。

二、税收的特征

税收自产生以来,一直是国家取得财政收入的主要形式。与其他财政收入形式相比较,税收具有以下三项基本特征:

(一)强制性

"没有,从不曾有,也绝不可能有'自愿'的税收制度"(唐纳德·C. 亚历山大)。任何社会制度下的税收,都是国家凭借政治权力,通过税法所进行的强制征收。税法是国家法律的重要组成部分,任何纳税人都必须依法纳税,否则就要受到法律的制裁。因此,税收是国家取得财政收入的最普遍和最可靠的形式。

(二)无偿性[①]

税收是国家对纳税人的无偿征收。征收以后的税款,就成为国家的财政收入,不付给任何报酬,也不再直接偿还给纳税人。正如列宁在 1921 年所说的:"所谓赋税,就是国家不付任何报酬而向居民取得东西。"[②]税收的这种无偿性,与债权收入有本质区别。

(三)固定性

税收是以法律形式存在的。在征税以前,税法预先对纳税人、纳税对象、税目、税率、应纳税额、纳税期限等做出了具体规定,有一个比较稳定的适用期间,是一种固定的连续性收入。税收的这种固定性,使征纳双方都有法可依。税收的固定性也并非一成不变,国家依据政治、经济环境的变化,可以修改现行税法,调整税收的有关规定。

税收的上述特征是相互联系、不可分离的,使其与利润、信贷、利息、折旧、罚没、规

① 有人对此持异议,认为应是整体补偿性或不对应补偿性。

② 列宁关于粮食税的报告。列宁. 列宁全集(第 32 卷)[M]. 北京:人民出版社,1959:275.

费、摊派等分配形式有明显的区别，成为一个特殊的分配范畴。税收的三个特征也是区别税与非税的根本标志。

第二节　税收实体法及其构成要素

税收实体法①是税收法律关系主体的实体权利和义务的法律规范总称。税收实体法直接关系征纳双方的权利和责任/权利和义务的界定。税收实体法是税法的核心内容，如果没有税收实体法，政府就没有权力向纳税人征税，纳税人就没有纳税义务，也就没有税法体系。由于国家设置并征收的每种税的特定目的不同，因此，一般都是按照每个税种立法，即"一税一法"—— 一个税种和一部税收实体法，而且，每个税种（即每个税收实体法）的构成要素（基本要素）具有统一性，一般包括纳税人、课税对象（纳税对象）、税目、税率、计税依据等。

一、纳税权利义务人

纳税权利义务人简称"纳税人"，是根据税法规定直接负有纳税义务并享有纳税人权利的单位和个人。纳税人可以是自然人，也可以是法人。自然人是依法享有民事权利，并承担民事义务的公民。法人是依法成立、能够独立支配财产并能以其名义享受民事权利并承担民事义务的社会组织。在纳税实务中，与纳税人相关的概念还有以下四个：

1. 负税人。负税人即最终承担税收负担的人。某种税的纳税人可能同时也是其负税人，但也可能不承担或不完全承担税负。因此，两者可能是合一的，也可能是分离的，关键是看税负能否转嫁。如果税负能够转嫁，纳税人与负税人在一定程度上是分离的；否则，两者就是合一的。而且，根据税负转嫁的程度，纳税人与负税人可以是不完全分离或不完全合一的。

2. 预扣/代扣代缴义务人，亦称扣缴义务人。根据税法规定，扣缴义务人有义务从其持有的纳税人收入或从纳税人收款中按其应纳税款代为缴纳税款的单位或个人。

---

①　相对于税收实体法的是税收程序法，亦称税收行政程序法，即规范税务机关和税务行政相对人在行政程序中权力和责任/权利和义务的法规总称。它可以保障实体法的有效实施，弥补其不足；维护纳税人的权益，规范和制约行政权的行使，提高执法水平和执法效率。

3. 代征人。代征人即依法接受委托、行使代征税款权利并承担《委托代征协议书》规定义务的单位或人员。协议签订应遵循自愿原则。

4. 纳税单位。纳税单位即申报缴纳税款的单位,是纳税人的有效集合。为了征管和缴纳税款的方便,可以允许在法律上负有纳税义务的同类型纳税人作为一个纳税单位,填写一份申报表进行纳税。例如,公司所得税,既可以是每个分公司为一个纳税单位,也可以是总公司为一个纳税单位。

二、征税/纳税对象

站在征税方的角度,称为征税对象,亦称课税对象、征税客体;站在纳税人的角度,称为纳税对象。它是征税的目的物,是明确对什么征税的问题。每种税都有其特定的征税对象,它是区别不同税种的主要标志,体现不同税种征税的基本界限,决定着不同税种名称的由来以及各税种在性质上的差别,并对税源、税收负担等产生直接影响。

纳税对象的计量标准是计税依据(税基),它是税法中规定的据以计算应缴税款的直接数量依据。如果没有计量标准,就无法计算应缴税款。因此,计税依据要明确其计量单位,计量单位分为价值形态和实物形态两大类。如果计税依据是价值形态,如销售额、应纳税所得额等,其纳税对象与计税依据计量单位一致,均为货币计量;如果计税依据是实物形态,是以纳税对象的销售数量、计税面积、长度、重量等作为计税依据,则纳税对象与计税依据可能不一致,如车船税,其纳税对象是各种车辆、船舶,而其计税依据则是车船的辆、吨、米等实物计量单位。以价值形态作为计税依据时,其计税方法为从价计税;以实物形态作为计税依据时,其计税方法为从量计税;既以价值、又以实物为依据计税时,其计税方法为复合计税。

三、税目

税目是纳税对象的具体化,反映具体的征税范围,体现每个税种的征收广度。不是所有的税种都规定税目,对那些纳税对象简单明确的税种,如增值税、房产税等,就不必另行规定税目。对征税对象比较复杂的税种(如消费税),而且税种内部不同纳税对象又需要采用不同档次的税率进行调节的,就需要对该税种的纳税对象作进一步的划分,进行归类,这种归类就是税目。

四、税率

税率是应纳税额与计税依据之间的关系或比例,是计算应纳税额的尺度,体现课税的深度。每种税的税率高低,直接关系国家财政收入的多少和纳税人的税收负担的大

小,因此,税率是构成税制的基本要素。税率可以从以下两个角度进行分类:

(一)按照税率的经济意义划分

从经济意义上划分,税率可以分为名义税率和实际税率两种。名义税率就是税法上规定的税率;实际税率就是纳税人实际缴纳的税额与其全部收益额的比例(比重)。在一般情况下,同种税的实际税率可能低于其名义税率。

(二)按照税率的表现形式划分

从表现形式上划分,税率可以分为以绝对数形式表示的税率和以百分比形式表示的税率。我国目前主要有以下三种税率:

1. 定额税率。定额税率是按纳税对象的一定计量单位规定固定的税额,而不是规定纳税比例,因此又称"固定税额"。它是税率的一种特殊形式,一般适用于从量征收的某些税种、税目。在具体运用上,又分为地区差别定额税率、幅度定额税率、分类分级定额税率等不同形式。

2. 比例税率。比例税率是对同一征税对象,不论金额大小,都按同一比例纳税。税额与纳税对象之间的比例是固定的。比例税率在具体运用上又可分为产品比例税率、行业比例税率、地区差别比例税率、幅度比例税率等多种形式。

比例税率的优点是:对同一纳税对象的不同纳税人税收负担相同,有利于企业在大体相同的条件下展开竞争,促进企业加强管理,提高经济效益;计算方便,也便于税收稽征管理。主要缺点是:不分纳税人的环境、条件差异及收入、所得的多少等,都按同一税率征税,这与纳税人的实际负担能力不完全相符,在调节企业利润水平方面有一定的局限性。

3. 累进税率。累进税率是按照纳税对象数额的大小,实行等级递增的税率,即把纳税对象按一定的标准划分为若干个等级,从低到高分别规定逐级递增的税率。这种税率制度既可适应纳税人的负担能力,又便于充分发挥调节纳税人收入水平的作用,而且适应性强,灵活性大,一般适用于对所得和财产的征税。按累进税率结构的不同,又可分为以下三种税率:

(1)全额累进税率。全额累进税率是对纳税对象的全部数额,均按与之相适应的等级的累进税率计算纳税。当纳税对象提高到一个新的级距时,对其全额都提高到一级新的与之相适应的税率计算纳税。它的累进幅度较大,对纳税人的应税所得具有较强的调节作用,税额的计算方法简单,但存在税负不尽合理的弊端。

(2)超额累进税率。超额累进税率是将纳税对象按数额大小划分为若干等级,从低到高对每个等级分别规定相应的税率,一定数额的纳税对象可以同时适用几个等级的税率,每超过一级,超过部分则按提高一级的税率计税,这样分别计算税额,各等级应纳税额之和,就是纳税人的应纳税额。它的累进程度比较缓和,纳税人的税负比全额累进税率要轻一些,但在计算上比较复杂。

(3)超率累进税率。它与超额累进税率在原理上是相同的,不过税率累进的依据不是绝对数,而是相对数,如我国现行土地增值税,就是采用超率累进税率。

五、纳税环节

纳税环节是指对处于不断运动中的纳税对象选定应该缴纳税款的环节。税法对每一种税都要确定纳税环节,有的税种纳税环节单一,有的税种则需要在许多流转环节中选择和确定。从对流转额的纳税来看,由于产品从生产到消费,中间要经过工业生产、商业批发、商业零售等环节,可以选择在产品的生产环节或第一次批发环节纳税,对其他环节可以不纳税,即实行“一次课征制”,如资源税;也可以在产品出厂销售时缴纳一次工业环节的税,经过商业零售环节时再缴纳一次税,而对商业批发等中间环节不纳税,即实行“两次课征制”;还可以在工业品的产制、批发和零售环节都纳税,即实行“多次课征制”,如增值税。

六、税额计算

税额的计算是根据纳税人的生产经营或其他具体情况,对其应税事项,按照国家规定的税率,采取一定的计算方法,计算出纳税人的应纳税额。每种税都明确规定了应纳税额的具体计算公式,但其基本的计算公式相同,即:

应纳税额=计税依据×适用税率(或单位税额)

公式中“计税依据”在具体运用时,又涉及两个概念:一是计税单位,亦称计税标准、课税单位。它是课税对象的计量单位和缴纳标准,是课税对象的量化。计税单位分为从价计税、从量计税和混合计税三种。二是计税价格。对从价计征的税种、税率一经确定,应纳税额的多少就取决于计税价格。按计税价格是否包含税款划分,计税价格又分为含税计税价格和不含税计税价格两种。

七、税负调整

纳税人负担的轻重,除了通过税基、税率体现外,还可以通过其他措施来调整纳税人的负担。从税负看,税基、税率主要体现税负的统一性,而税负调整则体现税负的灵活性,税负调整分减轻税负(税收减免)和加重税负(税收加征)两种情况。

(一)税收减免

1. 税收减免及其要求。税收减免是减税与免税的合称。减免税是国家对特定纳税人或征税对象给予减轻或者免除税收负担的一种税收优惠措施,包括税基式减免、税率式减免和税额式减免,但不包括出口退税和财政部门办理的减免税。减免税体现税收在原则性基础上的灵活性,但它也存在扭曲资源配置的可能性。

纳税人同时从事减税、免税项目与非减免税项目的,应分别确认计量。纳税人依法可以享受减免税待遇,但因故未享受而多缴税款的,纳税人可以在税收征管法规定期限内申请减免税,要求退还多缴税款。

税务机关应当遵循依法、公开、公正、高效、便利的原则,规范减免税管理,及时受理和核准纳税人申请的减免税事项。税务机关应当结合税收风险管理,将享受减免税的纳税人履行纳税义务的情况纳入风险管理,加强监督检查。

2. 税收减免的类型。减免税分为核准类减免税和备案类减免税。

(1)核准类减免税。纳税人应在规定期限内,向税务机关提出书面申请,并按要求提交相关材料,经税务机关核准确认后执行。未按规定申请或虽申请但未经税务机关核准确认的,纳税人不得享受减免税。

(2)备案类减免税。纳税人享受备案类减免税时,应向税务机关提请备案,经税务机关登记备案后,自登记备案之日起执行。

(3)自行判别、申报享受、相关资料留存备查方式。企业应根据经营情况以及相关税收规定自行判断是否符合优惠事项规定的条件,符合条件的,应按规定时间自行计算减免税额,并填报纳税申报表主表和附表。

3. 税收减免的形式。除减税(对纳税人涉税事项的税基、税率或应纳税额打一定折扣或予以降低而少征部分税款)、免税(对纳税人的应税行为免予征税)基本形式外,还有起征点和免征额。

(1)起征点。它是税法规定的对课税对象开始征税的临界点。课税对象未达到起征点的不征税;达到或超过起征点的,就其全部金额征税,而不是仅就超过部分征税。当起征点较高时,容易诱发纳税人避税。

(2)免征额。它是税法规定的对课税对象中免予征税的临界点。它是按税法规定的数额,从计税依据总额中预先减除的部分。即免征额部分不纳税,只对超过免征额的部分征税。免征额是一种普惠制,有利于保证纳税人的基本所得,如个人所得税中计算居民个人综合所得时的"减除费用"。

(二)税收加征

1. 地方附加,简称附加。它是地方政府按照国家规定的比例,随同正税一起征收的作为地方财政收入的款项。附加是对税种的附加,适用于该税种的所有纳税人。

2. 加成征收。它是在按法定税率计算出应纳税额后,再加征一定"成数"的税额。一成是税额的10%,以此类推,最高为十成。"加成"实际上是税率的延伸,是对税率的补充规定。

3. 加倍征收。它是在按法定税率计算出应纳税额后,再加征一定"倍数"的税额。加倍征税是累进税率的一种特别补充,其延伸程度远远大于加成征税。因为加成征税并未超过税率自身的规定范围,最大的加成幅度才是一倍,而加倍征税则最少是一倍,因此,其调控跨度大。加成与加倍征收是针对特定纳税人或特定应税行为的,是对累进税率的一种特别补充。因此,只适用于直接税。

第三节　税收征纳制度

一、税务登记制度

税务登记是税务机关根据税法规定,对纳税人的生产经营活动进行登记管理的一项基本制度,是纳税人接受税务机关监督,依法履行纳税义务的必要程序。履行税务登记制度,是确立征纳双方法律关系的依据和证明,税务登记证件是抽象性的征税通知、税务许可证和权利证明书。税务登记包括设立登记、变更登记、停业及复业登记、注销登记和税务登记证验证、换证以及非正常户处理、报验登记等有关事项。

税务登记不仅是纳税人的法定义务,同时也是纳税人的一种权利证明。除了按规定不需要发给税务登记证件的情况外,纳税人持税务登记证件可办理的事项为:开立银行账户;申请减税、免税、退税;申请办理延期申报、延期缴纳税款;领取发票;申请开具外出经营活动税收管理证明;办理停业、歇业;其他有关税务事项。

(一)设立登记

新设立登记的企业首次办理涉税事宜时,税务机关依据工商等部门共享登记信息制作《"多证合一"登记信息确认表》,提醒纳税人对其中不全的信息进行补充,对不准确的信息进行更正,对需要更新的信息进行补正。对首次办理涉税事宜的新设登记企业需要补充的信息,部分信息由“金税工程”①核心征管系统自动生成,部分信息合并至实名办税、财务会计制度备案等环节采集。金税工程外部信息交换系统自动将纳税人在工商等部门的换照信息传递至征管系统,各地税务机关通过征管系统相关模块及时为纳税人办理相关涉税业务。纳税人识别号统一为18位社会信用代码。

(二)变更登记

纳税人税务登记内容发生变化的,应当在规定时间内,提供相关证件和材料,向原发证机关申报办理变更登记(验证、换证)。

(三)停业及复业登记

纳税人在申报办理停业登记时,应如实填写停业申请登记表,说明停业理由、停业期限、停业前的纳税情况和发票的领、用、存情况,并结清应纳税款、滞纳金、罚款。纳税人在停业期间发生纳税义务的,应按税收法律、行政法规的规定申报缴纳税款。

纳税人应当于恢复生产经营之前,向税务机关申报办理复业登记,领回并启用税务登记证件、发票申领簿及其停业前申领的发票。停业期满不能及时恢复生产经营的,应当在停业期满前向税务机关提出延长停业登记申请。

(四)注销登记

纳税人发生解散、破产、撤销以及其他情形,依法终止纳税义务的,应当在规定时间内,按规定要求提供相关证件和材料,向原发证机关申报办理注销登记。

对向市场监管部门申请简易注销的纳税人,未办理过涉税事宜的,或办理过涉税事宜但未领用发票,无欠税、滞纳金及罚款的,可免予到税务机关办理清税证明,直接向市场监管部门申请办理注销登记。

对向市场监管部门申请一般注销的纳税人,税务机关在为其办理税务注销时,应限时办结。对未处于税务检查状态,无欠税、滞纳金及罚款,已缴销增值税专用发票及税控专用设备,且符合规定条件的纳税人,可即时办结,采取承诺制容缺办理,即资料不齐的,可在其作出承诺后,税务机关即时出具清税文书。纳税人应按承诺时限补齐资料并办结相关事项;否则,税务机关将对其法定代表人、财务负责人纳入纳税信用D级管理。

① 金税工程是由国家税务总局启动建设,以计算机网络为依托,实现税务机关互联互通、相关部门信息共享,覆盖各税种、各管理环节的税收信息管理系统的总称。金税工程现已上线了金税三期,当前金税四期处于开发推行的关键期。

二、会计管理制度

会计管理制度是根据国家有关法律、行政法规和国务院财政、税务主管部门的规定,对纳税人会计账簿、凭证设置和管理要求的制度。

(一)会计账簿、凭证的设置和管理

从事生产、经营的纳税人应当自领取营业执照或发生纳税义务之日起15日内,按照国家有关规定设置账簿,根据合法、有效的会计凭证记账、核算。

纳税人、扣缴义务人的会计凭证、账簿、完税凭证、发票、出口凭证和其他有关涉税资料,应当保存10年(法律、法规另有规定的除外)。

(二)会计制度、会计处理方法的管理

从事生产、经营的纳税人应自领取税务登记证件之日起15日内,将其财务、会计制度、会计处理方法、会计核算软件报送主管税务机关备案。纳税人、扣缴义务人的财务、会计制度、方法与国务院或国务院财政、税务主管部门的规定有抵触的,应按国家规定计算应纳税款、代扣代缴和代收代缴税款。

三、发票管理制度

(一)发票的概念和属性

发票是指在购销商品、提供或者接受劳务、服务以及从事其他经营活动中,开具、收取的收付款凭证。发票是记录经济活动的商事凭证,也是税务机关进行税收征管的重要依据。发票是用以证明交易事项已经发生,明确交易双方法律责任,记录交易原始形态和内容的商事凭证,有时也将其作为提货单、保修单等的辅助证明。同时,发票还是财务会计核算凭证,用以作为会计记录的依据和会计档案资料,是税务会计的计税凭证,也是税务机关等执法检查的重要依据。

发票包括纸质发票和电子发票两类。电子发票是指在购销商品、提供或者接受服务以及从事其他经营活动中,按照税务机关发票管理规定以数据电文形式开具、收取的收付款凭证。电子发票与纸质发票具有同等法律效力。国家积极推广使用电子发票。

自2021年12月1日,我国推行全面数字化电子发票(以下简称"数电发票"),试点地区逐步扩大;自2024年12月1日起,全国推广应用"数电发票"。数电发票为"电子发票"的一种,是将发票的票面要素全面数字化、号码全国统一赋予、开票额度智能授予、信息通过税务数字账户等方式在征纳主体之间自动流转的新型发票。数电发票

与纸质发票具有同等法律效力。

（二）发票的基本要素

纸质发票的基本要素包括发票的名称、发票代码和号码、联次及用途、客户名称、开户银行及账号、商品名称或经营项目、计量单位、数量、单价、大小写金额、税率（征收率）、税额、开票人、开票日期、开票单位（个人）名称（章）等。纸质发票的基本联次包括存根联、发票联、记账联。存根联由收款方或开票方留存备查；发票联由付款方或受票方作为付款原始凭证；记账联由收款方或开票方作为记账原始凭证。省级以上税务机关可根据纸质发票管理情况以及纳税人经营业务需要，增减除发票联以外的其他联次，并确定其用途。

数电发票的基本要素包括发票名称、发票号码、开票日期、购买方信息、销售方信息、项目名称、规格型号、单位、数量、单价、金额、税率（征收率）、税额、价税合计、备注、开票人等。数电发票为单一联次，以数字化形态存在，类别包括电子发票（增值税专用发票）、电子发票（普通发票）、电子发票（航空运输电子客票行程单）、电子发票（铁路电子客票）、电子发票（机动车销售统一发票）、电子发票（二手车销售统一发票）等。另外，数电发票可以根据特定业务标签生成建筑服务、成品油、报废产品收购等特定业务发票。

（三）发票的领取

需要领取发票的单位和个人，应持税务登记证件、经办人身份证明（经办人的居民身份证、护照或者其他能证明经办人身份的证件）、按照国务院税务主管部门规定式样制作的发票专用章（用票单位和个人在其开具发票时加盖的有其名称、税务登记号、发票专用章字样的印章）的印模，报主管税务机关审核。主管税务机关根据领取者的经营范围和规模，确认领取发票的种类、数量以及领取方式（如批量供应、交旧领新、验旧领新、额度确定等）。税务机关根据单位和个人的税收风险程度、纳税信用级别、实际经营情况确定或调整其领用发票的种类、数量、额度以及领用方式。

数电发票无需领用。税务机关根据纳税人的税收风险程度、纳税信用级别、实际经营情况等因素，通过电子发票服务平台授予发票总额度，并实行动态调整。发票总额度，是指一个自然月内，纳税人发票开具总金额（不含增值税）的上限额度。纳税人因实际经营情况发生变化需要调整发票总额度的，经主管税务机关确认后予以调整。

（四）发票的开具和保管

企业销售商品、提供服务，以及从事其他经营活动的单位和个人，对外发生经营业务收取款项，收款方应向付款方开具发票；特殊情况（收购单位和扣缴义务人支付个人款项及国家税务总局认为其他需要由付款方向收款方开具发票的情况）下，由付款方向收款方开具发票。

所有单位和从事生产、经营活动的个人在购买商品、接受服务以及从事其他经营活动支付款项时，应向收款方取得发票。取得发票时，不得要求变更品名和金额。不符合规定的发票，不得作为财务报销凭证，任何单位和个人有权拒收。

任何单位和个人不得有下列虚开发票行为：①为他人、为自己开具与实际经营业务情况不符的发票；②让他人为自己开具与实际经营业务情况不符的发票；③介绍他人开具与实际经营业务情况不符的发票。

企业应建立发票使用登记制度，配合税务机关进行身份验证，并定期向主管税务机关报告发票使用情况；应在办理变更或者注销税务登记的同时，办理发票的变更、缴销手续；应按照国家有关规定存放和保管发票，不得擅自损毁。已经开具的发票存根联，应保存 5 年。

四、纳税申报制度

纳税申报是纳税人在发生纳税义务后，按国家有关法律、行政法规规定和税务机关的具体要求，向主管税务机关如实申报有关纳税事项及应缴税款时应履行法定手续的制度。纳税申报不仅是征纳双方核定应纳税额、开具纳税凭证的主要依据，也是税务机关研究经济信息、加强税源管理的重要手段。实行纳税申报制度，可以促使纳税人增强纳税意识，提高税款计算的正确性，而且有利于税务机关依法征收税款，查处税务违法事件，保证税款及时、足额入库。

（一）纳税申报方式

我国目前的纳税申报方式主要有直接申报和数据电文申报。

1. 直接申报。纳税人、扣缴义务人直接到主管税务机关办理纳税申报或扣缴税款的报告。

2. 数据电文申报。纳税人、扣缴义务人经税务机关批准，经由电子、光学或类似手段生成、储存或传递纳税申报或扣缴税款的报告。这些手段包括电子数据交换、电子邮件、电报、电传、传真等。

（二）纳税申报范围

凡是有纳税义务的单位和个人，不论当期是否有应纳税款，都应办理纳税申报。此外，下列单位和个人也应办理纳税申报：

（1）经税务机关批准，实行“自行核税、自行开票、自行缴库”的纳税人，应定期向税务机关提交纳税申报，接受税务机关的监督。

（2）采取定期定额缴纳税款的纳税人，按评估核定的销售额、所得额等分月计算缴纳税款，并定期办理申报纳税，以反映其实际经营情况，以便税务机关检查原先核定的税款定额是否合理。

（3）经税务机关批准减免税的纳税人，须定期申报减免税款的发生结果，以真实地反映减免税的成效。

（4）扣缴义务人须定期办理纳税申报，以防止不扣或少扣等情况的发生。

（三）纳税期限

1. 纳税义务与纳税期限的确认。纳税义务发生时间，即纳税人应税行为的发生时间，它是确认纳税期限的起始点。在每部税收实体法中都明确规定了应税行为的发生时间。与财务会计有所不同，税务会计确认有的基于收付实现制，有的基于权责发生制，因涉税事项和税种的不同而不同。

2. 纳税期限。纳税期限是纳税人依法向国家缴纳每种税款的期限。纳税义务发生后，不可能立即缴纳税款。因此，在税收实体法中，规定了每种税的具体间隔时间，即纳税申报期限。有按日、按月、按季或半年之分，不能按固定期限纳税的，应按次申报纳税。

3. 缴税期限。缴税期限是纳税人在纳税期满后，将应纳税款实际缴纳（入库）的期限。如纳税人以月、季为一个纳税期间的，自期满之日起 15 日内申报纳税，超过规定期限，即为欠税。此外，有的税种还规定了预缴税款期限和结清（清缴）期限。纳税人、扣缴人、纳税担保人应缴纳的欠税及滞纳金，可先行缴纳欠税，再依法缴纳滞纳金。企业破产应依法缴纳新产生的应纳税款。

4. 延期申报。以下两种情况可以延期纳税申报：

一是法定延期。在纳税期限最后一日是法定休假日的，以休假日期满次日为期限的最后一日；在期限内有连续 3 日（含）以上法定休假日的，按休假日天数顺延。例如某企业增值税、消费税是每月期满后 15 日内为申报纳税期限，当年 2 月 15 日为星期六，则 2 月申报纳税期限顺延至 2 月 17 日；10 月 1 日（星期四）至 7 日放假 7 天，10 月申报纳税期限顺延至 10 月 22 日（星期四）。

二是核准延期。纳税人、扣缴义务人不能按期办理纳税申报的，经税务机关核准，可以延期申报，但应按上期实际缴纳的税款或税务机关核定的税款预缴，并在核准的延期内办理税款结算。

（四）纳税申报表填报及附报资料

纳税人、扣缴义务人在填报纳税申报表时，应将税种、税目、计税依据、适用税率或单位税额、应纳税额、预扣/代扣代缴税额、税款所属期限、计算机代码、单位名称等填写清楚，并加盖有关印章。

纳税人无论有无应税收入、所得和其他应税项目，或者在减免税期间，都必须依照《税收征管法》的规定，向主管税务机关报送同期财务会计报表及其他附列资料。

为了进一步深化税务系统"放管服"改革，简化企业纳税申报资料报送，减轻企业办税负担，国家税务总局颁布了"相关事项"公告，纳税人向税务机关申报扣除资产损失，不再报送相关资料，而由企业留存备查。这样虽然降低了相关企业的办税负担和向税务机关申报资料的难度，但从另一个角度看，也是对企业的税务合规与内控制度提出了更高的要求。不再报送的相关资料，并不意味着相关资料"不重要"。企业应完整保存资产损失相关资料，保证资料的真实性、合法性，否则要承担相应的法律、行政法规规定的法律责任。

五、税款缴纳制度

税款缴纳制度是指纳税人根据国家有关法律、行政法规规定，按一定程序缴纳税款的制度。税务机关不得违反法律、法规的规定开征、停征、多征、少征、提前征收、延缓征收或摊派税款。

（一）税款缴纳方式

纳税人在纳税申报后，应按主管税务机关认定的如下税款缴纳方式，在规定期限内将应纳税款解缴入库。

1. 自核自缴（查账征收）。这种方式适用于财务制度健全、会计核算正确，能够主动自觉依法纳税的企业。经主管税务机关批准，企业自行计算应纳税款，自行填写纳税申报表并按规定办理纳税申报（包括附报资料），自行填写税收缴款书并及时缴纳税款。

2. 核实缴纳（查定征收）。这种方式适用于财务制度基本健全、会计核算比较正确，能够依法计算应纳税款的企业。纳税人自行填写纳税申报表，并按规定办理纳税申报（包括附报资料），经主管税务机关审核并填开税收缴款书后，在规定期限内缴纳税款。

3. 查定缴纳（查验征收）。这种方式适用于财务制度不够健全、凭证账簿不够完备的企业。纳税人应如实向主管税务机关办理纳税申报，并提供其生产经营情况等资料，经税务机关审查测定或实地查验后，填开税收缴款书或完税凭证，纳税人据以在规定期限内缴纳税款。

4. 定额(核定)缴纳。对生产经营规模较小，无力建账或账证不全，不能提供准确纳税资料的企业，按照税务机关核定的销售额(收入额)和税率或征收率计算应交税款，并在规定期限内申报缴纳。当纳税人每期的实际销售额与税务机关核定的定额升降幅度超过20%时，经税务机关核实后，可对定额予以调整。适用核定应税所得率缴纳企业所得税的纳税人，其应纳税所得额按税法规定的公式计算(详见本书第八章第三节)。

(二)税款缴纳凭证——税收票证

1. 税收票证的意义。税收票证是指税务机关、扣缴义务人依照法律法规，代征人、代售人按照委托协议，征收税款、基金、费、滞纳金、罚没款等各项收入(以下统称税款)的过程中，开具的收款、退款和缴库凭证。税收票证是纳税人实际缴纳税款或者收取退还税款的法定证明。

税收票证包括纸质形式和数据电文形式。数据电文税收票证是指通过横向联网电子缴税系统办理税款的征收缴库、退库时，向银行、国库发送的电子缴款、退款信息。

税收票证的基本要素包括：税收票证号码、征收单位名称、开具日期、纳税人名称、纳税人识别号、税种(费、基金、罚没款)、金额、所属时期等。

2. 税收票证的种类。税收票证包括税收缴款书、税收收入退还书、出口货物服务专用税收票证、印花税专用税收票证、税收完税证明以及国家税务总局规定的其他税收票证。

(1)税收缴款书。税收缴款书是纳税人据以缴纳税款，税务机关、扣缴义务人以及代征代售人据以征收、汇总税款的税收票证。具体包括以下四种：

《税收缴款书(银行经收专用)》：由纳税人、税务机关、扣缴义务人、代征代售人向银行传递，通过银行划缴税款(出口货物服务增值税、消费税除外)到国库时使用的纸质税收票证。其适用范围是：纳税人自行填开或税务机关开具，纳税人据以在银行柜面办理缴税(转账或现金)，由银行将税款缴入国库；税务机关收取现金税款、扣缴义务人扣缴税款、代征代售人代征税款后开具，据以在银行柜面办理税款汇总缴入国库；税务机关开具，据以办理“待缴库税款”账户款项缴入国库。

《税收缴款书(税务收现专用)》：纳税人以现金、刷卡(未通过横向联网电子缴税系统)方式向税务机关缴纳税款时，由税务机关开具并交付纳税人的纸质税收票证。代征人代征税款时，也应开具本缴款书并交付纳税人。为方便流动性零散税收的征收管理，本缴款书可以在票面印有固定金额，具体面额(单种面额不得超过 100 元)种类由各省税务机关确定。

《税收缴款书(预扣/代扣代收专用)》:扣缴义务人依法履行税款预扣/代扣代缴、代收代缴义务时开具并交付纳税人的纸质税收票证。扣缴义务人预扣/代扣税款后,已经向纳税人开具了税法规定或国家税务总局认可的记载完税情况的其他凭证的,可不再开具本缴款书。

《税收电子缴款书》:税务机关将纳税人、扣缴义务人、代征代售人的电子缴款信息通过横向联网电子缴税系统发送给银行,银行据以划缴税款到国库时,由税收征管系统生成的数据电文形式的税收票证。

(2)税收收入退还书。税收收入退还书是税务机关依法为纳税人从国库办理退税时使用的税收票证。具体包括以下两种:

《税收收入退还书》:税务机关向国库传递,依法为纳税人从国库办理退税时使用的纸质税收票证。

《税收收入电子退还书》:税务机关通过横向联网电子缴税系统依法为纳税人从国库办理退税时,由税收征管系统生成的数据电文形式的税收票证。

税收收入退还书应当由县以上税务机关税收会计开具并向国库传递或发送。

(3)出口货物服务专用税收票证。出口货物服务专用税收票证是由税务机关开具、专门用于纳税人缴纳出口货物服务增值税、消费税或者证明该纳税人再销售给其他出口企业的货物已缴纳增值税、消费税的纸质税收票证。

(4)印花税专用税收票证。印花税专用税收票证是税务机关或印花税票代售人在征收印花税时向纳税人交付、开具的纸质税收票证。

(5)税收完税证明。税收完税证明是税务机关为证明纳税人已经缴纳税款或者已经退还纳税人税款而开具的纸质税收票证。

第四节 诚信纳税与纳税信用

一、诚信纳税及其意义

(一)诚信及诚信纳税

诚信即诚实守信,言必有信,一诺千金。“诚信”是立身之本,处世之宝。

党的二十大报告提出，完善产权保护、市场准入、公平竞争、社会信用等市场经济基础制度，优化营商环境。[①] 也就是说，市场经济是信用经济、法治经济，市场交易主体的诚实信用符合市场经济发展及秩序的基本要求，是现代市场经济的应有之义。诚信原则包含市场经济的基本道德要求，体现了公平、正义等价值取向。

诚信原则是现代民法的基本原则。诚信原则既具备一般条款的强制性效力，又蕴含伦理道德标准，将道德规范的自律性提升至强制性规范的他律性，实现了道德诚信的法律化。诚信原则的基本内涵是民事主体在民商事活动中应当诚实守信、恪守承诺，不仅应承担契约规定义务，还应当承担诚实、善意的一般义务，即在追求各自利益的同时，不损害他人及社会利益。

我国法律明确规定：民事主体从事民事活动，应当遵循诚信原则，秉持诚实，恪守承诺。在《消费者权益保护法》等法规中也有类似规定。

税收诚信原则蕴含高度道德价值。在税法中，其内在的"诚实善意"对征纳双方都有要求：①征税方在履行职责时，要明确纳税人的合法权益，坚持诚信推定、无过错推定；保护纳税人的善意期待，恪守承诺，保证已作出的行政行为的效力稳定；及时行使征税权，超出合理期限则可能违法行政或丧失追诉权；坚持"取之有度，用之有效"的税收伦理等。②纳税人应诚信纳税，及时足额缴纳税款，积极主动地配合征税机关履行职责。

诚信纳税是在现代市场经济条件下，社会普遍存在的相互信任关系在税务领域的具体体现。对纳税人来说，是将诚信规范体现在履行纳税义务上。诚信纳税就是按照法律规定自觉、准确、及时地履行税收给付义务与各种作为义务，是表现和反映征纳双方相互之间信任程度的标的，是由规矩、诚实、合作的征纳行为所组成的一种税收道德规范。诚信纳税在一个行为规范、诚实而合作的税收征纳群体中产生，它既促进税收征纳双方共同遵守规则，改善征纳关系，也是在潜移默化中提高征纳主体成员的素质，在相互信任中转化成合作、和谐关系。

法不可违，信不可失。只有守信用、讲品德，才能从根本上做好企业品牌，才能树立企业的良好形象，企业才会有长久立足之地。

（二）诚信纳税的意义

1. 诚信纳税有利于促进市场经济健康发展。市场经济是竞争经济，这种竞争是一种公平有序的竞争；市场经济也是一种法制经济，它通过将一切市场行为纳入法律体系以确保市场经济秩序有法可依与有法必依。可见，健全的法制和公平的竞争环境是保

① 习近平. 高举中国特色社会主义伟大旗帜，为全面建设社会主义现代化国家而团结奋斗：中国共产党第二十次全国代表大会上的报告[M]. 北京：人民出版社，2022：29.

障市场经济健康发展的要件。实施诚信纳税,以财力保障政府行使其职能,为市场经济的健康发展提供了保证;诚信纳税还可以促使纳税人公平地参与市场竞争,可以营造良好的税收法制与公平的纳税环境,这是市场经济健康发展所不可或缺的条件。

2. 诚信纳税利国利民。诚信纳税可以保证政府有稳定、充足的财政收入,增强国家实力,政府就可以为社会提供更多更好的公共物品和服务,满足人民日益增长的对美好生活的需求。诚信纳税与国家和人民的利益息息相关,诚信纳税利国利民。国家富强,民族振兴,人民幸福才有坚实的基础。

3. 诚信纳税可以降低征收成本。纳税人讲诚信,纳税遵从度高,税务部门就可以对依法纳税人给予较大的自由度,取消或简化一些不必要的管理程序和要求,提高征管效率,降低征收成本。

4. 诚信纳税有利于维护企业的商誉。在市场经济条件下,纳税人的商誉不仅包括其在生产经营活动及商业交易中的诚信度,还包括其诚信纳税情况——纳税信用等级。可以说,诚信纳税是企业的一项无形资产,它传播着企业的良好商业信誉,成为衡量企业商业信誉的重要尺度。只有诚信纳税的企业才会赢得较高的商业信誉和更多的商机,才能行稳致远。

(三) 涉税服务人员个人信用记录

为加快个人诚信记录建设,对从事涉税服务人员(会计从业人员、注册会计师、注册税务师、律师等)实行个人信用记录,及时归集有关人员在相关活动中形成的诚信信息,体现“守信激励、失信惩戒”。根据《从事涉税服务人员个人信用积分指标体系及积分记录规则》,“个人信用指标”包括基本信息、执业记录、不良记录、纳税记录四类一级指标。

执业记录部分采取累加计分规则,从事涉税服务人员为多个委托人提供同项涉税业务都会获得累加计分;不良记录部分采取累计扣分规则,从事涉税服务人员每发生一次违法违规情形都会扣除相应分值,情节较重或情节严重的,纳入涉税服务失信名录。

从事涉税服务人员只有通过电子税务局,办理“纳税申报代理”和“其他税务事项代理”业务方能加分。因此,应尽可能在线上办理涉税事项,提高办理效率,降低征纳成本。

二、纳税信用管理与评价

纳税信用是纳税人依法履行纳税义务,并被社会所普遍认可的一种信用,是社会信用体系建设的重要内容。

纳税信用管理是指税务机关对纳税人的纳税信用信息开展的采集、评价、确定、发布和应用等活动,纳税信用管理遵循客观公正、标准统一、分类分级、动态调整的原则。国家税务总局推行纳税信用管理工作信息化,规范统一纳税信用管理。税务机关积极参与社会信用体系建设，与相关部门建立信用信息共建共享机制，推动纳税信用与其他社会信用联动管理。

纳税信用评价采取年度评价指标得分和直接判级方式。评价指标包括税务内部信息和外部评价信息。年度评价指标得分采取扣分方式。在评价年度内，纳税人经常性指标和非经常性指标信息齐全的，从100分起评；非经常性指标缺失的，从90分起评。直接判级适用于有严重失信行为的纳税人。

税务机关每年4月评定上一年度纳税信用评价结果，并为纳税人提供自我查询服务。有下列情形之一的纳税人，该评价年度直接判为D级：

(1)存在逃避缴纳税款、逃避追缴欠税、骗取出口退税、虚开增值税专用发票等行为，经判决构成涉税犯罪的。

(2)存在前项行为，未构成犯罪，但逃避缴纳税款金额10万元以上且占各税种应纳税总额10%以上，或者存在逃避追缴欠税、骗取出口退税、虚开增值税专用发票等税收违法行为，已缴纳税款、滞纳金、罚款的。

(3)在规定期限内未按税务机关处理结论缴纳或者足额缴纳税款、滞纳金和罚款的。

(4)以暴力、威胁方法拒不缴纳税款或者拒绝、阻挠税务机关依法实施税务稽查执法行为的。

(5)存在违反增值税发票管理规定或者违反其他发票管理规定的行为，导致其他单位或者个人未缴、少缴或者骗取税款的。

(6)提供虚假申报材料享受税收优惠政策的。

(7)骗取国家出口退税款，被停止出口退(免)税资格未到期的。

(8)有非正常户记录或者由非正常户直接责任人员注册登记或负责经营的。

(9)由D级纳税人的直接责任人员注册登记或者负责经营的。

(10)存在税务机关依法认定的其他严重失信情形的。

纳税信用级别设A、B、M、C、D五级。A级纳税信用为年度评价指标得分90分以上的；B级纳税信用为年度评价指标得分70分以上不满90分的；C级纳税信用为年度评价指标得分40分以上不满70分的；D级纳税信用为年度评价指标得分不满40分或者直接判级确定的；未发生上述失信行为的新设立企业(根据《破产法》重整后的企业，也按新设立企业评价)适用M级纳税信用。

税务机关按照守信激励、失信惩戒的原则，对不同信用级别的纳税人实施分类服务和管理。对D级纳税信用企业，严格限制发票领用量，严控每次领取数，并要预缴3%的税额，必须到办税服务厅排队验票、比对认证等；对纳税信用评价为A级的纳税人，税务机关实施下列激励措施：

(1)主动向社会公告年度A级纳税人名单。

(2)一般纳税人可单次领取3个月的增值税发票用量,需要调整增值税发票用量时即时办理。

(3)普通发票按需领用。

(4)连续3年被评为A级信用级别的纳税人,除享受以上激励措施的便利,还可以由税务机关提供绿色通道或专门人员帮助办理涉税事项。

(5)税务机关与相关部门实施的联合激励措施,以及结合当地实际情况采取的其他激励措施。

三、纳税信用的溢出效应及其提升

(一)纳税信用的溢出效应

溢出效应(Spillover Effect)是指一个组织在进行某项活动时,不仅会产生活动所预期的效果,而且会对组织之外的人或社会产生影响,即某项活动具有外部收益。

纳税信用数据(信息)有较高的客观性、真实性和准确性,是优质的“第三方数据”。通过“税银(银税)互动”,可以产生三方共赢的溢出效应。

对银行贷款授信审批部门来说,与企业的财务报表数据相比,税务机关提供的纳税信用信息具有更强的真实性、权威性、可量化性,是难得的高质量参考依据,可以在很大程度上消除银行与企业之间的信息不对称问题,消除银行的信息搜集盲区。银行可以借此综合分析企业的应税收入、进项税额抵扣、入库税款和税款缴纳速度等关键性指标,以此为企业“画像”,由大数据自动确定是否放款、放款多少。原先烦琐的贷款审批流程可以大幅简化,甚至可以实现全流程网上审批,加速审批速度,降低审批成本和不良贷款率,银行还能获得优质客户资源。

随着社会信用体系建设不断深入,纳税信用应用逐步拓展。在银行信贷、政府招投标、企业上市和评优争先等方面,已经将纳税信用情况作为重要的考量因素。

对税务机关来说,可以提高纳税信用的激励和惩戒效应,提高纳税人的税法遵从度。

(二)努力提升纳税信用等级

A级纳税信用企业不仅可以在发票领用、认证、出口退税和日常办税多方面享受便利,而且在不动产登记、申请贷款和政府招投标等方面享受审批优先待遇。对企业来说,提升纳税信用等级,除可以直接降低纳税成本外,还可以降低融资成本,扩大融资规模。企业的纳税信用等级越高,得到的贷款就越多,贷款期限就越长。

纳税人应重视自身的纳税信用,提高税务会计核算水平,加强税务会计管理,日常积累纳税信用,努力提升纳税信用等级。具体而言,主要应做好以下各项工作:

（1）按规定正确进行纳税申报，及时进行抄报税等。

（2）按规定要求报送企业会计制度和会计处理方法。

（3）归集并留存享受税收优惠政策的相关备查资料。

（4）如实向税务机关提供与关联企业业务往来中的价格、费用标准等信息。

（5）及时响应税务机关的风险提醒，按规定及时解除非正常户。

（6）及时、如实向税务机关备案银行账户。

四、纳税信用修复和纳税信用复评

纳税信用修复适用于纳税人发生了国家税务总局2019年第37号公告中明确的情节轻微或未造成严重社会影响的失信行为后，在规定期限内，主动纠正、消除不良影响后向税务机关申请恢复其纳税信用的机制，旨在鼓励并引导纳税人增强依法诚信纳税的意识，通过主动纠错的方式，尽快修复自身信用，减少信用损失。

纳税信用复评适用于纳税人对纳税信用评价结果有异议，认为部分纳税信用指标扣分或直接判级有误或属于非自身原因导致，而采取的一种维护自身权益的行为。

纳税信用修复的前提是纳税人对税务机关作出的年度评价结果无异议，如有异议，应先进行纳税信用复评后再申请纳税信用修复。

案　例

一、基本案情

被告人张伟，男，30岁，辽宁省锦州市人，原系锦州市百荷大酒店经理，住锦州市凌河区金屯村，1995年11月14日被取保候审。

1994年12月1日，被告人张伟（乙方）与锦州市粮油运输贸易总公司（甲方）签订了承包协议。协议规定甲方将百荷大酒店承包给乙方经营管理，乙方每年向甲方交纳管理费9万元。承包期从1995年1月1日起至1996年12月30日止。1995年1月8日，张伟承包经营的百荷大酒店正式营业。

被告人张伟从营业之日起至同年7月14日，既不办理税务登记，又不申请缓缴纳税手续，欠缴定额营业税14 280元，经税务工作人员多次催缴，被告人不予理睬。在税务机关于1995年6月14日向其下达限期纳税通知书后，被告人仍不缴纳。同年7月7日，驻税务机关检察室的检察人员向被告人调查其纳税情况时，被告人假报住址，称自己现住址为锦州市凌河区龙口小区39号楼6-29号。后经查实，被告人未住在该处。

为逃避纳税，被告人又于1995年7月11日夜私自将其存放在百荷大酒店的冰柜、床、行李等财产转移，并且到外地躲避长达4个月之久，致使税务机关无法追缴其欠缴的税款。案发后，被告人张伟的认罪态度较好，向税务机关补缴了税款和罚款。

二、审理结果

辽宁省锦州市凌河区人民检察院以被告人张伟涉嫌抗税罪，向锦州市凌河区人民法院提起公诉。被告人张伟辩称，未办理税务登记是甲方(锦州市粮油运输贸易总公司)的责任，事后已补缴税款及罚款，应当得到从宽处理。其辩护人认为，被告人没有抗税的故意和行为，不构成抗税罪。

锦州市凌河区人民法院经公开审理认为，被告人张伟作为纳税义务人，拒不缴纳税款，并且采取转移财产的手段，致使税务机关无法追缴欠缴的税款，数额达1万多元，其行为已构成逃避追缴欠税罪，应依法惩处。被告人辩称的未办理税务登记是百荷大酒店发包方的责任，经查与事实不符，本院不予采纳。辩护人提出被告人的行为不构成抗税罪的意见能够成立，本院予以采纳。鉴于被告人在案发后认罪态度较好，积极补缴了所欠税款和罚款，可酌情从轻处罚。该院依照全国人民代表大会常务委员会《关于惩治偷税、抗税犯罪的补充规定》第二条和《中华人民共和国刑法》第六十七条、第六十八条的规定，于1996年3月21日作出刑事判决如下：

被告人张伟犯逃避追缴欠税罪，判处有期徒刑一年，缓刑二年，并处罚金15 000元。宣判后，被告人张伟没有提出上诉，人民检察院也没有提出抗诉。

(资料来源：新《税收征收管理法》之释义 · 案例)

案例讨论：

1. 通过本案例，你认为欠税的违法行为与逃避追缴欠税罪应如何界定？
2. 本案量刑是否得当？

思考题

1. 你如何理解“税收是我们为文明社会支付的对价”的基本含义？
2. 试述税收实体法的基本构成要素。
3. 简述税务登记的意义和内容。
4. 简述纳税申报的方式和内容。
5. 何谓税款缴纳的凭证？税款缴纳的凭证主要有哪些？
6. 简述我国税款缴纳方式。
7. 简述诚信纳税及其意义，如何提升企业纳税信用等级？
8. 为什么要对涉税服务人员实行个人信用记录？如何保持个人信用的优良记录？

第三章

增值税会计

本章要点

主要阐述我国现行增值税税制要素、增值税发票管理、增值税纳税申报及增值税会计账户设置等;应重点掌握增值税进项税额抵扣、进项税额转出转入、销项税额确认计量及相应的会计处理,增值税减免与缴纳的会计处理。

第一节 增值税税制要素

一、增值税的特点和优越性

针对传统流转税重复征税的缺点,在第一次世界大战后,人们就开始研究如何改造传统的流转税。1954年,法国政府率先推行增值税,此后欧共体各成员国也先后采用了增值税。增值税以其特有的优势,在短短的几十年内已被170多个国家和地区所采用,成为世界税收史上最耀眼的一颗新星。

(一)增值税的概念

根据增值税的计税原理,增值税(Value-Added Tax,VAT)是对商品生产和流通、服务中各个环节的新增价值和附加值——增值额计算征收的一种流转税。在实务中,由于增值额难以准确确认计量,征纳双方容易产生歧义。因此,在世界各国税法中,一般采用税款抵扣的办法,即根据货物和服务的销售额,按规定税率计算出销项税额,然后再从中扣除上一环节已纳增值税税款,其余额即为纳税人应缴纳的增值税税额。这种计算方法体现了按增值因素计税的原理,只是各国及各国的不同时期税法规定的扣除项目和税率有所不同而已。

按照我国现行增值税税法,增值税的定义可以概括为:增值税是对在我国境内销售货物、进口货物以及提供服务的单位和个人,就其应税销售额计算税款,并实行税款抵扣制的一种流转税(间接税)。

(二)增值税的分类

按增值税税基进行分类,增值税可以分为以下三种类型:

1.生产型增值税(Production-type VAT)。这种类型增值税的计税依据为工资、利润、利息、地租和折旧额之和。从国民经济整体看,因计税基数就是国内生产总值(GDP),故称其为生产型增值税。由于这种类型增值税的扣除范围不包括固定资产,因此,它在一定程度上仍带有重复征税的问题,不利于投资较大的生产企业的专业化分工与协作,但对资本有机构成低的行业、企业和劳动密集型生产有利。

采用这种类型增值税的国家较少，主要是一部分发展中国家。

2. 收入型增值税（Income-type VAT）。这种类型的增值税是以销售收入减去投入生产的中间性产品价值和固定资产折旧额后的余额为计税依据的一种增值税。就国民经济整体来说，计税依据相当于国民收入（V+M），故称其为收入型增值税。其税基较生产型增值税稍窄，对经济增长的影响呈中性。

3. 消费型增值税（Consumption-type VAT）。这种类型的增值税是以销售收入减去投入生产的中间性产品价值和同期购入固定资产后的余额为计税依据的一种增值税。这种类型的增值税准许扣除当期购入的全部固定资产的已纳税款，即对所有外购项目价值（非本企业新创造的价值）都实行彻底的购进扣税法。因此，它最能体现增值税的计税原理，是最典型的增值税。从国民经济整体来说，国内生产总值的 C+V+M 中扣除了 C 及 V+M 中用于积累的部分，其税基相当于全部消费品的价值，不包括原材料、固定资产等一切投资转移价值，故称其为消费型增值税。这种增值税税基较窄，具有抑制消费、刺激投资、促进资本形成和经济增长的作用。从 2016 年 5 月 1 日起，我国增值税实现货物和服务行业的全覆盖，包括不动产在内的全部固定资产进项税额允许抵扣，成为比较完整、规范的消费型增值税制度。

（三）增值税的特点

1. 税款抵扣机制。增值税的魅力源于增值税的抵扣机制（层层抵扣、环环征税）。税款抵扣机制是增值税区别于其他流转税的本质特征，是增值税的灵魂和内核。一个抵扣不完全的增值税税制不是真正的增值税，或者说不是一个完全符合增值税理论的规范的增值税制。只有实现了完全抵扣，才能真正体现以增值额作为计税依据，才能做到既环环征税，又不重复征税。但因各国采用的增值税类型不同以及增值税税制中还存在多档税率和征收率等因素，因此，在实务中不能实现完全抵扣，因而也就不能完全消除重复征税的问题，也就难以体现税收中性原则。

2. 若同种产品最终售价相同，其总体税负相同。在增值税下，同一种产品（商品），不论经过多少流转环节，只要其最终售价相同，其总体税负就相同。如表 3-1 所示。

表 3-1　增值额与增值税额（假定税率为 10%）　　单位：万元

流转环节	销售额	增值额	增值税额
1. 生产原材料	200	200①	20
2. 生产半成品	400	200	20
3. 生产产成品	700	300	30

续表

流转环节	销售额	增值额	增值税额
4. 批发	900	200	20
5. 零售	1 000	100	10
合计	—	1 000	100
1. 生产原材料至半成品	400	400	40
2. 生产产成品并零售	1 000	600	60
合计	—	1 000	100

①假设本环节无购进项目，其销售额即为“增值额”。

（四）增值税的优越性

1. 能够较好地体现公平税负的原则。不论企业是全能型还是非全能型，不论其生产经营客观条件如何，其税收负担应是一致的。由于增值税是以增值额作为计税依据的，而商品的盈利是构成增值额的主要因素之一，因此，增值税的税收负担同纳税人的负担能力是基本相适应的。

2. 有利于促进企业生产经营结构的合理化。由于增值税的税收负担不会因流转环节的多少而使整体税负发生变化，只影响整体税负在各流转环节间的纵向分配结构。因此，增值税不但有利于企业向专业化、协作化方向发展，而且还有利于经营组织结构的合理化。

3. 有利于保证国家取得财政收入。凡是从事生产经营的单位和个人，只要其经营中产生增值额，就应缴纳增值税；一种产品（商品）不论其在生产、经营中经过多少环节，每个环节都应根据其增值额计税。因此，不论从横向看还是从纵向看，增值税都有利于保证国家的财政收入。

4. 有利于制定商品、服务价格。价格一般由成本、利润、税金三部分构成。在阶梯式的流转税下（传统流转税），商品的税负是一个不确定因素，从而也使商品价格难以正确确定；征收增值税后，商品的整体税负成为可确定的因素，它只与税率有关。因此，为合理制定商品、服务价格提供了有利条件。

5. 有利于商品出口。在国际贸易中，各国都是不以含税价格出口商品。为此，要将出口商品从第一环节到最后环节所累计缴纳的税款全部退给出口企业。若退税不足，将不利于鼓励出口；若退税过头，成为出口补贴，将既影响国家财政收入，还可能招致进口国的报复或抵制。征收增值税后，因为税率与整体税负一致，出口企业只需以购入出口商品所付金额乘以适用税率即可计算应退税额。

6. 平衡进口商品与国内商品的税收负担。传统的阶梯式流转税税率只能体现商品在某一流转环节的税收负担,它对进口商品征税不足而使其税负轻于国内商品,不利于国内企业发展;而增值税的税率是按产品的整体税负设计的,对进口商品只需按进口金额乘以税率计征,使国内商品与进口商品在平等条件下竞争。

二、增值税的纳税人及其分类

(一)增值税的纳税人

在我国境内销售和进口货物、提供应税服务、转让无形资产和不动产的单位和个人,为增值税的纳税人。

"境内"销售货物、提供应税服务是指销售货物的起运地或者所在地在境内,提供的应税服务发生在境内。

"单位"是指企业、行政单位、事业单位、军事单位、社会团体及其他单位;"个人"是指个体工商户和其他个人(指自然人,下同)。

单位租赁或者承包给其他单位或者个人经营的,以承租人或者承包人为纳税人。

境外单位或个人在境内销售货物、提供应税服务,在境内未设有经营机构的,其应纳税款以代理人为扣缴义务人;没有代理人的,以购买者为扣缴义务人。

(二)增值税纳税人的分类

为了便于增值税的征收管理并简化计税,我国将增值税纳税人划分为小规模纳税人和一般纳税人。

1. 小规模纳税人。小规模纳税人是指年应税销售额在规定标准以下,不能按规定报送有关纳税资料的纳税人。年应税销售额是纳税人在连续不超过 12 个月或 4 个季度的经营期内累计应征增值税销售额,包括纳税申报销售额①、稽查查补销售额、纳税评估调整销售额。

增值税小规模纳税人标准为年应征增值税销售额② 500 万元及以下;已登记为增值税一般纳税人的单位和个人,在 2018 年 12 月 31 日前,可转登记为小规模纳税人,其未抵扣的进项税额做转出处理。

2. 一般纳税人。年应税销售额超过小规模纳税人规定标准的,应向主管税务机关

① 纳税人自行申报的全部应征增值税销售额,其中包括免税销售额和税务机关代开发票销售额。

② 小规模纳税人偶然发生的转让不动产的销售额,不计入应税行为年应税销售额。

办理一般纳税人登记(选择按小规模纳税人纳税的和其他个人除外)。纳税人应根据《增值税一般纳税人登记管理办法》,填报“增值税一般纳税人登记表”。纳税人兼有应税货物和销售服务、无形资产、不动产(简称“应税行为”)的,应税货物销售额与应税行为销售额分别计算,分别适用增值税一般纳税人登记标准,其中有一项销售额超过规定标准,也应按规定办理增值税一般纳税人登记相关手续。

年应税销售额未超过规定标准以及新开业的纳税人,若符合规定条件(有固定经营场所,能够准确提供税务核算资料),小规模纳税人会计核算健全(按照国家统一会计制度规定设置账簿,根据合法、有效会计凭证进行会计核算),也可向主管税务机关办理一般纳税人资格登记。一经认定为一般纳税人后,不得再转为小规模纳税人。

三、增值税的纳税范围

(一)纳税范围的一般规定

在我国境内销售货物、服务①、无形资产、不动产和金融商品,以及起运地在境外、目的地在境内的进口货物等应税交易,均属增值税的纳税范围。境内应税交易是指起运地、所在地在境内,销售方在境内,境内消费,境内发生(发行)等。

下列项目视为非应税交易,不征收增值税:

(1)员工为受雇单位或者雇主提供取得工资薪金的服务。

(2)行政单位收缴的行政事业性收费、政府性基金。

(3)因征收征用而取得补偿。

(4)存款利息收入。

(5)国务院财政、税务主管部门规定的其他情形。

(二)纳税范围的特别规定

1. 视同应税交易。视同应税交易是指在财务会计中一般不确认销售收入②,但按税法规定属于应税行为,应确认收入并计算缴纳税款的转移行为。站在税制设计和税收征管的角度,将无偿赠送和有偿销售货物、无偿和有偿提供服务、无偿和有偿转让无形资产及不动产同等对待,均纳入征税范围,既体现税收的公平原则,又可堵塞漏洞,防止纳税人逃避缴纳税款。同时,又将以公益活动为目的或以社会公众为对象的无偿赠送(转让)货物、无偿提供服务排除在视同销售之外,有利于促进社会公益事业的发展。

---

① 销售服务包括提供交通运输服务、邮政服务、电信服务、建筑服务、现代服务和生活服务。

② 因其不符合会计准则规定的收入确认条件。

下列行为视同应税交易,应依法缴纳增值税:

(1)单位和个体工商户将自产或者委托加工的货物用于集体福利或者个人消费。

(2)单位和个体工商户无偿赠送货物(用于公益事业的除外)。

(3)单位和个人无偿赠送无形资产、不动产或者金融商品(用于公益事业的除外)。

(4)单位和个人无偿服务(用于公益事业、以社会公众为对象的除外)。

(5)国务院财政、税务主管部门规定的其他情况。

2. 兼营。一般纳税人兼营销售货物、加工修理修配劳务、服务、无形资产、不动产适用不同税率或者征收率的,应当分别核算适用不同税率或征收率的销售额,未分别核算销售额的,从高适用税率、征收率。

一般纳税人兼营免税、减税项目的,应当分别核算免税、减税项目的销售额;未分别核算的,不得免税、减税。

一般纳税人销售自产机器设备的同时提供安装服务,应分别核算机器设备和安装服务销售额,一般纳税人销售外购机器设备的同时提供安装服务,如果已按兼营的有关规定,分别核算机器设备和安装服务的销售额,安装服务可按甲供工程选择适用简易计税方法计税。

3. 混合销售。一项销售行为,如果既涉及货物又涉及服务,为混合销售。从事货物生产、批发或零售的单位和个体工商户的混合销售行为,按照销售货物缴纳增值税;其他单位和个体工商户的混合销售行为,按照销售服务缴纳增值税。

"一项销售行为"的判断标准是"密不可分"的,而密不可分就是不可拆分。如果涉及的不同行为之间不可单独分割或之间存在依存关系,即离开其中一项,其他行为就无法独立存在,这样的应税行为属于混合销售,否则就是兼营。对混合销售税率的选择,应以起主导作用行为的税率为准。

4. 不征收增值税项目。不征收增值税项目就是不属于增值税征收范围的项目。包括五个项目:①根据国家指令无偿提供的铁路运输服务、航空运输服务,属于公益事业的服务;②存款利息;③被保险人获得的保险赔付;④房地产主管部门或其指定机构、公积金管理中心、开发企业以及物业管理单位代收的住宅专项维修资金;⑤在资产重组过程中,通过合并、分立、出售、置换等方式,将全部或部分实物资产以及与其相关联的债权、负债和劳动力一并转让给其他单位和个人,其中涉及的不动产、土地使用权转让行为。

四、增值税税率、征收率

(一)增值税税率

1. 基本税率为13%。一般纳税人销售货物、进口货物以及提供加工修理修配、有形动产租赁服务，适用13%的税率。

2. 低税率。

（1）9%税率。一般纳税人销售、进口农产品（含粮食）、食用植物油、食用盐、自来水、石油液化气、天然气、煤气、农机、化肥农药、饲料、书报杂志、音像制品、电子出版物等，提供交通运输服务、邮政服务、基础电信服务和建筑服务，转让土地使用权，销售不动产和不动产租赁服务，适用9%的税率。

（2）6%税率。销售（转让）土地使用权之外的其他无形资产，提供增值电信服务、金融服务、生活服务以及除租赁服务之外的各项现代服务，适用6%的税率。

3. 零税率。

（1）出口货物税率为零（国务院另有规定的除外）。出口货物税率为零不等于出口货物免税。出口货物免税仅指在出口环节不征收增值税，而零税率是指对出口货物除了在出口环节免征增值税外，还要对产品在出口前已经缴纳的增值税退税或抵扣，以使出口产品在出口时完全不含增值税税款，从而以无税产品进入国际市场①。

（2）跨境应税行为税率为零。境内单位和个人提供的国际运输服务、航天运输、向境外单位提供的研发服务和设计服务，向境内单位和个人提供的往返香港、澳门、台湾的交通运输服务以及在香港、澳门、台湾提供的交通运输服务，适用增值税零税率；国际服务外包，实行增值税零税率或免税。境内单位和个人提供期租、程租和湿租服务，如果租赁的交通运输工具用于国际运输服务和港澳台运输服务，不适用增值税零税率，由承租方按规定申请适用零税率。

境内单位和个人提供适用零税率的应税服务，如果属于适用增值税一般计税方法的，实行免抵退税办法，退税率为其按照规定适用的增值税税率；如果属于适用简易计税方法的，实行免征增值税办法。外贸企业兼营适用零税率应税服务的，统一实行免退税办法。

纳税人提供应税服务同时适用免税和零税率规定的，可选择适用零税率或免税。

（二）增值税征收率

1. 按3%的征收率。小规模纳税人以及选择简易计税方法的一般纳税人销售货物、无形资产，提供劳务、服务、建筑服务、公交运输服务，有形动产租赁，资管产品运营收益等，适用3%的征收率。

2. 按5%的征收率。小规模纳税人以及选择简易计税方法的一般纳税人销售不动产（不含自建），符合条件的不动产融资租赁、经营租赁（转让土地使用权），提供劳务派

① 但在实务中，并非全部出口产品都完全实行零税率。政府基于宏观经济调控政策，规定出口产品的不同出口退税率，大部分出口产品实行零税率，小部分出口产品未能实行零税率。

遣服务、人力资源外包服务等，适用5%的征收率。

五、增值税的纳税期限与纳税地点

（一）增值税的纳税期限

增值税的计税期间分别为10日、15日、1个月、1个季度或半年，具体计税期间，由主管税务机关根据纳税人应纳税额的大小分别核定。以半年为计税期间的规定不适用于按一般计税方法计税的纳税人。自然人不能按照固定计税期间纳税的，可以按次纳税。

纳税人以1个月、1个季度或者半年为一个计税期间的，自期满之日起15日内申报纳税；以10日、15日为一个计税期间的，自期满之日起5日内预缴税款，于次月1日起15日内申报纳税并结清上月应纳税款。扣缴义务人解缴税款的计税期间和申报纳税期限比照执行。

进口货物，应当自海关填发海关进口增值税专用缴款书之日起15日内缴纳税款。

（二）增值税的纳税地点

1. 固定业户应向其机构所在地主管税务机关申报纳税。总机构和分支机构不在同一县（市）的，应当分别向各自所在地主管税务机关申报纳税；经国家税务总局或其授权的税务机关批准，可以由总机构汇总向总机构所在地主管税务机关申报纳税。

2. 企业临时外出经营时，需要在“金三”网报系统中自主填报《跨区域涉税事项报告表》，系统自动推送至经营地税务机关，再去经营地税务机关报验，核实资料，接受经营地税收管理。外出经营结束后，经营地税务机关将涉税信息反馈至机构地主管税务机关，机构地税务机关对异地预缴税款情况进行比对分析，重点核查应预缴税款、已预缴税款和已抵减税款。

3. 非固定业户销售货物或者应税服务，应当向销售地或者服务发生地的主管税务机关申报纳税；未向销售地或者服务发生地的主管税务机关申报纳税的，由其机构所在地或者居住地的主管税务机关补征税款。

4. 进口货物，应当向报关地海关申报纳税。

5. 其他个人提供建筑服务，销售或租赁不动产，转让自然资源使用权，应向建筑服务发生地、不动产所在地、自然资源所在地主管税务机关申报纳税。

6. 扣缴义务人应当向其机构所在地或居住地的主管税务机关申报缴纳其扣缴的税款。

六、增值税的减免

（一）增值税的免税

增值税免税是指对货物、应税服务和销售服务在本环节的应纳税额予以免征，但其进项税额不得抵扣（不予退还）。因此，纳税人仍然要承担一定的增值税税负。对学历教育、医疗服务、养老服务①、图书销售等社会基本服务免征增值税，具体项目主要还有如下各项：

1. 从事农业（种植业、养殖业、林业、牧业、水产业）生产的单位和个人销售的自产初级农产品、有机肥产品。

2. 批发、零售环节销售蔬菜（包括经过挑选、清洗、切分、晾晒、包装、脱水、冷藏、冷冻等工序加工的蔬菜，但不包括各种蔬菜类罐头），销售鲜活肉蛋产品。

3. 向社会收购的古书和旧书。

4. 直接用于科学研究、科学试验和教学的进口仪器、设备。

5. 外国政府、国际组织无偿援助的进口物资和设备。

6. 由残疾人组织直接进口供残疾人专用的物品。

7. 跨境应税行为。国际运输、港澳台运输、出口服务和无形资产，境内保险公司向境外保险公司提供的完全在境外消费的再保险服务，财政部和国家税务总局规定的其他服务。

境内单位和个人销售适用增值税零税率的服务或无形资产的，可以放弃适用增值税零税率，选择免税缴纳增值税；适用简易计税方法的，实行免征增值税。

纳税人按规定办理跨境应税行为免税备案手续后，在发生相同跨境应税行为时，不再办理备案手续。

8. 金融机构同业往来利息收入。同业往来利息收入包括金融机构与央行所发生的资金往来业务、银行联行往来业务、金融机构之间的资金往来业务和转贴现业务、同业存款、同业借款、同业代付、买断式买入返售金融商品、持有金融债券和同业存单等。免税范围的扩大，意味着不得抵扣进项税额或进项税额转出的增加，纳税人应该权衡其中的得与失。

9. 保险公司开办 1 年期以上人身保险产品取得的保费收入。

10. 跨境应税行为包括：国际运输、港澳台运输、出口服务和无形资产、境内保险公司向境外保险公司提供的完全在境外消费的再保险服务、财政部和国家税务总局规定的其他服务。

① 为老年人提供集中居住和照料服务的各类养老机构，免征增值税。

11. 提供技术转让、技术开发和与之相关的技术咨询、技术服务。

(二)增值税的即征即退

1. 销售软件产品。增值税一般纳税人销售其自行开发生产的软件产品(含电子出版物)[①],或将进口软件进行转换等本地化改造(重新设计、改进、转换等,不含单纯进行汉字化处理)后对外销售,按13%的税率缴纳增值税后,对其增值税实际税负[②]超过3%的部分,实行增值税即征即退,其计算公式为:

即征即退税额=当期软件产品增值税应纳税额-当期软件产品销售额×3%

2. 一般纳税人提供管道运输服务,对其增值税实际税负超过3%的部分,实行增值税即征即退。

3. 经人民银行、国家金融监管局或商务部批准从事融资租赁业务的试点纳税人中的一般纳税人,提供有形动产融资租赁服务和有形动产融资性售后回租服务,对其增值税实际税负超过3%的部分,实行增值税即征即退。

4. 属于增值税一般纳税人的动漫企业销售其自主开发生产的动漫软件,对其增值税实际税负超过3%的部分,实行增值税即征即退。

5. 资源综合利用产品。增值税一般纳税人销售自产的资源综合利用产品符合相关规定时,可享受增值税即征即退政策。

6. 安置残疾人的单位和个体工商户。由税务机关按纳税人安置残疾人人数[③],实行限额即征即退增值税办法。每位残疾人每月可退还增值税的具体限额,由县级以上税务机关根据纳税人所在区县适用的经省级政府批准的月最低工资标准的4倍确定。纳税人本期已缴增值税额小于本期应退税额不足退还的,可在本年度内以前纳税期已缴增值税额扣除已退增值税额的余额中退还,仍不足退还的,可结转本年度内以后纳税期退还。年度已缴增值税额小于或等于年度应退税额的,退税额为年度已缴增值税额;年度已缴增值税额大于年度应退税额的,退税额为年度应退税额。年度已缴增值税额不足退还的,不得结转以后年度退还。

---

① 这是指同时符合两个条件的软件产品:一是取得省级软件产业主管部门认可的、软件检测机构出具的检测证明材料;二是取得软件产业主管部门颁发的《软件产品登记证书》或著作权行政管理部门颁发的《计算机软件著作权登记证书》。

② 增值税实际税负是指纳税人当期提供应税服务实际缴纳的增值税额占纳税人当期提供应税服务取得的全部价款和价外费用的比例。

③ 盲人按摩机构月安置的残疾人占在职职工人数的比例不低于25%(含25%),且安置的残疾人人数不少于5人(含5人);其他纳税人月安置的残疾人占在职职工人数的比例不低于25%(含25%),且安置的残疾人人数不少于10人(含10人);依法与安置的每位残疾人签订了一年以上(含一年)的劳动合同或服务协议。

符合增值税即征即退规定的纳税人,可以先行申请退税,然后再进行纳税评估。享受即征即退政策的纳税人,如果认为会出现转出进项税额大于应退回的即征即退金额,企业可以放弃该项免税,但在放弃后,36 个月内不得再申请。

7. 符合相关法规规定的特定图书、报纸和期刊,增值税先征后退 50%或 100%。

(三)增值税的减征

1. 小规模纳税人销售自己使用过的固定资产,纳税人销售旧货(不含二手车),减按 2%的征收率。2020 年 5 月 1 日至 2027 年 12 月 31 日,从事二手车经销的纳税人销售其收购的二手车,减按 0.5%征收增值税;纳税人应当开具二手车销售统一发票,购买方索取增值税专用发票的,应当再开具征收率为 0.5%的增值税专用发票。旧货是指进入二次流通的具有部分使用价值的货物,但不包括自己使用过的物品。

$$销售额=含税销售额÷(1+0.5\%)$$

2. 一般纳税人销售自己使用过的特定固定资产(在财务会计中已经计提折旧),按简易计税方法依 3%的征收率减按 2%计缴增值税有如下四项:

(1)购进或自制固定资产时为小规模纳税人,认定为一般纳税人后,销售该固定资产。

(2)适用一般计税方法的增值税一般纳税人,销售其规定不得抵扣且未抵扣进项税额的固定资产。

(3)一般纳税人发生按简易计税方法计缴增值税应税行为,销售其按规定不得抵扣且未抵扣进项税额的固定资产。

(4)销售“营改增”之前购进或自制的、自己使用过的固定资产。

3. 截至 2027 年 12 月 31 日,增值税小规模纳税人适用 3%征收率的应税销售收入,减按 1%征收增值税。

(四)减免增值税的放弃

纳税人销售货物、提供应税服务,适用免税、减税规定的,可以放弃免税、减税。要求放弃减免税权应当以书面形式提交放弃减免税权声明,报主管税务机关备案。一经放弃减免税权,其生产销售的全部增值税应税货物、服务均应按照适用税率缴税,不得选择某一减免税项目放弃减免税权,也不得根据不同的销售对象选择部分货物、服务放弃减免税权,而且在 36 个月内不得再申请减免税。

纳税人也可以放弃适用零税率,选择减免税或按规定缴纳增值税。放弃适用零税率后,36个月内不得再申请适用零税率。

(五)增值税的起征点

按期纳税的,为月销售额5 000~20 000元(含本数);按次纳税的,为每次(日)销售额300~500元。低于起征点的,免缴增值税;超过起征点的,按全额计税。

小微企业、个体工商户和其他个人的小规模纳税人,合计月销售额(扣除本期销售不动产的销售额)未超过10万元或季度销售额未超过30万元的,免征增值税。

七、增值税发票管理

(一)增值税发票

增值税发票是增值税纳税人销售货物、服务而给受票方开具的发票。根据增值税发票管理平台的不同,发票分增值税发票管理系统开具的增值税发票和由电子发票服务平台开具的增值税发票。

(1)增值税发票管理系统开具的增值税发票有增值税专用发票、增值税普通发票、增值税电子发票、机动车销售统一发票、二手车销售统一发票等。

增值税发票有增值税纸质普通和专用发票,增值税电子普通和专用发票,以及机动车销售统一发票、二手车销售统一发票等。增值税专用发票不仅具有商事凭证的作用,还具有完税凭证的作用,是兼具销货方纳税义务和购货方进项税额抵扣权利的证明。

增值税专用发票由基本联次或基本联次附加其他联次构成,基本联次有发票联、抵扣联和记账联三联。发票联作为购买方核算采购成本和增值税进项税额的记账凭证;抵扣联作为购买方报送主管税务机关认证和留存备查的凭证;记账联作为销售方核算销售收入和增值税销项税额的记账凭证。其他联次用途由一般纳税人自行确定。

增值税防伪普通发票由不同颜色的五联(没有抵扣联)构成;主要适用于生活服务业纳税人的普通发票(卷票)则为单联票。专用发票不仅包括普通发票所记载的内容,还要记录购销双方的税务登记号、地址、电话、银行账户和税额等;增值税普通发票的价款是含税价,专用发票则是税款与价格分开填列。

增值税电子发票是指在经济活动中开具和取得的以电子方式存储的、有法定效力的收付款凭证。电子发票不需要纸质载体,没有印制、打印、存储和邮寄等成本,企业可以节约相关费用。需要纸质发票的,可以自行打印电子发票的版式文件,其法律效力、基本用途、基本使用规定等与税务机关监制的增值税普通发票相同。财会人员应加强对电子发票的审核或抽查,以防范重复打印、重复报销或修改金额的风险。

(2)电子发票服务平台中开具的增值税发票均为数字化电子发票(简称“数电发票”),包括电子发票(增值税专用发票)、电子发票(普通发票)、电子发票(航空运输电子客票行程单)、电子发票(铁路电子客票)、电子发票(机动车销售统一发票)、电子发票(二手车销售统一发票)等。

数电发票不以纸质形式存在、不用介质支撑,没有联次,无需加盖发票专用章。数电发票的基本内容包括:发票号码、开票日期、购买方信息、销售方信息、项目名称、规格型号、单位、数量、单价、金额、税率或征收率、税额、合计、价税合计(大写、小写)、备注、开票人等。数电发票取消了特定版式,有 PDF、OFD、XML 三种格式。

(二)增值税发票的领取

纳税人凭税务登记证件、经办人身份证明等领取增值税发票。数电发票不需要领取,税务机关通过“赋额制”为纳税人赋予发票总额度。

纳税人有以下情形之一的,不得领取开具专用发票:

(1)会计核算不健全,不能向税务机关准确提供增值税销项税额、进项税额、应纳税额数据及其他有关增值税税务资料的。

(2)有《税收征管法》规定的税收违法行为,拒不接受税务机关处理的。

(3)有下列行为之一,经税务机关责令限期改正而仍未改正的:①虚开增值税专用发票;②私自印制专用发票;③向税务机关以外的单位和个人买取专用发票;④借用他人专用发票;⑤未按规定开具专用发票;⑥未按规定保管专用发票和专用设备(未设专人保管专用发票和专用设备,未按税务机关要求存放专用发票和专用设备,未将认证相符的专用发票抵扣联、认证结果通知书和认证结果清单装订成册,未经税务机关查验,擅自销毁专用发票基本联次);⑦未按规定申请办理防伪税控系统变更发行;⑧未按规定接受税务机关检查。

(三)增值税发票的开具

1. 开具主体。一般纳税人可以使用同一套增值税防伪税控系统开具增值税专用发票、增值税普通发票等。一般纳税人销售货物、提供应税服务时,应向付款方开具专用发票。特殊情况下,由付款方向收款方开具发票。特殊情况是指:①收购单位和扣缴义务人支付个人款项时;②国家税务总局认为其他需要由付款方向收款方开具发票的。

增值税小规模纳税人(其他个人除外)发生增值税应税行为,需要开具增值税专用发票的,可以自愿使用增值税发票管理系统自行开具。自愿选择自行开具增值税专用发票的小规模纳税人,发生增值税应税行为(包括销售其取得的不动产),需要开具专用发票的,税务机关不再为其代开。

数电发票通过全国统一的电子发票服务平台开具。数电发票的开具需要通过真人识别的认证方式进行身份验证。

2. 开具要求。增值税发票的开具,主要分为自行开票和税务代开两种。

自行开票,是指纳税人自行开具发票的行为。纳税人开具增值税发票必须遵循税收法律规定,使用税务部门提供的数字证书登录发票开具系统,确保存在真实的交易,不得虚开发票。

税务代开,是指符合代开条件的纳税人发生增值税应税行为,需要开具增值税发票时,向主管税务机关申请代开。

3. 不得开具专用发票的情况:①向消费者个人销售应税项目;②一般纳税人零售的烟酒、服装、鞋帽(不含劳保专用品)、化妆品等最终消费品;③销售货物、提供应税劳务、应税服务,适用免税规定的;④接受方是其本单位的视同销售货物;⑤销售旧货。

4. 错开发票的责任。由于一般纳税人开具的增值税专用发票上注明的税款是按不含税价计算的,而购买方按普通发票上的买价计算的进项税额是按含税价计算的,计算基数大于专用发票上注明的价款。因此,如果将应开具的增值税专用发票开成了普通发票,就会造成购买方(一般纳税人)多抵扣进项税额而少缴增值税。按发票管理办法的规定,不但要对销售方未按规定开具发票的行为进行处罚,还要再处以造成购买方不缴、少缴税款1倍以下的罚款。

【例3-1】某粮油公司向某酿酒厂销售玉米300吨,开具普通发票,金额510 000元;酿酒厂据此抵扣进项税额45 900(510 000×9%)元。购销双方(均为一般纳税人)的做法是否符合有关法规规定?如果不符,应如何处理?

购销双方的做法不符合有关法规规定。稽查局对此做出了如下处罚决定:

粮油公司在销售玉米时应开具增值税专用发票而开具了普通发票,造成酿酒厂多抵扣进项税额3 790[510 000×9%-510 000÷(1+9%)×9%]元。

对粮油公司处罚如下:一是按照发票管理办法和增值税专用发票使用规定,对粮油公司未按规定开具发票的行为处以1万元罚款;二是按照发票管理办法,对粮油公司处以酿酒厂不缴、少缴增值税税款1倍的罚款,即同时对粮油公司处以3 790元的罚款。

对酿酒厂取得普通发票抵扣税款计算扣税行为，应当补税并缴纳滞纳金[①]。假定粮油公司正在享受增值税即征即退等优惠政策，在销售粮食时，凡购买方要求开具发票的，也应意识到应开具增值税专用发票的规定，以免受损。一般纳税人在销售初级农产品时，只有在确知对方系小规模纳税人时，才能开具普通发票。

5. 红字发票的开具。一般纳税人开具专用发票后，发生销货退回、开票有误、应税服务中止等情形但不符合发票作废条件，或因销货部分退回及发生销售折让，需要开具红字专用发票的，应按如下方法处理：

（1）开具红字专用发票。一般纳税人开具专用发票后，发生销货退回、开票有误、应税服务中止以及发票抵扣联、发票联均无法认证等情形但不符合作废条件，或者因销货部分退回及发生销售折让，需要开具红字专用发票的，按以下方法处理：专用发票已交付购买方的，购买方可在增值税发票系统中填开并上传开具红字增值税专用发票信息表（以下称“信息表”）。专用发票尚未交付购买方或者购买方拒收的，销售方应于专用发票认证期限内在增值税发票系统升级版中填开并上传信息表；主管税务机关通过网络接收纳税人上传的信息表，系统自动校验通过后，生成带有红字发票信息表编号的信息表，并将信息同步至纳税人端系统；销售方凭税务机关系统校验通过的信息表开具红字专用发票，在增值税发票系统升级版中以销项负数开具。

（2）开具红字数电发票。纳税人发生销售退回、开票有误、应税服务中止、销售折让等情形的，应按照规定开具红字数电发票。但以下几种情况下不允许开具红字数电发票：蓝字发票已作废、已全额红冲、已被认定异常扣税凭证、已锁定（已发起红字确认单或信息表且未开具红字发票、未撤销红字确认单或信息表）；蓝字发票增值税用途为“待退税”“已退税”“已抵扣（改退）”“已代办退税”“不予退税且不予抵扣”；对方纳税人为“非正常”“注销”等状态、无法登录系统进行相关操作。

开具红字数电发票的具体操作要求包括：①蓝字数电发票未进行用途确认及入账确认时，开票方发起红冲流程，并直接开具红字数电发票。②农产品收购发票、报废产品收购发票、光伏收购发票等，无论是否进行用途确认或入账确认，均由开票方发起红冲流程，并直接开具红字数电发票。③蓝字数电发票已进行用途确认或入账确认时，开票方或受票方均可发起红冲流程，并经对方确认“红字发票信息确认单”后，由开票方开具红字数电发票。④受票方已将数电发票用于增值税申报抵扣的，应暂依“红字发票信息确认单”所列增值税税额从当期进项税额中转出，待取得开票方开具的红字数电发票后，与“红字发票信息确认单”一并作为记账凭证。

① 当然，这种情形也可能会被定性为逃税，这就会有逃税罚款的问题。在实务中，对这种情况，各地执行的处罚措施并不统一。

（四）增值税发票的交付和确认

1. 增值税发票的交付。纸质增值税发票因其物理形态，纳税人需要通过邮寄或亲自交付的方式将纸质发票交付购买方。而增值税发票管理系统开具的电子发票，通过电子邮件、二维码等交付。

已开具的数电发票，通过电子发票服务平台自动交付。开票方也可以通过电子邮件、二维码、下载打印等方式交付数电发票；当开票方选择下载打印方式交付时，数电发票的票面自动标记并显示下载次数、打印次数。

2. 增值税发票的确认。增值税发票确认主要包括发票真伪查验和发票认证抵扣。

增值税发票管理系统开具的增值税发票，通过全国增值税发票查验平台查验。一般纳税人取得增值税专用发票后，可以自愿使用增值税发票选择确认平台查询，选择用于申报抵扣、出口退税或者代办退税的增值税发票信息。

数电发票可以通过电子发票服务平台或全国增值税发票查验平台进行查验。数电发票取得后，用于申报抵扣增值税进项税额、成品油消费税或申请出口退税、代办退税、勾选成品油库存时，通过税务数字账户确认用途。

（五）辅导期纳税人专用发票的管理

1. 辅导期纳税人取得的增值税专用发票抵扣联、海关进口增值税专用缴款书以及运输费用结算单据应当在交叉稽核比对无误后，方可抵扣进项税额。

2. 实行纳税辅导期管理的小型商贸批发企业，申领专用发票的最高开票限额不得超过 10 万元；其他一般纳税人专用发票最高开票限额应根据企业实际经营情况重新核定。

3. 辅导期纳税人专用发票的申领实行按次限量控制，主管税务机关可根据纳税人的经营情况核定每次专用发票的供应数量，但每次提供专用发票的数量不得超过 25 份。

4. 辅导期纳税人一个月内多次申领专用发票的，应从当月第二次申领专用发票起，按照上一次已申领并开具的专用发票销售额的 3%预缴增值税，未预缴增值税的，主管税务机关不会向其提供专用发票。

第二节　增值税的确认计量与申报

一、增值税纳税义务的确认

1. 纳税义务确认的基本原则。纳税义务的确认为纳税人发生应税行为并收讫销售、服务款项或者取得索取销售、服务款项凭据的当天；先开具发票的，为开具发票的当天。取得索取销售、服务款项凭据的当天是指书面合同确定的付款日期；未签订书面合同或书面合同未确定付款日期的，为资产转让、提供服务完成当天或不动产权属变更当天。

2. 纳税义务确认的时点。实务中，还应根据销售、服务内容、收款方式、发票开具等因素确认纳税义务。

(1) 直接收款方式。一般采用“提货制”或“送货制”，即已将货物移送对方，货款结算大多采用现金或支票结算方式，纳税义务为收款或开票的当天。

(2) 托收承付和委托银行收款方式。销售方根据合同发货或提供服务后，委托银行向异地付款单位收取价款，付款单位根据合同核对单证后，向银行承认付款，或收款人委托银行向异地付款人收取款项。其纳税义务为发出货物或提供服务并办理托收或委托收款手续的当天。

(3) 分期收款方式。纳税义务为书面合同约定的收款日期的当天，无书面合同或者书面合同未约定收款日期的，为货物发出的当天。

(4) 预收款方式。何时确认收入主要看应税行为是否发生，一旦应税行为发生就要确认收入。具体分为如下三种类型：

★先开具发票的，为开具发票的当天。一旦发票开具，取得发票的一方就可以抵扣进项税额，还可以在税前列支成本费用。因此，先开具发票的，开具方应确认应税收入。

★先收款后开票的，为纳税人发生应税行为并收讫销售款的当天。在此情况下，应税行为与收讫销售款项同时发生。如提供租赁服务采取预收款方式的，其纳税义务发生时间为收到预收款的当天；建筑服务在预收款时，不确认纳税义务，无须开具发票，但应根据付款凭证及合同预缴税款，其纳税义务发生时间是在项目完工结算、全额开具发票时确认。

★未收款也未开票的，为纳税人发生应税行为并取得索取销售款项凭据的当天。在发生销售行为但未收到销售款项时，应先确认应税行为，然后再考虑是否签订书面合同：签订书面合同的，为合同确定的付款日期；未签订书面合同或书面合同未确定付款日期的，为销售完成当天或不动产权属变更当天。

(5)销售预付卡。售卡企业销售预付卡时,不得向购卡人、充值人开具增值税专用发票,可开具增值税普通发票,不确认增值税收入,应在实际发出商品、提供服务时确认增值税收入。

(6)委托其他纳税人代销货物,为收到代销单位的代销清单或者收到全部或者部分货款的当天。未收到代销清单及货款的,为发出代销货物满规定期限的当天。

(7)纳税人从事金融商品转让的,为金融商品所有权转移的当天。

(8)纳税人发生税法规定的视同销售货物行为(不包括委托和受托代销行为),为货物移送的当天;其他视同销售行为,其纳税义务发生时间为服务、无形资产转让完成的当天或不动产权属变更的当天。

(9)进口货物,为报关进口的当天。

(10)扣缴义务发生时间为纳税人纳税义务发生的当天。

在实务中,购销双方签订的合同,可能会出现结算方式不明确的情况,如直接收款与预收货款,预收款、赊销同分期收款等;而在税收法规中也有与会计准则、银行结算办法不一致的情况。对此,应根据书面合同(形式)优先和实质重于形式的原则予以判定。

3. 纳税义务确认的特殊原则——以先发生者为准。对以下情况,以发生在先的时点确认纳税义务:

(1)开具增值税发票的时间。

(2)实际收款的时间。

(3)合同约定的收款日期。

增值税纳税义务的发生并不必然导致开票行为的发生,但开票行为的发生必然导致增值税纳税义务的发生。

二、增值税销项税额的计算

(一)销售额的确认计量

1. 一般销售额的确认计量。

(1)销售额。销售额是纳税人发生应税交易取得的与之相关的对价,包括全部货币或者非货币形式的经济利益,不包括按照一般计税方法计算的销项税额和按照简易计税方法计算的应纳税额。视同发生应税交易以及销售额为非货币形式的,按照市场公允价格确定销售额。

(2)应税销售额以人民币计算。纳税人以人民币以外的货币结算销售额的,应当折合成人民币计算,折合率可以选择销售额发生的当天或者当月 1 日的人民币汇率中间价。纳税人应在事先确定采用何种折合率，确定后12个月内不得变更。

(3)纳税人发生应税行为价格明显偏低或者偏高且不具有合理商业目的的，或者发生视同销售行为而无销售额的，主管税务机关有权按下列顺序确定销售额：①按照纳税人最近时期销售同类货物、服务、无形资产或者不动产的平均价格确定；②按照其他纳税人最近时期销售同类货物、服务、无形资产或者不动产的平均价格确定；③按组成计税价格确定。组成计税价格的计算公式为：

$$组成计税价格=成本\times(1+成本利润率)$$

属于应征消费税的货物，其组成计税价格中应加计消费税税额。公式中的“成本”，属销售自产货物的，应为实际生产成本；属销售外购货物的，应为实际采购成本。“成本利润率”由国家税务总局确定，如果同时属于从价定率征收消费税的货物，其成本利润率应为消费税中规定的成本利润率。

(4)纳税人采取折扣方式销售货物，如果销售额和折扣额是在同一张发票的“金额”栏分别注明的，可按折扣后的销售额计缴增值税；如果仅在发票的“备注”栏注明折扣额，或者将折扣额另开发票，不论其在财务会计上如何处理，均不得从销售额中减去折扣额。

2. 特定销售额的确认计量。

(1)贷款服务，以提供贷款服务取得的全部利息及利息性质的收入为销售额。

(2)直接收费金融服务，以提供直接收费金融服务收取的手续费、佣金、酬金、管理费、服务费、经手费、开户费、过户费、结算费、转托管费等各类费用为销售额。

(3)金融商品转让，按卖出价扣除买入价后的余额为销售额。转让金融商品出现的正负差，以盈亏相抵后的余额为销售额。若相抵后出现负差，可结转下一纳税期与下期转让金融商品销售额相抵，若年末仍为负差的，不得转入下一个会计年度。

金融商品的买入价，可以选择按加权平均法或移动加权平均法进行核算，选择后36个月内不得变更。金融商品转让，不得开具增值税专用发票。

(4)融资租赁和融资性售后回租业务。经人民银行、国家金融监管总局或商务部批准从事融资租赁业务的纳税人，提供融资租赁服务，以取得的全部价款和价外费用，扣除支付的借款利息(含外汇借款和人民币借款利息，下同)、发行债券利息和车辆购置税后的余额为销售额；提供融资性售后回租服务，以取得的全部价款和价外费用(不含本金)，扣除对外支付的借款利息、发行债券利息后的余额作为销售额。

(5)一般纳税人提供客运场站服务，以其取得的全部价款和价外费用，扣除支付给承运方运费后的余额为销售额。

(6)提供旅游服务，可以选择以取得的全部价款和价外费用，扣除向旅游服务购买方收取并支付给其他单位或者个人的住宿费、餐饮费、交通费、签证费、门票费和支付给其他接团旅游企业的旅游费用(不得开具专用发票)后的余额为销售额。

(7)提供建筑服务适用简易计税方法的,以取得的全部价款和价外费用扣除支付的分包款后的余额为销售额。

(二)含税销售额的换算

增值税是以不含增值税税款的销售额作为计税销售额的,即实行价外计税。小规模纳税人销售货物、服务一般采用销售额和应纳税额合并定价的方法,一般纳税人也有可能采用合并定价的方法。如果不将含税销售额换算为不含税销售额而直接计税,会造成计税环节上的重复纳税现象。因此,应将含税销售额换算为不含税销售额后再计算增值税税额,其换算公式为:

$$销售额=\frac{含税销售额}{1+增值税税率或征收率}$$

房地产开发企业中的一般纳税人销售自行开发的房地产项目,适用一般计税方法计税,其销售额的计算公式为:

$$销售额=(全部价款和价外费用-当期允许扣除的土地价款)\div(1+9\%)$$

$$当期允许扣除的土地价款=(当期销售房地产项目建筑面积\div房地产项目可供销售建筑面积)\times支付的土地价款$$

当期销售房地产项目建筑面积是当期进行纳税申报销售额对应的建筑面积;房地产项目可供销售建筑面积是房地产项目可出售的总建筑面积,不包括销售房地产项目时未单独作价结算的配套公共设施的建筑面积;支付的土地价款是向政府、土地管理部门或受政府委托收取土地价款的单位直接支付的土地价款。

(三)销项税额及其计算

销项税额是指纳税人发生应税行为后,按销售额和增值税税率计算的增值税税额。销项税额的计算公式为:

$$销项税额=销售额\times税率$$

【例 3-2】某运输企业系增值税一般纳税人,除提供运输服务外,同时还提供装卸搬运服务。装卸搬运服务可以选择简易办法按照3%的征收率计算缴纳增值税。某月与客户签订运输合同,运费与装卸搬运费合并计价,合同金额2万元。

$$增值税销项税额=20\ 000\div(1+9\%)\times9\%=1\ 651.38(元)$$

如果合同分别计价、分别开票，合同总金额不变，假定运费占70%、装卸搬运费占30%，增值税计算如下：

$$运费销项税额=20\ 000\times70\%\div(1+9\%)\times9\%=1\ 155.96(元)$$
$$装卸搬运费应交增值税=20\ 000\times30\%\div(1+3\%)\times3\%=174.76(元)$$

增值税合计1 330.72元，比合并计价节税320.66(1 651.38-1 330.72)元，同时还会相应减少应交城市维护建设税和教育费附加。

三、增值税的进项税额

(一)进项税额的含义

进项税额是增值税一般纳税人购进的与应税交易相关的货物、服务、无形资产、不动产和金融商品所支付或者所负担的增值税税额。进项税额实际上是购货方通过供货方向政府支付的税额，对销货方来说，则是在价外收取的应交增值税。

(二)准予抵扣进项税额的确认

1. 从销售方取得的增值税专用发票上注明的税额。一般纳税人在取得增值税专用发票后，应在规定期限内进行认证，并在通过认证后，向主管税务机关申报抵扣进项税额。纳税人购进货物或应税劳务，支付运输费用，所支付款项的单位，必须与开具抵扣凭证的销货单位、提供劳务的单位一致，才能够申报抵扣进项税额。

2. 从海关取得的增值税专用缴款书上注明的税额。一般纳税人真实进口货物，从海关取得进口增值税专用缴款书，可按规定抵扣增值税税款。专用缴款书实行“先比对后抵扣”办法。税务机关将进口货物取得的进口增值税专用缴款书信息与海关采集的缴款信息进行稽核比对。稽核比对结果相符的，在专用缴款书上注明的增值税税额作为进项税额可以抵扣。

若不相符，所列税额暂不得抵扣，待核查确认海关缴款书票面信息与纳税人实际进口业务一致后，方可作为进项税额在销项税额中抵扣。

3. 购进农产品发票上注明的税额。进项税额抵扣有凭票抵扣和核定抵扣两种方式。凭票抵扣是纳税人凭增值税扣税凭证，计算抵扣进项税额；核定抵扣是特定行业纳税人购进农产品时，根据主管税务机关核定的当期农产品单耗数量或农产品耗用率，根据实际销售的产成品，倒推计算可抵扣进项税额。

(1)凭票抵扣。除取得增值税专用发票和海关进口增值税专用缴款书外,应按农产品收购或销售发票上注明的买价和扣除率计算准予抵扣的进项税额。纳税人购进用于生产销售或委托加工9%税率的农产品,按9%的扣除率计算进项税额;购进用于生产销售或委托加工13%税率的农产品,按10%的扣除率计算进项税额(购进当月按9%计算抵扣进项税额,生产领用月份加计抵扣1%进项税额)。

(2)核定抵扣:

★纳税人以购进农产品为原料生产货物,可按投入产出法、成本法及参照法计算当期可抵扣的进项税额,扣除率为销售货物的适用税率(13%或9%)。

★购进农产品直接销售,按直接销售农产品的增值税税率计算可抵扣的进项税额。

4. 纳税人支付的道路通行费,按照收费公路通行费增值税电子普通发票上注明的增值税税额抵扣进项税额;纳税人支付的桥、闸通行费,暂凭取得的通行费发票上注明的收费金额,按下列公式计算可抵扣进项税额:

$$桥、闸通行费可抵扣进项税额=通行费发票上注明的金额\div(1+5\%)\times5\%$$

5. 纳税人取得固定资产的进项税额,可一次性全额抵扣。

6. 纳税人购进国内旅客运输服务,其进项税额允许从销项税额中抵扣。未取得增值税专用发票的,暂按以下规定确定进项税额:

(1)取得增值税电子普通发票的,为发票上注明的税额。

(2)取得注明旅客身份信息的航空运输电子客票行程单的,按下列公式计算进项税额:

$$航空旅客运输进项税额=(票价+燃油附加费)\div(1+9\%)\times9\%$$

(3)取得注明旅客身份信息的铁路车票的,按下列公式计算进项税额:

$$铁路旅客运输进项税额=票面金额\div(1+9\%)\times9\%$$

(4)取得注明旅客身份信息的公路、水路等其他客票的,按下列公式计算进项税额:

$$公路、水路等其他旅客运输进项税额=票面金额\div(1+3\%)\times3\%$$

7. 自2023年1月1日至2027年12月31日,先进制造业企业按照当期可抵扣进项税额加计5%抵减应纳增值税额(即“加计抵减”);集成电路设计、生产、封测、装备、材料企业,按照当期可抵扣进项税额加计15%抵减应纳增值税额;生产销售先进工业母机产品的企业,按当期可抵扣进项税额加计15%抵减应纳增值税额。

其中，先进制造业企业是指高新技术企业(含所属的非法人分支机构)中的制造业一般纳税人。生产销售先进工业母机产品的企业是指生产销售先进工业母机主机、关键功能部件、数控系统的增值税一般纳税人。

(1)纳税人应按当期可抵扣进项税额的5%或10%计提当期加计抵减额。按规定不得从销项税额中抵扣的进项税额，不得计提加计抵减额；已计提加计抵减额的进项税额，按规定做进项税额转出的，应在进项税额转出当期相应调减加计抵减额。计算公式如下：

当期计提加计抵减额=当期可抵扣进项税额×5%(或10%)

当期可抵减加计抵减额=上期末加计抵减额余额+当期计提加计抵减额-当期调减加计抵减额

(2)纳税人按照现行规定计算一般计税方法下的应纳税额后，区分以下情形加计抵减：

抵减前的应纳税额等于零的，当期可抵减加计抵减额全部结转下期抵减；

抵减前的应纳税额大于零，且大于当期可抵减加计抵减额的，当期可抵减加计抵减额全额从抵减前的应纳税额中抵减；

抵减前的应纳税额大于零，且小于或等于当期可抵减加计抵减额的，以当期可抵减加计抵减额抵减应纳税额至零；未抵减完的当期可抵减加计抵减额，结转下期继续抵减。

(3)纳税人出口货物劳务、发生跨境应税行为不适用加计抵减政策，其对应的进项税额不得计提加计抵减额。纳税人兼营出口货物劳务、发生跨境应税行为且无法划分不得计提加计抵减额的进项税额，按下列公式计算：

不得计提加计抵减额的进项税额=当期无法划分的全部进项税额×当期出口货物劳务和发生跨境应税行为的销售额÷当期全部销售额

(4)纳税人应单独核算加计抵减额的计提、抵减、调减、结余等变动情况。

8. 纳税人租入固定资产、不动产，既用于一般计税方法计税项目，又用于简易计税方法计税项目、免征增值税项目、集体福利或者个人消费的，其进项税额准予从销项税额中全额抵扣。

(三)准予抵扣进项税额的申报

1. 增值税一般纳税人在取得增值税专用发票后，应自开具之日起360日内认证或登录增值税发票选择确认平台进行确认，并在规定的纳税申报期内，向主管税务机关申报抵扣进项税额。

2. 增值税一般纳税人取得海关进口增值税专用缴款书,应自开具之日起 360 日内向主管税务机关报送《海关完税凭证抵扣清单》,申请稽核比对。

3. 一般纳税人接受应税劳务、服务,必须在劳务费、服务费支付后才能申报抵扣进项税额;对接受应税劳务但尚未支付款项的,其进项税额不得作为当期进项税额抵扣。

4. 对企业接受投资、捐赠和分配的货物,以收到增值税专用发票的时间为申报抵扣进项税额的时限。

5. 一般纳税人进口货物取得的属于增值税扣税范围的海关缴款书,自开具之日起,在规定期限内向主管税务机关报送《海关完税凭证抵扣清单(电子数据)》,申请稽核比对,逾期未申请的,其进项税额不予抵扣。经税务机关稽核比对相符后,其增值税额方能作为进项税额抵扣。

6. 一般纳税人发生真实交易但由于客观原因造成增值税扣税凭证(包括增值税专用发票、海关进口增值税专用缴款书)逾期的,经主管税务机关审核、逐级上报,由国家税务总局认证、稽核比对后,对比对相符的增值税扣税凭证,允许纳税人继续抵扣其进项税额。

(四)不得抵扣的进项税额

纳税人凭完税凭证抵扣进项税额的,应当具备书面合同、付款证明和境外单位的对账单或者发票。纳税人取得的增值税扣税凭证不符合有关规定或资料不全的,其进项税额不得从销项税额中抵扣。下列项目对应的进项税额不得从销项税额中抵扣:

1. 用简易计税方法计税项目、免征增值税项目、集体福利及个人消费的购进货物、无形资产、不动产和金融商品,其中涉及的固定资产①、无形资产、不动产,仅指专用于上述项目的固定资产、无形资产(不包括其他权益性无形资产)、不动产。交际应酬消费也是一种个人消费(业务招待中消费的各类物品),属于生活性消费活动,不是生产经营中的投入和支出。

2. 非正常损失②的购进货物及相关的加工修理修配劳务和交通运输服务。

3. 非正常损失的在产品、产成品所耗用的购进货物(不含固定资产)和相关交通运输服务。

4. 非正常损失的不动产,以及该不动产所耗用的购进货物、设计服务和建筑服务。

---

① 增值税中的固定资产仅指有形动产,属于“货物”范畴;而财务会计中的固定资产是指有形资产,除有形动产外,还包括房屋、建筑物(即增值税中的不动产)。

② 非正常损失是指因管理不善造成被盗、丢失、霉烂变质,以及因违反法律法规造成货物或不动产被依法没收、销毁、拆除的情形。

5. 非正常损失的不动产在建工程[①]所耗用的购进货物、设计服务和建筑服务。

6. 购进的贷款服务，购进并直接用于消费的餐饮服务、居民日常服务和娱乐服务。

（五）不得抵扣进项税额的分类

对于不得从销项税额中抵扣的进项税额，可分为以下两种类型：

一类是进项税额直接计入相关成本费用。①采用简易计税方法的纳税人；②采用一般计税方法的纳税人，在涉税行为发生时就能明确是用于免税项目、集体福利、个人消费，即使取得的是专用发票，其进项税额也应直接计入相关成本费用。

另一类是进项税额抵扣后，用于不得抵扣项目，或计税方法改为简易计税方法，原已抵扣的进项税额应予转出。

【例 3-3】某企业系增值税一般纳税人，主要从事采砂业务。企业同时购进散装水泥，部分包装外销，部分用于生产掺兑煤矸石比例不低于 30%的水泥砖。出售采砂选择简易计税方法缴纳增值税，生产的水泥砖符合规定免缴增值税。某年 1 月，企业不含税销售收入 70 万元，其中水泥销售收入 24.5 万元、砂销售收入 19.5 万元、水泥砖销售收入 26 万元。当月无法划分的进项税额为 1.2 万元。

$$当月不得抵扣的进项税额=1.2\times(19.5+26)\div(24.5+19.5+26)=0.78(万元)$$

如果企业全年销售收入 650 万元，其中水泥收入 220 万元、砂收入 185 万元、水泥砖收入 245 万元。全年无法划分的进项税额共计 22 万元。

$$根据年度数据计算的当年应转出进项税额=22\times(185+245)\div650=14.52(万元)$$

假定企业按月计算的全年不得抵扣的进项税额共计 11.22 万元，在主管税务机关对增值税清算时，其差额 3.3(14.52-11.22) 万元应补缴增值税；如果按年度数据计算不得抵扣的进项税额小于按月计算的，应将差额调整到进项税额中，在清算月份可少缴增值税。

（六）不得抵扣进项税额的转出

1. 已抵扣进项税额的不动产，发生非正常损失，或者改变用途，专用于简易计税方法计税项目、免征增值税项目、集体福利或者个人消费的，按照下列公式计算不得抵扣的进项税额，并从当期进项税额中扣减：

---

① 纳税人新建、改建、扩建、修缮、装饰不动产，均属于不动产在建工程。

不得抵扣的进项税额=已抵扣进项税额×不动产净值率

不动产净值率=(不动产净值÷不动产原值)×100%

2. 一般纳税人销售自行开发的房地产项目,兼有一般计税方法计税、简易计税方法计税、免征增值税的房地产项目而无法划分不得抵扣的进项税额的,应以《建筑工程施工许可证》注明的“建设规模”为依据进行划分。

不得抵扣的进项税额=当期无法划分的全部进项税额×(简易计税、免税房地产项目建设规模÷房地产项目总建设规模)

适用一般计税方法的纳税人,兼营简易计税方法计税项目、免税项目而无法划分进项税额的,不得抵扣进项税额按以下公式计算:

不得抵扣的进项税额=当期无法划分的全部进项税额×(当期简易计税方法计税销售额+免税项目销售额)÷当期全部销售额

【例3-4】天缘房地产公司既有简易计税项目,也有一般计税项目,《施工许可证》上注明简易计税项目建设规模为2.2万平方米,一般计税项目建设规模为3.3万平方米。9月,公司购进货物和服务取得的增值税专用发票注明的进项税额为180万元,进项税额无法划分用途。应转出进项税额计算如下:

不得抵扣的进项税额=当期无法划分的全部进项税额×(简易计税建设规模÷房地产项目总建设规模)

=180×(22 000÷55 000)=72(万元)

公司当月应将72万元进项税额转出。

【例3-5】某建筑企业当月有A、B、C三个施工项目,其中A项目采用简易计税方法,B、C项目采用一般计税方法。当月购进原材料900万元(不含税),其中B项目专用350万元,A、C项目原材料无法准确划分。当月A项目收入400万元,B项目收入450万元,C项目收入500万元(均含税)。计算当月不得抵扣进项税额。

不含税收入的换算:

A项目不含税收入=400÷(1+3%)=388.35(万元)

B项目不含税收入=450÷(1+9%)=412.84(万元)

C项目不含税收入=500÷(1+9%)=458.72(万元)

不得抵扣进项税额的计算:

不得抵扣进项税额=(900-350)×13%×388.35÷(388.35+458.72)

=550×13%×388.35÷847.07=32.78(万元)

（七）允许抵扣进项税额的转入

根据规定不得抵扣进项税额的不动产，发生用途改变，用于允许抵扣进项税额项目的，按下列公式在改变用途的次月计算可抵扣进项税额：

可抵扣进项税额＝增值税扣税凭证注明或计算的进项税额×不动产净值率

四、增值税应纳税额的计算

增值税应纳税额的计算有一般计税方法和简易计税方法两种基本方法。一般纳税人选择简易计税方法的，选择后，36个月内不得变更。

（一）一般计税方法应纳税额的计算

在一般计税方法下，当期销项税额减去同期准予抵扣进项税额后的余额即为应纳税额，这是其基本表述。但在持续经营情况下，应纳税额的计算公式为：

应抵扣税额＝进项税额＋上期留抵税额－进项税额转出－免抵退应退税额＋纳税检查应补缴税额

应纳税额＝销项税额－实际抵扣税额

如果销项税额大于应抵扣税额，实际抵扣税额就是应抵扣税额。如果销项税额小于应抵扣税额，实际抵扣税额就是销项税额，当期销项税额与同期应抵扣税额的差额为本期留抵税额，留抵税额可予以退还或结转下期继续抵扣，直至全部抵扣（无时间限制）。企业若有增值税欠税，应以期末留抵税额抵减。

应纳税额合计＝应纳税额＋简易计税应纳税额－减免税额

【例3-6】某电信集团某分公司系一般纳税人。8月，分公司利用固网、移动网、卫星、互联网提供语音通话服务，取得价税合计收入3 330万元；出租带宽、波长等网络元素取得价税合计服务收入832.5万元；出售带宽、波长等网络元素取得价税合计服务收入1 332万元。分公司在提供电信业服务时，还附带赠送用户识别卡、电信终端等货物或者电信业服务，为客户提供基础电信服务价税合计499.5万元。当月认证增值税专用发票进项税额300万元，符合进项税额抵扣规定。该分公司8月应交增值税计算如下：

应交增值税＝（3 330＋832.5＋1 332＋499.5）÷1.09×9%－300＝194.92（万元）

【例3-7】某建筑公司为在某市设立的建筑集团有限公司，系增值税一般纳税人。

3月发生如下业务：购进办公楼1幢，取得增值税专用发票，注明价款1 100万元，增值税税额99万元；购进钢材等商品，取得增值税专用发票，注明价款8 500万元，增值税税额1 105万元；从个体户张某处购得沙石料50万元，取得税务机关代开的增值税专用发票；支付银行贷款利息100万元；支付私募债券利息200万元；支付来客用餐费用10万元。

销售当月在本市开工的建筑服务，开具专用发票，注明价款17 000万元、增值税税额1 530万元；为本市某敬老院无偿建造一幢老年公寓，价值460万元；公司异地工程项目部在南京提供建筑服务，开具增值税专用发票，注明价款1 550万元、增值税税额139.5万元；在缅甸提供建筑服务，取得收入折合人民币240万元。

公司当月增值税计算如下：

1. 进项税额的计算：

(1)购进办公楼当月可抵扣进项税额9万元。

(2)购进钢材等商品进项税额1 105万元。

(3)购进沙石料进项税额为1.456 3[50÷(1+3%)×3%]万元。

(4)支付银行贷款利息和私募债券利息属于贷款服务，不得从销项税额中抵扣进项税额。

(5)支付来客用餐费用属于餐饮服务，不得从销项税额中抵扣进项税额。

可抵扣进项税额合计=99+1 105+1.456 3=1 205.456 3(万元)

2. 销项税额的计算：

(1)当月开工的建筑服务的销项税额为1 530(17 000×9%)万元。

(2)无偿建造一幢老年公寓，属公益事业，不缴纳增值税。

(3)异地工程项目部销售建筑服务，按2%预征率在建筑服务发生地预缴增值税31(1 550×2%)万元，在公司所在地应交增值税108.5(139.5−31)万元。

(4)在缅甸销售建筑服务，取得收入折合人民币240万元，属于工程项目在境外的建筑服务，免征增值税。

当月销项税额合计=1 530+108.5=1 638.5(万元)

3. 应纳税额的计算：

应纳税额=1 638.5−1 205.456 3=433.043 7(万元)

(二)简易计税方法的适用及其应纳税额的计算

1. 小规模纳税人采用简易计税方法。

2. 符合条件的一般纳税人也可选择适用简易计税方法，如公共交通运输服务①、销售或出租不动产等。简易计税方法的应纳税额是按销售额和征收率计算的增值税税额，不得抵扣进项税额。应纳税额计算公式为：

应纳税额=销售额×征收率

3. 建筑工程总承包单位为房屋建筑的地基与基础、主体结构提供工程服务，建设单位自行采购全部或部分钢材、混凝土、砌体材料、预制构件的，适用简易计税方法计税。

4. 资管产品管理人在运营资管产品过程中发生的增值税应税行为，暂适用简易计税方法。管理人应分别核算资管产品运营业务和其他业务的销售额和增值税应纳税额；未分别核算的，资管产品运营业务不得适用简易计税方法。

【例 3-8】某运输企业系增值税一般纳税人，除提供运输服务外，同时还提供装卸搬运服务。装卸搬运服务可以选择简易计税方法按 3%的征收率计算缴纳增值税。某月与客户签订运输合同，运费与装卸搬运费合并计价，合同金额 2 万元。

增值税销项税额=20 000÷1. 09×9%=1 651. 38(元)

如果合同分别计价、分别开票，合同总金额不变，假定运费占 70%、装卸搬运费占 30%，增值税计算如下：

运费销项税额=14 000÷1. 09×9%=1 155. 96(元)

装卸搬运费应交增值税=6 000÷1. 03×3%=174. 76(元)

应纳税额=1 155. 96+174. 76=1 330. 72(元)

由此可见，分别计价比合并计价节税 320. 66 元，同时还会相应地减少应交城建税和教育费附加。

(三)进口货物应纳税额的计算

进口货物的收货人(承受人)为进口货物的增值税纳税人。无论是一般纳税人还是小规模纳税人，均应按组成计税价格和规定税率(与国内购进货物的税率相同)计算应纳税额。其计算公式为：

进口环节增值税计税价格=关税计税价格②+关税+进口环节消费税

应交增值税=进口环节增值税计税价格×进口环节增值税税率

---

① 即使年销售额超过 500 万元，也可选择按简易计税方法纳税。

② 关税计税价格的确认计量见本书第五章。

在计算进口环节应纳增值税时,不得抵扣发生在我国境外的各种税金,但在计算国内增值税时,其进口环节缴纳的增值税可以作为进项税额予以抵扣。

在对进口货物征税的同时,对某些进口货物也有减免税或不征税的规定,还有保税的规定,如对从国外进口的原材料、零部件等,对这些货物实行保税监管,即进口时先不缴税,企业在海关的监管下,使用、加工这些进口料件,并且复出口;若不能再出口而销往国内时,则要按规定缴税;对于国外过境或转口货物,也采用同类方法。

五、预缴增值税

(一)增值税的预缴

1. 房地产开发企业采用预收款方式销售其自行开发的房地产项目时,对预收款应预缴增值税。但按规定,其纳税义务在交房或办理产权转移时方予确认。因预缴时点早于纳税义务发生时点,预缴时尚未形成销项税额,其留抵税额不能抵扣预缴增值税。因此,企业在预收房款时,原则上不能开具发票。如果开具发票,则应按适用税率或征收率缴纳增值税。

2. 提供建筑服务。根据建筑施工合同约定,在开工前收到发包方预先支付的工程款(预付备料款)——预收款后,虽未发生纳税义务(未开具发票),但有预缴税款义务。纳税人应以取得的预收款扣除支付的分包款后的余额,按预征率计算预缴增值税。

纳税人在不同地级行政管辖区范围内跨县(市、区)异地提供建筑服务的建筑工程项目,应在建筑服务发生地税务机关预缴增值税;在同一地级行政管辖区范围内跨县提供建筑服务,应在建筑服务机构所在地税务机关预缴增值税。

在按合同约定的预收款抵扣工程进度款(建筑项目结算)时,确认预收款纳税义务的发生,按项目全额开具发票。

3. 其他企业异地转让不动产、异地提供不动产租赁服务、异地提供建筑服务,应在异地纳税义务发生时预缴增值税。

4. 建立预缴税款台账。为了加强对异地预缴税款的管理,企业应按事项发生地和服务项目,逐笔登记与预缴税款有关的内容(包括全部收入、支付的分包款、已扣除的分包款、扣除分包款的发票号码、已预缴税款及其完税证明等),留存备查。

5. 属于混合销售的,应分别核算货物和建筑服务销售额。销售电梯的同时提供安装服务,安装服务应按甲供料工程选择简易计税方法计税,安装运行后再提供维护保养服务,按"其他现代服务"计税。

6. 企业预缴的增值税可从本期应纳税额中抵减,本期抵减不完的,可结转后期继续抵减,直至抵减完毕。

抵减时不需要区分计税方法,可直接抵减应纳税额:

本期应补(退)税额=应纳税额合计-(预缴税额+出口开具专用缴款书预缴税额)

7. 填报《增值税预缴税款表》,提供发包方与总包方合同复印件(加盖公章)等资料。

(二)预缴增值税的计算

1. 建筑企业预缴增值税的计算。纳税人跨区提供建筑服务的,应按每个工程项目取得的实际价款(全部价款和价外费用扣除分包款后的余额)计算预缴增值税税款(见表3-2)。

表3-2 建筑服务预缴增值税计算表

<table>
<tr><th>纳税人</th><th>计税方法</th><th>预征率</th><th>预缴税款</th><th>预缴时间</th><th>预缴地点</th></tr>
<tr><td rowspan="2">一般纳税人</td><td>一般计税方法</td><td>2%</td><td>预缴税款=(收到的预收款-支付的分包款)÷(1+9%)×2%</td><td rowspan="3">收到预收款时</td><td rowspan="3">◆同一地级行政区内跨县(市、区)作业,在机构所在地主管税务机关
◆不同地级行政区作业,在发生地主管税务机关</td></tr>
<tr><td>简易计税方法</td><td rowspan="2">3%</td><td rowspan="2">预缴税款=(收到的预收款-支付的分包款)÷(1+3%)×3%</td></tr>
<tr><td>小规模纳税人</td><td></td></tr>
</table>

2. 房地产开发企业预缴增值税的计算。房地产开发企业采取预收款方式销售所开发的房地产项目,在实际收到预收款(全部价款和价外费用)时,按3%的预征率计算应预缴增值税,其计算公式为:

一般计税方法应预缴增值税=预收款÷(1+9%)×3%

简易计税方法应预缴增值税=预收款÷(1+5%)×3%

【例3-9】当年9月,天海房地产开发公司简易计税项目预收房款4 000万元;一般计税项目收取预收款9 000万元,当月公司有留抵税额90万元。

当年9月预缴增值税计算如下:

简易计税项目预缴税款=4 000÷(1+5%)×3%=114.285 7(万元)

一般计税项目预缴税款=9 000÷(1+9%)×3%=247.706 4(万元)

当月应预缴增值税合计=114.285 7+247.706 4=361.992 1(万元)

一年后,简易计税的房地产项目交付业主;二年后一般计税的房地产项目交付业主。交付当月公司可抵扣进项税额(含留抵税额)合计为250万元。简易计税项目和一般计税项目合计缴纳土地款5 000万元,合计可售建筑面积1.4万平方米,其中简易计税项目可售建筑面积4 000平方米,一般计税项目可售建筑面积1万平方米。

(1)简易计税交房后应交增值税计算:

$$应交增值税=4\ 000\div(1+5\%)\times5\%=190.476\ 2(万元)$$

该公司此前已预缴税款361.992 1万元,因此当月无须缴纳增值税,可抵减的预缴增值税还有171.515 9(161.992 1−190.476 2)万元。

(2)一般计税交房后应交增值税计算:

当期销售房地产项目对应的土地价款为3 571.428 6(5 000×1÷1.4)万元。

$$销售额=(9\ 000-3\ 571.428\ 6)\div(1+9\%)=4\ 980.340\ 7(万元)$$

$$销项税额=销售额\times税率=4\ 980.340\ 7\times9\%=448.230\ 7(万元)$$

$$建筑装饰=448.230\ 7-250=198.230\ 7(万元)$$

$$应补缴增值税=应交增值税-可抵减预缴增值税=198.230\ 7-171.515\ 9=26.714\ 8(万元)$$

六、增值税的纳税申报

(一)一般纳税人的纳税申报

一般纳税人不论当期是否发生应税行为或是否应该缴税,均应按规定进行纳税申报。纳税申报是税务风险防控的最后环节,无论是多缴税的风险,还是少缴税的风险,都会在纳税申报完成后形成。

1. 纳税申报、缴纳程序。一般纳税人办理纳税申报需要经过发票认证、抄报、纳税申报、报税和税款缴纳等程序。

网上报税和网上申报的操作流程。纳税人必须先操作防伪税控开票子系统进行抄税,然后使用网上抄报税系统进行远程报税,再操作网上申报软件发送申报数据,最后使用网上抄报税系统清卡。通过网上申报软件发送申报数据后,要查看申报结果提示,如果提示申报成功则关注税款扣缴结果,在申报软件中及时查看银行扣款是否成功。

2. 纳税申报资料。一般纳税人进行纳税申报,实行电子信息采集。使用防伪税控系统开具专用发票,在抄报成功后,方可向其主管税务机关进行纳税申报。纳税人申报增值税时,应一并申报附征的城市维护建设税、教育费附加和地方教育附加等附加税费。

纳税申报资料包括主表《增值税及附加税费申报表(一般纳税人适用)》(见表 3-3)和附列资料及附表。附列资料及附表包括:本期销售情况明细,本期进项税额明细,服务、不动产和无形资产扣除项目明细,税额抵减情况表,附加税费情况表,增值税减免税申报明细表。

表 3-3　增值税及附加税费申报表

(适用于增值税一般纳税人)

根据国家税收法律法规及增值税相关规定制定本表。纳税人不论有无销售额,均应按税务机关核定的纳税期限填写本表,并向当地税务机关申报。

税款所属时间:自　　年　　月　　日至　　年　　月　　日

填表日期:　　年　　月　　日

金额单位:　　元(列至角分)

纳税人识别号(统一社会信用代码):□□□□□□□□□□□□□□□□□□□□□所属行业:

纳税人名称:		法定代表人姓名		注册地址	生产经营地址	
开户银行及账号		登记注册类型			电话号码	
项目		栏次	一般项目		即征即退项目	
			本月数	本年累计	本月数	本年累计
销售额	(一)按适用税率计税销售额	1				
	其中:应税货物销售额	2				
	应税劳务销售额	3				
	纳税检查调整的销售额	4				
	(二)按简易办法计税销售额	5				
	其中:纳税检查调整的销售额	6				
	(三)免、抵、退办法出口销售额	7			—	—
	(四)免税销售额	8			—	—
	其中:免税货物销售额	9			—	—
	免税劳务销售额	10			—	—
税款计算	销项税额	11				
	进项税额	12				
	上期留抵税额	13				—
	进项税额转出	14				
	免、抵、退应退税额	15			—	—

续表

项目		栏次	一般项目		即征即退项目	
			本月数	本年累计	本月数	本年累计
销项税额	按适用税率计算的纳税检查应补缴税额	16			—	—
	应抵扣税额合计	17=12+13-14-15+16		—		—
	实际抵扣税额	18(如17<11,则为17,否则为11)				
	应纳税额	19=11-18				
	期末留抵税额	20=17-18				—
	简易计税办法计算的应纳税额	21				
	按简易计税办法计算的纳税检查应补缴税额	22			—	—
	应纳税额减征额	23				
	应纳税额合计	24=19+21-23				
税款缴纳	期初未缴税额(多缴为负数)	25				
	实收出口开具专用缴款书退税额	26			—	—
	本期已缴税额	27=28+29+30+31				
	①分次预缴税额	28		—		—
	②出口开具专用缴款书预缴税额	29		—	—	—
	③本期缴纳上期应纳税额	30				
	④本期缴纳欠缴税额	31				
	期末未缴税额(多缴为负数)	32=24+25+26-27				
	其中:欠缴税额(≥0)	33=25+26-27		—		—
	本期应补(退)税额	34=24-28-29		—		—
	即征即退实际退税额	35	—	—		
	期初未缴查补税额	36			—	—
	本期入库查补税额	37			—	—
	期末未缴查补税额	38=16+22+36-37			—	—

续表

<table>
<tr><th colspan="2" rowspan="2">项目</th><th rowspan="2">栏次</th><th colspan="2">一般项目</th><th colspan="2">即征即退项目</th></tr>
<tr><th>本月数</th><th>本年累计</th><th>本月数</th><th>本年累计</th></tr>
<tr><td rowspan="3">附加税费</td><td>城市维护建设税本期应补(退)税额</td><td>39</td><td></td><td></td><td>—</td><td>—</td></tr>
<tr><td>教育费附加本期应补(退)费额</td><td>40</td><td></td><td></td><td>—</td><td>—</td></tr>
<tr><td>地方教育附加本期应补(退)费额</td><td>41</td><td></td><td></td><td>—</td><td>—</td></tr>
<tr><td colspan="7">声明:此表是根据国家税收法律法规及相关规定填写的,本人(单位)对填报内容(及附带资料)的真实性、可靠性、完整性负责。

纳税人(签章): 年 月 日</td></tr>
<tr><td colspan="3">经办人:
经办人身份证号:
代理机构签章:
代理机构统一社会信用代码:</td><td colspan="4">受理人:

受理税务机关(章): 受理日期: 年 月 日</td></tr>
</table>

另外还有专用发票汇总表、专用发票明细表、普通发票汇总表、普通发票明细表、企业网上认证结果通知书、企业网上认证结果清单、其他资料(增值税海关完税凭证抵扣明细表、增值税抵扣凭证稽核结果通知书、机动车销售企业在防伪税控系统中开具的机动车销售统一发票汇总表和明细表等)。

(二)小规模纳税人的纳税申报

小规模纳税人纳税申报,应填报《增值税及附加税费申报表(小规模纳税人适用)》(见表3-4)和附列资料。附列资料包括:服务、不动产和无形资产扣除项目明细,附加税费情况表。

表 3-4　增值税及附加税费申报表

（小规模纳税人适用）

纳税人识别号(统一社会信用代码)：□□□□□□□□□□□□□□□□□□□□□□□□□

纳税人名称：　　　　　　　　　　　　　　　　　　　　　　金额单位：　　元(列至角分)

税款所属时间：　　年　　月　　日至　　年　　月　　日　填表日期：　　年　　月　　日

	项目	栏次	本期数		本年累计	
一、计税依据	(一)应征增值税不含税销售额(3%征收率)	1	货物及劳务	服务、不动产和无形资产	货物及劳务	服务、不动产和无形资产
	增值税专用发票不含税销售额	2				
	其他增值税发票不含税销售额	3				
	(二)应征增值税不含税销售额(5%征收率)	4				
	增值税专用发票不含税销售额	5				
	其他增值税发票不含税销售额	6				
	(三)销售使用过的固定资产不含税销售额	7(7≥8)	—		—	
	其中：其他增值税发票不含税销售额	8	—		—	
	(四)免税销售额	9=10+11+12	—		—	
	其中：小微企业免税销售额	10		—		—
	未达起征点销售额	11				
	其他免税销售额	12		—		—
	(五)出口免税销售额	13(13≥14)				
	其中：其他增值税发票不含税销售额	14				
二、税款计算	本期应纳税额	15				
	本期应纳税额减征额	16				
	本期免税额	17				
	其中：小微企业免税额	18				
	未达起征点免税额	19				
	应纳税额合计	20=15−16				

续表

	项目	栏次	本期数		本年累计	
二、税款计算	本期预缴税额	21			—	—
	本期应补(退)税额	22=20-21			—	—
三、附加税费	城市维护建设税本期应补(退)税额	23				
	教育费附加本期应补(退)费额	24				
	地方教育附加本期应补(退)费额	25				

声明:此表是根据国家税收法律法规及相关规定填写的,本人(单位)对填报内容(及附带资料)的真实性、可靠性、完整性负责。 纳税人(签章):　　年　　月　　日	
经办人: 经办人身份证号: 代理机构签章: 代理机构统一社会信用代码:	受理人: 受理税务机关(章): 受理日期:　　年　　月　　日

第三节　增值税进项税额及其转出的会计处理

一、增值税会计账户的设置

(一)一般纳税人增值税会计账户设置

1.“应交税费(或应交税金,下同)”下设二级账户。

(1)应交增值税。借方发生额为购入货物、固定资产、无形资产以及接受应税劳务服务支付的进项税额、缴纳增值税等;贷方发生额为销售货物、转让无形资产、不动产、提供应税劳务服务等应缴增值税、出口货物退税、进项税额转出等。期末贷方余额反映企业尚未缴纳的增值税额;借方余额反映企业尚未抵扣的、多缴的增值税税额。

(2)未交增值税。月度终了从“应交增值税”和“预交增值税”明细账户转入当月应交未交、多交或预缴的增值税税额,以及当月交纳以前期间未交的增值税税额。其借方发生额反映上交以前月份未交增值税和期末转入多交增值税,贷方发生额记录转入当月未交增值税;期末借方余额为企业多交增值税,贷方余额为未交增值税。

(3)预交增值税。记录纳税人转让不动产、提供不动产租赁服务、提供建筑服务、采用预收款方式销售自行开发的房地产项目等,按规定应预缴的增值税税额。

(4)待认证进项税额。记录纳税人因未经税务机关认证而不得从当期销项税额中抵扣的进项税额,包括纳税人已取得增值税扣税凭证、按规定准予从销项税额中抵扣,但尚未认证的进项税额;纳税人取得货物等已入账,但因尚未收到相关增值税扣税凭证而不得从当期销项税额中抵扣的进项税额。

(5)待抵扣进项税额。记录纳税人已取得增值税扣税凭证并经认证,按规定准予从后期销项税额中抵扣的进项税额,包括实行纳税辅导期管理的一般纳税人取得的尚未交叉稽核比对的增值税扣税凭证上注明或计算的进项税额、企业取得海关专用缴款书实行“先稽核比对、后抵扣”方式的进项税额;“营改增”后,当企业取得不动产分期抵扣进项税额时,留待下次(以后)抵扣的进项税额以及进项税额的转入额。对不同不动产和不动产在建工程,纳税人应分别核算其待抵扣进项税额。

(6)待转销项税额。纳税人销售货物、无形资产及不动产,提供劳务和服务时,财务会计根据会计制度规定先确认相关收入及相应增值税额,在期末填制资产负债表时,需要重新分类至“其他流动负债”或“其他非流动负债”。税务会计根据税法规定,对尚未发生增值税纳税义务的事项不予确认销项税额。

(7)增值税留抵税额。对纳税人而言,当本期可抵扣进项税额大于同期销项税额时,其差额(期末“应交增值税”为借方余额)为留抵税额,即留待后期抵扣的税额,不必单设会计账户处理。企业实际收到税务机关退还的留抵税额时,借记“银行存款”,贷记“应交税费——应交增值税(进项税额转出)”。

(8)转让金融商品应交增值税。记录纳税人转让金融商品时,按盈亏相抵后的余额为销售额应计征的增值税税额。月末,结转金融商品转让损失的应抵扣税额及实际缴纳增值税时,借记本账户;结转金融商品转让收益应纳税额时,贷记本账户。

(9)代扣代缴增值税。记录纳税人购进在境内未设经营机构的境外单位或个人在境内的应税行为代扣代缴的增值税。

(10)增值税检查调整。记录企业在增值税检查中查出的以前各期应补、应退增值税税额，借方记调减的销项税额和调增的进项税额，贷方记调增的销项税额、调减的进项税额、调增的进项税转出额。全部调整事项入账后，应结出本账户余额，并对余额进行账务处理。

（11）增值税简易计税。记录一般纳税人采用简易计税方法时，增值税的计提、扣减、预缴、缴纳、抵减、减免等事项。既核算纳税人适用简易计税方法应纳税额的计提，也核算差额计税的扣减、特定情形的预缴及申报后的缴纳。

2.“应交税费——应交增值税”下设三级明细账户。企业一般应设置进项税额、待抵扣进项税额、进项税额转出、销项税额、已交税金、减免税款、出口退税、出口退税抵减应纳税额、转出未交增值税、转出多交增值税等三级明细账户。

（1）进项税额。记录企业购入和进口货物、固定资产、不动产、无形资产、接受应税劳务服务而支付的、准予从销项税额中抵扣的增值税税额；若发生购货退回或折让，应以红字记入，以示冲销进项税额。

（2）进项税额转出。当企业已经抵扣的进项税额不再符合抵扣条件时，应将确认的已经抵扣的进项税额在会计上作转出处理，贷记该明细账户，表示对借记“进项税额”的冲减。

（3）销项税额。记录企业销售货物、固定资产、不动产，提供应税劳务和服务应收取的增值税税额。若发生销货退回或销售折让，应以红字记入，以示冲减销项税额。一般纳税人采用简易计税方法计算的应交增值税税额，也应在此明细账中反映，但也可通过专设明细账户记录。

（4）销项税额抵减。记录一般纳税人中适用全额开票、差额计税政策时（如房地产企业），因按规定抵减销售额而减少的销项税额。

（5）已交税金。记录企业当月缴纳本月应交增值税税额；收到退回的多交增值税税额时，以红字记入。

（6）减免税款。记录企业按规定直接减免、用于指定用途的或未规定专门用途的、准予从销项税额中抵扣的增值税额。

（7）出口退税。记录企业向海关办理报关出口手续后，凭出口报关单等有关单证，向主管出口退税的税务机关申报办理出口退税而确认的应予退回的税款及应免抵税款；若办理退税后又发生退货或者退关而补缴已退增值税，则用红字记入（详见本书第六章）。

（8）出口退税抵减应纳税额。记录出口企业按规定退税率计算的当期应予抵扣的税额（详见本书第六章）。

（9）转出未交增值税。记录企业月（季）终将当月发生的应缴未交增值税转出额。当转至“未交增值税”账户后，“应交增值税”的期末余额不包括当期应交未交税额。

(10)转出多交增值税。记录企业月(季)终将当月多交税额的转出额。当转至“未交增值税”账户后,“应交增值税”的期末余额不含当期多交税额。

如果企业不设“未交增值税”二级账户,在“应交增值税”三级明细账户中也就没有必要设置“转出未交增值税”和“转出多交增值税”明细账户。从事“四项服务”的纳税人,可在“应交税费——应交增值税”下增设“加计抵减额”明细项目。

(二)小规模纳税人增值税会计账户设置

小规模纳税人应在“应交税费”账户下设置“应交增值税”二级账户,并根据需要,可设置“转让金融商品应交增值税”和“代扣代缴增值税”明细账户,但一般无需再设其他明细项目。贷方记应交的增值税税额,借方记实际上交的增值税税额;期末贷方余额反映企业尚未上交或欠交的增值税税额,借方余额则反映多交的增值税税额。此外,根据需要还可以设置“增值税检查调整”二级账户,其核算内容与一般纳税人相同。

二、增值税进项税额的会计处理

一般纳税人(采用一般计税方法,下同)购进货物、无形资产和不动产、接受劳务服务,按应计成本费用的金额,借记“在途物资”“原材料”“库存商品”“生产成本”“无形资产”“固定资产”“管理费用”等,借记“应交税费——应交增值税(进项税额)”或“应交税费——待认证进项税额”,按应付或实际支付金额,贷记“应付账款”“应付票据”“银行存款”等。认证后,借记“应交税费——应交增值税(进项税额)”,贷记“应交税费——待认证进项税额”。

退货时,若原增值税专用发票未做认证,应将专用发票退回并做冲账的会计分录;若原增值税专用发票已做认证,根据红字增值税专用发票做冲账的会计分录。

一般纳税人自“营改增”后取得并按固定资产核算的不动产、不动产在建工程,其进项税额按现行规定自取得之日起分 2 年从销项税额中抵扣的,应按取得成本,借记“固定资产”“在建工程”等,按当期可抵扣增值税额,借记“应交税费——应交增值税(进项税额)”,对后期可抵扣的增值税额,借记“应交税费——待抵扣进项税额”,贷记“应付账款”“应付票据”“银行存款”等。尚未抵扣的进项税额在后期允许抵扣时,按允许抵扣的金额,借记“应交税费——应交增值税(进项税额)”,贷记“应交税费——待抵扣进项税额”。

(一)购进货物进项税额的会计处理

企业外购应税货物,应按货物的实际采购成本借记“在途物资”“原材料”“库存商品”等,企业按应预交或垫支的增值税税额借记“应交税费——应交增值税(进项税额)”,按货物的实际成本和增值税进项税额之和贷记“银行存款”“应付票据”“应付账款”等。

1. 购进原材料进项税额的会计处理:

【例3-10】天华工厂9月6日收到银行转来的购买光明工厂丙材料的“托收承付结算凭证”及发票,数量为5 000千克,价格为11元/千克,增值税进项税额为7 150元。企业购进货物并取得增值税专用发票后,在未认证前,应通过“待认证进项税额”账户过渡,做会计分录如下:

借:在途物资(光明工厂)　55 000

　应交税费——待认证进项税额　7 150

　贷:银行存款　62 150

材料验收入库时:

借:原材料——丙材料　55 000

　贷:在途物资(光明工厂)　55 000

企业在规定时间内进行比对认证并获得通过后,记:

借:应交税费——应交增值税(进项税额)　7 150

　贷:应交税费——待认证进项税额　7 150

如果在规定时间内进行认证但未获通过,或超过规定时间未进行认证,则记:

借:原材料——丙材料　7 150

　贷:应交税费——待认证进项税额　7 150

2. 购进商品进项税额的会计处理:

【例3-11】某批发企业从本市服装厂购进女衬衣1 000件,88元/件,增值税专用发票注明价款88 000元,税额11 440(88 000×13%)元,以转账支票付款。做会计分录如下:

借:库存商品——衬衣　88 000

　应交税费——应交增值税(待认证进项税额)　11 440

　贷:银行存款　99 440

零售企业在商品验收入库时,以商品售价(含税)金额,借记“库存商品”账户,以商品进价(不含税)金额,贷记“在途物资”,以商品含税零售价大于不含税进价的差额,贷记“商品进销差价”。“商品进销差价”账户是商品零售企业用来核算商品售价(含税)与进价(不含税)之间的差额(毛利+销项税额)的专门账户,借方反映取得商品进价大于零售价的差额,月终分摊商品进销差价和商品售价调整时,调低售价的差额;贷方反映取得商品零售价大于进价的差额和库存商品售价调整时调高售价的差额;贷方余额反映库存商品进价小于售价的差额,借方余额则反映库存商品进价大于售价的差额,余额一般在贷方。

【例 3-12】某零售商业企业向本市某无线电厂购入 VCD150 台,1 000 元/台,增值税专用发票注明价款 150 000 元,税额 19 500(150 000×13%)元。做会计分录如下:

企业付款时:

借:在途物资——××无线电厂　　150 000

　应交税费——应交增值税(待认证进项税额)　　19 500

　贷:银行存款　　169 500

商品验收入库(设每台 VCD 含税售价 1 560 元)时:

借:库存商品——××VCD　　234 000

　贷:在途物资——××无线电厂　　150 000

　　商品进销差价　　84 000

本例中的"库存商品"账户,是根据商品零售企业按售价金额核算和实物负责制的传统做法而设计的。如果库存商品按不含税售价记入,就会造成柜台价签上的标价与库存价格不符,使实物负责人的责任不清,也违背了按售价金额核算和实物负责制的本意,造成各柜组月末清点库存的麻烦。因此,对于按售价核算的各柜组,购进商品结转商品采购成本时,必须按含税销售价格计算库存商品,将税额记入商品进销差价,通过差价金额抵减库存金额,最终使库存商品进价金额不含税。

3. 购进农产品进项税额的会计处理。对农民专业合作社销售本社成员生产的农业产品,视同农业生产者销售自产农业产品免征增值税;增值税一般纳税人从农民专业合作社购进的免税农业产品,可计算抵扣增值税进项税额。

【例 3-13】天天食品公司系增值税一般纳税人,主要从事饼干、雪饼、果汁等食品的生产销售。10 月发生如下购进业务:

(1)从一般纳税人 A 公司购进大米 100 吨,专用发票金额 50 万元,增值税额 4. 5 万元;当月生产领用大米 40 吨用于雪饼生产。

(2)从 B 农民专业合作社购入自产苹果 4 000 公斤,价款 3. 2 万元,取得增值税普通发票,当月全部领用生产苹果汁。

(3)从小规模纳税人 C 公司购进鲜橙 1 500 公斤,价款 2. 1 万元,取得增值税普通发票,当月领用生产橙汁;从批发市场购入适用免税政策的胡萝卜 800 公斤,价款 2 400 元,取得增值税普通发票。

相关会计处理如下:

(1)购进大米时:

借:原材料——大米　　500 000

　应交税费——应交增值税(进项税额)　　45 000

贷：银行存款　　545 000

(2)生产领用大米时：

企业购进大米用于生产销售的饼干、雪饼，为适用13%增值税税率的货物，在领用时可加计抵扣1%的进项税额。

$$加计抵扣进项税额=当期生产领用农产品已按9\%扣除率抵扣税额÷9\%×1\%$$
$$=50×40÷100×9\%÷9\%×1\%=0.2(万元)$$

借：生产成本——雪饼　　198 000
　应交税费——应交增值税(进项税额)　　2 000
　贷：原材料——大米　　200 000

(3)购进自产苹果时：

一般纳税人从农民专业合作社购进自产苹果系免税农产品，可计算抵扣增值税进项税额。

借：原材料——苹果　　29 120
　应交税费——应交增值税(进项税额)(3.2×9%)　　2 880
　贷：银行存款　　32 000

(4)生产领用苹果时：

当月购进苹果全部用于生产，可加计扣除进项税额320(2880÷9%×1%)元。

借：生产成本——苹果汁　　28 800
　应交税费——应交增值税(进项税额)　　320
　贷：原材料——苹果　　29 120

(5)购进鲜橙、胡萝卜时：

纳税人从小规模纳税人C公司购进鲜橙不属于自农业生产者购进自产农产品，进项税额不予抵扣；从批发、零售环节购进适用免征增值税的蔬菜、部分鲜活肉蛋产品而取得的普通发票，不得作为计算抵扣进项税额的凭证。

借：原材料——鲜橙　　21 000
　　　　——胡萝卜　　2 400
　贷：银行存款　　23 400

(6)领用鲜橙时：

借：生产成本——橙汁　　21 000
　贷：原材料——鲜橙　　21 000

4.进口货物进项税额的会计处理。纳税人在取得海关缴款书后，先借记“应交税费——待认证进项税额”，贷记相关对应账户；稽核比对相符允许抵扣时，借记“应交税费——应交增值税(进项税额)”,贷记“应交税费——待认证进项税额”。对不得抵扣的进项税额,借记相关对应账户,贷记“应交税费——待认证进项税额”账户。

【例3-14】天华工厂从国外进口一批材料(材料已验收入库),海关审定的关税完税价格为1 000 000元,应纳关税150 000元,消费税50 000元。

增值税计算如下:

$$进项税额=(1\ 000\ 000+150\ 000+50\ 000)\times 13\%=156\ 000(元)$$

做会计分录如下:

借:原材料　　1 200 000

　应交税费——待认证进项税额　　156 000

　贷:银行存款　　1 356 000

(二)委托加工材料、接受应税劳务进项税额的会计处理

企业接受应税劳务,按照增值税专用发票注明的增值税税额,借记“应交税费——应交增值税(进项税额)”账户;按增值税专用发票记载的劳务费用,借记“其他业务成本”“制造费用”“委托加工物资”“管理费用”等账户;按应付或实际支付金额,贷记“应付账款”“银行存款”等账户。

【例3-15】天华工厂委托东方厂加工产品包装用木箱,发出材料16 000元,支付加工费3 600元和增值税额468元;支付给承运部门的往返运杂费400元(含税)。做会计分录如下:

(1)发出材料时:

借:委托加工物资　　16 000

　贷:原材料　　16 000

(2)支付加工费和增值税税额时:

借:委托加工物资　　3 600

　应交税费——应交增值税(进项税额)　　468

　贷:银行存款　　4 068

(3)用银行存款支付往返运杂费时:

$$应计进项税额=400\div(1+9\%)\times 9\%=33.03(元)$$

借:委托加工物资　　366.97

　应交税费——应交增值税(进项税额)　　33.03

　贷:银行存款　　400.00

(4)结转加工材料成本时：

借：包装物——木箱　19 966.97

　贷：委托加工物资　19 966.97

【例3-16】天海厂4月修理机器，从对方取得的增值税专用发票上注明的修理费为1 000元，增值税额为130(1 000×13%)元；另外，修理劳资科使用的电脑，普通发票上注明的修理费为500元。上述修理支出均通过银行存款支付。做会计分录如下：

支付机器修理费及增值税款时：

借：制造费用　1 000

　应交税费——应交增值税(进项税额)　130

　贷：银行存款　1 130

支付电脑修理费时：

借：管理费用　500

　贷：银行存款　500

(三)接受应税服务进项税额的会计处理

企业接受应税服务时，根据取得的增值税专用发票，通过认证可以抵扣进项税额。如果对方是非法人单位，接受方在根据合同或协议付款时，应代扣代缴增值税。

【例3-17】天冀房地产公司聘请某国外著名建筑设计师为其开发的花园别墅进行整体规划设计，合同价款(含税)总计106万元，公司在支付服务费时，做会计分录如下：

借：开发成本——××别墅　1 000 000

　应交税费——应交增值税(进项税额)　60 000

　贷：银行存款　1 060 000

(四)支付水电费进项税额的会计处理

企业支付水电费，可以根据增值税专用发票上注明的增值税税额进行税款抵扣。

【例3-18】天华工厂10月收到电力公司开具的电力增值税专用发票，因该厂生产经营用电和职工生活用电是一个电度表，所以，增值税专用发票的增值税税额中有属于职工个人消费的部分。10月该厂用电总价20 000元。其中：生产用电的电价为18 000元；职工生活用电的电价是2 000元。电力公司开具的增值税专用发票，电价20 000元，税额2 600元，价税合计22 600元。该厂对职工个人用电的价税计算到人，在支付工资时扣款。做会计分录如下：

借：制造费用　18 000

应交税费——应交增值税(进项税额)　　2 340
应付职工薪酬　　2 260
贷:银行存款　　22 600

(五)购入固定资产(有形动产、不动产)进项税额的会计处理

外购固定资产时,根据收到的增值税专用发票记载金额,借记“固定资产”“应交税费——应交增值税(进项税额)”等账户,贷记“应付账款”“应付票据”“银行存款”等账户。

纳税人应建立不动产和不动产在建工程台账,分别记录并归集不动产和不动产在建工程的成本、费用、扣税凭证及进项税额抵扣情况,留存备查。用于简易计税方法计税项目、免征增值税项目、集体福利或个人消费的不动产和不动产在建工程,也应在纳税人建立的台账中记录。

【例 3-19】天海公司系增值税一般纳税人,购入“营改增”前建造的厂房一栋,含税价款 1 500 万元,选择简易计税方法。

$$进项税额=1\ 500\div1.05\times5\%=71.428\ 6(万元)$$

借:固定资产——房屋建筑物　　14 285 714
　应交税费——应交增值税(进项税额)　　714 286
　贷:应付账款——××单位　　15 000 000

假定天海公司购入的是“营改增”后建造的厂房,价款 1 500 万元,增值税 135 万元,根据收到的专用发票并通过认证,做会计分录如下:

借:固定资产——房屋建筑物　　15 000 000
　应交税费——应交增值税(进项税额)　　1 350 000
　贷:应付账款——××单位　　16 350 000

【例 3-20】天利公司系增值税一般纳税人,9 月购进仓库一栋,购入价 1 090 万元,取得增值税专用发票。企业在购入不动产取得扣税凭证的当期可抵扣 100%的进项税额。进项税额的计算如下:

$$进项税额=1\ 090\div(1+9\%)\times9\%=90(万元)$$

做会计分录如下:

借:固定资产——××仓库　　10 000 000
　应交税费——应交增值税(进项税额)　　900 000
　贷:银行存款　　10 900 000

（六）小规模纳税人购进货物的会计处理

由于小规模纳税人不实行税款抵扣制，因此，不论收到普通发票还是增值税专用发票，其所付税款均不必单独反映，可直接计入采购成本。按应付或实际支付的价款和进项税额，借记“材料采购”“原材料”“管理费用”等账户，贷记“应付账款”“银行存款”“库存现金”等账户。

【例 3-21】大明厂系小规模纳税人，3 月购入原材料一批，增值税专用发票注明价款 8 800 元，税额 1 144 元；购入包装物一批，普通发票所列价款 2 500 元，已付款并验收入库。做会计分录如下：

借：原材料　　9 944

　　包装物　　2 500

　贷：银行存款　　12 444

三、增值税进项税额转出的会计处理

企业购进货物用于免征增值税项目、集体福利、个人消费，或者发生非正常损失，应做进项税额转出或将其视同销项税额处理，从本期的进项税额中抵减，借记有关账户，贷记“应交税费——应交增值税（进项税额转出）”等。出口货物的进项税额与出口退税额的差额，也应做“进项税额转出”的会计处理（详见本书第六章）。

（一）直接用于或改为用于集体福利、个人消费进项税额转出的会计处理

企业购进货物、不动产，如果直接或者改为用于集体福利、个人消费，对其已抵扣的进项税额应做“进项税额转出”处理。

【例 3-22】某企业系增值税一般纳税人，3 月发生涉及进项税额转出的 4 笔业务如表 3-5 所示。

表 3-5　某企业当月购进货物（部分）明细表　　金额单位：元

货物名称	数量	单位	单价	金额（不含税）	税额	价税合计	用途
大米	3 600	公斤	4.5	14 336.28	1 863.72	16 200	职工食堂
食用油	1 500	公斤	22.6	30 000	3 900	33 900	职工食堂
燃气灶具	套	2	14 100	24 955.75	3 244.25	28 200	职工食堂
应酬消费	—	—	—	31 858.41	4 141.59	36 000	业务
合计	—	—	—	101 150.44	13 149.56	114 300	—

相关会计处理如下：

(1)取得发票并支付货款时：

借：应付职工薪酬——职工福利费　　44 336.28

　　管理费用——业务费　　31 858.41

　　固定资产——燃气灶具　　24 955.75

　　应交税费——待认证进项税额　　13 149.56

　贷：银行存款　　114 300

(2)对上述发票进行认证后：

借：应交税费——应交增值税(进项税额)　　13 149.56

　贷：应交税费——待认证进项税额　　13 149.56

(3)因上述税额不得抵扣销项税额，做进项税额转出处理：

借：应付职工薪酬——职工福利费　　5 763.72

　　管理费用——业务费　　4 141.59

　　固定资产——燃气灶具　　3 244.25

　贷：应交税费——应交增值税(进项税额转出)　　13 149.56

4月在填报上期增值税纳税申报表时，在附表2"本期认证相符且本期申报抵扣"栏填列本期与认证相符的进项税额，同时将上述不得抵扣金额在该表第二部分"进项税额转出额"下的"集体福利、个人消费"明细项目填列其"税额"。

(二)用于免税项目进项税额转出的会计处理

企业购进的货物，如果既用于应税项目，又用于免税项目，而进项税额又不能单独核算时，月末应按免税项目销售额与应税免税项目销售额合计之比计算免税项目不予抵扣的进项税额，然后做"进项税额转出"的会计处理。如果企业生产的产品全部是免税项目，其购进货物的进项税额应计入采购成本，因而就不存在进项税额转出的问题。

【例3-23】某超市为增值税一般纳税人，经营当地蔬菜、水果等农产品。在上年12月末增值税纳税申报表中，"期末留抵税额"中蔬菜、水果金额共计88 000元。按有关规定，从当年1月起，蔬菜、水果分别属于免税货物和应税货物。该超市1月销售蔬菜240 000元、水果160 000元。本月销售上述业务共发生(分摊)电费8 000元、运输费6 000元，均取得符合规定的抵扣凭据，但无法在水果与蔬菜之间进行划分。

期初留抵税额中转出数＝88 000×240 000÷(240 000＋160 000)＝52 800(元)

当月电费和运输费用可抵扣进项税额＝8 000×13%＋6 000×9%＝1 580(元)

当月免税项目进项税额转出数＝1 580×240 000÷400 000＝948(元)

进项税额转出合计＝52 800＋948＝5 3748(元)

做会计分录如下：

借：主营业务成本——蔬菜 53 748

贷：应交税金——应交增值税（进项税额转出） 53 748

【例 3-24】某宾馆系增值税一般纳税人，在新冠疫情发生期间被市政府确定为新冠病毒接触人员隔离医学观察点。该期间为隔离观察人员提供食宿服务，还无偿为街道办事处在辖区内居民小区设置的疫情防控卡点工作人员提供每日三餐盒饭。2 月宾馆取得隔离观察人员含税餐费收入 16.5 万元，已知其对应的进项税额为 0.55 万元（未考虑住宿费）；为防控卡点工作人员提供盒饭的成本为 0.98 万元，其含税售价 1.25 万元。

（1）为隔离观察人员提供餐饮服务，属于免征增值税项目，其对应的进项税额不得抵扣，应做进项税额转出处理。

借：银行存款 165 000

贷：主营业务收入 165 000

同时，

借：主营业务成本 5 500

贷：应交税费——应交增值税（进项税额转出） 5 500

（2）为疫情防控人员无偿提供餐饮服务是"用于公益事业"的服务，不视同销售，属于"不征收增值税项目"，其对应的进项税额可以抵扣，无需做进项税额转出处理。因此，应为：

借：营业外支出 9 800

贷：主营业务成本 9 800

（三）非正常损失货物进项税额转出的会计处理

一般纳税人在生产经营过程中，若因管理不善造成存货被盗、霉烂变质等损失，按照税法有关非正常损失购进货物的进项税额和非正常损失的在产品、产成品所耗用的购进货物或应税劳务的进项税额，不得从销项税额中抵扣的规定，企业应正确界定正常损失[①]与非正常损失。

购进货物发生非正常损失后，其税负也就不能再往后转嫁。因此，对发生损失的企业（视为应税货物的最终消费者）应征收该货物的增值税。因当初进货时支付的增值税额已作为"进项税额"进行了抵扣，发生损失后应将其转出，由该企业负担该项税负，即转做待处理财产损失的增值税，应与遭受损失的存货成本一并处理。

对非正常损失存货进行会计处理，关键是正确计算其涉及的不得从销项税额中抵扣的进项税额。非正常损失发生损失后，一般很难核实所损失的货物是在何时购进的。

---

① 正常损失额确认后，可计入"管理费用"或"销售费用"，不做"进项税额转出"。

其原始进价和进项税额也无法准确核定。因此,可按货物的实际成本计算不得抵扣的进项税额。损失的在产品、产成品中耗用外购货物或应税劳务的实际成本,还需要参照企业近期的成本资料进行计算,存货损失还涉及企业所得税,其税前扣除的相关规定和会计处理详见本书第八章。

【例 3-25】某企业一批原材料被盗,其账面价值为 150 000 元,增值税进项税额为 19 500 元。因被盗而发生的损失属于非正常损失,其进项税额不可抵扣。会计处理如下:

(1)毁损发生时:

借:待处理财产损溢——待处理流动资产损溢　169 500

　贷:原材料　150 000

　　应交税费——应交增值税(进项税额转出)　19 500

(2)报经批准后:

借:营业外支出　169 500

　贷:待处理财产损溢——待处理流动资产损溢　169 500

若假定该批原材料是因火灾造成损失,收到各项赔款 14 000 元,残料入库 2 200 元。火灾造成的损失不属于非正常损失,其进项税额可以抵扣,不需要转出。计算其损失额为 133 800(150 000-14 000-2 200)元。

会计处理如下:

(1)毁损发生时:

借:待处理财产损溢——待处理流动资产损溢　133 800

　原材料　2 200

　其他应收款　14 000

　贷:原材料　150 000

(2)报经批准后:

借:营业外支出　133 800

　贷:待处理财产损溢——待处理流动资产损溢　133 800

【例 3-26】某酒厂为增值税一般纳税人,本月外购食用酒精 150 吨,每吨不含税价 7 600 元,取得的增值税专用发票注明金额 1 140 000 元,税额 148 200 元;取得的增值税专用发票注明的不含税运费金额 45 000 元;取得的增值税专用发票注明的不含税装卸费金额 25 000 元。月末盘存时发现,因管理不善当月购进的酒精被盗 5 吨,经主管税务机关确认作为损失转营业外支出处理。

$$\begin{aligned}应转出进项税额 &= 5\times 7\ 600\times 13\%+45\ 000\times 9\%\div 150\times 5+25\ 000\times 6\%\div 150\times 5\\ &= 4\ 940+135+50=5\ 125(元)\end{aligned}$$

(1)反映被盗发生时:

借:待处理财产损溢——待处理流动资产损溢　45 458

　贷:原材料——食用酒精(38 000+1 500+833)　40 333

　　应交税费——应交增值税(进项税额转出)　5 125

(2)报经批准后:

借:营业外支出——非正常损失　45 458

　贷:待处理财产损溢——待处理流动资产损溢　45 458

(四)进项税额转入的会计处理

【例3-27】天科公司(一般纳税人)于两年前的8月购进一栋房产,专门用于职工业余文体活动。取得增值税专用发票,价税合计金额1 199万元。其中,金额600万元的一份增值税专用发票经认证相符,税额54万元;金额500万元的一份增值税专用发票未认证,税额45万元。该房产作为固定资产入账,假定按10年计提折旧,无残值。今年8月,公司因业务扩展,将该活动室改为办公用房。改变用途后,计算该不动产进项税额转入额,并做相应会计分录。

(1)不动产净值率=[1 199-1 199÷(10×12)×24]÷1 199×100%=80%

(2)可抵扣进项税额的确认计算。根据有关规定,经认证相符的专用发票属于增值税扣税凭证,未认证相符的专用发票属于不得抵扣的增值税扣税凭证。因此,允许抵扣增值税扣税凭证的税额是54万元(如果当初收到的是增值税普通发票,不符合税法规定的有效抵扣凭证,改变用途后其进项税额也不得转入)。

可抵扣进项税额=增值税扣税凭证注明的进项税额×不动产净值率=54×80%=43.2(万元)

(3)改变用途次月转入进项税额时:

借:应交税费——应交增值税(进项税额)　432 000

　贷:固定资产——办公楼　432 000

第四节 增值税销项税额的会计处理

企业销售货物、无形资产、不动产,提供劳务和服务,借记“应收账款”“银行存款”等,贷记“主营业务收入”“固定资产清理”“工程结算”等,贷记“应交税费——应交增值税(销项税额)”。

若按会计准则确认收入或利得的时点早于按照税法规定确认的增值税纳税义务发生时点时，先将相关销项税额计入“应交税费——待转销项税额”，待实际发生纳税义务时再转入“应交税费——应交增值税(销项税额)”。如果前者确认的时点晚于后者确认的时点，应按应纳增值税额，借记“应收账款”，贷记“应交税费——应交增值税(销项税额)”，待按会计准则确认收入或利得时，按扣除增值税销项税额后的金额确认收入。

企业发生视同销售行为，应按会计制度进行相应的会计处理，并按增值税规定计算的销项税额，借记“应付职工薪酬”“利润分配”等，贷记“应交税费——应交增值税(销项税额)”。

一、现销方式销售货物销项税额的会计处理

现销方式销售货物即直接收款方式销售货物，按收入确认的原则和条件，不论货物是否发出，均应以收到货款或取得索取销货款凭据、销货发票交给购货方的当日，确认销售成立并发生纳税义务。即使对不完全符合收入确认条件的销售业务，只要已向对方开出专用发票，也应确认销项税额。企业应根据销售结算凭证和银行存款进账单等，借记“银行存款”“应收账款”等账户；按专用发票上所列增值税税额或普通发票上所列货款按征收率折算增值税税额，贷记“应交税费——应交增值税(销项税额)”账户，按销售额，贷记“主营业务收入”账户。

(一)货物销售销项税额的会计处理

1. 采用支票、汇兑、银行本票、银行汇票结算方式(工具)销售产品的会计处理。按税法的规定，属于直接收款方式销售货物，不论货物是否发出，均为收到货款或取得索取销货款的凭据，应于提货单交给购货方的当天，确认销售成立并发生纳税义务。企业应根据销售结算凭证和银行存款进账单，借记“银行存款”“应收账款”“应收票据”账户；按增值税专用发票上所列税额或按普通发票上所列货款乘以征收率所折算的增值税税额，贷记“应交税费——应交增值税(销项税额)”账户；按实际销货额，贷记“主营业务收入”账户。

【例 3-28】天华厂采用汇兑结算方式向光明厂销售甲产品 360 件，600 元/件，计价款 216 000 元、税额 28 080(360×600×13%)元，开出转账支票代垫运杂费 1000 元，货款尚未收到。

借：应收账款——光明厂	245 080	
贷：主营业务收入		216 000
应交税费——应交增值税(销项税额)		28 080
银行存款		1 000

如果天华厂是以自备运输工具送货上门，此笔业务属于混合销售。假定应收取的运费1 000元不含税，销项税额28 210[(216 000+1 000)×13%]元，借记“应收账款245 210”，贷记“主营业务收入217 000”“应交税费——应交增值税(销项税额)28 210”。

2. 采用商业汇票结算方式销售产品的会计处理。当收到购货方交来的商业汇票时，销售收入实现并发生纳税义务。

【例3-29】天华厂向永兴厂销售甲产品100件，600元/件，价款60 000元，税额7 800(100×600×13%)元，已收到购货单位交来承兑期为4个月的银行承兑汇票，做会计分录如下：

借：应收票据——银行承兑汇票　67 800
　贷：应交税费——应交增值税(销项税额)　7 800
　　主营业务收入　60 000

3. 商品销售销项税额的会计处理。一般采用“提货制”或“送货制”，货款结算大多采用现金或支票结算方式。批发企业根据增值税专用发票的记账联和银行结算凭证，借记“银行存款”账户，贷记“主营业务收入”“应交税费——应交增值税(销项税额)”账户；零售企业应在每日营业终了时，由销售部门填制销货日报表，连同销货款一并送交财会部门，倒算出销售额，借记“银行存款”账户，贷记“主营业务收入”“应交税费——应交增值税(销项税额)”账户。

【例3-30】某商业零售企业9月8日各营业柜组交来销货款现金7 119元，货款已由财会部门集中送存银行。做会计分录如下：

销售给消费者个人的商品，实行价税合并收取，因此，应换算销售额如下：

销售额=含税销售额÷(1+税率)=7 119÷(1+13%)=6 300(元)

销项税额=销售额×适用税率=6 300×13%=819(元)

对于该项业务，财会部门根据各柜组的内部缴款单，填制销货日报表、“进账单”等凭证，并做会计分录如下：

借：银行存款　7 119
　贷：主营业务收入　6 300
　　应交税费——应交增值税(销项税额)　819

上述做法，需要每天或每次计算销项税额，工作量大，也会出现误差。为此，对采用售价金额核算和实物负责制的企业，按实收销货款(含税)，借记“银行存款”账户，贷记“主营业务收入”账户；同时按售价金额结转成本，借记“主营业务成本”账户，贷记“库存商品”账户。这里的商品销售收入暂按含税价格全部计入。月末，按含税商品销售收入乘以11.50%或8.26%计算出全店的销项税额，借记“主营业务收入”账户，贷记

"应交税费——应交增值税(销项税额)"账户,使商品销售收入由含税变为不含税。按月末差价表结转实际成本,借记"商品进销差价"(差价+销项税额)账户,贷记"主营业务成本"(含税)账户,调整"主营业务成本"账户为实际的商品销售成本。

承例3-30资料,每天收到销货款时,做会计分录如下:

借:银行存款　　8 775

　贷:主营业务收入　　8 775

借:主营业务成本　　8 775

　贷:库存商品　　8 775

假设本月全店的含税销售收入总额为50 000元,本月的销项税额为5 752[50 000÷(1+13%)×13%]元。做会计分录如下:

借:主营业务收入　　5 752

　贷:应交税费——应交增值税(销项税额)　　5 752

按月末商品进销差价表结转实际成本。假设商品进销差价表中所列商品进销差价总额为14 500元(含税):

借:商品进销差价　　14 500

　贷:主营业务成本　　14 500

月末实现的毛利=本期含税毛利-销项税额=14 500-5 752=8 748(元)

(二)租赁服务销项税额的会计处理

【例3-31】A企业向B企业出租生产用新购设备一台,合同约定租赁日期从当年4月1日起,租期1年,含税租赁价款总额为248.6万元。双方约定,B企业应于每个季度的第一个月10日前向A企业按季预付租金。

3月20日,A企业收到B企业预付的第一个季度的租金62.15万元并开具发票,做会计分录如下:

(1)收到B企业预付租金时:

采用预收款方式的租赁服务,纳税义务发生时间为收到预收款的当天。

应交增值税=621 500÷(1+13%)×13%=550 000×13%=71 500(元)

借:银行存款　　621 500

　贷:预收账款——B企业　　550 000

　　应交税费——应交增值税(销项税额)　　71 500

(2)确认该季度每月收入时:

每月收入额 = 550 000÷3 = 183 333(元)

借:预收账款——B 企业　　183 333
　贷:其他业务收入——租赁收入　　183 333

二、分期收款方式销售货物销项税额的会计处理

(一)分期收款方式销项税额的会计处理

企业采用分期收款方式销售货物,其纳税义务的发生时间为“按合同约定的收款日期的当天”,即不论在合同约定的收款日是否收到或如数收到货款,均应确认纳税义务发生,并在规定时间内缴纳增值税。发出商品时,借记“长期应收款”账户,贷记“主营业务收入”账户;同时,结转销售成本。按合同约定的收款日期开具发票,借记“银行存款”“应收账款”等账户,贷记“长期应收款”“应交税费——应交增值税(销项税额)”账户。而按会计准则的规定,如果收款期较短(通常在 3 年以下),以合同金额确认收入,其会计处理与税法规定基本相同。如果收款期较长(通常在 3 年以上),实质上是具有融资性质的销售商品,按应收合同或协议价款,借记“长期应收款”账户,按应收合同或协议价款的公允价值(未来现金流量现值),贷记“主营业务收入”账户,按专用发票上注明的增值税税额,贷记“应交税费——应交增值税(销项税额)”账户,按其差额,贷记“未实现融资收益”账户。未实现融资收益在收款期内按实际利率法摊销,摊销结果与直线法相差不大时,也可以采用直线法摊销。

【例 3-32】大华工厂按销售合同向 N 公司销售 A 产品 300 件,不含税售价 1 000 元/件,产品成本 800 元/件,税率 13%。按合同规定付款期限为 18 个月,货款分三次平均支付。4 月 30 日为第 1 期产品销售实现月,开出增值税专用发票:价款 100 000 元,税额 13 000 元,价税已收到(假定不计息)。做会计分录如下:

(1)确认销售时:

借:长期应收款　　339 000
　贷:主营业务收入　　300 000
　　应交税费——待转销项税额　　39 000

借:主营业务成本　　240 000
　贷:库存商品　　240 000

(2)4 月 30 日,在约定收款日收到款项时:

借:银行存款　　113 000
　贷:长期应收款　　113 000

借:应交税费——待转销项税额　　13 000
　贷:应交税费——应交增值税(销项税额)　　13 000

(二)赊销方式销项税额的会计处理

赊销赊购是一种信用方式,即销售方给予购买方一定时期的信用期,购买方在信用期内支付货物、服务的款项。赊销方发出货物时即负有以后要缴纳增值税的义务,且该义务并非由未来发生的交易事项形成的,属于现时义务,因此应就该义务确认一项税金负债。

按会计准则确认收入或利得的时点早于按增值税法规确认纳税义务发生时点的,应将相关销项税额计入"应交税费——待转销项税额"科目,待实际发生纳税义务时再转入"应交税费——应交增值税(销项税额)"或"应交税费——简易计税"。

【例 3-33】天韵公司系一般纳税人,11 月向甲公司赊销一批货物,不含税价款 5 万元。双方签订书面合同约定,甲公司于次年 3 月向天韵公司一次全额支付款项,公司收到款项时向赊购方开具增值税专用发票。

(1)货物赊销时:

借:应收账款　　56 500
　贷:主营业务收入　　50 000
　　应交税费——待转销项税额　　6 500

(2)收到货款时:

借:银行存款　　56 500
　贷:应收账款　　56 500

同时,

借:应交税费——待转销项税额　　6 500
　贷:应交税费——应交增值税(销项税额)　　6 500

11 月末,赊购企业按货物清单或合同协议价格暂估入账。已验收入库但尚未取得增值税扣税凭证的货物暂估入账时,入账金额不包含增值税进项税额。企业当年度实际发生的相关成本、费用,因故未能及时取得有效凭证,企业在预缴季度所得税时,可暂按账面发生金额进行核算;但在汇算清缴时,应补充提供有效凭证。如果赊购货物在纳税年度已被领用并已进入成本费用,但在次年 5 月 31 日前仍未取得发票,则在所得税汇算清缴时须做纳税调整,以后取得发票时,再追补至赊购年度税前扣除。

三、销货退回及折让、折扣销项税额的会计处理

一般纳税人销售货物、提供应税劳务和服务并开具增值税专用发票后,在发生销售货物退回、折让时,应按规定开具红字专用发票,对退还给购买方的增值税税额,可从发

生销货退回、折让当期的销项税额中扣减。未按规定开具红字专用发票的,不得冲减当期销项税额。

(一)销货退回的销项税额的会计处理

1. 已开发票未入账退货的会计处理。当销货方收到退回发票时,可将原蓝字发票作废处理,一般不做账务处理。在产品退回时发生的相关费用,借记"销售费用",贷记"银行存款""其他应付款"(购货方代垫)等。

2. 无退货条件且已入账的会计处理。如果未确认收入,企业应按已记入"发出商品"账户的商品成本金额,借记"库存商品"等,贷记"发出商品"。采用计划成本或售价核算的,应按计划成本或售价记入"库存商品",同时计算产品成本差异或商品进销差价。

如果已确认收入,销货方在购货方提供《进货退出或索取折让通知单》后,开具红字专用发票。红字贷记"主营业务收入""应交税费——应交增值税(销项税额)",红字借记(或蓝字贷记)"应收账款""银行存款""财务费用"等;同时,借记"库存商品",贷记"主营业务成本"。

3. 对于附有销售退回条款的销售,企业应当在客户取得相关商品控制权时,按照因向客户转让商品而预期有权收取的对价金额(不含预期因销售退回而可能退还的金额)确认收入,按照预期因销售退回而可能退还的金额确认负债;同时,按预期将退回商品转让时的账面价值扣除收回该商品预计发生的成本(包括退回商品的价值减损)后的余额,确认为一项资产;按商品转让时的账面价值,扣除上述资产成本的净额结转成本。在资产负债表日,应重新估计未来销售退回情况,如有变化,应当作为会计估计变更进行会计处理。

4. 税务会计应在销售时全部确认销项税额,实际发生退货时开具红字发票冲减当期的销项税额和销售收入等;财务会计只对有控制权且不会退回的部分确认收入,由此产生的暂时性差异,需要进行递延所得税的会计处理。

【例 3-34】天通公司是增值税一般纳税人,销售自产货物实行 10 天无理由退货。根据以往的销售数据统计,年平均退货率为 10%。上年 12 月销售商品含税价为 113 万元(其中增值税销项税额 13 万元),成本 85 万元。

(1)确认销售收入时:

借:应收账款——××客户	1 130 000
贷:应交税费——应交增值税(销项税额)	130 000
预计负债——应付退货款(1 000 000×10%)	100 000
主营业务收入(1 160 000-160 000-100 000)	900 000

(2)结转销售成本时:

借：主营业务成本　　765 000
　应收退货成本（850 000×10%）　　8 5000
　贷：库存商品　　850 000

（3）确认退回金额时：无理由退货期满，假设今年1月6日前共支付退货金额7.6万元（含税金额），开具红字专用发票。

借：预计负债——应付退货款　　67 257
　贷：银行存款　　76 000
　　应交税费——应交增值税（销项税额）[76 000÷(1+13%)×13%]　　8 743

（4）采用未来适用法调整上年底多预计的退货金额（不涉及销项税额），多预计的退货费应增加退货当期的主营业务收入。若是少预估了退货费用，则应调减退货当期的主营业务收入。

借：预计负债——应付退货款（100 000−67 257）　　32 743
　贷：主营业务收入　　32 743

（5）确认退货成本时：

借：库存商品（850 000÷1000 000×67 257）　　57 168
　主营业务成本　　18 832
　贷：应收退货成本　　76 000

上述5笔会计分录，第（1）（3）笔属于税务会计处理，其余应属财务会计处理。

（二）销售折让的销项税额的会计处理

销售折让是指货物销售后，因品种、规格、质量等原因，购货方未予退货，而由销货方给予购货方的一种价格减让。对销售折让，可在实际发生时直接从当期实现的销售收入中抵减，即按折让后的货款作为销售额，计算缴纳增值税，应根据以下不同情况处理：

1. 购货方尚未进行账务处理、也未付款。销货方应在收到购货方转来的原开增值税专用发票的发票联和抵扣联上注明“作废”字样。

如属当月销售，销货方尚未进行账务处理，则不需要进行冲销当月产品销售收入和销项税额的账务处理，只需根据双方协商扣除折让后的价款和增值税税额重新开具增值税专用发票，并进行账务处理。

2. 购货方已进行账务处理，发票联和抵扣联已无法退还。这时，销货方一般也已进行了账务处理，销货方应根据购货方转来的通知单，按折让金额（价款和税额）开具红字增值税专用发票，作为冲销当期主营业务收入和销项税额的凭据。

如属以前月份销售，销货方已进行账务处理，则应根据折让后的价款和增值税税额重新开具增值税专用发票，按原开增值税专用发票的发票联和抵扣联与新开的增值税专用发票的记账联的差额，冲销当月主营业务收入和当月销项税额，红字借记“应收账款”账户，红字贷记“主营业务收入”“应交税费——应交增值税（销项税额）”账户。

【例 3-35】天华厂上月销售给耀华厂丙产品 40 件，由于质量不符合要求，双方协商折让 20%。耀华厂转来的证明单上列明：折让价款 20 000 元，折让税额 2 600 元。根据证明单开出红字增值税专用发票，并通过银行汇出款项。做会计分录如下：

贷：主营业务收入——丙产品	20 000
应交税费——应交增值税（销项税额）	2 600
贷：银行存款	22 600

实际入账时，“主营业务收入”“应交税费——应交增值税（销项税额）”账户应以红字记入贷方发生额。

（三）折扣销售的销项税额的会计处理

在财务会计中，销售折扣分为商业折扣和现金折扣两种形式，而在税务会计（税法）中，折扣销售方式分为折扣销售和销售折扣两种方式。

1. 折扣销售销项税额的会计处理。折扣销售即财务会计中的商业折扣，是指销货方在销售货物时，因购货方购货数量较大或与销售方有特殊关系等原因而给予对方的价格折扣和实物折扣①。纳税人采取折扣方式销售货物，如果销售额和折扣额在同一张发票上的“金额”栏分别注明，可按折扣后的销售额征收增值税；未在同一张发票“金额”栏注明折扣额，而仅在发票的“备注”栏注明折扣额的，折扣额不得从销售额中扣除。如果将折扣额另开发票，不论其在财务会计上如何处理，也不得从销售额中扣除折扣额，即要按折扣前的销售额全额作为计算销项税额的依据。

折扣销售仅限于对货物价格的折扣，如果销售方将自产、委托加工和购买的货物用于实物折扣的，则该实物价款不能从货物销售额中减除，且该实物应按“视同销售货物”中的“将自产、委托加工或者购进的货物无偿赠送其他单位或者个人”的行为计算缴纳增值税。

【例 3-36】某企业 9 月 8 日销售给某商场一批货物，该批货物的正常销售价格为 220 000 元（不含税）。鉴于商场购货额较大，企业给予商场 5% 的价格折扣优惠。在货物发出时开具增值税专用发票，将销售额和折扣额在同一张发票上分别注明，货款于当月 15 日由当地银行转来。会计处理如下：

$$折扣后的销售额 = 220\ 000 \times (1-5\%) = 209\ 000（元）$$

$$销项税额 = 209\ 000 \times 13\% = 27\ 170（元）$$

① 实物折扣视同销售中“无偿捐赠”做出会计处理。

借:银行存款　　236 170

　贷:主营业务收入　　209 000

　　应交税费——应交增值税(销项税额)　　27 170

税法中对纳税人采取折扣方式销售货物销售额的核定,之所以强调销售额与折扣额必须在同一张发票上注明,主要是从保证增值税征管的需要(征税、扣税相一致)。如果允许对销售额开一张销货发票,对折扣额再开一张退款的增值税负数(红字)发票,就可能造成销售方按减去折扣额后的销售额计算销项税额,而购货方却按未减去折扣额的销售额及其进项税额进行抵扣的问题,导致增值税逃税现象的发生。

"随货赠送"是组合销售本企业商品,实为折扣销售,属有偿赠送,应将总的销售金额按各项商品公允价值的比例进行分摊,以确认各项销售收入。它是指企业采用的一种促销行为:在销售主货物的同时赠送从货物,这种赠送是出于利润动机的正常交易,属于捆绑销售或降价销售。赠送的目的是诱导消费者购买,其实赠品的价值已经包含在销售商品的售价之中。

【例 3-37】某超市开展"买一赠一"的促销活动,当月卖出 100 大瓶花生油,每瓶含税售价 90 元,进价 55 元;按超市承诺,顾客购买 1 大瓶花生油,赠送 1 小瓶花生油。当月赠送 100 小瓶花生油,每小瓶花生油进价 15 元,含税售价 30 元。

销售大瓶花生油销项税额 = 90×100×90÷(90+30)÷(1+9%)×9%

= 6 192.66×9% = 557.34(元)

赠送小瓶花生油销项税额 = 90×100×30÷(90+30)÷(1+9%)×9%

= 2 064.22×9% = 185.78(元)

销项税额合计 = 557.34+185.78 = 743.12(元)

开具发票时,应将大瓶花生油销售额和小瓶花生油销售额与折扣额 3 000 元在同一张发票上的"金额"栏分别注明。

借:银行存款　　9 000.00

　贷:主营业务收入——大瓶花生油　　6 192.66

　　　　　　　　——小瓶花生油　　2 064.22

　　应交税费——应交增值税(销项税额)　　743.12

借:主营业务成本——大瓶花生油　　5 500

　　　　　　　——小瓶花生油　　1 500

　贷:库存商品——大瓶花生油　　5 500

　　　　　　——小瓶花生油　　1 500

2. 销售折扣销项税额的会计处理。销售折扣即财务会计中的现金折扣,是指销货方在销售货物后,为了鼓励购货方早日偿还货款而许诺给予一定比率的折扣优惠。折扣条件一般用“2/10,1/20,n/30”等表示,其含义是:10天内付款给予2%的折扣,20天内付款给予1%的折扣,30天内付款全价付款,没有折扣。

纳税人销售货物时,确认纳税义务,开具专用发票,折扣额不得从销售额中减除,即按销售额全额计算销项税额。

在财务会计中,对附有现金折扣条件的商品赊销时,可将销售额扣除估计的极有可能发生的现金折扣后的余额记入“应收账款”,将销售额(不含税交易总价)扣除现金折扣后的余额贷记“主营业务收入”。资产负债表日,应重新估计可能收到的对价,按其差额调整“主营业务收入”。

【例3-38】8月8日,天鑫公司销售一批产品给B客户,合同规定现金折扣条件为“2/10,1/20,*n*/30”,按销售价款计算现金折扣。当日开具专用发票,价款200 000元,税额26 000元。根据B客户此前付款情况等综合考虑,估计一般在11~20天可以支付全部货款,即可能获得2 000(200 000×1%)元现金折扣。天鑫公司会计处理如下:

(1)产品发出并办理完托收手续时:

借:应收账款　　224 000

　贷:主营业务收入(200 000-2 000)　　198 000

　　应交税费——应交增值税(销项税额)　　26 000

(2)如果客户在11~20天付清货款,根据扣除现金折扣后的收款额:

借:银行存款　　224 000

　贷:应收账款　　224 000

(3)如果客户超过20天付款,不能获得现金折扣,应将估计的现金折扣贷记收入:

借:应收账款　　2 000

　贷:主营业务收入　　2 000

3. 代金券消费的会计处理。售(发)卡企业销售单用途卡,或接受单用途卡持卡人充值取得的预收款,不属于增值税征税范围,不需缴纳增值税,同时也不涉及企业所得税。售卡方可按规定向购卡人、充值人开具增值税普通发票,不得开具增值税专用发票。销售方与售卡方不是同一个纳税人的,销售方在收到售卡方结算的销售款时,应向售卡方开具增值税普通发票,并在备注栏注明“收到预付卡结算款”,不得开具增值税专用发票。售卡方从销售方取得的增值税普通发票,作为其销售单用途卡或接受单用途卡充值取得预收资金不缴纳增值税的凭证,留存备查。

【例3-39】天乐超市为推动消费者下载使用其客户端,对首次下载并安装其客户端的注册客户可以50元购入100元代金券。代金券性质与预付卡相同,即以50元购入100元预付卡,到购物结算时以代金券所注金额100元抵减部分价款(但不能退款)。

超市销售代金券时，不能向客户开具增值税专用发票，可开具增值税普通发票，并需使用“未发生销售行为的不征税项目”编码中的601“预付卡销售和充值”开具，发票税率栏应填写“不征税”。虽然代金券金额为100元，但实际收款50元，应按50元开具普通发票（不在增值税申报表中体现）。当月超市向某客户售卡两张，做会计分录如下：

借：银行存款　　100

　贷：其他应付款——代金券（100抵200）　　100

客户持代金券到超市购买商品时，代金券所注金额与当初销售代金券的差额系对客户的销售折扣，应按折扣后的金额确认收入，超市仅对客户补付货款部分开具发票。如果不需补付价款，则不应向客户开具发票。

假设客户到超市购买单价351元的衣服，使用50元抵100元代金券2张，实际支付现金151（351−100×2）元。会计分录如下：

借：银行存款　　151

　其他应付款——代金券（100抵200）　　100

　贷：主营业务收入（251÷1.13）　　222.12

　　应交税费——应交增值税（销项税额）（222.12×13%）　　28.88

超市按151元金额向客户开具发票，发票备注栏可注明“使用50元抵100元代金券2张”。增值税申报时，含税销售额151元作为已开具发票销售额申报，含税销售额100元作为未开具发票销售额申报；如果实收151元未向客户开具发票，则按含税销售额251元作为未开具发票销售额申报。

四、视同销售销项税额的会计处理

视同销售是指没有直接现金流入的“销售”。根据税法的要求，所有视同销售行为都应正常计税。在财务会计中，视同销售一般不符合收入确认原则。对视同销售行为的会计处理，焦点是应否通过收入账户进行核算，有两种观点（两种做法）：一种观点是与正常的、真正的销售核算相同，即按售价记录销售收入并相应计提销项税金，再按成本结转销售成本；另一种观点是不通过收入账户核算，直接按成本结转，同时按市价或公允价值计提销项税金，期末还应进行所得税纳税调整。前者是财务会计与税务会计不分离，即会计准则与税法规定一致或财务会计服从税法；后者是两种会计分离的做法。对视同销售行为的会计处理，一般应遵循如下原则：

（1）视同销售行为是否会使企业获得收益。如果能获得收益，就应按销售收入处理；否则，按其成本进行结转。

（2）对视同销售计算的应交增值税，与一般的“进项税额转出”意义不同，税务会计应将其作为“销项税额”处理。

(3)视同销售行为的价格(计税依据)应按税法规定确定(税务部门认定)。

(4)财务会计不作为收入的视同销售的会计处理。企业将自产货物用于业务招待、宣传、捐赠、赞助等,不属于两个会计主体之间的利益交换。这类会计事项不符合会计准则收入确认标准(条件),因为不产生经济利益流入,主要风险和报酬也没有转移到另一个会计主体。因此不做收入处理,直接结转产品成本,但按税法规定,应按公允价值确认计量其销项税额。

(5)作为收入的视同销售的会计处理。企业将自产或外购货物用于债务重组、奖励、职工福利、利润分配等,税务会计与财务会计均视同销售处理,即企业应交增值税、所得税要视同销售进行处理,财务会计也同步确认收入。这类会计事项符合会计准则的收入确认条件。虽然没有直接的现金流入,但它减少了企业的负债或提升了企业形象,促进了商品销售,提高了企业潜在的盈利能力。

根据现行税法和会计准则的规定,增值税视同销售、进项税额转出与会计准则处理的对比见表3-6。

表3-6　视同销售行为:税法与会计准则处理的对比

<table>
<tr><th>项目</th><th>去向</th><th>税法(税务会计)</th><th>会计准则(财务会计)</th></tr>
<tr><td>视同买断</td><td rowspan="2">委托代销</td><td rowspan="11">属于视同销售行为,贷记:应交税费——应交增值税(销项税额)</td><td>确认收入</td></tr>
<tr><td>支付手续费</td><td>确认收入</td></tr>
<tr><td>视同买断</td><td rowspan="2">受托代销</td><td>确认收入</td></tr>
<tr><td>收取手续费</td><td>确认收入</td></tr>
<tr><td colspan="2">统一核算,异地移送</td><td>不确认收入</td></tr>
<tr><td rowspan="3">外购货物、自产货物、委托加工货物</td><td>对外投资</td><td>确认收入</td></tr>
<tr><td>利润分配</td><td>确认收入</td></tr>
<tr><td>无偿捐赠(公益性赞助)</td><td>不确认收入</td></tr>
<tr><td rowspan="2">自产货物、委托加工货物</td><td>集体福利</td><td>确认收入</td></tr>
<tr><td>个人消费</td><td>不确认收入</td></tr>
<tr><td rowspan="2">无偿提供服务、转让无形资产、不动产</td><td>其他单位或个人</td><td>不确认收入</td></tr>
<tr><td>公益事业或以社会公众为对象</td><td rowspan="2">不属视同销售行为,应做进项税额转出处理,贷记:应交税费——应交增值税(进项税额转出)</td><td rowspan="2">不确认收入</td></tr>
<tr><td>外购货物</td><td>简易计税项目、免征增值税项目</td></tr>
</table>

(一)委托代销商品销项税额的会计处理

纳税人以代销方式销售货物,一般有以下三种方式:

第一种方式——收取手续费。委托方和受托方签订代销合同或协议,受托方按合同或协议约定的价格销售商品,并按代销商品销售额或销售量以一定比例或金额计算确定代销手续费收入。

第二种方式——视同买断。委托方和受托方签订代销合同或协议,委托方按合同或协议价格收取代销商品款,商品实际售价由受托方自定,实际售价与合同或协议约定价之间的差额归受托方所有。委托方将商品交付给受托方时,商品所有权的风险和报酬并未转移给受托方,因此,该方式本质上仍属代销。

第三种方式——视同买断并收取手续费。委托方按合同或协议约定的价格收取代销商品款,实际销售价格由受托方自定,其加价部分归受托方所有;此外,委托方还要再按代销商品销售额或销售量以一定比例或金额支付受托方手续费。

委托方在收到代销清单前已收到全部或部分货款的,其纳税义务发生时间为收到全部或部分货款的当天。对于发出代销商品超过规定时间仍未收到代销清单及货款的,视同销售实现,其纳税义务发生时间为发出代销商品满规定期限的当天。

1. 以支付手续费方式的委托代销。委托方应按商品售价(不含税)反映销售收入,所支付的手续费以"销售费用——手续费"列支。如果受托方为一般纳税人,则应为其开具增值税专用发票,列明代销商品价款和增值税税款;如果受托方为小规模纳税人,应按税款和价款合计开具普通发票。借记"应收账款"或"银行存款"账户,贷记"主营业务收入"和"应交税费——应交增值税(销项税额)"账户。收到受托方开来的手续费普通发票后,借记"销售费用——手续费"账户,贷记"应收账款"或"银行存款"账户。

【例3-40】某商业批发企业委托天方商店(一般纳税人)代销B商品400件,合同规定含税代销价为226元/件,手续费按不含税代销额的5%支付,该商品进价150元/件。拨付委托代销商品时(按进价):

借:发出商品——委托代销商品	60 000	
贷:库存商品——B商品		60 000

在规定时间内收到天方商店的代销清单而货款尚未收到时(代销清单列明销售数量150件,金额33 900元,倒算销售额并开具增值税专用发票,列明价款30 000元、增值税额3 900元):

借:应收账款——天方商店	33 900	
贷:主营业务收入		30 000
应交税费——应交增值税(销项税额)		3 900

如果超过规定时间而未收到“代销清单”，应在当期确认销项税额，但不确认收入：

借：应收账款　3 900

　贷：应交税费——应交增值税(销项税额)　3 900

收到天方商店汇来的款项和手续费时[普通发票列明：扣除手续费 1 500(30 000×5%)元，实收金额 32 400 元]：

借：银行存款　32 400

　销售费用　1 500

　贷：应收账款——天方商店　33 900

结转委托代销商品成本时：

借：主营业务成本　22 500

　贷：发出商品——委托代销商品　22 500

2. 视同买断的委托代销。委托方不采用支付手续费方式的委托代销商品，一般是通过商品售价调整，作为对受托方的报酬。这种方式实质上是一种赊销，至于受托方按什么价格销售，既可以双方事先约定，也可以由受托方自定。委托单位在收到受托方的代销清单后，按商品代销价反映销售收入，其账务处理基本同前，只是不支付手续费而已。

【例 3-41】某商品零售企业委托天天商店代销 A 商品 300 件，双方协商含税代销价 113 元/件，原账面价 128.90 元/件，代销价低于原账面价的差额冲销商品进销差价。做会计分录如下：

(1)拨付委托代销商品时：

借：发出商品——委托代销商品　33 900

　商品进销差价 4 770

　贷：库存商品——A 商品　38 670

(2)收到代销款存入银行时：

天天商店定期报来的代销清单，代销商品全部销售金额 33 900 元，倒算销售额并开具增值税发票给受托单位，销售额 30 000 元，增值税额 3 900 元：

借：银行存款　33 900

　贷：主营业务收入　30 000

　　应交税费——应交增值税(销项税额)　3 900

收到代销清单时，也可以将代销货款(包括销项税额)，借记“银行存款”账户，贷记“主营业务收入”账户。月终，将含税销售额换算为不含税销售额，再乘以税率，计算销项税额，借记“主营业务收入”账户，贷记“应交税费——应交增值税(进项税额)”账户。

(3)结转委托代销商品成本时：

借：主营业务成本　33 900

　贷：发出商品——委托代销商品　33 900

(二)受托代销商品销项税额的会计处理

第一种方式——收取手续费。受托方代销商品应作为应税商品销售，计算增值税销项税额；收取的手续费属应税劳务，应计算缴纳增值税。

第二种方式——视同买断。委托方在交付商品时不确认收入，受托方也不做商品购进处理。受托方在销售商品时，应向购货方开具增值税专用发票，做销售处理，计算缴纳增值税。

由于受托代销商品的所有权不属于本企业，因此，应当在表外账户核算并登记受托代销商品登记簿。若企业受托代销商品业务规模较大，与本企业自有商品在实物形态上难以划分，企业也可以设置“受托代销商品”和“受托代销商品款”账户进行核算，并分别以不同的代销方式进行账务处理。

1. 以收取手续费方式的受托代销。受托方收取的代销手续费收入应按劳务收入计算缴纳增值税；代销商品应作为应税销售计算销项税额，如购货方为一般纳税人，就要为其开具增值税专用发票。

【例3-42】某商业零售企业接受代销B商品600件，委托方规定代销价为60元/件(含税)，代销手续费为含税代销额的5%，增值税税率为13%，代销手续费收入的增值税税率为6%。

(1)收到代销商品时(按含税代销价)：

借：受托代销商品——××部、组(B商品)　36 000

　贷：受托代销商品款　36 000

(2)代销商品全部售出时：

借：银行存款　36 000

　贷：应付账款——××企业　36 000

(3)向委托单位报送代销清单，并向委托单位索要增值税专用发票。同时，计算代销商品的销项税额并调整“应付账款”、注销“代销商品款”和“受托代销商品”。

$$代销商品销项税额=600\times60\div(1+13\%)\times13\%=4\ 142(元)$$

借：应付账款——××企业　4 142

　贷：应交税费——应交增值税(销项税额)　4 142

同时，

借:受托代销商品款　36 000
　贷:受托代销商品——××部、组(B商品)　36 000

(4)收到委托单位的增值税专用发票时:

借:应交税费——应交增值税(进项税额)　4 142
　贷:应付账款——××企业　4 142

(5)开具代销手续费收入发票时:

代销手续费收入=36 000×5%=1 800(元)
应交增值税=1 800÷(1+6%)×6%=102(元)

借:应付账款——××企业　1 800
　贷:主营业务收入——代购代销收入　1 698
　　应交税费——应交增值税(销项税额)　102

(6)划转扣除代销手续费后的代销价款时:

借:应付账款——××企业　34 200
　贷:银行存款　34 200

零售企业商品品种繁多,业务繁忙,企业不可能把每一笔销货款都按自营和代销商品分开登记,更不可能在每天营业终了时,对代销商品进行盘点,以存计销。因此,对代销商品和自营商品在销售时全部记入“主营业务收入”账户,待代销商品全部销售或月终时,则由各部、组填报代销商品分户盘存计销表,冲销主营业务收入,增加应付账款。仍对上例资料做会计分录如下:

收到代销商品时:会计处理同前。

平时零售收到销货款75 200元(不分自营和代销)时:

借:银行存款　75 200
　贷:主营业务收入　75 200

本月26日代销商品全部售出,根据各部、组填报的代销商品分户盘存计销表,上列代销商品销售额36 000元,开具代销商品清单和计算销项税额4 142元时:

　贷:主营业务收入　36 000
　贷:应付账款　31 858
　　应交税费——应交增值税(销项税额)　4 142

注销“受托代销商品款”和“受托代销商品”账户时:

借:受托代销商品款　36 000
　贷:受托代销商品——××部、组(B商品)　36 000

2. 视同买断方式的受托代销。这种方式的受托代销在会计处理上又分两种方式:

一种方式是委托方和受托方在合同或协议中明确受托方在取得代销商品后,无论是否能够卖出、是否获利,均与委托方无关。双方之间的代销商品交易,与委托方直接销售商品给受托方没有实质区别,在符合销售商品收入确认条件时,委托方确认销售收入,受托方则直接做购进商品处理。另一种方式是,双方之间的合同或协议明确,如果受托方未能将商品售出,可将商品退给委托方,或受托方因代销商品出现亏损,可要求委托方补偿。委托方在交付商品时不确认收入,受托方也不做购进商品处理。受托方将商品销售后,按实际售价确认销售收入,并向委托方开具代销清单,委托方收到代销清单时再确认销售收入。该方式实属赊购商品销售,代销商品收益不表现为手续费收入,而是差额(毛利)。

代销商品售出时,借记“银行存款”账户,贷记“主营业务收入”“应交税费——应交增值税(销项税额)”账户,定期开出代销清单送交委托方,根据增值税专用发票,借记“受托代销商品款”“应交税费——应交增值税(进项税额)”账户,贷记“应付账款”账户,同时转销代销商品成本,借记“主营业务成本”账户,贷记“受托代销商品”账户。

【例 3-43】A 公司委托 B 公司代销商品 100 件,合同约定每件价格为 300 元,对外售价由 B 公司自定,其加价部分归其所有,B 公司可以将未能代销售出的商品退回 A 公司。商品已发给 B 公司,B 公司销售时每件价格为 320 元,商品已全部出售。B 公司的会计处理如下:

(1)收到代销商品时:

借:受托代销商品　　30 000

　贷:受托代销商品款　　30 000

(2)对外销售时:

借:银行存款　　36 160

　贷:主营(或其他)业务收入　　32 000

　　应交税费——应交增值税(销项税额)　　4 160

借:主营业务成本　　30 000

　贷:受托代销商品　　30 000

(3)将代销清单交给 A 公司,取得代销商品发票时:

借:受托代销商品款　　30 000

　应交税费——应交增值税(进项税额)　　3 900

贷:应付账款——××委托代销企业　　33 900

(4)按合同约定价格将代销商品款付给 A 公司时:

借:应付账款——××委托代销企业　　33 900

　贷:银行存款　　33 900

B公司应交纳增值税260(4 160-3 900)元,因2 000元的劳务报酬已经缴纳了增值税,无需再缴增值税。A公司代销商品取得的劳务报酬为2 000(32 000-30 000)元,相当于代销手续费收入,它已经含在32 000元的主营(或其他)业务收入中,且已计提了4 160元的销项税额。

(三)自产、委托加工货物用于集体福利、个人消费销项税额的会计处理

企业将自产或委托加工的货物用于集体福利、个人消费时,虽然没有产生现金流,但不论是增值税的规定,还是会计准则的规范,都将其视同销售,应按移送货物的市场销售平均价格确认计量应税收入并计算销项税额。

【例3-44】某面粉有限公司系增值税一般纳税人,主营面粉、挂面加工等。公司共有职工90人,其中生产工人80人,厂部管理人员10人。7月,公司决定以其生产的特制面粉作为福利发给职工,每人2袋面粉。每袋面粉单位生产成本40元,当月平均销售价格每袋65.4元(含增值税)。会计处理如下:

(1)发给职工面粉时:

$$应交增值税=[65.4\div(1+9\%)\times90\times2]\times9\%=10\ 800\times9\%=972(元)$$

借:应付职工薪酬——职工福利　　11 772
　贷:主营业务收入　　10 800
　　应交税费——应交增值税(销项税额)　　972

(2)结转发放自产面粉成本时:

借:主营业务成本　　7 200
　贷:库存商品——面粉　　7 200

(3)成本费用分配:

$$计入生产成本=11\ 772\times80\div90=10\ 464(元)$$
$$计入管理费用=11\ 772\times10\div90=1\ 308(元)$$

借:生产成本　　10 464
　管理费用　　1 308
　贷:应付职工薪酬——职工福利　　11 772

上述会计处理已经按公允价值核算主营业务收入及主营业务成本,因此,在所得税纳税申报时,不再单独填报视同销售收入及视同销售成本。

(四)无偿赠送货物、提供服务销项税额的会计处理

在财务会计中,这类事项不符合收入确认条件,因为企业并未获得经济利益,但

按税法规定,要视同销售计算缴纳增值税等。由于自产、委托加工的货物本身所耗原材料、支付的加工费等的"进项税额"以及购入货物中的"进项税额"已从"销项税额"中抵扣,若不按视同销售处理,双方"互赠",将会造成税款流失。企业按所赠货物成本,贷记"产成品""库存商品"等,按所赠货物售价或组成计税价格乘以税率计算应纳增值税,贷记"应交税费——应交增值税(销项税额)",按两者之和借记"营业外支出"。

【例3-45】天华公司系增值税一般纳税人,适用增值税税率为13%。10月,公司将一批自产产品通过政府部门向灾区捐赠,成本500万元,市场不含增值税价650万元;将一批外购产品通过政府部门向灾区捐赠,外购价格400万元。会计处理(仅反映增值税,其他税费略)如下:

(1)自产产品对外捐赠:

视同销售收入:650万元;视同销售成本:500万元。

借:营业外支出——捐赠	5 845 000	
贷:库存商品		5 000 000
应交税费——应交增值税(销项税额)		845 000

(2)外购产品对外捐赠:

视同销售收入:400万元;视同销售成本:400万元。

借:营业外支出——捐赠	4 520 000	
贷:库存商品		4 000 000
应交税费——应交增值税(销项税额)		520 000

为了交际应酬、宣传广告等目的,餐饮企业在本企业招待客户就餐,旅游娱乐企业使用本企业资源招待客户旅游或娱乐,文化体育企业免费为用户办理健身卡、提供健身服务,美容美发企业免费为他人美容美发,广播影视企业免费为其他单位或个人提供播映服务,建筑企业无偿为其他单位或个人提供建筑服务等,均视同销售服务。它应具备两个特点:一是服务为"自产",即提供者是纳税人自己;二是无偿,即企业提供服务并不向服务接受方收取款项或获取其他形式的、直接的经济利益。

【例3-46】天天商务酒店主要提供餐饮住宿服务,其重要关系单位AN公司一行4人入住该酒店,酒店做免单处理。假定该住宿服务成本850元,近期销售同类服务平均价格(不含税)为950元。增值税会计处理如下:

借:管理费用——业务招待费	907	
贷:主营业务成本		850
应交税费——应交增值税(销项税额)(950×6%)		57

五、包装物销售及没收押金销项税额的会计处理

(一)包装物销售销项税额的会计处理

包装物随产品销售而销售时,若不单独计价,其会计处理同商品销售;若单独计价,应作为销售计算缴纳增值税,借记“银行存款”“应收账款”账户,贷记“其他业务收入”“应交税费——应交增值税(销项税额)”账户。

【例3-47】天华厂销售给本市天众厂带包装物的丁产品600件,包装物单独计价,开出增值税专用发票列明:产品销售价款96 000元,包装物销售价款10 000元,增值税税额16 960元,款未收到。做会计分录如下:

借:应收账款——天众厂　　119 780

　贷:主营业务收入——丁产品　　96 000

　　其他业务收入——包装物销售　　10 000

　　应交税费——应交增值税(销项税额)　　13 780

(二)包装物出租、出借销项税额的会计处理

1. 包装物租金的会计处理。包装物随产品销售而周转(出租)时,其应计税的销售额为纳税人销售货物或应税劳务向购买方收取的全部价款和价外费用。企业收取的包装物租金属于价外费用,应缴纳增值税。

【例3-48】天华厂采用银行汇票结算方式,销售给东平机械厂甲产品400件,400元/件,增值税税额为20 800(400×400×13%)元,包装物400个出租,承租期为两个月,共计租金4 680元,一次性收取包装物押金23 400元,总计结算金额208 880(400×400+20 800+4 680+23 400)元。做会计分录如下:

收取包装物租金应计算的销售额,不包括向购买方收取的销项税额,应倒算销售额,计算应交增值税。

$$包装物租金销售额=4\ 680\div(1+13\%)=4\ 141.59(元)$$

$$包装物租金应计销项税额=4\ 141.59\times13\%=538.41(元)$$

借:银行存款　　208 880

　贷:主营业务收入　　160 000

　　其他业务收入　　4 141.59

　　应交税费——应交增值税(销项税额)　　21 338.41

　　其他应付款——存入保证金　　23 400

2. 包装物押金的会计处理。按现行财务会计制度的规定，包装物押金可分为两大类。

(1) 销售酒类产品之外的货物而收取的押金。当包装物逾期未收回时，没收押金，按适用税率计算销项税额。“逾期”以1年为限，收取押金超过1年时，无论是否退回，均应并入销售额计税。

(2) 销售酒类产品而收取的押金。它又分为两种情况：一是啤酒、黄酒，其计税要求、会计处理方法同上；二是其他酒类，对这类货物销售时收取的包装物押金，无论将来押金是否返回或按时返回，以及财务会计上如何核算，均应并入当期销售额计税。

六、转让固定资产(有形动产、不动产)和无形资产销项税额的会计处理

(一) 转让固定资产(有形动产)应交增值税的会计处理

企业转让(销售)已使用过的、可抵扣增值税的固定资产，因该项固定资产在原来取得时，其增值税进项税额已计入“应交税费——应交增值税(进项税额)”，销售时按计算的增值税销项税额，应借记“固定资产清理”，贷记“应交税费——应交增值税(销项税额)”。如果是在增值税转型之前购入的机器设备，因当初购入时进项税额已计入资产成本，现在出售时，应按简易计税方法，依3%征收率减按2%计算缴纳增值税，将固定资产转让损益记入“资产处置损益”。

【例3-49】某企业出售一台已经使用过的生产设备，含税价为113万元，已提折旧10万元，但未计提资产减值准备。该固定资产取得时，其进项税额13万元已记入“应交税费——应交增值税(进项税额)”，出售时收到价款80万元，不考虑城建税及附加税费。

(1) 转入清理时：

借：固定资产清理	900 000	
累计折旧	100 000	
贷：固定资产		1 000 000

(2) 出售时：

借：银行存款	800 000	
贷：固定资产清理		707 965
应交税费——应交增值税(销项税额)		92 035
借：资产处置损益	192 035	
贷：固定资产清理		192 035

如果该设备是在“营改增”前购入的，且采用简易计税方法进行会计处理。

(1)转入清理时:

借:固定资产清理　　1 030 000

　累计折旧　　100 000

　贷:固定资产　　1 130 000

(2)取得处置收入时:

借:银行存款　　800 000

　贷:固定资产清理　　800 000

(3)计算应交增值税:

$$应交增值税=800\ 000\div(1+3\%)\times2\%=776\ 699\times2\%=15\ 534(元)$$

借:固定资产清理　　15 534

　贷:应交税费——简易计税　　15 534

(4)转销固定资产转让损益时:

$$固定资产转让净收益=800\ 000-(1\ 030\ 000+15\ 534)=-245\ 534(元)$$

借:资产处置损益　　245 534

　贷:固定资产清理　　245 534

(二)销售不动产应交增值税的会计处理

纳税人转让不动产,按有关规定差额缴纳增值税的,如果纳税人同时保留取得不动产时的发票和其他能证明契税计税金额的完税凭证等资料的,应凭发票进行差额扣除;若因丢失等原因无法提供取得不动产时的发票,可向税务机关提供其他能证明契税计税金额的完税凭证等资料,进行差额扣除。纳税人以契税计税金额进行差额扣除的,按照下列公式计算应纳增值税:

$$应纳增值税=[全部交易价格(含增值税)\div(1+5\%)-契税计税金额(不含增值税)]\times5\%$$

房地产开发企业中的一般纳税人销售自行开发的房地产项目,适用一般计税方法计税,按照取得的全部价款和价外费用,扣除当期销售房地产项目对应的土地价款后的余额计算销售额。

$$当期允许扣除的土地价款=\frac{当期销售房地产项目建筑面积}{房地产项目可供销售建筑面积}\times支付的土地价款$$

采取预收款方式销售自行开发的房地产项目,应在收到预收款时按照3%的预征率预缴增值税。以当期销售额和10%的适用税率计算当期应纳税额,抵减已预缴税款后,向主管税务机关申报纳税。

【例3-50】天缘房地产公司上年5月支付土地出让金327万元取得一块土地,开发某小区商品房,适用一般计税方法。建筑总规模12 000平方米,可供出售建筑面积10 000平方米。当年6月开始预售,当月预售4 500平方米,预收房款1 090万元。当年11月,该房地产公司办理预售房产权转移手续,开具专用发票。做相关会计分录如下:

(1)收到预收款并预缴增值税时:

借:银行存款　　10 900 000

　贷:预收账款　　10 900 000

$$应预缴增值税=1\ 090\div(1+9\%)\times3\%=30(万元)$$

借:应交税费——预交增值税　　300 000

　贷:银行存款　　300 000

(2)办理产权转移手续、确认纳税义务时:

借:预收账款　　10 900 000

　贷:主营业务收入　　10 000 000

　　应交税费——应交增值税(销项税额)　　900 000

(3)结转当期土地价款中的增值税:

$$当期准予扣除土地价款=327\times4\ 500\div10\ 000=147.15(万元)$$

$$土地价款增值税=147.15\div(1+9\%)\times9\%=12.15(万元)$$

借:应交税费——应交增值税(销项税额抵减)　　121 500

　贷:主营业务成本　　121 500

(4)期末结转预交增值税:

借:应交税费——未交增值税　　300 000

　贷:应交税费——预交增值税　　300 000

如果公司在11月没有发生增值税其他事项,结转"未交增值税"时:

$$未交增值税=90-12.15=77.85(万元)$$

借:应交税费——应交增值税(转出未交增值税)　　778 500

　贷:应交税费——未交增值税　　778 500

下月初缴纳时:

应交增值税 = 77.85 − 30 = 47.85(万元)

借:应交税费——未交增值税 478 500
　贷:银行存款 478 500

(三)转让无形资产应交增值税的会计处理

【例 3−51】江海公司 8 月将 A 产品的商标权以 106 万元(含税)转让给另一家企业。该商标权账面余额 70 万元,已计提减值准备 8 万元。款已收妥入账,做会计分录如下:

应缴增值税 = 106÷(1+6%)×6% = 100×6% = 6(万元)

转让收益 = 不含税价款 − 资产成本 = 100 − (70 − 8) = 38(万元)

借:银行存款 1 060 000
　无形资产减值准备 80 000
　贷:无形资产 700 000
　　应交税费——应交增值税(销项税额) 60 000
　　资产处置损益 380 000

第五节 增值税减免与缴纳的会计处理

一、简易计税方法的会计处理

增值税简易计税方法适用于小规模纳税人和一般纳税人的特定货物、特定服务、特定项目。

(一)小规模纳税人增值税的会计处理

小规模纳税人不实行税款抵扣办法,应以不含税销售额乘以征收率计算应缴增值税。因此,只需通过“应交税费——应交增值税”账户反映增值税的应交、上交和欠交情况。

【例 3−52】某工业企业属小规模纳税人,3 月产品含税销售收入 154 500 元,货款尚未收到。做会计分录如下:

(1)销售货款未收到时:

$$应交增值税额=154\ 500\div(1+3\%)\times3\%=4\ 500(元)$$

借：应收账款　　154 500

　贷：主营业务收入　　150 000

　　应交税费——应交增值税　　4 500

(2)月末缴纳增值税时：

借：应交税费——应交增值税　　4 500

　贷：银行存款　　4 500

【例 3-53】某餐饮企业系小规模纳税人。当月，企业与驻地某施工队签订为期 3 个月的施工人员就餐协议。协议规定，每月餐费为 5 万元（含税），在协议签订时一次付清 3 个月的就餐费 15 万元，同时为施工队开具增值税专用发票。根据有关规定，先开具发票的，纳税义务发生时间为开具发票的当天。相关会计处理如下：

$$销售额=150\ 000\div(1+3\%)=145\ 631(元)$$

$$应交增值税=145\ 631\times3\%=4\ 369(元)$$

$$每月销售额=145\ 631\div3=48\ 544(元)$$

(1)收到施工队支付的餐费款时：

借：银行存款　　150 000

　贷：预收账款　　145 631

　　应交税费——应交增值税　　4 369

(2)每月确认营业收入时：

借：预收账款　　48 544

　贷：主营业务收入　　48 544

如果该餐饮企业将一次性收取 15 万元餐费改为发行单用途预付卡，施工队一次性充值 15 万元，餐馆开具 15 万元增值税普通发票，施工队每月划卡消费 5 万元。若该餐饮企业是月底售卡，施工队下月消费，则当月该餐饮企业不必就售卡缴纳增值税；若当月售卡，施工队当月消费，餐饮企业当月应缴纳增值税 1 456[50 000÷(1+3%)×3%]元①。

(1)发售预付卡时：

借：银行存款　　150 000

　贷：预收账款　　150 000

(2)下个季度的第一个月月末：

① 小规模纳税人按季申报纳税，假设售卡是在季末月份。

借：预收账款　　50 000
　贷：主营业务收入　　48 544
　　应交税费——应交增值税　　1 456

第2、3个月会计处理与第1个月相同。

（二）一般纳税人简易计税方法的会计处理

一般纳税人采用简易计税方法的计税项目，其进项税额不得从销项税额中抵扣，应计入相关成本费用，不通过“应交税费——应交增值税（进项税额）”；在其销售货物、无形资产、不动产，提供劳务服务时，借记“应收账款”“银行存款”等，贷记“主营业务收入”等，贷记“应交税费——增值税简易计税”。

【例3-54】某公司系一般纳税人，主营钢材和商品混凝土业务。其中，自产商品混凝土选择简易计税方法。当月钢材销售额700万元，钢材采购额800万元；商品混凝土销售收入159万元（含税）。做会计分录如下：

（1）销售钢材：

借：应收账款——××客户　　7 910 000
　贷：主营业务收入——钢材　　7 000 000
　　应交税费——应交增值税（销项税额）　　910 000

（2）采购钢材：

借：库存商品　　8 000 000
　应交税费——应交增值税（进项税额）　　1 040 000
　贷：应付账款——××供应商　　9 040 000

（3）销售混凝土：

借：应收账款——××客户　　1 590 000
　贷：主营业务收入——商品混凝土　　1 543 690
　　应交税费——增值税简易计税　　46 310

在实务中，对于简易计税方法减按2%征收的会计处理，因为纳税申报表中没有2%征收率一栏，为了完整地体现税收优惠，可以将少纳的1%作为补贴收入，在主表第23行“应纳税额减征额”填写。

【例3-55】某企业系增值税一般纳税人，其提供一项适用简易计税方法的建筑服务，当期发生有关涉税事项的会计处理如下：

（1）购进原材料/周转材料一批，含税价14 000元。

借：原材料/周转材料　　14 000
　贷：银行存款　　14 000

(2)将原材料/周转材料投入工程。

借:工程施工——合同成本　　14 000

　贷:原材料/周转材料　　14 000

(3)接受适用简易计税方法的AD公司提供的建筑服务,价款12 000元,款项已支付,取得普通发票。

借:工程施工——合同成本　　11 650.49

　应交税费——应交增值税(销项税额抵减)　　349.51

　贷:银行存款　　12 000

(4)按建筑承包合同约定的日期收到预收账款36 000元,开具发票。

借:银行存款　　36 000.00

　贷:应交税费——应交增值税(简易计税)　　1 048.54

　　工程结算/预收账款　　34 951.46

(5)期末结转未交增值税。

借:应交税费——应交增值税(转出未交增值税)　　699.03

　贷:应交税费——未交增值税　　699.03

如果是小规模纳税人提供建筑服务,因"应交税费——应交增值税"下不设明细,按规定扣减销售额而减少的应交增值税应直接冲减"应交税费——应交增值税",其他会计处理与一般纳税人的简易计税项目基本相同。

二、减免增值税的会计处理

现行增值税的减免分为直接免征、即征即退、先征后返(退)三种形式。因此,其会计处理方法也有所不同。

(一)直接免征增值税的会计处理

增值税免税收入的会计处理有价税分离记账法和价税合计记账法两种方法。在价税分离记账法下,销售免税项目时,借记"银行存款"等账户,贷记"主营业务收入""应交税费——应交增值税(销项税额)"账户;对直接免征的销项税额,借记"应交税费——应交增值税(免征税款)"账户,贷记"其他收益"账户,但这样可能会导致记账凭证与原始凭证不符,如果贷记"主营业务收入"账户就不会出现两者不符的情况。在价税合计记账法下,对法定免征的增值税无需做专门的会计处理,其进项税额计入相关项目的成本或费用中,并按收款全额贷记主营业务收入。

【例3-56】某供热公司为增值税一般纳税人,主要从事居民个人供热业务(免税),同时也向部分企业和商户供热(应税)。1月,公司购进天然气不含税价款2 000万元,取得专用发票注明税款180万元(无法区分居民和非居民供热耗用情况)。当月收取居民供热费收入1 090(1 000+90)万元、非居民供热费收入654(600+54)万元。

(1)购进天然气时:

借:库存商品　　20 000 000

　应交税费——应交增值税(进项税额)　　1 800 000

　贷:银行存款　　21 800 000

(2)供热收费时:

$$供热收入应交增值税=(1\ 000+600)\times 9\%=144(万元)$$

$$居民供热免征增值税=144-54=90(万元)$$

借:银行存款　　17 440 000

　应交税费——应交增值税(免征税款)　　900 000

　贷:主营业务收入——非居民　　6 000 000

　　　　　　　　——居民　　10 900 000

　　应交税费——应交增值税(销项税额)　　1 440 000

(3)居民供热不得抵扣进项税额转出:

$$不得抵扣进项税额=180\times 1\ 000\div(1\ 000+600)=112.5(万元)$$

借:主营业务成本　　21 125 000

　贷:库存商品　　20 000 000

　　应交税费——应交增值税(进项税额转出)　　1 125 000

(二)即征即退增值税的会计处理

纳税人既有即征即退、先征后退项目,又有出口等其他应税项目的,即征即退、先征后退项目不参与出口项目免抵退计算。纳税人应分别核算,分别享受优惠政策,其进项税额也应分开核算,各自处理。

为了将上述项目单独核算,企业应设置"应交税费——应交增值税(一般项目)""应交税费——应交增值税(即征即退项目)""应交税费——未交增值税(即征即退项目)"等明细科目;计提增值税应退税款时,借记"其他应收款",贷记"其他收益"。

【例3-57】某外贸企业进口原棉一批,进口棉花征收增值税实行即征即退办法。该批棉花价值折合人民币500 000元,应纳增值税65 000万元。

做会计分录如下:

(1)外贸企业入账时:

借:原材料　500 000

　应交税费——应交增值税(即征即退项目)(进项税额)　65 000

　贷:应付账款、银行存款等　565 000

(2)收到进口商品退税款时:

借:银行存款　65 000

　贷:应付账款——待转销进口退税单　65 000

(3)外贸企业将进口商品销售给生产企业时(假设销售价格为600 000元,增值税为78 000元):

借:应收账款等　613 000

　贷:主营业务收入(600 000-65 000)　535 000

　　应交税费——应交增值税(即征即退项目)(销项税额)　78 000

(4)收到即征即退退税款时:

借:应付账款——待转销进口退税单　65 000

　贷:其他收益　65 000

如果即征即退50%,仅将退回的50%部分贷记"其他收益"。

(5)即征即退项目应交增值税和实际上缴增值税时:

借:应交税费——应交增值税(即征即退项目)(转出未交增值税)　13 000

　贷:应交税费——未交增值税(即征即退项目)　13 000

借:应交税费——未交增值税(即征即退项目)　13 000

　贷:银行存款　13 000

【例3-58】某软件开发企业8月购进生产材料取得增值税专用发票注明的价款为8 500元,增值税税额为1 105元;支付运费300元,取得的专用发票上注明的进项税额为27元;当月销售自行开发生产的软件产品,销售额69 000元,增值税8 970元,已开具增值税专用发票。假设上月无留抵税额,本月无其他与增值税有关的经济事项,则:

$$应交增值税=69\ 000\times13\%-1\ 105-27=7\ 838(元)$$

实际税负为11.36%(7 838÷69 000),实际税负超过3%的部分实行即征即退。

$$实际应负担税额=69\ 000\times3\%=2\ 070(元)$$
$$应退税额=7\ 838-2\ 070=5\ 768(元)$$

相关会计处理如下:

(1)购进原材料:

借:原材料 8 500

应交税费——应交增值税(进项税额) 1 105

贷:银行存款等 9 605

(2)支付运费:

借:原材料 300

应交税费——应交增值税(进项税额) 27

贷:银行存款等 327

(3)销售软件:

借:应收账款等 77 970

贷:主营业务收入 69 000

应交税费——应交增值税(销项税额) 8 970

(4)计提应收增值税退税时:

借:其他应收款——应收增值税退税 5 768

贷:其他收益 5 768

(5)收到增值税退税时:

借:银行存款 5 768

贷:其他应收款——应收增值税退税 5 768

三、缴纳增值税的会计处理

(一)按日申报缴纳增值税的会计处理

若税务机关核定纳税人按日缴纳增值税,企业平时按核定纳税期纳税时,属预缴性质;下月初,在核实上月应交增值税税额后,应于15日前清缴。

平时,企业在"应交税费——应交增值税"明细账中核算增值税涉税业务。其中,当月上缴当月应交增值税税额时,做会计分录如下:

借:应交税费——应交增值税(已交税金)

贷:银行存款

月末,结出该账户借方、贷方合计和差额。

若"应交税费——应交增值税"账户为贷方差额,表示本月应交未交的增值税税额;若"应交税费——应交增值税"账户为借方差额,由于月中有预缴税款的情况,故该借方差额不仅可能是尚未抵扣完的进项税额,而且还可能包含多交的部分。

(二)按月申报缴纳增值税的会计处理

【例 3-59】天海建筑公司系增值税一般纳税人。公司 10 月的销项税额为 110 万元，当期认证抵扣的进项税额为 155 万元。11 月的销项税额为 320 万元，当期认证抵扣的进项税额为 240 万元；当月部分钢材被盗，应转出进项税额 61 万元。12 月 10 日，申报缴纳 11 月增值税(相关附加税费略)。

$$10\text{月应交增值税额}=1\ 100\ 000-1\ 550\ 000=-45\ 000(0\text{元})<0$$

当月应交增值税为 0 元，留抵税额为 450 000 元。

11 月增值税会计分录如下：

(1)进项税额转出：

借：营业外支出　　610 000

　贷：应交税费——应交增值税(进项税额转出)　　610 000

(2)应交增值税税额：

$$\text{当月可抵扣进项税额}=450\ 000+2\ 400\ 000-610\ 000=2\ 240\ 000(\text{元})$$
$$\text{当月应交税额}=3\ 200\ 000-2\ 240\ 000=960\ 000(\text{元})$$

借：应交税费——应交增值税(转出未交增值税)　　960 000

　贷：应交税费——未交增值税　　960 000

(3)12 月 10 日，申报缴纳 11 月的增值税：

借：应交税费——未交增值税　　960 000

　贷：银行存款　　960 000

金融商品转让，按卖出价扣除买入价后的余额为销售额，转让金融商品产生的正负差，按盈亏相抵后的余额为销售额。相抵后出现的负差，可结转下一纳税期与下期转让金融商品销售额相抵，但年末仍出现负差的，不得转入下一个会计年度。金融商品的买入价，可按加权平均法或移动加权平均法核算。选择核算法后，36 个月内不得变更。

对转让当月产生的转让收益，按应纳税额，借记“投资收益”等，贷记“应交税费——转让金融商品应交增值税”；若当月产生的转让损失，按可结转下月的抵扣税额，借记“应交税费——转让金融商品应交增值税”，贷记“投资收益”等。缴纳增值税时，借记“应交税费——转让金融商品应交增值税”，贷记“银行存款”。年末，如果“应交税费——转让金融商品应交增值税”是借方余额，应借记“投资收益”等，贷记“应交税费——转让金融商品应交增值税”。

【例 3-60】某企业为一般纳税人，按月度申报缴纳增值税，6 月纳税申报期提供按一般计税方法取得咨询服务销售额200万元，销项税额12万元，当月按规定认证申报的进项税额15.6万元，产生未抵扣进项税额3.6万元。当月转让金融商品，取得买卖正差价159万元，应交增值税9[159÷(1+6%)×6%]万元。转让金融商品取得买卖正差价159万元，不需全额缴纳增值税9万元，其中3.6万元可以按规定抵扣进项税额，只需缴纳增值税5.4(9−3.6)万元。不考虑其他情况，当月转让金融商品相关会计处理如下：

(1)结转当月转让金融商品应交增值税时：

借：投资收益　　90 000

　贷：应交税费——转让金融商品应交增值税　　90 000

(2)从当期"转让金融商品应交增值税"中抵扣同期未抵扣进项税额时(还需完整登记相关备查账)：

借：应交税费——转让金融商品应交增值税　　36 000

　贷：应交税费——应交增值税(销项税额)　　36 000

(3)实际缴纳当月增值税时：

借：应交税费——转让金融商品应交增值税　　54 000

　贷：银行存款　　54 000

(三)按季申报缴纳增值税的会计处理

纳税人按季度申报增值税时，每月只做计提增值税的会计处理，不做缴纳或免征增值税的会计处理，季末合并计算销售额，如果符合免征增值税条件，再做免征增值税的会计处理；如果不符合免征增值税条件，则按季度合计销售额全额计算缴纳增值税。

【例3-61】天鹏厂系制造企业，被认定为增值税小规模纳税人，按季申报缴纳增值税。当年7月份销售额为10万元(不含税，下同)，8月份销售额为12万元，9月份销售额为6万元，第三季度销售额合计为28万元。按季申报缴纳增值税时，即使有的月份未达到起征点应免缴增值税，但因无法确定季度是否应该免税，所以，各月应按正常计税进行会计处理，季末一次结转免缴增值税。

(1)计算7月份应缴纳的增值税：

借：应收账款等　　103 000

　贷：主营业务收入　　100 000

　　应交税费——应交增值税　　3 000

(2)计算8月份应缴纳的增值税：

借：应收账款等　　123 600

　贷：主营业务收入　　120 000

　　应交税费——应交增值税　　3 600

(3)计算9月份应缴纳的增值税:

借:应收账款等　　61 800

　贷:主营业务收入　　60 000

　　应交税费——应交增值税　　1 800

(4)结转季度免缴增值税时。第三季度合计销售额28万元(10+12+6),低于30万元,免缴增值税:

季度免缴税额=3 000+3 600+1 800=8 400(元)

借:应交税费——应交增值税　　8 400

　贷:其他收益——减免税款　　8 400

小规模纳税人选择按月或季申报缴纳增值税的计算结果不同。企业应根据其生产经营特点,慎重选择申报缴纳期限,且一个会计年度内不得变更。

例3-61说明,小规模纳税人是选择按月、还是按季申报缴纳增值税,其计算结果不同。如果该季度各月的销售额依次是8万元、13万元、10万元,企业又该如何选择呢?

企业应根据其生产经营特点,慎重选择申报缴纳期限,且一个会计年度内不得变更。

(四)预缴和补缴增值税的会计处理

一般纳税人采用一般计税方法时,借记"应交税费——预交增值税",贷记"银行存款";月末,应将"预交增值税"明细账户余额转入"未交增值税"明细账户,借记"应交税费——未交增值税",贷记"应交税费——预交增值税"。一般纳税人选择简易计税方法时,借记"应交税费——简易计税",贷记"银行存款";月末不必结转,无需进行专门的会计处理。

小规模纳税人预缴税款时,借记"应交税费——应交增值税",贷记"银行存款";月末不必结转,无需进行专门的会计处理。

【例3-62】天方建筑公司为增值税一般纳税人。7月在本市承包B公司RⅡ工程项目,合同总金额(含税)1 090万元,签订合同5日内,甲方按合同总价款的20%预付工程款。8月1日,B公司支付的预付款218万元入账,公司采用一般计税方法。

(1)8月收到B公司预付款时:

借:银行存款　　2 180 000

　贷:合同负债——B公司　　2 180 000

(2)计提并预缴增值税:

借:应交税费——预交增值税(2 180 000÷1.09×2%)　　40 000

　贷:银行存款　　40 000

(3)10 月末进行工程进度结算,合同资产价款(含税)为 545 万元,合同资产款抵顶预付工程款。公司开具增值税专用发票,计提销项税额 45(545÷1.09×9%)万元,当月可抵扣进项税额 28 万元。

应收账款=545-218=327(万元)

借:应收账款——B 公司	3 270 000
合同负债——B 公司	2 180 000
贷:合同资产	5 000 000
应交税费——应交增值税(销项税额)	450 000

(4)将预交增值税结转至"未交增值税":

借:应交税费——未交增值税	40 000
贷:应交税费——预交增值税	40 000

(5)下月初实际缴纳增值税时:

借:应交税费——未交增值税	130 000
贷:银行存款(45 万元-28 万元-4 万元)	130 000

【例 3-63】天缘房地产开发公司开发 N-2 房地产项目,8 月 18 日预售房屋一套,售价 1 000 万元,收到客户 A 交付的预售款 800 万元。该项目采用一般计税方法计税,相关会计处理如下:

(1)预收房款并预交增值税:

借:银行存款	8 000 000
贷:预收账款——客户 A	8 000 000

应预交增值税=8 000 000÷(1+9%)×3%=220 183(元)

借:应交税费——预交增值税	220 183
贷:银行存款	220 183

(2)销售房屋:

应交增值税=10 000 000÷(1+9%)×9%=909 091(元)

借:银行存款	2 000 000
预收账款——客户 A	8 000 000
贷:主营业务收入	9 174 312
应交税费——应交增值税(销项税额)	825 688

同时结转预缴增值税。

借：应交税费——未交增值税　220 183

　贷：应交税费——预交增值税　220 183

(3)计算应缴增值税：假设当月应抵扣进项税额为540 091元，应纳增值税285 597(825 688−540 091)元。

借：应交税费——应交增值税(转出未交销售税)　285 597

　贷：应交税费——未交增值税　285 597

(4)补缴增值税：

$$应补缴增值税=285\ 597-220\ 183=65\ 414(元)$$

借：应交税费——未交增值税　65 414

　贷：银行存款　65 414

(五)从事先进制造业的纳税人缴纳增值税的会计处理

从事先进制造业的纳税人应在"应交税费——应交增值税"下设置"加计抵减额"明细账户，单独核算和反映增值税加计抵减的计提、调减、结余等情况。该账户的借方反映当期计提的加计抵减额，贷方反映当期按规定调整减少的加计抵减额，期末借方余额反映加计抵减结余金额。

计提加计抵减额时，借记"应交税费——应交增值税（加计抵减额）"，贷记"其他收益——增值税加计抵减收益"；期末按规定调整减少时，借记"其他收益——增值税加计抵减收益"，贷记"应交税费——应交增值税（加计抵减额）"。

四、查补增值税的会计处理

(一)查补逃税应纳税额的确定

增值税一般纳税人不报、少报销项税额或多报进项税额，均影响增值税的缴纳，是逃税行为。其逃税数额应当按销项税额的不报、少报部分或进项税额的多报部分确定。如果销项、进项均查有逃税问题，其逃税数额应当为两项逃税数额之和。

一般纳税人若采取账外经营，即购销活动均不入账，而造成不缴、少缴增值税的，其逃税数额应按账外经营部分的销项税额抵扣账外经营部分中已销货物进项税额后的余额确定。此时逃税数额为应纳税额。即：

$$应纳税额=账外经营部分销项税额-账外经营部分中已销货物进项税额$$

$$已销货物进项税额=账外经营部分购货的进项税额-账外经营部分存货的进项税额$$

（二）查补税款金额的确定

一般纳税人发生逃税行为，确定逃税数额补征入库时，其补税数额应根据纳税人不同情况分别处理。即：根据检查核实的一般纳税人与其全部销项税额与进项税额（包括当期留抵扣税额），重新计算当期全部应纳税额。若应纳税额为正数，应当做补税处理；若应纳税额为负数，应按《增值税日常稽查办法》的规定执行。

（三）查补税款的会计处理

增值税经税务机关检查后，应进行相应的会计调整。为此，应设立“应交税费——增值税检查调整”账户。凡检查后应调减账面进项税额或调增销项税额和进项税转出的数额，借记有关账户，贷记本账户；凡检查后应调增账面进项税额或调减销项税额和进项税额转出的数额，借记本账户，贷记有关账户；全部调账事项入账后，应结出本账户的余额，并对该余额进行处理。

（1）若余额在借方，全部视同留抵进项税额，按借方余额数，借记“应交税费——应交增值税（进项税额）”账户，贷记本账户。

（2）若余额在贷方，且“应交税费——应交增值税”账户无余额，按贷方余额数，借记本账户，贷记“应交税费——未交增值税”账户。

（3）若本账户余额在贷方，“应交税费——应交增值税”账户有借方余额且等于或大于这个贷方余额，按贷方余额数，借记本账户，贷记“应交税费——应交增值税”账户。

（4）若本账户余额在贷方，“应交税费——应交增值税”账户有借方余额但小于这个贷方余额，应将这两个账户的余额冲出，其差额贷记“应交税费——未交增值税”账户。

【例3-64】某工业企业为增值税一般纳税人。12月增值税纳税资料为：当期销项税额为236 000元，当期购进货物的进项税额为247 000元。“应交税费——应交增值税”账户的借方余额为11 000元。

次年1月15日，税务机关对其检查时，发现有如下两笔业务会计处理有误：

12月3日，发出产品一批用于捐赠，成本价80 000元，无同类产品售价，企业已做会计处理如下：

借：营业外支出　　80 000
　　贷：产成品　　80 000

12月24日，为建职工食堂购入材料33 900元，企业已做会计处理如下：

借：在建工程　　30 000

应交税费——应交增值税(进项税额)　　3 900

贷:银行存款　　33 900

针对上述问题,应做查补税款的会计处理。

(1)对查出的问题进行会计调整:

企业对外捐赠产品,应视同销售计算销项税额,无同类产品售价的,按组成计税价格计算。企业按成本价直接冲减产成品,但未计算销项税额,属逃税行为。

销项税额为11 440[80 000×(1+10%)×13%]元,据此,应调账如下:

借:营业外支出　　11 440

贷:应交税费——增值税检查调整　　11 440

企业用于非应税项目的购进货物,其进项税额不得抵扣,企业多报进项税额属逃税的行为。据此,应调账如下:

借:在建工程　　3 900

贷:应交税费——增值税检查调整　　3 900

(2)确定企业逃税数额:

逃税数额=不报销项税额+多报进项税额=11 440+3 900=15 340(元)

应按逃税额的1倍罚款。

(3)确定应补交税额:

当期应补交税额=236 000-247 000+15 340=4 340(元)

(4)进行会计处理:

借:应交税费——增值税检查调整　　15 340

营业外支出——税收罚款　　15 340

贷:应交税费——未交增值税　　4 340

——应交增值税　　11 000

——税收罚款　　15 340

补缴税款及罚款时:

借:应交税费——未交增值税　　4 340

——税收罚款　　15 340

贷:银行存款　　19 680

由此可见,企业的逃税数额,不一定等于补税数额;罚款额是税务机关根据《税收征管法》做出的。

案 例

某电视机厂系一般纳税人,主要生产销售新型彩色电视机。某年9月发生如下涉税业务:

1.9月2日,采取交款提货结算方式向甲家电商场销售电视机500台,本期同类产品不含税售价3 000元。由于商场购买的数量多,按照协议规定,厂家按售价的5%向商场优惠出售,每台不含税售价2 850元,货款全部以银行存款收讫;9月5日,向乙家电商场销售彩电200台。为了尽快收回货款,厂家提供的现金折扣条件为4/10、2/20、n/30。本月23日,全部收回货款,厂家按规定给予家电商场优惠折扣。

2.采取以旧换新方式,从消费者个人手中收购旧电视机,销售新型号电视机10台,开出普通发票10张,收到货款31 100元,并注明已扣除旧电视机折价4 000元。

3.5年前采取还本销售方式向消费者销售电视机20台,协议规定,每台不含税售价4 000元,5年后(即当月)企业全部将货款退还给购货者,为此开具普通发票20张,合计金额93 600元。

4.以20台电视机向丙单位等价换取原材料,电视机成本价每台1 800元,不含税售价单价3 000元。双方均按规定开具增值税发票。

5.9月4日,向丁商场销售电视机300台,不含税销售单价3 000元。商场在对外销售时发现,有5台电视机存在严重质量问题,商场向厂家提出将这5台电视机做退货处理,并将当地主管国税机关开具的"进货退出或索取折让证明单"送交厂家。该厂将5台电视机收回,并按规定为商场开具了红字专用发票。

6.本期共发生可抵扣进项税额300 000元(含从丙单位换入原材料应抵扣的进项税额)。

该电视机厂会计人员在申报9月的增值税时,计算过程如下:

(1)应纳销项税额$=2\ 850\times500\times13\%+3\ 000\times200\times(1-2\%)\times13\%$
$=261\ 690$(元)

(2)应纳销项税额$=31\ 100\div(1+13\%)\times13\%=3\ 577.88$(元)

(3)应纳销项税额$=(93\ 600-20\times4\ 000)\div(1+13\%)\times13\%=1\ 564.6$(元)

(4)企业未做账务处理。

(5)应纳销项税额$=(300-5)\times3\ 000\times13\%=115\ 050$(元)

(6)本月应纳增值税$=(261\ 690+3\ 577.88+1\ 564.6+115\ 050)-300\ 000$
$=81\ 882.48$(元)

案例讨论：

该厂会计人员计算的增值税是否有误？请说明理由。

思考题

1. 何为增值税？增值税有何特点？

2. 为什么增值税不是直接根据增值额计税，而是采用税款抵扣制？

3. 增值税的免税与零税率有何异同？

4. 何为销项税额、进项税额？增值税应纳税额如何计算？

5. 哪些进项税额不准抵扣？不得抵扣的进项税额有几种类型？如何进行会计处理？

6. 分析比较增值税的简易计税方法与一般计税方法。

7. 增值税的减免与缴纳如何进行会计处理？查补增值税款如何进行会计处理？

8. 企业将购买的产品发给职工作为奖励，是应作为增值税进项税额转出，还是按视同销售处理？

练习题

1. 红光机床厂为增值税一般纳税人，按月缴纳增值税。5 月发生下列有关经济业务：

(1)6 日，向本市第三铸造厂购进铸铁一批，增值税专用发票上注明价款 180 000 元，税额 23 400 元。上述款项已通过银行汇款付讫。

(2)9 日，因铸铁质量问题发生进货退回。根据铸铁厂开具的红字增值税专用发票，收到退回价款 210 000 元，税款 27 300 元。

(3)11 日，按照合同规定，机床厂接受金属工业公司以圆钢作为投资入股，公允价值 360 000 元，税额 46 800 元。

(4)12 日，拨付钢材一批，委托轻工机械厂加工齿轮，已拨付钢材价款 168 000 元。

(5)22 日，收到轻工机械厂开来的增值税专用发票，支付齿轮加工费 18 000 元，税额 2 340 元，以银行存款支付。

(6)22 日，齿轮加工完毕，该批加工半成品价款为 186 000 元，收回入库转贴。

(7)23 日，购入铸铁一批，价款 38 万元，专用发票注明税款 49 400 元。

(8)25 日，机修车间对外提供加工服务，收取劳务费 10 900 元(含税)。

(9)26 日，销售机床 10 台，实现销售收入 2 760 000 元，向对方开出增值税专用发票，并收取增值税 358 800 元，收回货款存入银行存款户。

(10)28 日,购进专用设备 1 台,专用发票注明价款 12 万元,增值税税额 15 600 元。尚未付款。

(11)30 日,企业发生销售退回两笔,共计价款 198 000 元,应退增值税 25 740 元,企业开出红字增值税专用发票,并以银行存款支付退还款项。

(12)为扩大企业规模,根据合同规定,以企业生产的机床 2 台对建材机械厂进行投资,2 台机床的账面价值 232 000 元,公允价值(计税价)260 000 元。2 台机床已提存货跌价准备 11 000 元,支付运杂费 2 000 元。

(13)月末,结转未交增值税。

要求:

(1)根据上述资料,做出有关增值税的会计处理。

(2)根据会计分录,登记"应交税金——应交增值税"多栏式明细分类账。

(3)根据上述资料,填制红光机床厂 3 月的增值税纳税申报表。

2. 津津食品厂 11 月发生下列有关经济业务:

(1)3 日,从农户购入小麦 100 吨,每吨收购价 800 元,以现金支付。

(2)5 日,购进食用油 2 吨,每吨 4 500 元,专用发票注明增值税税额 900 元,转账支票付讫。

(3)9 日,销售糕点,价款 15 000 元,专用发票注明税款 1 950 元,货款已入账。

(4)10 日,向儿童福利院捐赠食品一批,按同类货物的销售价格,价款为 40 000 元,其成本为 29 000 万元。

(5)11 日,预缴上旬增值税税款 20 000 元。

(6)17 日,销售精炼食用油,价款 35 000 万元,开出专用发票注明增值税税额 3 150 元,以商业汇票结算。

(7)21 日,预缴中旬增值税税款 20 000 元。

(8)23 日,销售食品,价款 44 000 万元,专用发票注明增值税税款 5 720 元,收到 50%货款,余款尚未收到。

(9)28 日,支付电费 25 000 万元。其中,生产车间 19 000 元,管理部门 6 000 元,专用发票注明税款 3 250 元;支付水费 8 100 元。其中,生产车间 7 800 元,管理部门 300 元,增值税税额 729 元。

(10)30 日,预缴下旬增值税税款 20 000 元。

要求:

根据上述资料,做出相应的会计分录,并结转当月未交增值税。

3. 元隆棉布店为增值税一般纳税人。5 月发生下列有关经济业务:

(1)3 日,从市针纺公司购进棉布一批,专用发票注明进价 76 000 元,税款 9 880

元，货款已支付。

(2)按售价(含税)入库，该批商品的售价为100 000元。

(3)4日，缴纳上月欠交增值税税款21 000元。

(4)18日，门市实物负责小组送来销货款。该批商品全部售出，收到销货款10万元，存入开户银行。

要求：

根据上述业务，编制相应会计分录。

4. 某电信企业与用户签订一项销售一部iPhone15的“预存话费送手机”合约计划，约定用户在网24个月，选择286套餐，预存总计5 899元。其中，话费4 000元分月返还，购机款1 899元，即以优惠价格1 899元购得原价5 288元的iPhone15手机一部，该手机含税成本为4 960元。假设协议期内用户无溢出通话部分，每月另外收取电信营业款119.33元。假设该套餐每月话费使用时，基础电信服务占30%，增值电信服务占70%。入网当期，手机按采购成本作为销售额计税，合约期内每期分摊电信业务收入。

要求：

进行有关增值税的计算，并做相应的会计分录。

第四章

消费税会计

本章要点

主要阐述我国现行消费税的税制要素、应税消费品销售、视同销售及委托加工等应纳消费税的计算，应重点掌握消费税的纳税环节，从价计税、从量计税和从价从量复合计税的三种计税方法及其会计处理。

第一节　消费税税制要素

消费税(Excise Tax),亦称货物税(Consumption Tax)。在我国,这一税种可以追溯到周朝的"关市之赋"、西汉对酒的课税及后来的盐税、茶税等。古罗马时代曾课征盐税。由于消费税的独特调节作用,目前世界上有120多个国家和地区征收消费税。中华人民共和国成立以来,在先后征收的货物税、商品流通税、工商统一税、工商税、产品税以及1994年以前的增值税中,对烟、酒、化妆品等消费品都制定了较高的税率,基本上具备了对消费品课税的性质。从1994年起,作为独立税种的消费税开始在全国征收。2009年1月1日起,我国开始实施修订后的《中华人民共和国消费税暂行条例》及其实施细则。消费税具有征收范围的选择性、税率的调节性、征收环节的单一性和征收方法的多样性等特点。

一、消费税的纳税人与征收意义

党的二十大报告提出,"完善支持绿色发展的财税、金融、投资、价格政策和标准体系,发展绿色低碳产业,倡导绿色消费,推动形成绿色低碳的生产方式和生活方式"①。消费税是我国绿色税收体系中占比最大的税种,承载着促进资源节约和环境保护的政策目标。消费税是对消费进行引导和调节的一种流转税,既有对奢侈品消费征税的调节收入分配功能,也有对成品油等征税的引导环保功能。

消费税的纳税人是在我国境内销售、委托加工和进口应税消费品的单位和个人。"单位"是指企业、行政单位、事业单位、军事单位、社会团体及其他单位;"个人"是指个体工商户及其他个人。纳税人必须是在我国境内从事销售、委托加工和进口应税消费品;纳税人的经济活动必须属于税法规定的应税消费品,两者缺一不可。

我国现行消费税与其他国家对消费行为、消费品普遍课征的消费税不同,它是选择性课征的特种消费税,即以调节功能为主,取得财政收入为辅的消费税。调节功能主要体现在两个方面:一是"寓禁于征",主要选择高能耗、高污染的产品、稀缺资

① 习近平.高举中国特色社会主义伟大旗帜,为全面建设社会主义现代化国家而团结奋斗:中国共产党第二十次全国代表大会上的报告[M].北京:人民出版社,2022:50.

源类产品,以及过度消费对人体健康不利的产品课税,在减少消费的同时还能取得收入;二是选择某些高档消费品或奢侈品课税,让高收入人群负担更多税款,从而调节收入差距。

二、消费税的税目与税率

(一)消费税的税目

从科学、合理的原则出发,现行消费税共设置 15 个税目、若干个子目,征税主旨明确,课税对象清晰。15 个税目如下:

1. 烟税目,包括卷烟、雪茄烟、烟丝和电子烟等子目。

2. 酒税目,包括粮食白酒、薯类白酒、黄酒、啤酒、其他酒等子目。

3. 高档化妆品税目。高档化妆品是指生产(进口)环节销售(完税)价格在 10 元/毫升(克)或 15 元/片(张)及以上的美容、修饰类化妆品和护肤类化妆品,包括高档美容、修饰类化妆品、高档护肤类化妆品和成套化妆品。

4. 高尔夫球及球具税目。

5. 高档手表税目。

6. 游艇税目。

7. 木制一次性筷子税目。

8. 实木地板税目。

9. 贵重首饰和珠宝玉石税目。

10. 鞭炮焰火税目。

11. 成品油税目,包括汽油、柴油、石脑油、溶剂油、润滑油、燃料油、航空煤油等子目。

12. 电池税目。

13. 摩托车税目。

14. 小汽车税目,设乘用车、中轻型商用客车和超豪华小汽车三个子目。

15. 涂料税目。

(二)消费税的税率

现行消费税实行从价比例税率、从量定额税率和复合计税三种形式。消费税的税目、税率如表 4-1 所示。

表 4-1 消费税税目、税率表

税目	税率
一、烟	
1. 卷烟①	
(1)甲类卷烟(生产环节)	56%加 0.003 元/支
(2)乙类卷烟(生产环节)	36%加 0.003 元/支
(3)甲类、乙类卷烟(批发环节)	11%加 0.005 元/支
2. 雪茄烟	36%
3. 烟丝	30%
4. 电子烟	
(1)工业	36%
(2)商业批发	11%
二、酒	
1. 白酒②	20% 加 0.5 元/500 克(或 500 毫升)
2. 黄酒	240 元/吨
3. 啤酒	
(1)甲类啤酒	250 元/吨
(2)乙类啤酒	220 元/吨
4. 其他酒	10%
三、高档化妆品	15%
四、贵重首饰及珠宝玉石	
1. 金银首饰、铂金首饰和钻石及钻石饰品	5%
2. 其他贵重首饰和珠宝玉石	10%
五、鞭炮、焰火	15%
六、成品油	
1. 汽油、石脑油、溶剂油、润滑油	1.52 元/升
2. 柴油、航空煤油③、燃料油	1.20 元/升
七、摩托车	
1. 气缸容量(排气量,下同)250 毫升	3%
2. 气缸容量 250 毫升以上的	10%

续表

税　目	税　率
八、小汽车 1. 乘用车 (1)气缸容量(排气量,下同)在1.0升(含1.0升)以下的 (2)气缸容量在1.0升以上至1.5升(含1.5升)的 (3)气缸容量在1.5升以上至2.0升(含2.0升)的 (4)气缸容量在2.0升以上至2.5升(含2.5升)的 (5)气缸容量在2.5升以上至3.0升(含3.0升)的 (6)气缸容量在3.0升以上至4.0升(含4.0升)的 (7)气缸容量在4.0升以上的 2. 中轻型商用客车 3. 超豪华小汽车	 1% 3% 5% 9% 12% 25% 40% 5% 10%
九、高尔夫球及球具	10%
十、高档手表	20%
十一、游艇	10%
十二、木制一次性筷子	5%
十三、实木地板	5%
十四、电池④	4%
十五、涂料⑤	4%

注:

①卷烟实行从量和从价复合计税办法。先从量计税,定额税率为每标准箱(50 000支,下同)150元;再按调拨价格从价计税,每标准条(200支,下同)调拨价格在70元(含70元,不含增值税)以上的卷烟税率为56%;每标准条调拨价格在70元(不含增值税)以下的卷烟税率为36%;白包卷烟,手工卷烟,自产自用没有同牌号、同规格调拨价格的卷烟,委托加工没有同牌号、同规格调拨价格的卷烟,未经国务院批准纳入计划的企业和个人生产的卷烟,一律适用56%的比例税率。

②粮食白酒、薯类白酒实行从量和从价复合计税办法。定额税率为每斤(500克)或每500毫升0.5元;粮食白酒和薯类白酒的比例税率均为20%。

每吨啤酒出厂价格(含包装物及包装物押金)在3 000元(含3 000元,不含增值税)以上的,单位税额250元/吨;每吨啤酒出厂价格在3 000元(不含增值税)以下的,单位税额220元/吨;对饮食业、商业、娱乐业举办的啤酒屋(啤酒坊)利用啤酒生产设备自制的啤酒,适用单位税额250元/吨。

③航空煤油暂缓缴纳消费税。

④对无汞原电池、金属氢化物镍蓄电池("氢镍蓄电池"或"镍氢蓄电池")、锂原电池、锂离子蓄电池、太阳能电池、燃料电池和全钒液流电池免征消费税。

⑤对施工状态下挥发性有机物(Volatile Organic Compounds,VOC)含量低于420克/升(含)的涂料免征消费税。

三、消费税的纳税环节

我国现行消费税纳税(征收)环节具有单一性,即基本上都在生产(进口)环节征税,仅对少数消费品在批发或零售环节征税,即消费税的征收可以分为生产(进口)环节纳税和其他环节纳税。

(一)生产(进口)环节纳税

1. 纳税人生产的应税消费品,在销售时纳税。

2. 纳税人自产自用的应税消费品,用于连续生产应税消费品的,移送时不纳税,待最终应税消费品销售时纳税;用于其他方面的,在移送时纳税。

3. 委托加工的应税消费品,除受托方为个人外,受托方在向委托方交货时代收代缴消费税。

4. 进口的应税消费品,在报关进口时纳税。

(二)其他环节纳税

1. 甲类、乙类卷烟,电子烟:除在生产环节纳税外,在批发环节按定额税率征收消费税。

2. 金银(不包括镀金、包金首饰)、铂金、钻石及其饰品:在零售环节征收消费税。

3. 超豪华小汽车:在生产(进口)环节按乘用车或中轻型商用客车征收消费税的基础上,在零售环节再加征10%的消费税。

四、消费税纳税期限与纳税地点

(一) 纳税期限

消费税的计税期间分别为10日、15日、1个月、1个季度或者半年。具体计税期间,由主管税务机关根据纳税人应纳税额的大小分别核定;不能按照固定计税期间纳税的,可以按次纳税。

以1个月、1个季度或者半年为一个计税期间的,自期满之日起15日内申报纳税;以10日、15日为一个计税期间的,自期满之日起5日内预缴税款,于次月1日起15日内申报纳税并结清上月应纳税款。

对同一纳税人,其消费税的纳税期限与增值税相同。

(二)纳税地点

1. 纳税人销售应税消费品的,以及自用应税消费品的,除国务院财政、税务主管部门另有规定外,应当向纳税人机构所在地或居住地的主管税务机关申报纳税。

2. 委托加工应税消费品(除受托方为个人外),由受托方向机构所在地的主管税务机关解缴消费税税款。

3. 委托个人加工的应税消费品,由委托方向机构所在地或居住地主管税务机关申报纳税。

4. 进口应税消费品的,应当向报关地海关申报纳税。

第二节　消费税的确认计量与申报

一、消费税纳税义务的确认

1. 纳税人销售应税消费品,纳税义务发生时间为收讫销售款项或者取得索取销售款项凭据的当天;先开具发票的,为开具发票的当天。

2. 委托加工应税消费品,除受托方为个人外,由受托方在向委托方交货时代收代缴税款,纳税义务发生时间为受托方向委托方交货的当天。

3. 未对外销售,自用应税消费品纳税义务发生时间为移送货物的当天。

4. 进口应税消费品,纳税义务发生时间为进入关境的当天。

二、销售额的确认

销售额是指纳税人销售应税消费品取得的与之相关的对价,包括全部货币或者非货币形式的经济利益。

纳税人销售的应税消费品,以人民币计算销售额。纳税人以人民币以外的货币结算销售额的,应当折合成人民币计算。

(一)白酒生产企业销售额的确认

1. 基本要求。白酒生产企业销售给销售单位的白酒,生产企业消费税计税价格低于销售单位对外销售价格(不含增值税,下同)70%以下的,税务机关应核定消费税最低计税价格。“销售单位”是指销售公司、购销公司以及委托境内其他单位或个人包销本企业的生产白酒的商业机构。“销售公司”“购销公司”是指专门购进并销售白酒生产企业生产的白酒,并与该白酒生产企业存在关联性质。“包销”是指销售单位依据协定价格从白酒生产企业购进白酒，同时承担大部分包装材料等成本费用，并负责销售白酒。

2. 计税价格的申报(申请)。白酒生产企业应将各种白酒的消费税计税价格和销售单位销售价格，在主管税务机关规定的时限内，填报“白酒相关经济指标申报表”。

白酒生产企业申报的销售给销售单位的消费税计税价格低于销售单位对外销售价格70%以下的各种白酒，在规定的时限内，填报“白酒消费税最低计税价格核定申请表”，由税务机关核定消费税最低计税价格①：

3. 最低计税价格的核定：

(1)最低计税价格的核定标准。白酒生产企业销售给销售单位的白酒，生产企业消费税计税价格低于销售单位对外销售价格70%以下的，消费税最低计税价格由税务机关根据生产规模、白酒品牌、利润水平等情况，在销售单位对外销售价格50%～70%范围内自行核定。其中生产规模较大，利润水平较高的企业生产的需要核定消费税最低计税价格的白酒，税务机关核价幅度原则上应选择在销售单位对外销售价格60%至70%的范围内。

(2)从高适用计税价格。已核定最低计税价格的白酒，生产企业实际销售价格高于消费税最低计税价格的，按实际销售价格申报纳税；实际销售价格低于消费税最低计税价格的，按最低计税价格申报纳税。

(3)重新核定计税价格。已核定最低计税价格的白酒，销售单位对外销售价格持续上涨或下降时间达到3个月以上、累计上涨或下降幅度在20%(含)以上的白酒，税务机关重新核定最低计税价格。

4. 对账证不全的小酒厂白酒消费税采取核定征收方式。

(二)其他企业销售额的确认

应税产品销售额为纳税人销售应税消费品向购买方收取的全部价款和价外费用，但不包括应向购货方收取的增值税税款。

如果纳税人应税消费品的销售额中未扣除增值税或因不得开具增值税专用发票而发生价款和增值税税款合并收取的，在计算消费税时，应当换算为不含增值税的销售额。其换算公式为：

$$应税消费品的销售额=含增值税销售额\div(1+增值税税率或征收率)$$

应税消费品连同包装物销售的，无论包装物是否单独计价以及在会计上如何核算，

---

① 年销售额1 000万元以上的各种白酒，在规定时限内逐级上报至国家税务总局选择部分白酒核定消费税最低计税价格，其余均由各省、自治区、直辖市和计划单列市税务局核定。

均应并入应税消费品销售额中缴纳消费税。如果包装物不作价随同产品销售，而是收取押金，此项押金则不应并入应税消费品销售额中征税。但对因逾期未收回的包装物不再退还的或者已收取的时间超过12个月的押金，应并入应税消费品销售额，按照应税消费品的适用税率缴纳消费税。

对既作价随同应税消费品销售，又另外收取押金的包装物的押金，凡纳税人在规定的期限内没有退还的，均应并入应税消费品的销售额，按照应税消费品的适用税率缴纳消费税。企业销售酒类产品（啤酒、黄酒除外）而收取的包装物押金，不论押金是否返还与财务会计如何核算，均需并入酒类产品销售额中，依酒类产品适用税率计税。

三、销售数量的确认

销售数量即应税消费品的销售量。包括以下四项：

(1)销售应税消费品的，为应税消费品的实际销售量。

(2)自用应税消费品的，为应税消费品的移送使用量。

(3)委托加工应税消费品的，为纳税人收回的应税消费品量。

(4)进口的应税消费品，为海关核定的应税消费品进口征税量。

四、应交消费税的计算

(一)消费税从价计税的计算

在消费税按从价计税方法计算时，其计算公式为：

应纳消费税额＝应税消费品的销售额×比例税率

1. 应税消费品应纳税额的计算：

(1)基本销售行为应纳税额的计算。凡是应税消费品同时也是增值税的纳税范围，因此，消费税的计税依据——销售额与增值税中的销售额的含义相同；增值税销售额的确认也就是消费税销售额的确认，按此销售额乘以消费税税率即可计算应纳消费税税额。“超豪华小汽车”的征税范围为每辆零售价格130万元（不含增值税）及以上的乘用车和中轻型商用客车，即乘用车和中轻型商用客车子目中的超豪华小汽车。在生产环节、进口环节，对超豪华小汽车按乘用车和中轻型商用客车税率征收消费税的基础上，在零售环节加征消费税，税率为10%。将超豪华小汽车销售给消费者的单位和个人为超豪华小汽车零售环节纳税人，应纳税额的计算公式为：

应纳税额＝零售环节销售额（不含增值税，下同）×零售环节税率国内汽车生产企业直接销售给消费者的超豪华小汽车，消费税税率按照生产环节税率和零售环节税率加总计算，应纳税额的计算公式为：

应纳税额=销售额×(生产环节税率+零售环节税率)

(2)企业以非货币性资产交换方式，用以换取生产资料和消费资料、投资人入股和抵偿债务的应税消费品，应以同类应税消费品的最高销售价格(而非加权平均价格)为计税依据计算应纳消费税税额。

(3)企业用外购已税消费品生产销售的应税消费品，准予从应纳消费税税额中抵扣外购已税消费品已纳税额。以外购或委托加工收回的已税烟丝、化妆品、鞭炮焰火、珠宝玉石、葡萄酒等为原料，继续加工生产卷烟、化妆品、鞭炮焰火、珠宝玉石、葡萄酒等消费品，在其销售时，准予从应纳消费税税额中抵扣原已纳消费税税款。以外购或委托加工收回的已税杆头、杆身和握把为原料生产的高尔夫球杆，以外购或委托加工收回的已税木制一次性筷子为原料生产的木制一次性筷子，以外购或委托加工收回的已税实木地板为原料生产的实木地板，以外购或委托加工收回的已税石脑油为原料生产的应税消费品，以外购或委托加工收回的已税润滑油为原料生产的润滑油，准予从消费税应纳税额中抵扣原料已纳的消费税税款。

当期准予抵扣外购应税消费品已纳消费税税款，在计税时按当期生产耗用量计算，其计算公式为：

当期准予抵扣的外购应税消费品买价=期初库存的外购应税消费品买价+当期购进应税消费品的买价-期末库存的外购应税消费品买价

当期准予抵扣的外购应税消费品应纳税额=当期准予抵扣的外购应税消费品买价×外购应税消费品适用税率

外购应税消费品买价是发票中注明的销售额。纳税人用外购已税珠宝玉石生产的应在零售环节缴纳消费税的金银首饰(镶嵌首饰)，在计税时不得抵扣外购珠宝玉石的已纳税款。对既有自产卷烟，又委托联营企业加工与自产卷烟牌号、规格相同卷烟的工业企业(即回购企业)，从联营企业购进后再直接销售的卷烟，在对外销售时，不论是否加价，只要能提供当初委托加工时的卷烟牌号、税务机关已公示的消费税计税价格，并且将回购后的卷烟销售收入与自产卷烟销售收入分开设账、核算，可以不再缴纳消费税，不符合上述条件的，应一并计算缴纳消费税。

【例 4-1】某卷烟厂 8 月外购烟丝价款 100 000 元，月初库存外购已税烟丝 75 000 元，月末库存外购已税烟丝 36 000 元。当月准予抵扣的外购应纳消费品已纳税额计算如下：

当月准予抵扣的外购应税消费品买价=75 000+100 000-36 000=139 000(元)

当月准予抵扣的外购应税消费品已纳税额=139 000×30%=41 700(元)

(4)白酒生产企业应纳税额的计算:

【例 4-2】某酒厂年销售白酒 2 000 吨,年销售额预计 8 800 000 元。9 月销售白酒 150 吨,对外销售不含税单价 6 500 元/吨,销售散装白酒 10 吨,单价 5 000 元/吨,款项全部存入银行。其应纳消费税计算如下:

应交消费税=(150×6 500+10×5 000)×20%+(150×2 000+10×2 000)×0.5
=365 000(元)

如果该酒厂设立一个销售部,酒厂销售给销售部的白酒价格为 4 100 元/吨、散装白酒价格为 3 100 元/吨,计税价格低于销售单位对外销售价格 70%以下,则该酒厂销售给销售部的白酒计税价格需要经过省级(包括计划单列市)税务局核定消费税最低计税价格。假设省级国税机关核定的最低计税价格分别为白酒 5 900 元/吨、散装白酒 4 200 元/吨,酒厂应纳消费税计算如下:

应交消费税=(150×5 900+10×4 200)×20%+(150×2 000+10×2 000)×0.5
=345 400(万元)

企业不能按照 289 200 万元缴纳消费税[(150×4 100+10×3 100)×20%+(150×2 000+10×2 000)×0.5]。

【例 4-3】某葡萄酒有限公司 8 月 8 日从其他葡萄酒生产企业购进葡萄酒 290 万元,取得增值税专用发票;12 日,生产葡萄酒领用上述购进葡萄酒 200 万元,15 日生产领用进口葡萄酒 110 万元。本月期初库存葡萄酒 160 万元,期初留抵税额 21 万元,17 日直接销售进口葡萄酒 11 万元。本月生产销售各类应征消费税的葡萄酒取得的收入共 1 900 万元。葡萄酒适用"酒"税目下的"其他酒"子目,计算当月应交消费税:

期末库存额=1 600 000+2 900 000-(2 000 000+1 100 000)-110 000
=1 290 000(元)

本月准予抵扣税额=210 000+3 100 000×10%=510 000(元)

本月应交消费税=19 000 000×10%=1 900 000(元)

本期准予抵扣税额=510 000 元

本期应补交税额=1 900 000-510 000=1 390 000(元)

2. 企业自用应税消费品应纳税额的计算。自用即纳税人生产应税消费品后,不是用于直接对外销售,而是用于连续生产应税消费品或用于其他方面。

纳税人若是用于连续生产应税消费品的(作为生产最终应税消费品的直接材料,

并构成最终产品实体的应税消费品，如卷烟厂生产的烟丝，再用于本厂连续生产出卷烟），根据税不重征的原则，不缴纳消费税；生产企业将自产石脑油用于本企业连续生产汽油等应税消费品的，不缴纳消费税；用于连续生产乙烯等非应税消费品或其他方面的，于移送使用时缴纳消费税。

纳税人若是用于其他方面，应于移送时缴纳消费税，按照纳税人生产同类消费品的销售价为计税依据；若没有同类消费品的销售价格，则可按组成计税价格计算纳税。纳税人自产自用的应税消费品，按照纳税人生产的同类消费品的销售价格计算纳税；没有同类消费品销售价格的，按照组成计税价格计算纳税。

纳税人应税消费品的计税价格明显偏低并无正当理由的，卷烟、白酒和小汽车的计税价格由国家税务总局核定，送财政部备案；其他应税消费品的计税价格由省、自治区和直辖市税务局核定。

"同类消费品的销售价格"是指纳税人或者代收代缴义务人当月销售的同类消费品的销售价格，如果当月同类消费品各期销售价格高低不同，应按销售数量加权平均计算。但销售的应税消费品有下列情况之一的，不得列入加权平均计算：

（1）销售价格明显偏低并无正当理由的。

（2）无销售价格的。

如果当月无销售或者当月未完结，应按照同类消费品上月或者最近月份的销售价格计算纳税。

实行从价定率办法计算纳税的组成计税价格计算公式为：

$$组成计税价格=\frac{成本+利润}{1-消费税税率}$$

其中：成本是应税消费品的产品生产成本；利润是按应税消费品的全国平均成本利润率计算的利润。

应税消费品的全国平均成本利润率如下：烟类消费品为10%或5%；酒类消费品，除粮食白酒为10%外，其余为5%；高档化妆品、鞭炮焰火等为5%；贵重首饰及珠宝玉石、摩托车为6%；乘用车为8%；高尔夫球及球具为10%；高档手表为20%；游艇为10%；木制一次性筷子为5%；实木地板为5%；中轻型商用客车为5%；电池为4%；涂料为7%。

【例4-4】某酒厂将1 500瓶（每瓶500克）新研制的以粮食为原料的"特曲"以55元/瓶的价格销售给关联企业。因该白酒尚未投放市场，没有对外销售价格。已知每500克白酒的成本为50元，成本利润率为10%。计算应交消费税并做相关会计分录。

$$组成计税价格=[50\times(1+10\%)+0.5]\div(1-20\%)=69.375(元/瓶)$$

$$应交消费税=(69.375\times20\%+0.5)\times1\,500=2\,156.5(元)$$

应交增值税 = 69.375×1 500×13% = 13 528.125(元)

(1)销售给关联企业时:

借:银行存款等　　96 028.125

　贷:主营业务收入　　82 500

　　应交税费——应交增值税(销项税额)　　13 528.125

(2)计算应交消费税时:

借:税金及附加　　2 156.5

　贷:应交税费——应交消费税　　2 156.5

3. 委托加工应税消费品应纳税额的计算。委托加工应税消费品是指由委托方提供原料或主要材料,受托方只收取加工费和代垫部分辅助材料进行加工的应税消费品。

如属税法规定的委托加工行为,受托方必须严格履行代收代缴义务,在与委托方办理交货结算时,代收代缴消费税。若受托方为个体经营者,由委托方自己在所在地缴纳消费税。

委托加工应税消费品,按照受托方的同类消费品的销售价格计算纳税。没有同类消费品的销售价格的,按照组成计税价格计税,其计算公式为:

$$组成计税价格=\frac{材料成本+加工费}{1-消费税税率}$$

“同类消费品的销售价格”的含义与上述自用应税消费品相同。

组成计税价格中的“材料成本”是指委托方所提供加工的材料实际成本。委托方必须在委托加工合同中如实注明(或者以其他方式提供)材料成本,凡未提供材料成本的,受托方主管税务机关有权核定其材料成本。“加工费”是受托方加工应税消费品向委托方收取的全部费用(包括代垫的辅助材料实际成本)。

如果企业对收回的委托加工应税消费品不再继续加工,在以不高于受托方的计税价格直接出售时,不再计算缴纳消费税;如果企业对收回的委托加工应税消费品不再继续加工,但以高于受托方的计税价格出售时,需按规定计算缴纳消费税,并准予扣除受托方已代收代缴的消费税。

【例 4-5】天翼公司是一家以销售蓄电池为主的商贸企业,系小规模纳税人。2月5日,公司委托M公司加工145件铅蓄电池,天翼公司提供原材料成本57 700元,M公司收取加工费4 400元,代垫辅助材料款300元。已知M公司没有同类消费品的销售价格,2月22日加工收回,委托加工产品全部收回后,当月全部对外出售,共取得销售价款80 340元。

因委托加工产品收回后售价78 000(80 340÷1.03)元高于受托方计税价格62 400[(57 700+4 400+300)÷(1-4%)]元,天翼公司还需缴纳消费税。当月,天翼公司计算申报消费税如下：

$$M公司代扣代缴消费税=(57\ 700+4\ 400+300)\div(1-4\%)\times4\%=2\ 600(元)$$
$$天翼公司实际应缴消费税=80\ 340\div1.03\times4\%-2\ 600=520(元)$$

【例4-6】某酒业有限公司为增值税一般纳税人。11月初，公司从农业生产者手中收购粮食40吨，每吨收购价格3 000元，支付粮食收购价款120 000元。公司将收购的粮食从收购地运回本地并委托本市某酒厂生产加工高度白酒（在当地无同类产品市场价格），支付运费和装卸费共6 500元并取得运输票据。白酒加工完毕，公司当月收回白酒10吨，并取得该酒厂开具的防伪税控的增值税专用发票，注明协议加工费75 000元，其中包括代垫辅助材料40 000元。月底，公司在支付加工费和代扣代缴消费税后，将这批委托加工的高度白酒以每吨28 000元的价格出售。双方应缴消费税计算如下：

（1）酒厂代收代缴消费税组成计税价格为：

$$[40\times3\ 000\times(1-10\%)+75\ 000+10\times2\ 000\times0.5]\div(1-20\%)=241\ 250(元)$$
$$代收代缴消费税=241\ 250\times20\%+10\times2\ 000\times0.5=58\ 250(元)$$

（2）酒业有限公司在向酒厂支付加工费的同时，已经向受托方支付其代收代缴消费税58 550元。酒厂生产这批高度白酒的每吨消费税组成计税价格为24 125（241 250÷10）元，酒业有限公司是以每吨28 000元的计税价格出售，高于酒厂的组成计税价格，不属于直接出售行为。因此，公司在销售这批高度白酒后，还应申报缴纳消费税。

$$应缴消费税=(28\ 000\times10\times20\%+10\times2\ 000\times0.5)-58\ 250=7\ 750(元)$$

4. 外购、委托加工的应税消费品连续加工生产应税消费品应纳税额的计算。若以外购、委托加工收回的应税消费品为原料，连续加工生产成为另一种应税消费品，当其销售时，根据税不重征的原则，凭合法有效凭证，准予从应纳消费税中抵扣原已缴纳的消费税。有关计算公式为：

本期应纳消费税税额=当期销售额×消费税税率－当期准予抵扣的应税消费品已纳税款

当期准予抵扣的外购应税消费品已纳税款=当期准予抵扣的外购应税消费品买价×外购应税消费品适用税率

当期准予抵扣的外购应税消费品买价=期初库存的外购应税消费品的买价+当期购进的应税消费品的买价－期末库存的外购应税消费品的买价

当期准予抵扣的委托加工应税消费品已纳税款=期初库存的委托加工应税消费品已纳税款+当期收回的委托加工应税消费品已纳税款－期末库存的委托加工应税消费品已纳税款

【例 4-7】某日化厂 6 月委托甲厂加工高档化妆品 A,收回时被代扣消费税 4 000 元;委托乙厂加工高档化妆品 B,收回时被代扣消费税 5 000 元。该日化厂将化妆品 A、B 继续加工生产化妆品 M 出售,当月销售额 440 000 元。该厂期初库存的委托加工应税消费品已纳税款 2 700 元,期末库存的委托加工应税消费品已纳税款 3 300 元。有关计算如下:

当月准予扣除的委托加工应税消费品已纳税款=2 700+(4 000+5 000)-3 300=8 400(元)

本月应交消费税=440 000×15%-8 400=57 600(元)

5. 进口应税消费品应纳税额的计算。进口的应税消费品于报关时缴纳消费税,并由海关代征。部分进口应税消费品的税率也按调整后的税率缴纳,即由原来从价定率的单一方法改为从价定率和复合计税两种方法。进口的应税消费品,按照组成计税价格计算纳税。

实行从价定率方法计算纳税的组成计税价格计算公式为:

$$应交消费税=组成计税价格\times消费税税率$$

$$组成计税价格=\frac{关税计税价格+关税}{1-消费税税率}$$

实行复合计税方法计算纳税的组成计税价格计算公式为:

$$组成计税价格=(关税计税价格+关税+进口数量\times消费税定额税率)\div(1-消费税比例税率)$$

“关税计税价格”是指海关核定的关税计税价格。

进口环节消费税,除国务院另有规定者外,一律不得给予减税、免税。

【例 4-8】某公司进口成套高档化妆品一批。该成套高档化妆品 CIF 价格折合人民币 40 万元,消费税税率为 15%,增值税税率为 13%,假定关税税率为 25%。其应纳消费税、增值税计算如下:

消费税组成计税价格=400 000×(1+25%)÷(1-15%)

=588 235(元)

应交消费税=588 235×15%=88 235(元)

增值税计税价格=400 000+400 000×25%+88 235=588 235(元)

应交增值税=588 235×13%=76 471(元)

(二)消费税从量计税的计算

消费税实行从量计税计算方法时,其计算公式为:

应纳消费税额=应税消费品数量×定额税率(单位税额)

根据我国现行税法,消费税中黄酒、啤酒和成品油以销售数量作为计税依据。黄酒、啤酒是以吨为税额单位,成品油是以升为税额单位。为了规范不同产品的计量单位,准确计算应纳税额,税法对吨与升两个计量单位的换算标准规定如下:

黄酒 1 吨=962 升;啤酒 1 吨=988 升。

汽油 1 吨=1 388 升;柴油 1 吨=1 176 升;石脑油 1 吨=1 385 升;溶剂油 1 吨=1 282 升;润滑油 1 吨=1 126 升;燃料油 1 吨=1 015 升;航空煤油 1 吨=1 246 升。

【例 4-9】某企业 5 月采购原油 125 吨,委托炼油厂加工成汽油 125 吨,计算应纳消费税税额如下:

应交消费税=125(吨)×1 388(升/吨)×1.52(元/升)=263 720(元)

(三)消费税复合计税的计算

复合计税方法是从价计税与从量计税相结合、计算应纳税额的一种计税方法。目前,我国对白酒和卷烟行业实行复合计税方法征收消费税。其计算公式为:

应交消费税=销售数量×定额税率+销售额×比例税率

实行复合计税方法计算纳税的组成计税价格计算公式为:

组成计税价格=(成本+利润+自产自用数量×定额税率)÷(1-比例税率)

【例 4-10】某卷烟厂 2 月出售卷烟 25 个标准箱[①],每标准条调拨价格 70 元,共计价款 437 500 元;烟丝 45 000 元,不退包装物,采用商业汇票结算,货已发出并办好结算手续。该厂应交消费税计算如下:

25×150+437 500×56%+45 000×30%=262 250(元)

(四)包装物及其押金的消费税计算

1. 包装物连同应税消费品销售。无论包装物是否单独计价以及在会计上如何核算,均应并入应税消费品的销售额中缴纳消费税。对一般纳税人向购买方收取的价外费用和逾期包装物押金,应视为含税收入,在计税时换算成不含税收入并入销售额计算增值税和消费税。

【例 4-11】某企业(一般纳税人)销售摩托车(气缸容量 250 毫升以上),连同包装一起销售。其中,应税消费品价款 22 000 元、包装物收入 2 000 元,应税消费品消费税

① 每标准箱为 50 000 支。

税率为 10%。该企业应交消费税的计算如下:

$$应交消费税=[22\ 000+2\ 000\div(1+13\%)]\times10\%=2\ 376.99(元)$$

2. 包装物不作价随同产品销售,而是收取押金时,押金不应并入应税消费品的销售额中计税,但对因逾期未收回的包装物不再退还的或者已收取时间超过 12 个月的押金,应并入应税消费品的销售额,按照应税消费品的适用税率计算缴纳消费税。

3. 既随应税消费品销售又加收押金的包装物。这种情况下,押金暂不并入销售额计税,只对作价销售的包装物征收消费税,但纳税人在规定的期限内没有退还的,均应并入应税消费品的销售额,按照应税消费品的适用税率缴纳消费税。

【例 4-12】A 企业(一般纳税人)向某商场销售摩托车(气缸容量 250 毫升以上),价款共计 26 000 元,并收取包装费 4 000 元,另外又加收包装物押金 2 500 元,应税消费品消费税税率为 10%。计算应交消费税。

如果在规定期限内退还包装物,退回押金。

$$应交消费税=[26\ 000+4\ 000\div(1+13\%)]\times10\%=2\ 953.98(元)$$

如果在规定期限内没有退还包装物,没收押金。

$$应交消费税=[26\ 000+(4\ 000+2\ 500)\div(1+13\%)]\times10\%=3\ 175.22(元)$$

4. 销售啤酒、黄酒收取的包装物押金,无论是否逾期,均不缴纳消费税。因为啤酒、黄酒采用从量定额办法征收消费税,应税消费品的计税依据是销售数量而非销售金额,征税的多少与销售数量成正比,而与销售金额无直接关系。因此,企业销售啤酒、黄酒时,如果发生包装物销售行为,或收取押金,均不存在计征消费税的问题。啤酒、黄酒以外的其他酒类产品,其押金在收取时计征增值税和消费税。

五、消费税的纳税申报

纳税人申报消费税时,应一并申报附征的城市维护建设税、教育费附加和地方教育附加等附加税费。纳税人无论当期有无销售或是否盈利,均应在规定日期内填制“消费税及附加税费申报表”(见表 4-2)及其附报资料,并向主管税务机关进行纳税申报。

附报资料包括:本期准予扣除税额计算表,本期准予扣除税额计算表(成品油消费税纳税人适用),本期减(免)税额明细表,本期委托加工收回情况报告表,卷烟批发企业月份销售明细清单(卷烟批发环节消费税纳税人适用),卷烟生产企业合作生产卷烟消费税情况报告表(卷烟生产环节消费税纳税人适用),消费税附加税费计算表。

表 4-2 消费税及附加税费申报表

税款所属期:自　　年　　月　　日至　　年　　月　　日

纳税人识别号(统一社会信用代码):□□□□□□□□□□□□□□□□□□□□

纳税人名称:　　　　　　　　　　　　　　　　　　　　金额单位:人民币元(列至角分)

项目 应税消费品名称	适用税率		计量单位	本期销售数量	本期销售额	本期应纳税额
	定额税率	比例税率				
	1	2	3	4	5	6=1×4+2×5
合计	—	—	—	—	—	

	栏次	本期税费额
本期减(免)税额	7	
期初留抵税额	8	
本期准予扣除税额	9	
本期应扣除税额	10=8+9	
本期实际扣除税额	11[10<(6-7),则为10,否则为6-7]	
期末留抵税额	12=10-11	
本期预缴税额	13	
本期应补(退)税额	14=6-7-11-13	
城市维护建设税本期应补(退)税额	15	
教育费附加本期应补(退)费额	16	
地方教育附加本期应补(退)费额	17	

声明:此表是根据国家税收法律法规及相关规定填写的,本人(单位)对填报内容(及附带资料)的真实性、可靠性、完整性负责。

纳税人(签章):　　　　年　　月　　日

经办人: 经办人身份证号: 代理机构签章: 代理机构统一社会信用代码:	受理人: 受理税务机关(章): 受理日期:　　年　　月　　日

表 4-3 其他应税消费品消费税纳税申报表

税款所属期：　年　月　日至　年　月　日

纳税人名称(公章)：

纳税人识别号：

填表日期：　年　月　日　　　　金额单位:元(列至角分)

项目 应税 消费品名称	适用税率		销售数量	销售额	应纳税额
合　计	—	—	—		

本期准予抵扣税额：	声明：此纳税申报表是根据国家税收法律的规定填报的，我确定它是真实的、可靠的、完整的。 经办人(签章)：　财务负责人(签章)： 联系电话：
本期减(免)税额：	
期初未缴税额：	
本期缴纳前期应纳税额：	(如果你已委托代理人申报，请填写)授权声明： 为代理一切税务事宜，现授权(地址)为本纳税人的代理申报人，任何与本申报表有关的往来文件，都可寄予此人。 授权人签章：
本期预缴税额：	
本期应补(退)税额：	
期末未缴税额：	

以下由税务机关填写：

受理人(签章)：　　受理日期：　年　月　日　　　　受理税务机关(章)：

第三节　消费税的会计处理

一、消费税会计账户的设置

1.“应交税费——应交消费税”。为了正确、及时地反映企业应缴、已缴、欠缴消费税等相关涉税事项，纳税人应在“应交税费”账户下设置“应交消费税”明细账户进行会计处理。该明细账户采用三栏式账户记账，贷方核算企业按规定应缴纳的消费税，借方核算企业实际缴纳的消费税、许抵扣的消费税；期末，贷方余额表示尚未缴纳的消费税，借方余额表示企业多缴的消费税。

2.“税金及附加”。为了反映因消费税负债而产生的消费税费用，企业还应设置“税金及附加”账户，该账户核算因企业销售应税产品而负担的消费税金及其附加（城市维护设税、教育费附加等）。

企业计算应缴消费税时，借记“税金及附加”，贷记“应交税费——应交消费税”。实际缴纳时，借记“应交税费——应交消费税”，贷记“银行存款”。期末，应将“税金及附加”账户的余额转入“本年利润”账户，结转后，本账户无余额。

二、应税消费品销售的会计处理

（一）应税消费品销售货物的会计处理

由于消费税属价内税，企业销售应税消费品的售价包含消费税（不含增值税），因此，企业缴纳的消费税，应计入“税金及附加”账户，由销售收入补偿。销售实现时，按规定计算应缴消费税。

【例 4-13】某企业 9 月销售乘用车 15 辆（气缸容量 2.2 升），出厂价每辆 150 000 元，价外收取有关费用每辆 11 000 元。有关计算如下：

应交消费税 =（150 000+11 000÷1.13）×9%×15 = 215 642（元）

应交增值税 =（150 000+11 000÷1.13）×13%×15 = 311 482（元）

根据有关凭证，做会计分录如下：

借：银行存款　　　　2 707 500

贷:主营业务收入　　2 396 018

应交税费——应交增值税(销项税额)　　311 482

同时:

借:税金及附加　　215 642

贷:应交税费——应交消费税　　215 642

上缴税金(假设同期应交增值税11万元)时,做会计分录如下:

借:应交税费——应交增值税(已交税金)　　110 000

——应交消费税　　215 642

贷:银行存款　　325 642

【例4-14】8月8日,某酒厂从本市B酒厂购进薯类生产的酒精10吨,不含税价为2 000元/吨,取得增值税专用发票并付款入库。8月10日,购入用粮食生产的酒精4吨,增值税专用发票注明价款共计28 000元、增值税3 640元;专用发票注明运费400元、增值税36元;酒精验收入库,款未付。8月28日,销售用本月8日购入酒精生产的白酒5吨,含税价33 900元/吨,开出普通发票,货款尚未收到。8月30日,销售用薯类酒精和粮食酒精混合生产的白酒4吨,不含税价为65 000元/吨,开出专用发票,货款收到。假定白酒的销售价格高于销售单位对外销售价格的70%。做会计分录如下:

(1)8月8日:

借:原材料——酒精　　20 000

应交税费——应交增值税(进项税额)　　2 600

贷:银行存款　　22 600

(2)8月10日:

借:原材料——酒精　　28 400

应交税费——应交增值税(进项税额)　　3 676

贷:应付账款　　32 076

(3)8月28日:

$$不含税销售额=33\ 900÷(1+13\%)×5=150\ 000(元)$$

$$增值税销项税额=150\ 000×13\%=19\ 500(元)$$

外购酒精已纳消费税不得抵扣当期应缴消费税,白酒的消费税税率为20%,应缴消费税的计算如下:

$$应缴消费税=150\ 000×20\%+2\ 000×0.5×5=30\ 000+5\ 000=35\ 000(元)$$

借:应收账款　　169 500

贷:主营业务收入 150 000

应交税费——应交增值税(销项税额) 19 500

借:税金及附加 35 000

贷:应交税费——应交消费税 35 000

(4)8 月 30 日:

$$应缴消费税=65\ 000\times4\times20\%+2\ 000\times0.5\times4=56\ 000(元)$$

借:银行存款 293 800

贷:主营业务收入 260 000

应交税费——应交增值税(销项税额) 33 800

借:税金及附加 56 000

贷:应交税费——应交消费税 56 000

(二)应税消费品包装物应交消费税的会计处理

应税消费品连同包装物一并出售的,无论包装物是否单独计价核算,原则上均应并入应税消费品的销售额中计算缴纳增值税、消费税。若是从量计税,只计增值税,不计消费税;若是实行从价计税,两税都应计缴;在复合计税时,对从价金额部分,计缴消费税,对从量部分,不计缴消费税。对出租包装物收取的租金,应缴纳营业税;出租、出借包装物收取的押金,因逾期未收回包装物而没收的押金,也应计缴消费税。

1. 随同产品销售而不单独计价。因为其收入已包括在产品销售收入中,其应纳消费税与产品销售一并进行会计处理。

2. 随同产品销售而单独计价。因为其收入记入“其他业务收入”账户,其应纳消费税则应记入“其他业务成本”账户。

3. 收取包装物押金时,贷记“其他应付款”,按规定计算应缴增值税、消费税时,借记“其他应付款”,贷记“应交税费”;返还押金或没收逾期未收回包装物押金时,借记“其他应付款”,贷记“银行存款”或“其他业务收入”。

【例 4-15】某酒厂异地销售粮食白酒,包装物单独计价,收取包装费 700 元(不含税金)。出售包装物应缴的增值税、消费税计算如下:

$$应交消费税=700\times20\%=140(元)$$

$$应交增值税=700\times13\%=91(元)$$

做会计分录如下:

借:应收账款 791

贷:其他业务收入 700

应交税费——应交增值税(销项税额) 91

借:其他业务成本 140

贷:应交税费——应交消费税 140

【例 4-16】某酒厂系增值税一般纳税人。7 月酒厂销售白酒 10 吨,35 000 元/吨(不含税),随同产品销售的包装物价款 12 430 元(含税);另外收取包装物押金 2 260 元,约定 6 个月后返还包装物,否则,没收押金。

(1)销售白酒时:

借:应收账款、银行存款等 407 930

贷:主营业务收入 350 000

其他业务收入(12 430÷1.13) 11 000

应交税费——应交增值税(销项税额) 46 930

应交消费税 = 10×35 000×20%+10×2 000×0.5+12 430÷1.13×20% = 82 200(元)

借:税金及附加 80 000

其他业务成本 2 200

贷:应交税费——应交消费税 82 200

(2)收取押金时:

借:银行存款等 2 260

贷:其他应付款——××单位 2 260

(3)收取押金应计税:

借:其他应付款——××单位 660

贷:应交税费——应交增值税(销项税额)(2 260÷1.13×13%) 260

——应交消费税(2 260÷1.13×20%) 400

(4)若如期退回包装物,返还押金时:

借:其他应付款——××单位 1 600

销售费用 660

贷:银行存款 2 260

(5)若逾期未退回包装物,没收押金时:

借:其他应付款——××单位 1 600

贷:其他业务收入 1 600

三、应税消费品视同销售的会计处理

(一)企业以生产的应税消费品作为投资的会计处理

企业以生产的应税消费品作为投资,应视同销售缴纳消费税,但在会计处理上投资不宜做销售处理。因为投资与销售两者性质不同,投资作价与用于投资的应税消费品账面成本之间的差额应由整个投资期间的损益承担,而不应仅由投资当期损益承担。现行税法要求做销售处理,主要是基于不影响所得税的计算。

企业在投资时,借记“长期股权投资”“存货跌价准备”等,按该应税消费品的账面成本,贷记“产成品”或“自制半成品”等,按投资的应税消费品售价或组成计税价格计算的应缴增值税、消费税,贷记“应交税费”;投资时支付的相关税(增值税、消费税除外)费,贷记“银行存款”。

【例4-17】某汽车制造厂5月以其生产的20辆乘用车(气缸容量2.0升)向出租汽车公司投资。双方协议,税务机关认可的每辆汽车售价为150 000元,每辆车的实际成本为100 000元。计算“两税”如下:

$$应交增值税=150\ 000\times13\%\times20=390\ 000(元)$$

$$应交消费税=150\ 000\times5\%\times20=150\ 000(元)$$

做会计分录如下:

借:长期股权投资	3 390 000	
贷:主营业务收入		3 000 000
应交税费——应交增值税(销项税额)		390 000
借:营业税金及附加	150 000	
贷:应交税费——应交消费税		150 000
借:主营业务成本	2 000 000	
贷:库存商品		2 000 000

(二)企业以生产的应税消费品换取生产资料、消费资料或抵偿债务的会计处理

企业以生产的应税消费品换取生产资料、消费资料或抵偿债务、支付代购劳务费等,应视同销售行为,在会计上做销售处理。

以应税消费品换取生产资料和消费资料的,应按售价(若有不同售价,计算增值税时按平均售价,计算消费税时应按最高售价)借记“材料采购”等,贷记“主营业务收

入”;以应税消费品支付代购劳务费,按售价借记“应付账款”等,贷记“主营业务收入”。同时,按售价计算应交消费税,借记“营业税金及附加”,贷记“应交税费——应交消费税”;并结转销售成本。

【例 4-18】某白酒厂 1 月用粮食白酒 10 吨抵偿胜利农场大米款 56 000 元。该粮食白酒每吨本月售价在 4 800~5 200 元浮动,平均销售价格 5 000 元/吨。该抵债白酒市价 5 100 元/吨。

以物抵债属销售范畴,计算应纳增值税的销项税额为:

$$5\ 000\times10\times13\%=6\ 500(\text{元})$$

该粮食白酒的最高销售价格为 5 200 元/吨,计算应纳消费税税额为:

$$5\ 200\times10\times20\%+10\times2\ 000\times0.5=20\ 400(\text{元})$$

借:应付账款——胜利农场	56 000	
营业外支出	1 500	
贷:主营业务收入		51 000
应交税费——应交增值税(销项税额)		6 500
借:税金及附加	20 400	
贷:应交税费——应交消费税		20 400

(三)企业以自产应税消费品用于在建工程、职工福利的会计处理

企业将自产的产品自用是一种内部结转关系,不存在销售行为,企业并没有现金流入,因此,应按产品成本转账,并据其用途记入相应账户。当企业将应税消费品移送自用时,按其成本转账,借记“在建工程”“营业外支出”“销售费用”等,贷记“产成品”或“自制半成品”。

按自用产品的销售价格或组成计税价格计算应交消费税时,则借记“在建工程”“营业外支出”“销售费用”等(不通过“营业税金及附加”账户),贷记“应交税费——应交消费税”。

【例 4-19】某啤酒厂将本厂生产的某新品牌啤酒 20 吨发给职工作为福利,10 吨用于广告宣传,让客户及顾客免费品尝。该啤酒每吨成本 2 000 元,每吨出厂价格 2 500 元。

(1)发给职工的啤酒:

$$\text{应付职工薪酬}=20\times2\ 500\times1.13=56\ 500(\text{元})$$

$$应交消费税=20\times220=4\ 400(元)$$
$$应交增值税=2\ 500\times20\times13\%=6\ 500(元)$$

借:应付职工薪酬 56 500
　贷:主营业务收入 50 000
　　应交税费——应交增值税(销项税额) 6 500
借:税金及附加 4 400
　贷:应交税费——应交消费税 4 400
借:主营业务成本 40 000
　贷:产成品 40 000

(2)用于广告宣传的啤酒:

$$应交消费税=10\times220=2\ 200(元)$$
$$应交增值税=2\ 500\times10\times13\%=3\ 250(元)$$

借:销售费用 25 450
　贷:应交税费——应交增值税(销项税额) 3 250
　　　　　　——应交消费税 2 200
　　产成品 20 000

期末,对用于广告宣传的啤酒应视同销售,调增应纳税所得额。

四、委托加工应税消费品的会计处理

(一)委托方的会计处理

1. 委托加工的消费品收回后不再加工而用于销售。委托方发出委托加工材料、向受托方支付加工费和代收代缴消费税时,借记"委托加工物资"等,贷记"应付账款""银行存款"等。在将收回的委托加工应税消费品不再加工而销售时,如果委托方在受托方计税基础上加价出售,计税并做应交消费税的会计分录;如果直接出售(不加价),因为不缴消费税,当然不必做应交消费税的会计分录。

【例4-20】某卷烟厂委托A厂加工烟丝,卷烟厂和A厂均为一般纳税人。卷烟厂提供烟叶55 000元,A厂收取加工费20 000元,增值税2 600元。卷烟厂应做会计分录如下:

(1)发出材料时:

借:委托加工物资 55 000
　贷:原材料 55 000

(2)支付加工费时:

借:委托加工物资 20 000

应交税费——应交增值税(进项税额) 2 600

贷:银行存款 22 600

(3)支付代收代缴消费税时:

代收代缴消费税=(55 000+20 000)÷(1-30%)×30%=32 143(元)

借:委托加工材料 32 143

贷:银行存款 32 143

(4)加工的烟丝入库时:

借:产成品 107 143

贷:委托加工物资 107 143

如果烟丝按入库价对外销售,不再计算缴纳消费税;如果加价出售,其会计分录见例4-21。

2. 委托加工的消费品收回后连续生产应税消费品。收回后连续生产应税消费品时,已纳消费税税款准予抵扣。因此,委托方应将受托方代收代缴的消费税借记“应交税费——应交消费税”账户,待最终应税消费品销售时,允许从缴纳的消费税中抵扣。现行税法已将收回扣税法改为生产实耗扣税法,为了在会计上清晰反映其抵扣过程,可设“待扣税金”账户反映其发生和抵扣过程。

仍以例4-20为例,假定委托加工后的烟丝,尚需再加工成卷烟,则会计分录应为:

(1)发出材料、支付加工费时,会计分录同前。

(2)支付代收消费税时:

借:待扣税金——待扣消费税 32 143

贷:银行存款 32 143

(3)加工的烟丝入库时:

借:产成品 75 000

贷:委托加工物资 75 000

【例4-21】承例4-20资料,委托加工的烟丝收回后,经过进一步加工作为卷烟对外销售。假设当月销售3个标准箱,每标准条调拨价60元,期初库存委托加工应税烟丝已纳消费税2 580元,期末库存委托加工应税烟丝已纳税额29 880元,有关会计分录如下:

(1)取得收入时:

借:银行存款 50 850

贷:主营业务收入(3×250×60)　　45 000
　应交税费——应交增值税(销项税额)　　5 850

(2)计提消费税时:

应纳消费税=150×3+45 000×36%=16 650(元)

借:税金及附加　　16 650
　贷:应交税费——应交消费税　　16 650

(3)抵扣消费税时:

当月准予抵扣的消费税额=2 580+32 143-29 880=4 843(元)

借:应交税费——应交消费税　　4 843
　贷:待扣税金——待扣消费税　　4 843

(4)当月实际缴纳消费税时:

借:应交税费——应交消费税　　11 807
　贷:银行存款　　11 807

(二)受托方的会计处理

受托方可按本企业同类消费品的销售价格计算代收代缴消费税税款;若没有同类消费品销售价格的,按照组成计税价格计算。

【例 4-22】A 厂作为受托方为某卷烟厂将烟叶加工成烟丝,资料见例 4-21。按组成计税价格计算,税率为 30%,则:

组成计税价格=(55 000+20 000)÷(1-30%)=107 143(元)
应交消费税=107 143×30%=32 143(元)

A 厂做有关会计分录:

(1)收取加工费时:

借:银行存款　　22 600
　贷:主营业务收入　　20 000
　　应交税费——应交增值税(销项税额)　　2 600

(2)收取代收税金时:

借:银行存款　　32 143
　贷:应交税费——应交消费税　　32 143

(3)上缴代收消费税时:

借:银行交税金——应交消费税　　32 143

贷:银行存款　　32 143

五、进口应税消费品的会计处理

进口应税消费品时,进口单位缴纳的消费税应计入应税消费品成本。按进口成本连同应纳关税、消费税、增值税,借记“固定资产”“材料采购”等账户;由于进口货物将海关交税与提货联系在一起,即交税后方能提货,为简化核算,关税、消费税可以不通过“应交税费”账户反映,直接贷记“银行存款”账户。若情况特殊,先提货,后交税时,也可以通过“应交税费”账户。

【例4-23】某企业从国外购进高档化妆品一批,CIF价格折合人民币25万元。消费税税率为15%,增值税税率为13%,假定关税税率为20%。

应交关税=250 000×20%=50 000(元)

消费税组成计税价格=250 000×(1+20%)÷(1-15%)=352 941(元)

应交消费税=352 941×15%=52 941(元)

应交增值税=352 941×13%=45 882(元)

(1)进口商品入库时:

借:库存商品　　352 941

　贷:应付账款——××供货商　　250 000

　　应交税费——应交关税　　50 000

　　　　——应交消费税(海关代征)　　52 941

(2)缴纳税款时:

借:应交税费——应交增值税(海关代征)　　45 882

　　　　——应交关税　　50 000

　　　　——应交消费税(海关代征)　　52 941

　贷:银行存款　　148 823

六、金银首饰、钻石及其饰品零售业务的会计处理

(一)自购自销金银首饰的会计处理

零售企业销售金银首饰①、钻石及其饰品的收入,记入“主营业务收入”账户,其应

① 黄金摆件和金条不属于金银首饰范围,在零售环节不征收消费税。

交的消费税，借记“营业税金及附加”，贷记“应交税费——应交消费税”。

金银首饰、钻石及其饰品连同包装物一起销售的，无论包装物是否单独计价，均应并入金银首饰、钻石及其饰品的销售额计缴消费税。随同金银首饰、钻石及其饰品销售但不单独计价的包装物，其收入及应交消费税均与商品销售收入和税金在一起计算和处理；随同首饰、饰品销售而单独计价的包装物，其收入贷记“其他业务收入”，应交消费税（税率同商品）借记“其他业务成本”。

【例 4-24】某金银首饰商店是经中国人民银行总行批准经营金银首饰的企业（一般纳税人）。8 月企业实现以下销售业务：

（1）销售给经中国人民银行总行批准经营金银首饰单位金项链一批，销售额为 2 648 000 元。

（2）销售给未经中国人民银行总行批准的经营金银首饰单位金首饰一批，销售额为 1 845 000 元。

（3）门市零售金银首饰、钻石饰品，销售额为 3 415 800 元。

（4）销售金银首饰、钻石连同包装物销售，其包装物金额为 314 500 元，未并入金银首饰销售额内，作为其他业务收入。

（5）采取以旧换新方式销售金银首饰，换出金银首饰同类品种销售价计算为 1 644 000 元，收回旧金银首饰作价 916 000 元，实收回金额为 728 000 元。该商店 8 月应交税额的计算如下：

1. 应交消费税的计算：

（1）金银首饰零售应交消费税 =（1 845 000+3 415 800+728 000）÷（1+13%）×5%

=264 991. 15（元）

（2）包装物应交消费税 =314 500÷1. 13×5%=13 915. 93（元）

2. 应交增值税销项税额的计算：

（1）金银首饰销项税额 =（2 648 000+1 845 000+3 415 800+728 000）÷1. 13×13%

=993 614. 16（元）

（2）包装物销项税额 =314 500÷1. 13×13%=36 181. 42（元）

3. 根据以上计算，做会计分录如下：

（1）金银首饰（批发、零售、以旧换新）收入：

借：银行存款	8 636 800
库存商品（旧金银首饰）	916 000
贷：主营业务收入——批发	2 343 362. 83
——零售	6 215 823. 01
应交税费——应交增值税（销项税额）	993 614. 16

(2)计提金银首饰消费税(附加税费略):

借:税金及附加　　264 911.15

　贷:应交税费——应交消费税　　264 911.15

(3)随金银首饰销售包装物收入:

借:银行存款　　314 500.00

　贷:其他业务收入　　278 318.58

　　应交税费——应交增值税(销项税额)　　36 181.42

(4)计提包装物收入应交消费税:

借:其他业务成本　　13 915.93

　贷:应交税费——应交消费税　　13 915.93

(二)受托代销

企业受托代销金银首饰时,消费税由受托方负担,即受托方是消费税的纳税人。

如果是以收取劳务费方式代销金银首饰,收取的劳务费贷记"劳务费及佣金收入"。根据销售价格计算的应交消费税,相应冲减"劳务费及佣金收入",借记"劳务费及佣金收入",贷记"应交税费——应交消费税"。

不采用收取劳务费方式代销的,通常是由双方商定代销协议价,委托方按协议价收取代销货款,受托方实际销售的货款与协议价之间的差额归己所有。在这种情况下,受托方交纳消费税的计算和处理与自购自销相同。

案　例

某国有卷烟厂为完成地方政府下达的"包税"任务,平时在购进原料时,将应抵扣的增值税额挂账处理,做会计分录如下:

借:原材料

　其他应收款——进项税额抵扣

　贷:银行存款等

当年,某一品牌卷烟因提价而使消费税税率提高,再加上复合计税,若按税法规定计算,企业就会出现亏损,不好向地方政府"交代"。经企业领导"研究",决定将当年销售收入"改小",即少算应交消费税,企业会计人员遵从领导意见,在进行消费税会计处理时,少计消费税×××万元,企业当年不但不亏,而且盈利××万元。在第二年,财政部特派办进行纳税检查时,发现企业该违法行为,除补缴税款和罚款外,还对企业领导、有关会计人员给予撤职处分。企业不少人认为"冤枉",他们认为,"包税"使他们对该抵扣的进项税额不敢抵扣,为了平衡,不得不故意少计消费税。(本书著者根据某省某卷烟厂某年实际情况整理)

案例讨论:

1. 谈谈你对"包税"的认识。
2. 该卷烟厂冤不冤?为什么?
3. 在这种情况下,会计人员应该怎么办?

思考题

1. 与增值税相比,消费税有何特点?
2. 简述消费税的三种计税方法。
3. 消费税的会计处理方法为什么与增值税不同?试做分析比较。

练习题

1. 根据本章第二节例 4-8、例 4-9、例 4-10 资料。

要求:

分别做出三例的有关会计处理。

2. 根据本章第二节例 4-5、例 4-7 资料。

要求:

(1)根据例 4-3,做出双方的有关会计处理。

(2)根据例 4-4,做出日化厂的有关会计处理。

3. 某汽车制造厂 10 月发生有关业务如下:

(1)6 日,对外销售气缸容量 2 200 毫升以上小轿车 10 辆,每辆出厂价 16 万元、价外收费 1 万元;对外销售气缸容量 1 000~2 200 毫升的小轿车 15 辆,每辆出厂价 11 万元、价外收费 0.6 万元。开出专用发票,以银行本票收讫。

(2)18 日,某单位退回上月购买的气缸容量 2 400 毫升以上的越野车 1 辆,价款 21 万元。据"证明单"开出红字专用发票,退回已纳消费税、冲减增值税。

(3)20 日,以自产小客车(气缸容量 2 000 毫升以下)18 辆向市出租汽车公司投资。双方协议,每辆小客车汽车价款 8 万元,账面成本 6 万元。

(4)23 日,将自产的小客车 2 辆自用。该类小客车(气缸容量 2 000 毫升以上)无对外销售价格,已知每辆小客车生产成本 7.5 万元。

(5)28 日,以自产小汽车(气缸容量 2 200 毫升以上)3 辆换回企业所需原材料。每辆小汽车生产成本 12 万元,支付相关费用 2 200 元,不涉及补价。

该厂生产的小汽车燃气排放符合减征消费税标准。

要求:

根据以上资料,做出有关消费税、增值税的会计处理。

4. 某百货商场系一般纳税人,经省人民银行批准,持有《经营金银制品业务许可证》。饰品柜台经营金银首饰、钻石销售业务,12 月该柜台销售业务如下:

(1)售出金项链 100 条,收入(含税,下同)95 830 元。

(2)售出金戒指 50 枚,收入 39 000 元。

(3)售出镀金首饰若干枚,收入 3 800 元。

(4)售出包金首饰,收入 2 400 元。

(5)为调剂销售品种,售给某商店(无经营金银制品业务许可证)金戒指 50 枚,售价为 33 000 元。

要求:

计算饰品柜台当月应缴消费税、增值税,并做相应的会计处理。

第五章

关税会计

本章要点

主要阐述关税的主要特征，关税的税制要素、关税的申报与缴纳，关税的从价计税、从量计税和从价从量复合计税等计税方法，应重点掌握设置附加关税的意义，关税计税价格的确认、应纳关税的计算和关税的会计处理。

第一节 关税税制要素

一、关税的概念、分类与特征

（一）关税的概念

关税是国家授权海关对出入关境的货物和物品征收的一种流转税。

为适应我国对外贸易的发展，参与国际经济竞争，国务院于 1985 年 3 月 7 日发布了《中华人民共和国进出口关税条例》，之后，又进行了多次修订发布。2001 年 12 月 11 日，中国正式加入世界贸易组织的当天，财政部以新闻稿的形式宣布：经国务院批准，中国政府从 2002 年 1 月 1 日起履行关税减让义务。关税减让是世界贸易组织缔约方根据互惠互利原则，对贸易货物免征超过其已商定的普遍关税部分的份额。经过多次减让，2010 年降低鲜草莓等 6 个税目商品进口关税后，我国加入世界贸易组织承诺的关税减让义务全部履行完毕。为了规范关税的征收和缴纳，维护进出口秩序，促进对外贸易，推进高水平对外开放，推动高质量发展，维护国家主权和利益，保护纳税人合法权益，2024 年 4 月 26 日第十四届全国人民代表大会常务委员会第九次会议通过《中华人民共和国关税法》（以下简称《关税法》），自 2024 年 12 月 1 日起施行；《中华人民共和国进出口关税条例》同时废止。

与关税同一范畴的还有船舶吨税、行李和邮递物品进口关税（简称“行邮税”），其共同点是都要在进入关境时征收，但它们又有明显的区别。船舶吨税是对进入我国港口的外籍船舶按其注册的净吨位征收的一种税，行邮税是对入境旅客行李物品和个人邮递物品征收的一种进口税，而且是关税、增值税、消费税合并征收的混合税种。本章讲述的关税是“纯种”关税，而船舶吨税、行邮税应该是“混血儿”，即“类关税”。

（二）关税的分类

依据不同的分类标准，关税可以分为不同种类。

1. 按货物、物品的流向分为以下两种：

（1）进口关税（Import Duty）。它是指海关在外国货物进口时所课征的关税。进口税通常在外国货物进入关境或国境时征收,或在外国货物从保税仓库提出运往国内市场时征收。现今世界各国的关税,主要是征收进口税。征收进口税的目的在于保护本国市场和增加财政收入。

(2)出口关税(Export Duty)。它是指海关在本国货物出口时所课征的关税。为降低出口货物的成本,提高本国货物在国际市场上的竞争力,世界各国一般少征或不征出口税。但为限制本国某些产品或自然资源的输出,或为保护本国生产、本国市场供应和增加财政收入以及某些特定的需要,有些国家也征收出口税。

2. 按征收目的分为以两种:

(1)财政关税,亦称收入关税。它是以增加国家财政收入为主要目的而课征的关税。财政关税的税率比保护关税低。随着世界经济的发展,财政关税的意义逐渐减弱,而为保护关税所代替。

(2)保护关税。它是以保护本国经济发展为主要目的而课征的关税。保护关税主要是进口税,税率较高。保护关税是实现一个国家对外贸易政策的重要措施之一。

3. 按征税标准可以分为从量税、从价税、复合税和滑准税。其中,从量税、从价税是关税的基本计算方法。从量税、从价税、复合税的含义与消费税相同,滑准税的含义见本章第二节。

4. 按约束程度分为以下三种:

(1)自主关税,又称国定关税。一个国家基于其主权,独立自主制定的、并有权修订的关税,包括关税税率及各种法规、条例。国定税率一般高于协定税率,适用于没有签订关税贸易协定的国家。

(2)非自主关税。原殖民地国家被殖民主义者以不平等条约强迫签订和实施的关税。

(3)协定关税。一国与他国通过缔结关税贸易协定而制定的关税税率。协定关税有双边协定税率、多边协定税率和片面协定税率。片面协定税率是一国对他国输入的货物降低税率,为其输入提供方便,而他国并不以降低税率为回报的税率制度。

5. 按差别待遇分为普通关税、优惠关税(包括特惠关税、普惠关税、最惠国待遇)、差别关税(包括加重关税、反补贴关税、反倾销关税、报复关税)。

(三)关税的主要特征

1. 关税的征收以"关境"为界。关境与国境既有联系又有区别。国境是主权国家行使行政权力的领域,即主权国家的领土、领海、领空范围。关境亦称税境,是一个国家的海关征收关税的领域,即主权国家关税法令实施的领域,只有在货物、物品进出关境时才能对其征税。因此,关税是以通过关境为征税界点。

如果一国既不与其他国家结成关税同盟,也不在本国设立自由港、保税区等,在这种情况下,关境与国境等同。如果一国与其他国家结成关税同盟,实施统一的关税法令和统一的税则,则关境的概念大于国境,关境内的跨国贸易无需缴纳关税;如果一国政府在其境内设立自由港、保税区、自贸区等,则关境的概念小于国境,对关境外而国境内的贸易,也必须缴纳关税。

2. 关税的征收主体是海关。税收一般是由国家税务机关征收的,但关税是由海关征收管理的,海关是依法监督管理进出境事务的国家行政机关。关税法规是相对独立的法律法规体系。

3. 税率上的复式性。我国现行关税税则采用最惠国税率、协定税率、特惠税率和普通税率。复式税则充分反映了关税具有维护国家权益、平等互利发展国际贸易和经济技术合作的特点。

4. 对进出口贸易的调节性。许多国家通过制定和调整关税税率来调节进出口贸易。在出口方面,通过低税、免税和退税鼓励商品出口;在进口方面,通过税率的调整、减免调节商品的进口,如为了维护我国的正当权益,可以依法加征特别关税。

5. 关税的保护性。关税是国际经济竞争的一种有效手段,强调对等与互惠,加强与世界各国的经济联系,同时也要坚决维护国家主权和经济利益,体现其保护性。制定保护性关税(Protective Tariff)的一般原则是,征收的税额要等于或略高于该商品的国内外差价,即进口商品在征收关税后,其进口成本等于或略高于本国商品的平均成本。

二、关税的纳税人与纳税范围

(一)关税的纳税人和扣缴义务人

1. 关税的纳税人。进口货物的收货人、出口货物的发货人、进境物品的携带人或者收件人,是关税的纳税人。

2. 关税的扣缴义务人。从事跨境电子商务零售进口的电子商务平台经营者、物流企业和报关企业,以及法律、行政法规规定负有代扣代缴、代收代缴关税税款义务的单位和个人,是关税的扣缴义务人。

(二)关税的纳税范围

关税的纳税范围(对象)是我国准许进出口的货物、进境物品。货物是指贸易性商品;物品包括入境旅客随身携带的行李和物品、个人邮递物品、各种运输工具上的服务人员携带进口的自用物品、馈赠物品,以及其他方式进入我国国境的个人物品。

三、关税税目和税率

根据《关税法》规定,进出口货物的关税税目和税率以及适用规则,依照《中华人民共和国进出口税则》(以下简称《税则》)执行。《税则》是一国对进出口商品计征关税的规章和对进出口的应税商品和免税商品加以系统分类的一览表,是海关征税的依据,是一国关税政策的具体体现。

(一)关税税目

关税税目由税则号列和目录条文等组成。关税税目依照《税则》执行。《税则》规定了目录条文和归类总规则、类注、章注、子目注释、本国子目注释,以及其他归类注释确定,并归入相应的税则号列。

加入世界贸易组织后,我国关税税则、税目多次调整。根据2024年12月1日起实施的《中华人民共和国进出口税则》,我国关税税则、税目共计8 957个。

(二)关税税率

《关税法》规定:"进口关税设置最惠国税率、协定税率、特惠税率、普通税率。出口关税设置出口税率。对实行关税配额管理的进出口货物,设置关税配额税率。对进出口货物在一定期限内可以实行暂定税率。"

关税税率的适用遵循"原产地规则"(由于各国普遍采用多种税率,进口国必须首先确定进口商品的原产地,以便对来自不同国家或地区的商品给予不同的关税待遇)。原产地规则判定:①完全在一个国家或者地区获得的货物,以该国家或者地区为原产地;②两个以上国家或者地区参与生产的货物,以最后完成实质性改变的国家或者地区为原产地;③国务院根据中华人民共和国缔结或者共同参加的国际条约、协定对原产地的确定另有规定的,依照其规定。

1. 进口关税税率:

(1)最惠国税率。适用于原产于共同适用最惠国待遇条款的世界贸易组织成员的进口货物,原产于与中华人民共和国签订含有相互给予最惠国待遇条款的双边贸易协定的国家或者地区的进口货物,以及原产于中华人民共和国境内的进口货物。适用最惠国税率的国家或者地区包括:共同适用最惠国待遇条款的162个世界贸易组织成员;与中华人民共和国签订含有相互给予最惠国待遇条款的双边贸易协定的34个国家或者地区;中华人民共和国境内。

(2)协定税率。适用于原产于与中华人民共和国缔结或者共同参加含有关税优惠条款的国际条约、协定的国家或者地区且符合国际条约、协定有关规定的进口货物。如根据《亚太贸易协定》及相关协议，对原产于孟加拉国、印度、老挝、韩国、斯里兰卡、蒙古的部分进口货物实施协定税率；根据《中华人民共和国与东南亚国家联盟全面经济合作框架协议》及相关协议，对原产于文莱达鲁萨兰国、柬埔寨、印度尼西亚、老挝、马来西亚、缅甸、菲律宾、新加坡、泰国、越南的部分进口货物实施协定税率等。

(3)特惠税率。适用于原产于中华人民共和国给予特殊关税优惠安排的国家或者地区且符合国家原产地管理规定的进口货物。如根据《亚太贸易协定》及相关协议，原产于孟加拉国、老挝的部分进口货物，适用特惠税率。

(4)普通税率。适用于原产于上述(1)(2)(3)所列以外国家或地区的进口货物，以及原产地不明的进口货物。

(5)配额税率。配额内关税是对一部分实行关税配额的货物，按低于配额外税率的进口税率征收的关税。按照国家规定实行关税配额管理的进口货物，关税配额内的，适用关税配额税率。如根据《中华人民共和国加入世界贸易组织议定书》及相关规定，对小麦(包括其粉、粒)实施关税配额管理，承诺的年度关税配额数量为963.6万吨，适用关税配额税率。

(6)暂定税率。适用最惠国税率、协定税率、特惠税率、关税配额税率的进口货物在一定期限内可以实行暂定税率。适用普通税率的进口货物，不适用暂定税率。具体实施时遵循以下原则：①适用最惠国税率的进口货物有暂定税率的，适用暂定税率。②适用协定税率的进口货物有暂定税率的，从低适用税率。当最惠国税率低于协定税率且无暂定税率的，适用最惠国税率。③适用特惠税率的进口货物有暂定税率的，从低适用税率。④实行关税配额管理的进出口货物，关税配额内的适用关税配额税率，有暂定税率的适用暂定税率。

(7)ITA税率(税率为零)。ITA税率即非全税目信息技术产品的最惠国税率(其税则号列前加注“ex”)。根据加入世界贸易组织的有关协议，我国自加入世界贸易组织时起加入《信息技术协定》，并取消中国减让表所列所有信息技术产品的关税。

(8)附加关税，亦称为特别关税，一般都是在正常征收关税的基础上加征的一种关税。附加关税包括报复性关税、反倾销税、反补贴税、保障措施关税。

报复性(惩罚性)关税：任何国家或地区违反与中华人民共和国签订或者共同参加的贸易协定及相关协定，对中华人民共和国在贸易方面采取禁止、限制、加征关税或者其他影响正常贸易的措施的，对原产于该国家或者地区的进口货物可以征收报复性关税，适用报复性关税税率。征收报复性关税的货物、适用国别、税率、期限和征收办法，由国务院关税税则委员会决定并公布。

反倾销税：倾销是指在正常贸易过程中以低于正常价值的出口价格，大量输出商品到另一国（或地区）市场的行为。倾销行为被认为是一种不公平的贸易做法。世界贸易组织在《反倾销税和反补贴税》条款中规定："各缔约方有权采取合理的反倾销和反补贴措施，作为对倾销和补贴等不公平贸易行为的正当防卫。反倾销税和反补贴税的幅度依据倾销和补贴幅度，而不受关税约束的限制。"

进口商品以倾销或补贴的方式进入中国市场，并由此对国内已经建立的相关产业造成实质损害或者产生实质损害的威胁或者对国内建立相关产业造成实质阻碍的，依照《中华人民共和国反倾销条例》和《中华人民共和国反补贴条例》的规定征收反倾销税或反补贴税。

反补贴税：补贴是指出口国（或地区）政府或者其任何公共机构提供的并为接受者带来利益的财政资助以及任何形式的对收入或者价格的支持。它是一种比较隐蔽的降低经营者经营成本的措施。进行调查、采取反补贴措施的补贴，必须具有专向性（如政府明确确定的对某些企业、产业获得的补贴，特定区域内的企业、产业获得的补贴，以出口实绩为条件获得的补贴等）。

保障措施关税：进口产品增加，并对生产同类产品或直接竞争产品的国内产业造成严重损害或严重威胁的，可按有关法规规定，采取保障措施，征收保障措施关税。任何国家或地区对我国出口成品采取歧视性保障措施的，我国都可以根据实际情况对该国或地区采取相应的税收措施。

（9）特别关税手段的运用。为了对付别国对我国出口货物的歧视，任何国家或者地区如对进口原产于我国的货物征收歧视性关税或者给予其他歧视性待遇[①]的，海关都可以对原产于该国家或者地区的进口货物征收特别关税。征收特别关税的货物品种、税率和起征、停征时间，由国务院关税税则委员会决定，并公布施行。它是国际经济斗争中的一种重要的防范手段。

2. 出口关税税率。出口关税设置出口税率。适用出口税率的出口货物在一定期限内可以实行暂定税率。适用出口税率的出口货物有暂定税率的，适用暂定税率。

我国征收出口关税的总原则是：既要服从于鼓励出口的政策，又要做到能够控制一些商品的盲目出口。因而，征收出口关税只限于少数商品：主要是盈利特别高而且利润比较稳定的大宗商品；在国际市场上我国出口已占有相当比重的商品；国际市场上容量有限而盲目出口容易在国外形成削价竞销的商品；国内紧俏又大量进口的商品以及国家控制出口的商品。

---

① 如报复性关税、反倾销税、反补贴税、保障性关税等。

四、关税的减免

(一)关税的法定减免

法定减免税是税法中明确规定的减税、免税。只要符合规定条件,纳税人就可以免缴或减缴关税,海关一般不进行后续管理。目前,以下进出口货物、进境物品,免缴关税:

(1)国务院规定的免征额度内的一票货物;

(2)无商业价值的广告品和货样;

(3)进出境运输工具装载的途中必需的燃料、物料和饮食用品;

(4)在海关放行前损毁或者灭失的货物、进境物品;

(5)外国政府、国际组织无偿赠送的物资;

(6)中华人民共和国缔结或者共同参加的国际条约、协定规定免征关税的货物、进境物品;

(7)复运出境的保税货物。

暂时进境或者暂时出境,并在6个月内复运出境或者复运进境的货物、物品(包括在展览会、交易会、会议以及类似活动中展示或者使用的货物、物品;文化、体育交流活动中使用的表演、比赛用品;进行新闻报道或者摄制电影、电视节目使用的仪器、设备及用品;开展科研、教学、医疗卫生活动使用的仪器、设备及用品;货样;供安装、调试、检测设备时使用的仪器、工具;盛装货物的包装材料等),在进境或出境时,纳税人向海关缴纳相当于税款的保证金或者提供担保后,可予暂时不缴纳关税。纳税人在规定期限内未复运出境的,纳税人应依法缴纳关税。

(二)关税的特定减免

在法定减免税之外,根据国际通行规则和我国实际情况,制定发布的有关进出口货物减免关税的政策,亦称特定或政策性减免税。特定减免税货物一般有地区、企业和用途的限制,海关需要进行后续管理,也需要进行减免税统计。

1. 科教用品。对于不以营利为目的的科学研究机构和学校,在合理数量范围内进口国内不能生产的科学研究和教学用品,直接用于科学研究或者教学的,免缴进口关税以及进口环节的增值税、消费税。

2. 残疾人专用品。对于规定范围内的残疾人个人专用品,免缴进口关税和进口环节增值税、消费税;对康复机构、福利机构、假肢厂和荣誉军人康复医院进口国内不能生产的、该规定明确的残疾人专用品,免缴进口关税和进口环节增值税。

3. 扶贫、慈善性捐赠物资。对境外自然人、法人或者其他组织等境外捐赠人,无偿向经国务院主管部门依法批准成立的,以人道救助和发展扶贫、慈善事业为宗旨的社会团体以及国务院有关部门和各省、自治区、直辖市人民政府捐赠的,直接用于扶贫、慈善事业的物资,免缴进口关税和进口环节增值税。

4. 对于加工贸易产品、边境贸易进口物资、保税区进出口货物、出口加工区进出口货物、进口设备、特定地区、特定行业(用途)均有相应的减免税政策。

(三)关税的临时减免

临时减免税是指上述法定减免和特定减免税以外的其他减免税,即由国务院根据《海关法》对某项目、某类(批)进出口货物的特殊情况,给予特别照顾而一案一批、专文下达的减免税。

第二节　关税的确认计量与申报

一、关税计税价格的确认

计税价格的划分依据是商品或劳务的实际价格,不包括间接税;而完税价格的划分依据是商品或劳务在销售国的价格,包括间接税。

在关税计算中,除从量计税外,其余计算方法(从价计税、复合计税)均涉及"计税价格"。

(一)进口货物关税计税价格的确认

1. 计税价格与成交价格:

《关税法》第二十四条规定:"进口货物的计税价格以成交价格以及该货物运抵中华人民共和国境内输入地点起卸前的运输及其相关费用、保险费为基础确定。进口货物的成交价格,是指卖方向中华人民共和国境内销售该货物时买方为进口该货物向卖方实付、应付的,并按照本法第二十五条、第二十六条规定调整后的价款总额,包括直接支付的价款和间接支付的价款。"

进口货物的成交价格应符合以下条件:

(1)对买方处置或者使用该货物不予限制,但法律、行政法规规定的限制,对货物转售地域的限制和对货物价格无实质性影响的限制除外；

（2）该货物的成交价格没有因搭售或者其他因素的影响而无法确定；

（3）卖方不得从买方直接或者间接获得因该货物进口后转售、处置或者使用而产生的任何收益，或者虽有收益但能够按照《关税法》的相关规定（包括计入计税价格的费用的规定、不计入计税价格的费用的规定）进行调整；

（4）买卖双方没有特殊关系，或者虽有特殊关系但未对成交价格产生影响。

2. 计入计税价格的费用：

根据《关税法》第二十五条规定，进口货物的下列费用应当计入计税价格：

（1）由买方负担的购货佣金以外的佣金和经纪费。

（2）由买方负担的与该货物视为一体的容器的费用。

（3）由买方负担的包装材料费用和包装劳务费用。

（4）与该货物的生产和向中华人民共和国境内销售有关的，由买方以免费或者以低于成本的方式提供并可以按适当比例分摊的料件、工具、模具、消耗材料及类似货物的价款，以及在境外开发、设计等相关服务的费用。

（5）作为该货物向中华人民共和国境内销售的条件，买方必须支付的、与该货物有关的特许权使用费。

（6）卖方直接或者间接从买方获得的该货物进口后转售、处置或者使用的收益。

3. 不能计入计税价格的费用：

根据《关税法》第二十六条规定，进口时在货物的价款中列明的下列费用、税收，不计入该货物的计税价格：

（1）厂房、机械、设备等货物进口后进行建设、安装、装配、维修和技术服务的费用，但保修费用除外。

（2）进口货物运抵中华人民共和国境内输入地点起卸后的运输及其相关费用、保险费。

（3）进口关税及国内税收。

4. 估定的计税价格

如果进口货物的成交价格不符合《关税法》规定，或者成交价格不能确定的，则海关经了解有关情况并与纳税人进行价格磋商后，依次以下列价格估定该货物的计税价格：

（1）相同货物成交价格估价方法。与进口货物同时或者大约同时向中华人民共和国境内销售的相同货物的成交价格。

（2）类似货物成交价格估价方法。与进口货物同时或者大约同时向中华人民共和国境内销售的类似货物的成交价格。

（3）倒扣价格估价方法。与该货物进口的同时或者大约同时，将该进口货物、相同或者类似进口货物在中华人民共和国境内第一级销售环节销售给无特殊关系买方最大销售总量的单位价格为基础,减去应当扣除的费用后,估定进口货物的计税价格。其中,"应当扣除的费用"项目包括:该货物的同等级或者同种类货物在中华人民共和国境内第一级销售环节销售时通常的利润和一般费用以及通常支付的佣金;进口货物运抵中华人民共和国境内输入地点起卸后的运输及其相关费用、保险费;进口关税及国内税收。

(4)计算价格估价方法。按下列各项总和计算的价格估定计税价格,主要包括:生产该货物所使用的料件成本和加工费用;向中华人民共和国境内销售同等级或者同种类货物通常的利润和一般费用;该货物运抵中华人民共和国境内输入地点起卸前的运输及其相关费用、保险费。

(5)其他合理估价方法。若上述估价方法都无法确定海关估价时,海关可以使用其他合理方法,以在境内获得的数据资料为基础估定计税价格。

纳税人可以向海关提供有关资料,申请调整上述第(3)项和第(4)项的适用次序。

(二)出口货物关税计税价格的确认

1. 以成交价格为基础的完税价格

《关税法》规定:"出口货物的计税价格以该货物的成交价格以及该货物运至中华人民共和国境内输出地点装载前的运输及其相关费用、保险费为基础确定。出口货物的成交价格,是指该货物出口时卖方为出口该货物应当向买方直接收取和间接收取的价款总额。出口关税不计入计税价格。"即出口货物以货物售给境外的离岸价格减去出口关税(即出口关税不计入计税价格)后,经过海关审查确定的价格为计税价格。如果出口货物的成交价格中含有支付给境外的运输费、保险费、佣金,且单独列明,应当扣除。

2. 以海关估定价格为计税价格

当出口货物的成交价格不能确定时,海关应与纳税人进行价格磋商后,依次按下列方法估定该货物的计税价格:

(1)与该货物同时或大约同时向同一国家或地区出口的相同货物的成交价格。

(2)与该货物同时或大约同时向同一国家或地区出口的类似货物的成交价格。

(3)根据各项总和计算的价格,具体包括:境内生产相同或类似货物的料件成本、加工费用;通常的利润和一般费用;境内发生的运输及其相关费用、保险费。

(4)以合理方法估定的价格。计入或不计入计税价格的成本、费用、税收,应当以客观、可量化的数据为依据。

(三)进出口货物原产地的认定

《关税法》规定了"原产地规则"。原产地规则是确定进出口货物原产国的标准和方法,也是确定货物适用关税税率的重要依据。国际上对货物原产地的规定出现于 20 世纪 70 年代初期,发达国家对发展中国家的出口货物给予普遍的关税优惠待遇,主要是发达国家给予发展中国家出口制成品和半制成品的一种普遍的、非歧视的、非互惠的关税优惠制度。

确定进境货物原产国有利于正确运用进口税则的各栏税率,对产自不同国家或地区的进口货物适用不同的关税税率。我国原产地规则基本上采用了"全部产地生产标准"和"实质性加工标准"两种国际上通用的原产地标准。

1. 全部产地生产标准。进口货物是"完全在一个国家或者地区获得的货物",则该国家或者地区即为该货物的原产地。

2. 实质性加工标准。实质性加工标准是适用于确定有两个或两个以上国家参与生产的货物的原产国的标准,即经过几个国家加工、制造的进口货物,以最后完成实质性改变的国家或者地区为原产地。"实质性改变"是指产品加工后,已不适用原进出口税则中的税则归类,税目税率发生了改变,或者加工增值部分所占新产品总值的比例已超过 30%及以上的。例如,进口的棉布是一国用他国的棉纱纺织而成的,该棉布不能以棉纱的生产国为原产国,而应以将棉纱织成棉布的国家作为原产国,因为棉纱经加工后,改变了原税则归类,不属于同一税号。

3. 其他。与我国缔结或者共同参加的国际条约、协定中,如有对原产地确定的规定,依照其规定。

二、关税的计算公式

关税的基本计算公式为:

应交关税 = 关税计税价格 × 关税税率

由于关税分从价、从量、复合和滑准四种计税方法,因此,关税的计税方法有多个计算公式。

(一)从价税计算公式

从价税(Ad Valorem Duty)是以进出口货物的价格作为计税标准计缴的关税。具有税负公平、明确,易于实施,计征简便等优点。大多数进出口货物采用从价税。货物的价格不是指商品的成交价格,而是指进出口商品的计税价格。其计算公式为:

应交关税 = 计税价格 × 关税比例税率

= 应税进出口货物数量 × 单位计税价格 × 关税比例税率

（二）从量税计算公式

从量税（Specific Duty）是以货物的实物计量单位（数量、重量、面积、容量、长度等）作为计税标准，以每一计量单位应纳的关税金额作为税率计缴的关税。从量税的特点是不因商品价格的涨落而改变应纳税额，手续简便，但税负不合理，难以普遍采用。我国目前仅对啤酒、胶卷等少数商品计征从量关税。其计算公式为：

$$应交关税=应税进口货物数量\times关税单位税额$$

（三）复合税计算公式

复合税（Mixed or Compound Duty）亦称混合税，它是对进口货物既征从量税，又征从价税的一种方法，一般以从量税为主，再加征从价税。实务中，货物的从量税额与从价税额难以同时确定，且手续繁杂，难以普遍采用。我国目前仅对录像机、放像机、摄像机和摄录一体机实行复合计税。其计算公式为：

$$应交关税=应税进口货物数量\times关税单位税额+应税进口货物数量\times单位计税价格\times关税比例税率$$

（四）滑准税计算公式

滑准税（Sliding Duty）亦称滑动税、伸缩税，是对进口税则中的同一种商品按其市场价格标准分别制定不同价格档次的税率而征收的一种进口关税。征收这种关税的目的是使某种进口商品，不论其进口价格是高还是低，其税后价格都保持在一个预定的价格标准上，以稳定该种商品的国内市场价格。它是预先按照商品市场价格的高低，制定出不同价格档次的税率，然后根据进口商品价格的变化而升降进口关税税率（比例税率）的一种计缴方法。滑准税一般是随着进口商品价格的变动而呈反方向变动，即价格越高，税率越低。因此，对实行滑准税率的进口商品应纳关税税额的计算与从价税基本相同。

采用滑准税率可使商品的税后价格能够保持稳定，以缓解供需矛盾。根据《中华人民共和国进出口税则（2024年）》规定，对配额外进口棉花实施滑准税政策可以降低这些企业的用棉成本，并鼓励更多纺织企业走高端路线，多生产高附加值的产品。当进口棉花计税价格高于或等于14.000元/千克时，暂定从量税率为0.280元/千克；当进口棉花计税价格低于14.000元/千克时，暂定从价税率按以下公式计算：

$$Ri=9.0/Pi+2.69\%\times Pi-1\ (Ri\leqslant 40\%)$$

式中，Ri为暂定从价税率，按上式计算结果小数点后第4位四舍五入保留前3位；Pi为关税计税价格，单位为元/千克。

应交关税=进口货物计税价格×滑准税率

（五）选择税的计算公式

选择税即在从价税与从量税之间选择一种。目前，我国对天然橡胶实行选择税。在20%的从价税和1 500元/吨从量税两者中，从低选择计征关税。利用这种方法，既可在国际市场胶价走低时保护国内橡胶产业，又可在进口胶价过高时适当降低税负，稳定国内市场胶价和用胶行业的生产成本。

（六）报复性关税计算公式

报复性关税计算公式如下：

应交关税=关税计税价格×进口关税税率

报复性关税=关税计税价格×报复性关税税率

进口环节消费税=进口环节消费税计税价格×进口环节消费税税率

进口环节消费税计税价格=（关税计税价格+关税+报复性关税）÷（1−进口环节消费税税率）

进口环节增值税=进口环节增值税计税价格×进口环节增值税税率

进口环节增值税计税价格=关税计税价格+关税+报复性关税+进口环节消费税

（七）反倾销关税计算公式

反倾销关税计算公式如下：

应交反倾销税=计税价格×反倾销税税率

应交进口环节增值税税额=（计税价格+关税税额+反倾销税税额）×进口环节增值税税率

三、进出口货物从价计征关税的计算

由上述可知，目前我国对进出口货物征收关税有不同的计算方法，下面是从价计征关税的计算实务。

（一）进口货物关税的计算

1. CIF价格（成本加保险及运费价格）。以我国口岸CIF价格成交或者与我国毗邻的国家以两国共同边境地点交货价格成交的,分别以该价格作为计税价格。当成交价格不能确定时,以海关的估定价格为计税价格,其计算公式为:

计税价格=在我国口岸成交的价格

进口关税=计税价格×进口关税税率

【例 5-1】某进出口公司从日本进口甲醇,进口申报价格为 CIF 天津 USD500 000。假定计税日外汇牌价(中间价)[①]为 USD100 = CNY600;税则号列 2905.1100,税率为 5.5%。

先计算出甲醇的计税价格:

USD500 000×6 = 3 000 000(元)

再计算出甲醇应缴的进口关税:

3 000 000×5.5% = 165 000(元)

【例 5-2】某进出口公司从美国进口高锰酸钾 5 000 吨,进口申报价格为 FOB 旧金山 USD325 000,运费每吨 USD40,保险费率为 3‰,假定计税日外汇牌价 USD100=CNY600。

(1)计算运费:

5 000×40×6 = 1 200 000(元)

(2)将进口申报价格由美元折合成人民币:

325 000×6 = 1 950 000(元)

(3)计算计税价格:

计税价格=(1 950 000+1 200 000)÷(1-3‰)

= 3 150 000÷0.997 = 3 159 478(元)

经查找,高锰酸钾的税则号列为 2841.6100,税率为 5.5%,计算该批进口高锰酸钾的进口关税税额如下:

应交进口关税= 3 159 478×5.5% = 173 771(元)

【例 5-3】某进出口公司从日本进口苯基乙醇 17 吨,保险费率为 0.3%,进口申报

① 实务中,海关每月使用的计征汇率为上一个月第三个星期三(若遇非银行间外汇市场交易日,顺延采用下一个交易日)中国人民银行授权中国外汇交易中心公布的人民币汇率中间价。

价格为 CFR 天津 USD306 000,假定计税日外汇牌价 USD100 = CNY600。苯基乙醇税则号列为 2906. 2910,税率为 5. 5%。

$$进口申报价格由美元折合成人民币 = 306\ 000 \times 6 = 1\ 836\ 000(元)$$

$$计税价格 = 1\ 836\ 000 \div (1-0.3\%) = 1\ 841\ 525(元)$$

$$应交进口关税 = 1\ 841\ 525 \times 5.5\% = 101\ 284(元)$$

对个别货物实际没有支付运费以及货物没有投保的,在计缴关税时可酌加运费和普通保险费。由陆路进口的货物,在计算计税价格时,所有应加运费等均应计算至该货物运抵我国境内第一口岸为止。

以上三种价格术语均适用于海运、内河航运,三者之间的关系是:

$$CIF 价格 = CFR 价格 + 保险费 = FOB + 海运费 + 保险费$$

在上述术语的基础上,为了适应包括海运、内河航运、空运及多种联运的需要,又发展出 CIP、FCA 和 CPT 三种价格术语。

2. 国内正常批发价格。若海关不能正确确定进口货物在采购地的正常批发价格,应以申报进口时国内输入地点的同类货物的正常批发价格,减去进口关税和进口环节的其他税以及进口后的正常运输、储存、营业费用及利润作为完税价格。如果国内输入地点同类货物的正常批发价格不能正确确定或者有其他特殊情况,货物的计税价格由海关估定。其计算公式分为以下两种:

(1)不缴国内增值税、消费税或只缴增值税的货物,其计税价格计算公式为:

$$计税价格 = \frac{国内市场批发价格}{1 + 进口关税税率 + 20\%}$$

(2)应同时缴纳国内增值税和消费税的货物,其计税价格计算公式为:

$$计税价格 = \frac{国内市场批发价格}{1 + 进口关税税率 + \frac{1 + 进口关税税率}{1 - 消费税税率} \times 消费税税率 + 20\%}$$

上述公式分母中的 20%为国家统一规定的进口环节各项相关费用和利润占计税价格的比例。

【例 5-4】M 公司经批准从国外进口一批高档化妆品,其 CIF 价格已无法确定。该批化妆品按进货地国内同类产品的市场正常批发价格计算,其总价为 925 000 元,国内消费税税率为 15%,设进口关税税率为 25%。计算该高档化妆品的应纳进口关税。

$$计税价格 = 925\ 000 \div [1+25\%+(1+25\%)\div(1-15\%)\times15\%+20\%]$$
$$= 925\ 000 \div 1.670\ 6 = 553\ 693.28(元)$$
$$应交进口关税 = 553\ 693.28\times25\% = 138\ 423.32(元)$$
$$应交消费税 = (553\ 693.28+138\ 423.32)\div(1-15\%)\times15\% = 122\ 138.22(元)$$
$$应交增值税 = (553\ 693.28+138\ 423.32+122\ 138.22)\times13\%$$
$$= 814\ 254.82\times13\% = 105\ 853.13(元)$$

(二)出口货物从价计征关税的计算

1. FOB 价格。出口货物关税计税价格的计算公式为：

$$计税价格 = FOB价格\div(1+出口关税税率)$$
$$出口关税税额 = 计税价格\times出口关税税率$$

【例 5-5】某进出口公司出口 5 000 吨白磷到日本，每吨 FOB 天津 USD500，白磷的出口关税税率为 20%。假定计税日外汇牌价 USD100 =CNY600。计算应纳出口关税。

(1)计算该批白磷的计税价格，并折合成人民币：

$$计税价格 = 5\ 000\times500\div(1+20\%)\times6 = 12\ 500\ 000(元)$$

(2)计算该公司应纳出口关税：

$$应交出口关税 = 12\ 500\ 000\times20\% = 2\ 500\ 000(元)$$

2. CIF 价格。出口货物以国外口岸 CIF 价格成交的，应先扣除离开我国口岸后的运费和保险费，再按上述公式计算完税价格及应缴纳的出口关税。计算公式为：

$$计税价格 = (CIF价格-保险费-运费)\div(1+出口关税税率)$$
$$出口关税税额 = 计税价格\times出口关税税率$$

【例 5-6】天津某进出口公司向新加坡出口黑钨砂 5 吨，成交价格为 CIF 新加坡 USD20 000，其中运费 USD2 000，保险费 USD200；假定计税日外汇牌价 USD100 = CNY700，关税税率为 20%。计算应纳关税税额。

$$计税价格 = (20\ 000-2\ 000-20)\times7\div(1+20\%) = 570\ 500(元)$$
$$应交出口关税 = 570\ 500\times20\% = 114\ 100(元)$$

3. CFR 价格。以境外口岸 CFR 价成交的，其出口货物完税价格的计算公式为：

计税价格=(CFR 价-运费)÷(1+出口关税税率)
出口关税税额=计税价格×出口关税税率

4. CIFC 价格(CIF 价格加佣金)。当成交价格为 CIFC 境外口岸时,有两种情况:

(1)佣金 C 给定金额,则出口货物完税价格的计算公式为:

计税价格=(CIFC 价-保险费-运费-佣金)÷(1+出口关税税率)
出口关税税额=计税价格×出口关税税率

(2)佣金 C 为百分比,则出口货物完税价格的计算公式为:

计税价格=[CIFC 价(1-C)-保险费-运费]÷(1+出口关税税率)
出口关税税额=计税价格×出口关税税率

上述 2、3、4 价格内所含的运费和保险费,原则上应按实际支付数扣除。如无实际支付数,海关可根据定期规定的运费率和保险费率据以计算,纳税后一般不做调整。由陆路输往国外的货物,应以该货物运离国境的 FOB 价格减去出口关税后作为计税价格。若 FOB 价格不能确定时,则由海关估定。

四、关税的缴纳及退补

(一)关税的缴纳方式

1. 关税的基本缴纳方式。即由接受进(出)口货物通关手续申报的海关逐票计算应征关税并填发关税缴款书,由纳税人凭以向海关或指定的银行办理税款交付或转账入库手续后,海关凭"银行回执联"办理结关放行手续。征税手续在前,结关放行手续在后,有利于税款及时入库,防止拖欠税款。因此,各国海关都以这种方式作为基本纳税方式。

2. 关税的后纳方式。这是指海关允许某些纳税人在办理有关关税手续后,先行办理放行货物的手续,然后再办理征纳关税手续的海关制度。后纳方式是针对某些易腐、急需或有关手续无法立即办结等特殊情况采取的一种变通措施,海关在提取货样、收取保证金或接受纳税人其他担保后即可放行有关货物。为降低通关成本,促进进出口贸易发展,近年来,海关改革传统的税收征管模式,在有效监管的前提下变"逐票审核,先税后放"为"先放后税,汇总缴税"。即对符合条件的纳税人实行"先进口后征税"政策,对在一个月内多次进口货物应纳税款实施汇总计征。《关税法》第四十一条规定"关税征收管理可以实施货物放行与税额确定相分离的模式",基于货物放行与税额确认相分离的原则,纳税人可以分次向海关申报,海关将货物担保放行后,纳税人可以暂缓缴税,集中几次的申报一并缴纳税款。

（二）关税的申报

进出口货物的纳税人、扣缴义务人，应自完成申报之日起 15 日内缴纳税款；选择汇总征税模式的，纳税人、扣缴义务人可以自完成申报之日起 15 日内或者次月第 5 个工作日结束前汇总缴纳税款。因不可抗力或者国家税收政策调整，不能按期缴纳的，经向海关申请并提供担保，可延期缴纳，但最长不能超过 6 个月。纳税人、扣缴义务人逾期缴纳税款的，除依法追缴外，还需自到期次日起至缴清税款日止，由海关按日加收欠缴税款的滞纳金。自纳税人、扣缴义务人缴纳税款或者货物放行之日起 3 年内，海关有权对纳税人、扣缴义务人的应纳税额进行确认。

纳税人、扣缴义务人可选择电子支付方式、银行柜台支付方式缴纳税款。纳税人应优先使用电子支付（协议扣税）方式或者银行端查询缴税方式缴纳税款。如确需通过银行柜台支付方式缴纳税款，现场海关协助打印《海关专用缴款书》，供纳税人支付税款。

纳税人使用银行端查询缴税和银行柜台支付方式缴纳税款的，均可自行下载并打印《海关专用缴款书》（见表 5–1）。《海关专用缴款书》是交缴款单位或缴纳人作为完税凭证的法律文书，也是关税核算的原始凭证。

表 5–1 海关专用缴款书

收入系统： 填发日期： 号码 No.

<table>
<tr><td rowspan="3">收款单位</td><td>收入机关</td><td colspan="3"></td><td rowspan="3">缴款单位（人）</td><td>名称</td><td></td></tr>
<tr><td>科目</td><td></td><td>预算级次</td><td></td><td>账号</td><td></td></tr>
<tr><td>收款国库</td><td colspan="3"></td><td>开户银行</td><td></td></tr>
<tr><td colspan="2">税号</td><td></td><td>数量</td><td>单位</td><td>计税价格（￥）</td><td>税率（%）</td><td>税款金额（￥）</td></tr>
<tr><td colspan="2"></td><td></td><td></td><td></td><td></td><td></td><td></td></tr>
<tr><td colspan="7">金额人民币（大写）</td><td>合计（￥）</td></tr>
<tr><td>申请单位编号</td><td></td><td>报关单编号</td><td colspan="3"></td><td>填制单位</td><td>收款国库（银行）</td></tr>
<tr><td>合同（批文）号</td><td></td><td>运输工具（号）</td><td colspan="3"></td><td rowspan="3">制单人
复核人</td><td rowspan="3"></td></tr>
<tr><td>缴款期限</td><td></td><td>提/装货单号</td><td colspan="3"></td></tr>
<tr><td colspan="6">备注</td></tr>
</table>

(三)关税的退税

纳税人发现多缴税款的,可以自缴纳税款之日起 3 年内,向海关书面申请退还多缴的税款。海关自受理退税申请之日起 30 日内查实,并出具税额确认书通知纳税人办理退还手续或者作出不予退税的决定。纳税人应自收到税额确认书之日起 3 个月内办理退还手续。

(四)关税的补缴

自纳税人、扣缴义务人缴纳税款或者货物放行之日起 3 年内,海关有权对纳税人、扣缴义务人的应纳税额进行确认。

因纳税人、扣缴义务人违反规定造成少征或者漏征税款的,海关可以自缴纳税款或者货物放行之日起 3 年内追征税款,并自缴纳税款或者货物放行之日起,按日加收少征或者漏征税款万分之五的滞纳金。对走私行为,海关追征税款、滞纳金的,不受上述期限的限制,可无限期追征,并有权核定应纳税额。

第三节 关税的会计处理

企业进出口业务的会计处理需设置记录外汇业务的复币式账户,如“应收(应付)外汇账款”“预收(预付)外汇账款”等[①],还要进行汇兑损益的计算和处理。企业要正确进行关税的会计处理,就必须正确进行销售收入、采购成本的确认。在进口商品时,国外进价成本一般以 CIF 价格为基础,以企业收到银行转来的全套进口单证,经与合同、信用证等审核相符,并通过银行向国外出口商承付或承兑远期汇票时间为入账标准。出口商品销售收入的入账金额一般应以 FOB 价格为标准,即不论发票价格(成交价格)采用哪种,都要以 FOB 价格作为收入确认的基础。商品进出口业务中发生的相关国内费用,记入采购成本或销售费用;进口时发生的国外费用,应计入商品采购成本;出口时发生的国外费用,应冲减商品销售收入。企业可以在“应交税费”账户下,设置“应交关税”二级账户,也可以分别设置“应交进口关税”“应交出口关税”两个二级账户。

① 也可作为“应收账款”“应付账款”等的二级账户。

一、自营进口业务关税的会计处理

企业自营进口商品应以CIF价格作为计税价格计缴关税,借记"材料采购、商品采购"等账户,贷记"应交税费——应交进口关税"账户;实际缴纳关税时,借记"应交税费——应交进口关税"账户,贷记"银行存款"账户。企业也可不通过"应交税费——应交进口关税"账户核算,待实际缴纳关税时,直接借记"材料采购、商品采购"等账户,贷记"银行存款"账户,但这种会计处理方法不便于进行税负分析。企业若以FOB价格或CFR价格成交,应将这些成交价格下的运费、保险费计入进口商品成本,即将成本调整到以CIF价格为标准。

【例5-7】某外贸企业从国外自营进口一批排气量2.2升的小轿车,CIF价格折合人民币为200万元,进口关税税率为25%,代征消费税税率9%、增值税税率17%。根据海关开出的税款缴纳凭证,以银行转账支票付讫税款。应交进口关税和商品采购成本的计算如下:

应交进口关税=2 000 000×25%=500 000(元)

应交消费税=(2 000 000+500 000)÷(1-9%)×9%=2 747 253×9%=247 253(元)

应交增值税=2 747 253×13%=357 143(元)

做会计分录如下:

(1)应付账款时:

借:商品采购　　2 000 000

　贷:应付账款——××供应商　　2 000 000

(2)应交税费时:

借:商品采购　　747 253

　贷:应交税费——应交进口关税　　500 000

　　　　——应交消费税(海关代征)　　247 253

(3)上缴税金时:

借:应交税费——应交增值税(海关代征)　　357 143

　　　——应交进口关税　　500 000

　　　——应交消费税(海关代征)　　247 253

　贷:银行存款　　1 104 396

(4)商品验收入库时:

借:库存商品　　2 747 253

　贷:商品采购　　2 747 253

【例5-8】根据例5-2的计算数据,做有关会计处理(假定本例中各入账日期的外汇牌价不变)。

(1)以成交价格反映应付账款:

借:商品采购 1 950 000

贷:应付账款——××公司 1 950 000

(2)支付运费、保险费时:

借:商品采购 1 209 478

贷:银行存款 1 209 478

(3)应交关税时:

借:商品采购 173 771

贷:应交税费——应交关税 173 771

【例 5-9】某工业企业从香港进口原产地为韩国的某型号需要安装设备 2 台,该设备 CFR 价格天津港 HKD120 000,保险费率为 0.3%,关税税率为 6%,代征增值税税率为 16%,假定计税日外汇牌价 HKD100=CNY80。有关计算如下:

$$计税价格=120\ 000\div(1-0.3\%)=120\ 361(元)$$

$$计税价格折合人民币=120\ 361\times0.8=96\ 289(元)$$

$$应交进口关税=96\ 289\times6\%=5\ 777(元)$$

$$应交增值税=(96\ 289+5\ 777)\times13\%=13\ 269(元)$$

有关会计分录如下:

(1)应付价款时:

借:在建工程 96 289

贷:应付账款——××供应商 96 289

(2)实际上缴关税、增值税时:

借:在建工程 5 777

应交税费——应交增值税(进项税额) 13 269

贷:银行存款 19 046

二、自营出口业务关税的会计处理

企业自营出口商品应以 FOB 价格作为计税价格计缴关税,借记“税金及附加”账户,贷记“应交税费——应交出口关税”账户;实际缴纳关税时,借记“应交税费——应交出口关税”账户,贷记“银行存款”账户。企业也可不通过“应交税费——应交出口关税”账户核算,待实际缴纳关税时,直接借记“税金及附加”账户,贷记“银行存款”账户。如果成交价格是 CIF 或 CFR 价格,则应先按 CIF 或 CFR 价格入账,在实际支付海外运费、保险费时，再以红字冲减销售收入，将收入调整到以FOB价格为标准。

【例5-10】某进出口公司自营一批出口商品，我国口岸FOB价格折合人民币为720 000元，设出口关税税率为20%，根据海关开出的税款缴纳凭证，以银行转账支票付讫税款。有关计算如下：

$$应交出口关税=720\ 000\div(1+20\%)\times20\%=120\ 000(元)$$

做会计分录如下：

借：应收账款——××购货商	720 000	
贷：主营业务收入		720 000
借：税金及附加	120 000	
贷：应交税费——应交出口关税		120 000

【例5-11】承例5-7的资料(假定确认收入、支付费用时的汇率相同)，有关会计处理如下：

(1)确认销售收入时：

借：应收账款——××购货商	28 000	
贷：主营业务收入		28 000

(2)支付运费、保险费时：

贷：主营业务收入(红字冲账)	3 080	
贷：银行存款等		3080

(3)应交关税时：

借：税金及附加	4 153.4	
贷：应交税费——应交出口关税		4 153.4

三、代理进出口业务关税的会计处理

代理进出口业务，对受托方来说，一般不垫付货款，多以成交额(价格)的一定比例收取劳务费作为其收入。因进出口商品而计缴的关税均应由委托单位负担，受托单位即使向海关缴纳了关税，也只是代垫或代付，日后仍要与委托方结算。

代理进出口业务所计缴的关税，在会计处理上也是通过设置"应交税费"账户来反映的，其对应账户是"应付账款""应收账款""银行存款"等。

【例5-12】某进出口公司受某单位委托代理一批进口商品，进口货款1 780 000元已汇入进出口公司的开户银行。该进口商品我国口岸CIF价格为USD240 000，当日的人民币市场汇价 USD100＝CNY600，进口关税税率为 20%，代理劳务费按货价 2%收取。该批商品已运达指定口岸，公司与委托单位办理有关结算。

该批商品的人民币货价＝240 000×6＝1 440 000（元）

进口关税＝1 440 000×20%＝288 000（元）

代理劳务费＝1 440 000×2%＝28 800（元）

根据上述计算数据，该进出口公司接受委托单位货款及向委托单位收取关税和劳务费等，做会计分录如下：

（1）收到委托方汇入货款时：

借：银行存款	1 780 000	
贷：应付账款——××单位		1 780 000

（2）对外付汇进口商品时：

借：应收账款[①]——××外商	1 440 000	
贷：银行存款		1 440 000

（3）进口关税结算时：

借：应付账款——××单位	288 000	
贷：应交税费——应交进口关税		288 000
借：应交税费——应交进口关税	288 000	
贷：银行存款		288 000
借：应付账款——××单位	1 468 800	
贷：其他业务收入——劳务费		28 800
应收账款——××外商		1 440 000

（4）将委托单位余款退回时：

借：应付账款——××单位	23 200	
贷：银行存款		23 200

【例 5-13】某进出口公司受托代理某厂出口一批商品。我国口岸 FOB 价格折合人民币为 360 000 元，出口关税税率为 20%，劳务费 10 800 元。应交出口关税计算如下：

应交出口关税＝360 000÷（1+20%）×20%＝60 000（元）

做会计分录如下：

① 或通过“应付账款”账户，下同。

(1)应缴出口关税时:

借:应收账款——××单位　　60 000

　贷:应交税费——应交出口关税　　60 000

(2)缴纳出口关税时:

借:应交税费——应交出口关税　　60 000

　贷:银行存款　　60 000

(3)应收劳务费时:

借:应收账款——××单位　　10 800

　贷:其他业务收入——劳务费　　10 800

(4)收到委托单位汇入税款及劳务费时:

借:银行存款　　70 800

　贷:应收账款——××单位　　70 800

案　例

某企业从国外某一固定供应商进口一批某规格元件,用于产品的生产,双方议定发票价格均为FOB价。进口货物由报关行代理报关并垫付进口的各项税费,代理行与公司的结算起点为100 000元。

1月20日到货,订单号为0079,发票价格为6 778.9美元,货物验收入库。其中,元件A100个,价值3 002美元;元件B100个,价值3 776.9美元。(假定汇率为1∶6.78)

1月23日,工人从仓库中领出元件A50个。

1月28日,收到报关行送达的报关单据,共垫付进口税费人民币100 900元。其中,0079号订单发生以下进口费用:进口关税4 109.49元(关税完税价58 707元,关税税率为7%),海关进口代征增值税8 166.14元,空运费2 489元,仓储费362.32元,三检费13元,录入费30元,代理报关费200元,代理服务费200元,单证费10元,共计18 092.53元。开出支票付报关行款项。

根据以上经济事项,该公司的会计处理如下:

(1)1月20日,货物验收入库,根据入库单:

借:原材料——A(单价248.5056)　　24 850.56

　原材料——B(单价312.651 8)　　31 265.18

　贷:应付账款——××公司　　56 115.74(USD6 778.9)

(2)1月23日,A元件领出50个,根据出库单:

借:生产成本(50×248.5056)　　12 425.28

　贷:原材料　　12 425.28

(3)1月28日,向报关行付款:

借:原材料——进口税费　　7 413.81

　应交税费——应交增值税(进项税额)　　8 166.14

　贷:银行存款　　15 579.95

案例讨论:

按会计准则的规定,进口货物的关税及仓储费、运输费等进口费用,应记入进口原材料的价值,但在实际工作中却存在问题:在进口量较大的情况下,每月公司收到货物的时间往往与报关行结算的时间不一致,以至于出现上例的情况,元件已经出库,而相关进口税费尚未入账甚至跨期入账。该公司采取的办法是,在"原材料"账中设"进口费用"二级明细账,每月末,按进口原材料的出库金额转出其应分摊的进口税费。你认为这种办法是否为最佳处理方法?你还有什么更好的会计处理方法?

思考题

1. 何谓关税?关税有何作用?如何分类?

2. 我国现行关税有哪几种计征方法?

3. 近年来,美国对中国出口的某些商品征收反倾销税和反补贴税,中国政府认为此举属于"双重补救",既不合法也不公平。你对此有何看法?会计在应对"双反"中如何作为?

4. 何谓关税计税价格?如何确认进出口计税完税价格?

5. 企业如何进行关税的会计处理?

练习题

1. 资料如下:

(1)某进出口公司由日本进口A商品一批,毛重20吨,每吨FOB价格为神户USD 5 000,保险费率为0.3%,国外运费按毛重每吨人民币300元计算,当日的外汇牌价为USD100=CNY600,A商品的进口关税税率为15%。

(2)某进出口公司自营出口锡矿砂一批,货价为CIF价格为日本大阪USD860 000,海运费、保险费为50 000元。当日的外汇牌价为USD100=CNY600,锡矿砂的出口关税税率为20%。

要求：

根据上述资料计算各批进出口货物的完税价格和应交关税税额。

2. 某外贸公司代某工厂从美国进口 A 材料 15 吨，每吨 FOB 价格为纽约 USD 20 000，运费 USD3 000，保险费率为 0. 3%，关税税率为 12%，当日的外汇牌价为 USD100 = CNY600，外贸公司收取手续费 80 000 元。进口的 A 材料尚在运输途中。

要求：

根据上述材料，分别做出外贸公司向委托单位收取关税和手续费以及委托单位承付关税及手续费的会计分录。

3. 某外贸公司出口鳗鱼苗，FOB 价格为 USD11 000，出口关税税率为 10%，当日的外汇牌价为 USD100 = CNY600。

要求：

1. 计算出口鳗鱼苗应交出口关税。

2. 做相应的会计处理。

第六章

出品货物免退税会计

本章要点

主要阐述出口货物免税、退税的基本含义，出口货物免退增值税与免退消费税不同，应重点掌握生产企业出口货物免、抵、退增值税与外贸企业出口货物免、退增值税的不同计算方法及其选择，生产企业出口货物免、抵、退增值税的会计处理、外贸企业出口货物免、退增值税的会计处理。

第一节 出口货物免退税概述

一、出口货物免退税的应税人和基本含义

在传统进出口贸易中,所涉及的税收以关税、增值税和消费税(统一简称为"贸易税")等以流转税为主,征税对象是跨境流动的货物。以货权确定应税人,进口取得货权者为纳税人,出口移出货权者为退税人,即海关报关单中的"收发货人"。贸易税的征管主体则是税务和海关两个部门。

出口退税是将出口货物的原料进口税和在国内生产、流通环节已缴纳的增值税、消费税等间接税税款退还给出口企业,使出口商品以不含间接税的价格进入国际市场、参与国际竞争的一项税收制度。

对出口货物实行免退税是国际通行惯例,也是符合世界贸易组织规则的一项税收制度。出口货物免退税政策作为各国普遍实施的出口产品零税率政策的表现形式,旨在鼓励出口货物公平竞争,有效避免国际双重征税和价格扭曲。出口货物免退税是对报关出口的货物免征和(或)退还其在国内各生产环节和流通环节按税法规定缴纳的增值税和消费税,即对出口货物实行零税率。税率为零是指货物在出口时,其整体税负为零。因此,出口货物不仅在出口环节不必纳税,而且还应退还其以前纳税环节的已纳税款。它是国际贸易中的一种税收国际惯例而非政府补贴。

二、出口货物免退税的方法

(一)出口货物免退增值税的方法

目前,我国对出口货物退税主要采取"先征后退""免、抵、退"两种方法。流通企业以收购方式出口的货物,实行"先征后退"办法;生产企业出口货物、劳务,既可以采用"免、抵、退"税方法,又可以选择免(征)税方法。

1."先征后退"方法。"先征后退"作为出口退税的一种主要计算方法,有广义和狭义之分。广义的"先征后退"是指出口货物在生产(供货)环节按规定缴纳增值税、消费

税,货物出口后由出口的外(工)贸企业向其主管出口退税的税务机关申请办理出口货物退税。狭义的"先征后退"仅是指对生产企业自营出口或委托外贸企业代理出口自产货物实行的一种出口退税办法,即生产企业自营出口或委托外贸企业代理出口的自产货物,一律先按出口货物离岸价及增值税法定征税税率计算征税,然后,按出口货物离岸价及规定的退税率计算退税。

2. "免、抵、退"税方法。"免、抵、退"税是指对生产企业的出口货物在生产销售环节实行免税,其进项税额先抵顶内销货物的销项税额,不足抵扣部分给予退税。"免"税是指对生产企业自营出口或委托外贸企业代理出口的自产货物,免征本企业生产销售环节的增值税;"抵"税是指对生产企业自营出口或委托外贸企业代理出口的自产货物应予免征或退还所耗用原材料、零部件等已纳税款抵顶内销货物的应纳税款;"退"税是指生产企业出口的自产货物在当月应抵扣的进项税额大于应纳税额时,对未抵扣完的部分予以退税。

(二)出口货物免退消费税的方法

出口货物免退消费税主要有两种方法:一是免税,适用于生产企业出口自产货物;二是免退税,适用于外贸企业。

(三)跨境电商出口退税的方法

跨境贸易电子商务(跨境电商)、外贸综合服务(外综服)等是目前外贸的新业态。

跨境电商出口商品时,并未结清其国内完税义务,处于国内税"待税"状态。在程序上,对其征税与退税应一并完成。对增值税、消费税,未取得发票(进货凭证)的出口电商企业免税,后续无退税,即"无票免税""免征不退";取得发票的出口电商企业就应税项目缴税,出口后退税。前者"免征+不退税",后者"征税+退税"。

三、出口货物的退税率

按照税收国际惯例,一般应该实行出口商品零税率的稳定的出口退税政策。我国是转型经济国家,近年来,我国出口退税政策变化比较频繁。今后,应该逐步趋于稳定,以市场调节为主、政府调控为辅,增强企业的经营预期,减少市场波动幅度,避免税收产生叠加或者扭曲市场信号参数的效应。

(一)消费税的出口退税率

出口货物应退消费税的退税率(或单位税额)与其征税率(额)相同,即出口货物的消费税能够做到彻底退税。

办理出口货物免、退税的企业，应将不同税率的出口应税消费品分开核算和申报，凡是因未分开核算而划分不清适用税率的，一律从低适用税率计算免、退税税额。

（二）增值税的出口退税率

1994 年我国实行新税制时，按照规范化的增值税制度，对出口货物实行了零税率，货物出口时，按其征税率退税。从 1995 年 7 月 1 日起，连续多次调整了出口货物的退税率。目前，我国出口货物增值税退税率有 0%、6%、9%、10%、13%等档次。

第二节 出口货物免退税的确认计量与申报

一、出口货物免退增值税、消费税的确认、计量与申报

（一）企业出口货物免退税的申请方式

1. 上门申报方式。上门申报方式即直接申报方式，是企业出口退税申报的专业方式。企业在税法规定的退税期内，在计算机上自行录入出口退税数据，并将《出口货物退税进货凭证申报明细表》《出口货物退税申报明细表》《出口货物退税汇总申报明细表》、退税申报软盘和装订成册的有关退税凭证，报送中国退税的税务机关，以申请退税。

2. 邮寄申报方式。邮寄申报是指经主管出口退税的税务机关批准的企业，用特快专递，通过邮政部门办理出口退税申报的寄送手续，并向邮政部门索取收据作为出口退税申报凭证，申报日期以邮政部门收寄日戳日期为准的出口退税申报方式。

3. 电子申报方式。电子申报是经主管出口退税的税务机关批准的企业，通过计算机网络办理出口退税申报，并同时将与电子数据相同的申报表、出口退税单证等纸质资料报送主管出口退税的税务机关，以纸质资料数据为准的一种申报出口退税方式。

(二)企业出口货物免退税的申请程序

企业办理出口货物免退税的申请程序为:出口退税单证录入→生成申报数据软盘→出口退税机关预审→企业调整数据→生成正式申报数据→企业办理正式申报。

(三)一般贸易应退增值税的计算

企业出口货物退还增值税应依据购进货物的增值税专用发票所注明的价款和出口货物所对应的退税率计算。实行出口退税电子化管理后,企业应退税款的计算方法有单票对应法和加权平均法。

1. 单票对应法。单票对应法就是对同一关联号下的出口数量、金额按商品代码进行加权平均,合理分配各出口货物占用的数量,计算每笔出口货物的应退税额。采用这种办法,在一次申报中,在同一关联号、同一商品代码下,应保持进货与出口数量一致;如果进货数量大于出口数量,企业应到主管退税机关开具进货分批申报表。

单票对应法的进货与出口有一票进货对应一票出口、一票进货对应多票出口、多票进货对应一票出口、多票进货对应多票出口四种对应关系。不论何种对应关系,采取单票对应法计算及申报出口退税时,都要保证进货数量与出口数量一致。单票对应法退税计算公式为:

应退增值税税额=出口货物的购进金额×退税率

=出口货物的进项税额-出口货物不予退税的税额

出口货物不予退税的税额=出口货物的购进金额×(增值税法定税率-增值税退税率)

出口货物的购进金额=出口货物数量×出口货物的购进单价或加权平均购进单价

2. 加权平均法。加权平均法是指出口企业进货凭证按企业代码+部门代码+商品代码汇总,加权平均计算每种商品代码下的加权平均单价和平均退税率;出口申报用上述加权平均单价乘以平均退税率、乘以实际退税数量计算每种商品代码下的应退税额。审核数据按月保存,进货结余自动保留,可供下期退税时继续使用。采用加权平均法计算出口退税的计算公式为:

应退增值税税额=出口数量×加权平均单价×退税率

加权平均单价=本次进货可用金额÷本次进货可用数量

本次进货可用金额=上期结余金额+本次发生金额+释放出口金额

(指调整出口数据后返回进货已占用金额)

本次进货可用数量=上期结余数量+本次发生数量+释放出口数量

(指调整出口数据后返回进货已占用数量)

本次进货可用退税额=上期结余可退税额+本次发生可退税额+释放出口可退税额（指调整出口数据后返回进货已占用可退税额）

在实务中，需要先计算加权平均单价，再计算应退增值税税额，最后计算（计算机自动计算并结转下期）剩余进货数量、剩余进货金额和剩余进货可退税额。

（四）兼营出口与内销货物时应退增值税的计算

外贸企业兼营出口与内销货物，且其出口货物不能单独设账核算的，应先计算内销货物销项税额并扣除当期进项税额后，再按以下公式计算出口货物应退税额：

1. 若出口货物 FOB 价格×人民币外汇牌价×退税率≥未抵扣完的进项税额，则：

应退税额=未抵扣完的进项税额

2. 若出口货物 FOB 价格×人民币外汇牌价×退税率<未抵扣完的进项税额，则：

应退税额=出口货物 FOB 价格×人民币外汇牌价×退税率

结转下期抵扣的进项税额=当期未抵扣完的进项税额-应退税额

对从小规模纳税人购进特准退税的出口货物的进项税额，应按普通发票上所列金额和增值税的征收率还原为不含税金额，再乘以退税率计算。

如果购进货物时不能确定是用于出口或内销的，一律先计入出口货物库存账，内销时再从出口货物库存账转入内销货物库存账。征税机关可凭该批货物的增值税专用发票或退税机关出具的证明办理抵扣。

【例 6-1】某外贸公司本月库存商品（轻工产品）明细账反映货物进销存情况为：期初结存 2 000 公斤，金额 6 000 元，本期购进 21 000 公斤，金额 63 300 元，本期出口 10 000 公斤；本期非销售付出 1 100 公斤，金额 3 300 元。未抵扣完的进项税额为 5 000 元。该货物的出口退税率为 11%，则计算该企业出口货物的退税额为：

$$\text{出口货物的加权平均进价}=\frac{6\ 000+63\ 300-3\ 300}{2\ 000+21\ 000-1\ 100}$$

$$\text{应退税额}=10\ 000\times 3.01\times 11\%=3\ 311(\text{元})$$

$$\text{结转下期的进项税额}=5\ 000-3\ 311=1\ 689(\text{元})$$

（五）进料加工复出口货物应退增值税的计算

进料加工是出口企业利用外汇从国外购进原材料（即进口料件），经过生产加工后复出口的一种贸易方式。进料加工自营或委托代理出口的货物，生产企业增值税执行

“免、抵、退”税办法，其应税消费品免征消费税；外贸企业增值税执行“免、退”税办法，其应税消费品退还消费税。

进料加工贸易按进口料件的国内加工方式不同，可分为作价加工或委托加工两种，其退税规定及计算办法有所不同。

1. 作价加工复出口货物应退增值税的计算。外贸企业将减税、免税进口的原材料、零部件转售给其他企业加工生产出口货物时，应先填写进料加工贸易申报表，报经主管其出口退税的税务机关同意签章后，再将此申报表报送其主管征税的税务机关，并据此在开具增值税专用发票时，按规定的税率计算销售料件的税款，主管征税的税务机关对这部分销售料件的销售发票上注明的应交增值税不计征入库，而由主管退税的税务机关在出口企业办理出口退税时在当期应退税额中抵扣。其出口退税的计算公式为：

出口货物退税额＝出口货物的应退税额－销售进口料件的应交税额

销售进口料件应交税额＝销售进口料件金额×复出口货物退税率－海关已对进口料件的实征增值税税额

销售进口料件金额是指外贸企业销售进口料件的增值税专用发票上注明的金额。复出口货物退税率是指进口料件加工的复出口货物退税率。如进口料件的征税税率小于或等于复出口货物退税率，按进口料件的征税税率计算抵扣；如进口料件的征税税率大于复出口货物退税率，按复出口货物的退税率计算抵扣。

海关对进口料件的实征增值税税额是指海关完税凭证上注明的增值税税额，出口企业不得将“进料加工”贸易方式进口料件取得的海关征收增值税完税凭证交主管征税税务机关作为计算当期进项税额的依据，而应交主管出口退税税务机关确认并作为计算退税的依据。

2. 进料委托加工复出口货物应退增值税的计算。外贸企业以进料加工贸易方式进口的料件，采取委托加工方式加工并收回货物复出口的，按购进国内原辅材料增值税专用发票上注明的金额税额，依原辅材料适用的退税率计算原辅材料的应退税额；支付的加工费，凭受托方开具的增值税专用发票上注明的加工费金额，依复出口货物的退税率计算加工费的应退税额；对进口料件实征的进口环节增值税，凭海关完税凭证，计算进口料件的应退税额。其出口退税的计算公式为：

应退税额＝购进原辅材料增值税专用发票注明的金额×原辅材料适用退税率＋增值税专用发票注明的加工费金额×复出口货物退税率＋海关对进口料件实征增值税税额

海关对进口料件实征增值税税额＝海关对进口料件应征增值税额－海关对进口料件减征增值税税额

外贸企业将保税进口的原材料、零部件转售给其他企业加工时，应按规定的增值税税率计算销售进口料件应缴的增值税。

（六）企业收购小规模纳税人货物出口应退增值税的计算

1. 企业从小规模纳税人购进并持普通发票的货物出口，免税但不退税；而对税法列举明确的12类出口货物特准退税。有关计算公式为：

计税金额＝普通发票所列（含增值税）销售金额÷（1+征收率）

应退税额＝计税金额×退税率

2. 取得税务机关代开的增值税专用发票的货物出口应退税的计算。由于税务机关代开的增值税专用发票已注明不含税价格，因此，可直接按增值税专用发票注明的金额计算应退税额。其计算公式为：

应退税额＝增值税专用发票注明的金额×退税率

（七）出口应税消费品应退消费税的范围

有进出口经营权[①]的外贸企业购进或委托加工收回的应税消费品以及自营或委托其他企业代理出口的货物，可退还其在前一环节已缴纳的消费税。

有进出口经营权的生产企业收购或委托加工收回含有消费税的出口货物，采用自行或委托其他企业代理出口的，或没有进出口经营权的生产企业委托其他企业代理出口含有消费税货物的，可退还其在前一环节已缴纳的消费税，但必须符合增值税出口货物视同自产范围（消费税比照执行）。

若属生产企业自营出口或委托代理出口自产货物及不符合视同自产货物范围的，不予退还消费税，但可享受免税政策。

（八）出口应税消费品应退消费税的计算

出口企业出口应税消费品，应在确认收入次月的增值税纳税申报期内，向主管税务机关办理增值税、消费税退税申报。在纳税申报期内，收齐单证且信息齐全，方可正式申报退税。除提供增值税退税所需的资料及凭证外，还需提供《生产企业出口非自产货物消费税退税申请表》、消费税专用缴款书或分割单，海关进口消费税专用缴款书、委托加工收回应税消费品的代扣代收税款凭证原件或复印件。有关计算公式为：

① 没有进出口经营权的非出口企业（流通企业）购进或委托加工收回的应税消费品出口享受免税政策。

从价定率计税方法的应退税额=出口货物的工厂销售额×消费税税率

从量定额计税方法的应退税额=出口数量×单位税额

复合计税方法的应退税额=出口数量×单位税额+出口货物的工厂销售额×消费税税率

委托加工应税消费品应退税额=同类消费品销售价格或者组成计税价格×消费税税率

【例 6-2】某外贸企业从某化工厂购进高档化妆品出口，购进时增值税专用发票和消费税专用缴款书列明的购进单价为 55 元，数量为 2 800 支，消费税税额是 23 100 元。本期出口购入的该批化妆品 2 000 支。计算应退消费税税额如下：

应退消费税税额=出口销售数量×购进单价×消费税税率

=2 000×55×15%=16 500(元)

二、生产企业出口货物免、抵、退增值税的确认计量与申报

(一)生产企业免、抵、退增值税的基本程序

生产企业在货物出口并在会计上做销售后，在增值税法定纳税申报期内向主管国税机关办理增值税纳税和免、抵税申报，在办理增值税纳税申报后，应于每月 15 日前(逢节假日顺延)，再向主管国税机关申报办理“免、抵、退”税。

(二)生产企业出口货物 FOB 价格的确定

生产企业出口货物的“免、抵、退税额”，应根据出口货物 FOB 价格、出口货物退税率计算。出口货物 FOB 价格以出口发票计算的 FOB 价格为准(委托代理出口的，出口发票可以是委托方开具的或受托方开具的)，若以其他价格条件成交的，应扣除按会计制度规定允许冲减出口销售收入的运费、保险费、佣金等。若申报数与实际支付数有差额的，在下次申报退税时调整(或年终清算时一并调整)。若出口发票不能如实反映 FOB 价格，企业应按实际 FOB 价格申报“免、抵、退”税，税务机关有权根据税法规定予以核定。

(三)生产企业出口货物劳务增值税免、抵、退税的计算方法

1. 当期应纳税额的计算：

当期应纳税额=当期销项税额-(当期进项税额-当期不得免征和抵扣税额)

当期不得免征和抵扣税额=当期出口货物离岸价×外汇人民币折合率×(出口货物适用税率-出口货物退税率)-当期不得免征和抵扣税额抵减额

当期不得免征和抵扣税额抵减额=当期免税购进原材料价格×(出口货物适用税率-出口货物退税率)

2. 当期免、抵、退税额的计算：

当期免、抵、退税额=当期出口货物离岸价×外汇人民币折合率×出口货物退税率-当期免、抵、退税额抵减额

当期免、抵、退税额抵减额=当期免税购进原材料价格×出口货物退税率

3. 当期应退税额和免抵税额的计算：

(1)当期期末留抵税额≤当期免、抵、退税额，则：

当期应退税额=当期期末留抵税额

当期免抵税额=当期免、抵、退税额-当期应退税额

(2)当期期末留抵税额>当期免、抵、退税额，则：

当期应退税额=当期免、抵、退税额当期免抵税额=0

当期期末留抵税额为当期增值税纳税申报表中"期末留抵税额"。

4. 当期免税购进原材料价格包括当期国内购进的无进项税额且不计提进项税额的免税原材料的价格和当期进料加工保税进口料件的价格。其中，当期进料加工保税进口料件的价格为组成计税价格。

当期进料加工保税进口料件的组成计税价格=当期进口料件到岸价格+海关实征关税+海关实征消费税

(1)采用"实耗法"的，当期进料加工保税进口料件的组成计税价格为当期进料加工出口货物耗用的进口料件组成计税价格。其计算公式为：

当期进料加工保税进口料件的组成计税价格=当期进料加工出口货物离岸价×外汇人民币折合率×计划分配率

计划分配率=计划进口总值÷计划出口总值×100%

实行纸质手册和电子化手册的生产企业，应根据海关签发的加工贸易手册或加工贸易电子化纸质单证所列的计划进出口总值计算计划分配率。

实行电子账册的生产企业，计划分配率按前一期已核销的实际分配率确定；新启用电子账册的，计划分配率按前一期已核销的纸质手册或电子化手册的实际分配率确定。

(2)采用"购进法"的，当期进料加工保税进口料件的组成计税价格为当期实际购

进的进料加工进口料件的组成计税价格。

若当期实际不得免征和抵扣税额抵减额大于当期出口货物离岸价×外汇人民币折合率×(出口货物适用税率－出口货物退税率)的,则:

当期不得免征和抵扣税额抵减额＝当期出口货物离岸价×外汇人民币折合率×(出口货物适用税率－出口货物退税率)

5. 出口企业既有适用增值税免、抵、退项目,也有增值税即征即退、先征后退项目的,增值税即征即退和先征后退项目不参与出口项目免、抵、退税计算。出口企业应分别核算增值税免、抵、退项目和增值税即征即退、先征后退项目,并分别申请享受增值税即征即退、先征后退和免、抵、退税政策。用于增值税即征即退或者先征后退项目的进项税额无法划分的,按照下列公式计算:

无法划分进项税额中用于增值税即征即退或者先征后退项目的部分＝当月无法划分的全部进项税额×当月增值税即征即退或者先征后退项目销售额÷当月全部销售额、营业额合计

【例 6-3】某工厂是一家有进出口经营权的生产企业,兼营国际贸易和国内贸易,适用的增值税税率为13%。10月发生的有关业务为:当月从国内购入原材料,取得增值税专用发票上注明的价款为85万元,增值税为11.05万元,本月已通过税务机关的认证;支付运保费用,取得的运输发票上注明的运费为4.5万元,保险费为0.6万元,运输发票已经税务机关比对认证。9月有尚未抵扣完的进项税额5.4万元。本月内销该商品取得不含税收入32万元,报关出口货物离岸价为21.3万美元,折算汇率为USD1∶CNY6,假定出口退税税率为11%,已经收汇核销。计算该企业10月的应纳(退)增值税税额:

当期进项税额＝11.05+4.5×9%＝11.455(万元)

当期免、抵、退税不得免征和抵扣税额＝21.3×6×(13%－11%)＝2.556(万元)

当期应纳税额＝32×13%－(11.455－2.556)－5.4＝－10.139(万元)

当期免、抵、退税额＝21.3×6×11%＝14.058(万元)

当期期末留抵税额10.139万元<当期免、抵、退税额14.058万元,所以:

当期应退税额＝当期期末留抵税额＝10.139(万元)

当期免、抵、税额＝当期免(抵)退税额－当期应退税额＝14.058－10.139＝3.919(万元)

当月没有留抵下期的进项税额。

该企业11月国内购入的原材料，已认证的增值税专用发票上注明的价款为247万元，增值税税款为32.11万元；支付运保费用，取得的运输发票上注明的运费为6.6万元，保险费为0.7万元，装卸费为0.8万元，运输发票已经税务机关比对认证。本月内销该商品取得不含税收入61万元，报关出口货物离岸价为19.5万美元，折算汇率为USD1∶CNY6，适用的出口退税税率为11%，已经收汇核销。计算该企业11月的应纳（退）增值税税额：

当期进项税额＝32.11+6.6×9%＝32.704（万元）

当期免、抵、退税不得免征和抵扣税额＝19.5×6×（13%－11%）＝2.34（万元）

当期应纳税额＝61×13%－（32.704－2.34）＝－22.434（万元）

当期免、抵、退税额＝19.5×6×11%＝12.87（万元）

当期期末留抵税额22.434万元>当期免、抵、退税额12.87万元，所以：

当期应退税额＝当期免、抵、退税额＝12.87（万元）

当期免抵税额＝0

当月结转下期抵扣的进项税额＝22.434－12.87＝9.564（万元）

该企业12月国内购入的原材料，已认证的增值税专用发票上注明的价款为68万元，增值税税款为8.84万元。本月内销该商品取得不含税收入200万元，报关出口货物离岸价为12.2万美元，折算汇率为USD1∶CNY6，适用的出口退税税率为11%，已经收汇核销。计算该企业12月的应纳（退）增值税税额：

当期进项税额＝8.84（万元）

当期免、抵、退税不得免征和抵扣税额＝12.2×6×（13%－11%）＝1.464（万元）

当期应纳税额＝200×13%－（8.84－1.464）－9.564＝9.06（万元）

企业当月应当缴纳增值税9.06万元。

（四）生产企业免、抵、退税计算的改进

上述计算程序和方法比较复杂，不易理解，如“当期免、抵、退税不得免征和抵扣税额、免、抵、退税不得免征和抵扣税额抵减额、免、抵、退税额抵减额”等用词重复，晦涩难懂，计算烦琐，容易出错，与内销货物应纳增值税的计算公式差异太大，似乎两者在计算原理上截然不同，令人困惑。而且，将出口货物发生的“当期免、抵、退税不得免征和抵扣税额”作为“进项税额转出”，与税法规定只有通过防伪税控系统认证的进项税额才能在当期抵扣，而当企业出现购进货物用于非应税项目、免税项目、集体福利或个人

消费,以及购进货物发生非正常损失、在产品或产成品发生非正常损失等情况时,已在前期抵扣的进项税额要在发生上述情况的当期进项税额中扣减,并作"进项税额转出"处理;两类情况有很大不同,如果均作"进项税额转出",容易混淆,造成该转出的未转出,影响增值税专用发票的认证和抵扣工作的顺利进行。因此,可以对这些程序和方法加以改进,适当简化,以便于操作。

【例 6-4】某自营出口生产企业系增值税一般纳税人,出口货物原征税税率为 13%,退税税率为 9%。某年 11 月该企业发生的业务为:上期期末留抵税额 4 万元;国内采购原材料取得专用发票上注明税额 32 万元,发票已经税务机关认证;当期以进料加工方式进口保税料件 100 万元;内销货物不含税收入为 160 万元,销项税税额为 20.8 万元;出口货物离岸价为 240 万元。对外销货物进项税额与内销货物进项税额的出口退税可进行简化计算。

(1)计算外销货物进项税额与内销货物进项税额:

$$\begin{aligned}\text{外销货物进项税额} &= \text{出口货物离岸价(FOB)} \times \text{增值税税率}\\ &= (2\ 400\ 000-1\ 000\ 000)\times 13\% = 182\ 000\text{(元)}\end{aligned}$$

$$\text{内销货物进项税额} = (320\ 000+40\ 000)-182\ 000 = 178\ 000\text{(元)}$$

(2)计算内销货物应纳税额和出口退税额:

$$\begin{aligned}\text{内销货物应纳税额(免抵税额)} &= \text{内销货物销项税额} - \text{内销货物进项税额}\\ &= 208\ 000-178\ 000 = 30\ 000\text{(元)}\end{aligned}$$

$$\text{出口货物应退税额(免、抵、退税额)} = (2\ 400\ 000-1\ 000\ 000)\times 9\% = 126\ 000\text{(元)}$$

(3)计算应退税额:

$$\text{应退税额} = \text{免抵退税额} - \text{免抵税额} = 126\ 000-30\ 000 = 96\ 000\text{(元)}$$

三、出口退税方法的选择

既然生产企业出口货物劳务可以在"免、抵、退"税方法与免(征)税方法之间进行选择,企业就应根据其具体情况,如外销产品价格与内销产品价格的高低、外销产品与内销产品的比重、预计未来几年的变化趋势等,事先分析测算,选定某一比较有利的出口退税方法。

【例 6-5】PM 公司是一家经营玻璃纤维及制品生产、销售的生产型出口企业,为增值税一般纳税人。当月购进材料 37 000 万元,内销产品销售额 46 000 万元,外销产品销售额 31 250 万元,实行"免、抵、退"出口退税方式,退税税率为 6%。当月增值税申报纳税及退免税计算分析如下：

（1）采用“免、抵、退税”方法：

销项税额＝46 000×13%＝5 980（万元）

进项税额＝37 000×13%－31 250×（13%－6%）（进项税额转出）＝2 622.5（万元）

应交增值税＝5 980－2 622.5＝3 357.5（万元）

“免、抵、退”税额＝31 250×6%（退税率）＝1 875（万元）

应纳税额3 357.5万元大于0，没有可退进项税额，因此退税额为0，1 875万元为免抵税额。

（2）采用免（征）税方法：

销项税额＝46 000×13%＝5 980（万元）

出口免税部分的进项税额不能抵扣，内销应分摊予以抵扣的进项税额：

准予抵扣应分摊进项税额＝（37 000×13%）×46 000÷（46 000＋31 250）＝2 864.21（万元）

应交增值税＝5 980－2 864.21＝3 115.79（万元）

根据上述计算，可知采用免（征）税方法比采用“免、抵、退税”方法多交税241.71万元（3 357.5－3 115.79）。

在企业产品外销价格低于内销价格的情况下，企业采用“免、抵、退税”方法，因减少外销增加内销，内销销项税额抵消进项税额，以致当年无退税额。在这种情况下，如果按免（征）税方法，将少缴增值税241.71万元。预计企业在以后几年中，内销比例将会逐步增加且外销价格不会高于内销价格时，企业选择免（征）税方法比较有利。

第三节　出口货物免退税的会计处理

一、外贸企业出口货物免退增值税的会计处理

外贸企业购进货物时，应按照专用发票上注明的增值税税额，借记“应交税费——应交增值税（进项税额）”账户，按照专用发票上记载的应计入采购成本的金额，借记“材料采购”等账户；按照应付或实际支付的金额，贷记“应付账款”“应付票据”“银行

存款"等账户。

外贸企业按照规定退税率计算应收出口退税款时,借记"应收出口退税"或"其他应收款——出口退税"账户,贷记"应交税费——应交增值税(出口退税)"账户;收到出口退税款时,借记"银行存款"账户,贷记"应收出口退税"账户。按照出口货物购进时取得的增值税专用发票上记载的进项税额或应分摊的进项税额与按照国家规定的退税率计算的应退税额的差额,借记"主营业务成本"账户,贷记"应交税费——应交增值税(进项税额转出)"账户。

(一)外贸企业自营出口的会计处理

【例 6-6】某外贸公司 8 月从天丽日化厂购进高档化妆品 1 000 箱,经认证的增值税专用发票注明价款 50 万元,进项税额 6.5 万元,货款已经支付。当月该批商品已全部出口,出口价款折合人民币为 75 万元,申请退税的单证齐全。该高档化妆品的消费税税率为 15%,增值税退税率为 11%。相关计算和会计分录如下:

应退增值税税额 = 500 000×11% = 55 000(元)

转出增值税税额 = 65 000-55000 = 10 000(元)

应退消费税税额 = 500 000×15% = 75 000(元)

(1)购进商品时:

借:在途物资	500 000	
应交税金——应交增值税(进项税额)	65 000	
贷:银行存款		565 000

(2)商品入库时:

借:库存商品——库存出口商品	500 000	
贷:在途物资		500 000

(3)商品出口时:

借:应收账款	750 000	
贷:主营业务收入——出口销售收入		750 000

(4)结转商品销售成本:

借:主营业务成本	500 000	
贷:库存商品		500 000

(5)进项税额转出:

借:主营业务成本	10 000	
贷:应交税金——应交增值税(进项税额转出)		10 000

(6)应收增值税退税款:

借:应收出口退税 55 000

　贷:应交税金——应交增值税(出口退税) 55 000

(7)应收消费税退税款:

借:应收出口退税——应退消费税 75 000

　贷:主营业务成本 75 000

(8)收到退税款:

借:银行存款 130 000

　贷:应收出口退税——应退增值税 55 000

　　　　　　　　——应退消费税 75 000

(二)外贸企业一般贸易出口委托加工货物的会计处理

【例6-7】A外贸企业从B企业购进一批服装面料,以作价销售的形式将面料出售给C企业委托加工服装,收回后报关出口。服装出口退(免)税税率为11%,服装面料征税税率为13%,不考虑国内运费及所得税等其他税费因素,其1—4月发生的相关业务及其会计分录如下:

1.1月初,A企业购入B企业服装面料,收到增值税专用发票计税金额为100 000元,进项税额为13 000元,当月购货款已通过银行转账支付。

借:库存商品——服装面料 100 000

　应交税费——应交增值税(进项税额) 13 000

　贷:银行存款 113 000

2. 国内作价销售服装面料并结转成本。

(1)当作价11万元销售时:

借:银行存款 124 300

　贷:主营业务收入——内销收入 110 000

　　应交税费——应交增值税(销项税额) 14 300

(2)结转主营业务成本时:

借:主营业务成本——内销商品 100 000

　贷:库存商品——服装面料 100 000

(3)月末结转未缴增值税时:

借:应交税费——应交增值税(销项税额) 14 300

　贷:应交税费——应交增值税(进项税额) 13 000

　　　　　　——应交增值税(未交增值税) 1 300

3.2月，申报上月应缴增值税税额。同时，A企业收回C企业加工完成的服装，取得增值税专用发票的计税价格为150 000元(含加工费)，进项税额为19 500元，并在当月全部报关出口，其离岸价折合人民币的价格为180 000元。

(1)2月申报缴纳增值税：

借：应交税费——应交增值税(已交税金)　　1 300

　贷：银行存款　　1 300

(2)结转已缴税金：

借：应交税费——应交增值税(未交增值税)　　1 300

　贷：应交税费——应交增值税(已交税金)　　1 300

(3)确认外销收入：

借：应收账款——应收外汇账款(客户)　　180 000

　贷：主营业务收入——外销收入(服装)　　180 000

下月初，应将出口销售额填入增值税纳税申报表中的“免税货物销售额”栏进行纳税申报。

(4)购进服装并将购货款通过银行转账支付：

借：库存商品——出口商品(服装)　　150 000

　应交税费——应交增值税(进项税额)　　19 500

　贷：银行存款　　169 500

(5)根据取得的增值税专用发票上列明的计税金额计算退税额，并提取出口退税和结转成本：

应退税额 = 150 000×11% = 16 500(元)

结转成本额 = 150 000+150 000×(13%−11%) = 153 000(元)

借：应交税费——应交增值税(出口退税)　　16 500

　主营业务成本——出口商品(服装)　　15 3000

　贷：应交税费——应交增值税(进项税额转出)　　19 500

　　库存商品——出口商品(服装)　　150 000

(6)结转应缴增值税(出口退税)：

借：应收出口退税——应退增值税　　16 500

　贷：应交税费——应交增值税(出口退税)　　16 500

(7)2月末结转账户余额：

借：应交税费——应交增值税(进项税额转出)　　19 500

　贷：应交税费——应交增值税(进项税额)　　19 500

4. 3月，A企业收齐出口货物报关单和其他单证并向主管税务机关申报出口退（免）税。

5. 4月，收到出口退税款时：

借：银行存款　　16 500

　贷：应收出口退税——应退增值税　　16 500

企业如果采用委托加工修理修配货物以外的货物出口，其会计处理应参照例题中的第3至第5步进行。

（三）外贸企业进料加工复出口的会计处理

外贸企业进料加工复出口业务分为作价加工和委托国内生产企业加工两种方式。外贸企业进料加工复出口作价加工销售是指外贸企业以进料加工贸易方式，将减免税的料件作价销售给生产企业，由生产企业购进料件后加工成成品，再由外贸企业收购复出口的方式。外贸企业以进料加工贸易方式减免税进口原材料、零部件转售给其他企业加工时，应先填报进料加工贸易免税证明申请表，报经退税机关审核同意后，出具进料加工贸易免税证明，外贸企业将有关免税证明报送其主管征税的税务机关，并据此在开具增值税专用发票时按规定税率计算注明销售料件的税额，主管出口企业征税的税务机关对这部分销售料件的销售发票上注明的应缴税额不计征入库，而由主管退税的税务机关在出口企业办理退税时，在退税额中抵扣。

【例6-8】某外贸出口企业以进料加工方式免税进口一批化工原料，报关日，该批进口原料到岸价折合人民币420 000元，货款及税金均已通过银行存款支付。进口后企业采用作价加工方式将原料出售给某工厂加工成成品，转售加工时履行了“计算税金但不入库”手续，所售原料价款为50万元，当月工厂加工完毕后，外贸企业以不含税价85万元全部收购。收回成品后，外贸企业将该批货物全部出口，取得货款折合人民币90万元。该种货物的退税率为9%，企业申请退税的单证齐全。

1. 料件报关进口并入库时，做会计分录如下：

借：在途物资——进料加工　　420 000

　贷：银行存款　　420 000

借：库存商品——进料加工　　420 000

　贷：在途物资——进料加工　　420 000

2. 料件作价加工销售，依《进料加工贸易免税证明》开具增值税专用发票，做会计分录如下：

借：银行存款　　565 000

　贷：主营业务收入——进料加工　　500 000

应交税费——应交增值税(销项税额)　　65 000

3. 销项税额65 000元系进料加工计征销项税额但不入库税款,留待退税机关在办理企业退税时,在当期应退税额中抵扣。

(1)收回成品时,做会计分录如下:

借:库存商品——进料加工　　850 000

应交税费——应交增值税(进项税额)　　110 500

贷:银行存款　　960 500

(2)报关出口并结转商品成本时,做会计分录如下:

借:应收外汇账款　　900 000

贷:主营业务收入——进料加工　　900 000

借:主营业务成本——进料加工　　850 000

贷:库存商品——进料加工　　850 000

申报退税时:

出口退税额=应退税额-进料加工应抵退税额
=回购出口货物增值税专用发票所列金额×退税率-销售进口料件金额×退税率-海关实征增值税额
=850 000×9%-500 000×9%=31 500(元)

由于企业回购出口货物的增值税税率为13%,退税率为9%,其4%的差额为当期不予退税金额。同理,企业在采取作价加工方式时,销售的料件销项税税率为13%,而退税率为9%,其4%的差额应作为不予退税的税额,即:

当期不予退税的税额=(回购出口货物增值税专用发票所列金额-销售进口料件金额)×(征税率-退税率)
=(850 000-500 000)×(13%-9%)=14 000(元)

当期不予退税的税额应作为"进项税额转出"计入主营业务成本,做会计分录如下:

借:主营业务成本——进料加工　　14 000

贷:应交税费——应交增值税(进项税额转出)　　14 000

借:应收出口退税——应退增值税　　31 500

贷:应交税费——应交增值税(出口退税)　　31 500

收到出口退税时,做会计分录:

借:银行存款　　31 500

贷:应收出口退税——应退增值税　　31 500

(四)从小规模纳税人购进特准退税出口货物的会计处理

【例 6-9】某土产进出口公司从小规模纳税人处购入一批麻纱用于出口,金额为 60 000 元,小规模纳税人开来普通发票。土产公司已将该批货物出口,有关出口应收的全套凭证已经备齐。相关计算和会计分录如下:

应退税额=60 000÷(1+3%)×3%=1 747.57(元)

(1)申报退税时:

借:应收出口退税　　1 747.57

　贷:应交税费——应交增值税(出口退税)　　1 747.57

(2)收到出口退税时:

借:银行存款　　1 747.57

　贷:应收出口退税　　1 747.57

二、生产企业出口货物免、抵、退增值税的会计处理

(一)免、抵、退增值税会计账户的设置

生产企业免、抵、退增值税的会计处理主要涉及免税出口销售收入、不得抵扣税额、应交税费、免、抵、退税货物不得抵扣税额抵减额、出口货物免抵税额、应退税额以及免、抵、退税额的调整等会计事项。对免、抵、退税的会计处理,企业应合理设置有关账户。出口企业应在"应交税费——应交增值税"二级账户下设置有关明细账户。生产企业实行免、抵、退税,其"退税"的前提必须是期末有留抵税额,而当期期末的留抵税额,在月末需从"应交税费——应交增值税(转出多交增值税)"账户转入"应交税费——未交增值税"账户,退税的实质,就是退"应交税费——未交增值税"的借方余额的部分。对"应交增值税"二级账户,除第三章述及外,在免、抵、退税的会计处理中,主要涉及"出口退税抵减应纳税额""出口退税"和"进项税额转出"明细项目。

1."出口退税抵减应纳税额"明细账户。如果生产企业在发生出口业务的同期有内销业务,当然会有"内销产品应纳税额",在办理免、抵、退税时,可以从中抵减。但在一般贸易出口、进料加工复出口业务中,即使没有发生内销业务,也有"应纳税额"的问题,依免、抵、退税办法,也可从中抵减。因此,将原"出口抵减内销产品应纳税额"改为"出口退税抵减应纳税额"更为贴切。企业货物出口后,按规定计算的应免抵税额,借记"出口退税抵减应纳税额"明细项目,贷记"应交税费——应交增值税(出口退税)"。

2."出口退税"明细账户。记录企业凭有关单证向税务机关申报办理出口退税而

应收的出口退税款及应免抵税额。出口货物应退回的增值税额,用蓝字登记,退税后又发生退货、退关而补缴已退税款时,用红字登记。

3.“进项税额转出”明细账户。企业在核算出口货物免税收入的同时,对免税收入按征退税率之差计算的“不得抵扣税额”,借记“主营业务成本”,贷记本明细账户。当月“不得抵扣税额”发生额合计数应与本月申报的《生产企业出口货物免、抵、退税申报明细表》中的“不得抵扣税额”合计数一致。企业收到税务机关出具的《生产企业进料加工贸易免税证明》后,按“证明”上注明的“不得抵扣税额抵减额”,以红字做上述会计分录。企业支付国外运、保、佣费用时,按出口货物征退税率之差计算的分摊额,也做上述红字会计分录。

4.“转出多交增值税”明细账户。对按批准数进行会计处理的,其月末转出数为当期期末留抵税额;对按申报数进行会计处理的,其月末转出数为按公式计算的“结转下期继续抵扣的进项税额”。月末将多交增值税转出后,其借方余额为尚未抵扣的进项税额;但在税务会计处理时,也可以将其余额全部转出,转出后,无余额。这样便于进行免、抵、退税会计处理,税务机关倾向于后者。不论用哪种方法,企业在纳税申报时,“上期留抵税额”均不应包括多交部分。

5.销售账簿的设置。生产企业产品销售应按内、外销分别设账,对自营出口销售、委托代理出口销售、来料加工出口销售、深加工结转出口销售,应分别设置多栏式明细账,并对不同征税率、不同退税率的出口销售,还应分设账页。

(二)免抵退增值税的会计处理

【例6-10】某有限公司10月份出口销售额为165万美元(包括CIF价和FOB价两种贸易方式的业务),其中,60万美元为FOB价,未在当月收齐出口报关单(退税专用联);105万美元为CIF价并在当月全部收齐出口报关单。海外运保费15万美元。该公司当月内销销售收入(不含税价)为300万元人民币,销项税额为39万元人民币,购进原材料7 058 824元,进项税额为91.76万元人民币。销售货物的征税率为13%、退税率为11%,假设当月1日美元汇率中间价为1美元兑人民币6元。相关计算和会计处理如下:

(1)确认出口货物销售收入。

$$出口销售收入=1\ 650\ 000\times6=9\ 900\ 000(元)$$

借:应收账款——外汇账款(国外客户)　　9 900 000

　贷:主营业务收入——出口收入　　9 900 000

(2)出口货物离岸价(FOB)应以出口发票上的离岸价为准(委托代理出口的,出口发票可以是委托方开具的或受托方开具的)，若以其他价格条件成交的，应扣除按规定允许冲减出口销售收入的海外运费、保险费、佣金等。因此，该公司海外运保费应折合人民币用红字冲减外销收入。按当期全部(包括单证不齐部分)免抵退出口货物人民币销售额与征退税率之差的乘积计算当期免抵退税不得免征和抵扣税额，并将当期免抵退税不得免征和抵扣税额转入成本账户。

海外运保费 = 150 000×6 = 900 000(元)

免抵退税不得免征和抵扣税额 = (1 650 000－150 000)×6×(13%－11%) = 180 000(元)

贷:主营业务收入——出口收入(运保费)　　900 000(红字)

　贷:应付账款——运保费单位　　900 000

借:主营业务成本——出口商品　　180 000

　贷:应交税费——应交增值税(进项税额转出)　　180 000

(3)根据主管退税机关审核确认后的当月"生产企业出口货物免抵退税申报汇总表"及附表，确认计算当期应纳税额、免抵退税额。

当期应纳税额 = 390 000－(917 600－180 000) = －347 600(元)

免抵退税额 = [(1650 000－150 000－600 000)×6－347 600]×11% = 555 764(元)

应退税额 = 期末留抵税额 = 347 600 元

免抵税额 = 555 764－347 600 = 208 164(元)

借:应收出口退税——应退增值税　　347 600

　应交税费——应交增值税(出口退税抵减应纳税额)　　208 164

　贷:应交税费——应交增值税(出口退税)　　555 764

【例 6-11】某自营出口生产企业，其生产产品既有国内销售，又有出口销售。该企业 10 月份购进原材料等货物，价款 800 万元，允许抵扣的进项税额 104 万元。内销产品销售额 480 万元，出口产品 FOB 价格折合人民币 3 850 万元。上期留抵税额 6.5 万元，增值税税率 13%，退税率 9%。相关会计处理如下：

(1)购入原材料等时：

借：原材料　　8000 000

　应交税费——应交增值税(进项税额)　　1 040 000

　贷：应付账款(或银行存款)　　9 040 000

(2)产品内销时：

借：银行存款(或应收账款)　　5 424 000

　贷：主营业务收入——内销产品　　4 800 000

　　应交税费——应交增值税(销项税额)　　624 000

(3)产品外销时,免征本环节增值税:

借:应收账款　　38 500 000

　贷:主营业务收入——出口产品　　38 500 000

(4)月末,计算当月出口货物不予抵扣或退税的税额时:

当期不予抵扣或退税的税额 = 3 850×(13%−9%) = 154(万元)

借:主营业务成本　　1 540 000

　贷:应交税费——应交增值税(进项税额转出)　　1 540 000

(5)计算应纳税额并实际缴纳时:

当期应纳税额 = 当期内销货物销项税额−(当期进项税额+上期留抵税额−当期不予抵扣或退税的金额)

= 624 000−(1 040 000+65 000−1 540 000) = 1 059 000(元)

借:应交税费——应交增值税(已交增值税)　　1 059 000

　贷:银行存款　　1 059 000

三、出口货物应退消费税的会计处理

【例 6-12】某外贸公司从国内某摩托车厂购入摩托车 500 辆,价款 2 500 000 元,增值税 275 000 元,厂方已计算缴纳消费税税额 250 000 元,款项已付。外贸公司将该批摩托车销往国外,并按规定申报办理消费税退税,退税款已收到;与此同时,该公司收到上批出口摩托车退货,当时已退消费税 50 000 元,企业按规定计算补缴已退税款,则有关会计处理如下(增值税退税,略):

(1)公司在国内采购时:

借:库存商品　　2 500 000

　　应交税费——应交增值税(进项税额)　　275 000

　贷:银行存款　　2 775 000

(2)计算应退税款时:

借:应收出口退税——消费税　　250 000

　贷:主营业务成本　　250 000

(3)收到退税款时:

借:银行存款　　250 000

　贷:应收出口退税——消费税　　250 000

(4)计算补缴已退税款时:

借：主营业务成本　　50 000

　贷：应收出口退税——消费税　　50 000

借：应收出口退税——消费税　　50 000

　贷：银行存款　　50 000

【例 6-13】某外贸公司 8 月从天芸日化厂购进高档化妆品 1 000 箱，经认证的增值税专用发票注明价款 50 万元、进项税额 6.5 万元，货款已经支付。当月该批商品已全部出口，出口价款折合人民币 70 万元，申请退税的单证齐全。该批高档化妆品的消费税税率为 15%，假设增值税退税率为 11%。相关计算和会计分录如下：

$$应退消费税税额=500\ 000\times15\%=75\ 000(元)$$

$$应退增值税税额=500\ 000\times11\%=55\ 000(元)$$

$$转出增值税税额=65\ 000-55\ 000=10\ 000(元)$$

（1）购进商品时：

借：商品采购　　500 000

　应交税金——应交增值税（进项税额）　　65 000

　贷：银行存款　　565 000

（2）商品入库时：

借：库存商品——库存出口商品　　500 000

　贷：商品采购　　500 000

（3）商品出口时：

借：应收账款　　700 000

　贷：主营业务收入——出口销售收入　　700 000

（4）结转商品销售成本：

借：主营业务成本　　500 000

　贷：库存商品　　500 000

（5）进项税额转出：

借：主营业务成本　　10 000

　贷：应交税金——应交增值税（进项税额转出）　　10 000

（6）应收增值税退税款：

借：应收出口退税——应退增值税　　55 000

　贷：应交税金——应交增值税（出口退税）　　55 000

（7）应收消费税退税款：

借：应收出口退税——应退消费税　　75 000

贷:主营业务成本 75 000

(8)收到退税款:

借:银行存款 130 000

贷:应收出口退税——应退消费税 75 000

——应退增值税 55 000

四、出口货物跨年度发生退运的会计处理

生产企业出口货物跨年度发生退运(退货、退关),如果出口货物已经申报办理了免、抵、退税,则应按规定补缴免、抵、退税额。对补缴的免、抵、退税额不得计入营业成本,应以红字贷记"应交税费——应交增值税(出口退税)"账户,蓝字贷记"银行存款"等账户(相当于列作进项税额予以抵扣);同时,将免、抵、退税不得免征和抵扣税额从成本中转回,红字借记"以前年度损益调整"账户,红字贷记"应交税费——应交增值税(进项税额转出)"账户。

【例 6-14】某纺织公司(增值税一般纳税人)系出口退(免)税申报后提供出口收汇核销单的生产企业。上年 11 月以一般贸易方式出口一批布料,出口离岸价 250 万元,征税率为 13%,退税率为 11%。该笔出口货物当月取得出口报关单退税联和电子信息,公司当年 12 月办理免、抵、退税申报,单证信息齐全。计算免、抵、退税额 27.5 万元,其中出口退税 15 万元,免抵税额 12.5 万元。今年 4 月,公司发生退关退货,主管税务机关通知公司按规定补缴免、抵、退税款。有关会计处理如下:

(1)上年 11 月出口销售时:

借:应收账款 2 500 000

贷:主营业务收入——出口收入 2 500 000

(2)上年 11 月计算转出不予免征和抵扣税额时:

借:主营业务成本 50 000

贷:应交税费——应交增值税(进项税额转出) 50 000

(3)上年 12 月计算办理出口退税和免抵税额时:

借:其他应收款——应收出口退税 150 000

应交税费——应交增值税(出口退税抵减应纳税额) 125 000

贷:应交税费——应交增值税(出口退税) 275 000

(4)今年 4 月退运冲减出口销售时:

借:应收账款 [2 500 000]

贷:以前年度损益调整 [2 500 000]

同时冲减出口销售成本(会计处理略)。

(5)今年4月转回不予免征和抵扣税额时:

借:以前年度损益调整　　50 000

　贷:应交税费——应交增值税(进项税额转出)　　50 000

补缴免、抵、退税额时:

$$应补缴免、抵、退税额=2\ 500\ 000\times11\%=275\ 000(元)$$

　贷:应交税费——应交增值税(出口退税)　　275 000

　　贷:银行存款　　275 000

对退运的出口销售额,该公司应在增值税申报表上以负数填列第7栏"免、抵、退办法出口销售额";对补缴的免、抵、退税额,企业应当以负数填列纳税申报表第15栏"免、抵、退应退税额";对转回的免、抵、退税不得免征和抵扣税额,公司应当以负数填列在增值税纳税申报表附列资料(二)第18栏"免、抵、退税办法不得抵扣进项税额"。

案例

某出口型生产企业采用进料加工方式为国外A公司加工化工一批产品。2月进口保税料件价值1 000万元,加工完成后返销A公司,售价折合人民币1 500万元。为加工该批产品耗用辅料、备品备件、动能费等支付价款255万元,支付进项税额33.15万元,该化工产品征税率为13%,退税率为11%。假设本月内销货物销售额为零,本期未发生其他进项税额。该企业会计处理如下:

1. 免税进口料件:

借:原材料　　10 000 000

　贷:银行存款　　10 000 000

2. 外购辅料、备件及支付动能费等:

借:原材料等　　2 550 000

　应交税金——应交增值税(进项税额)　　331 500

　贷:银行存款　　2 881 500

3. 产品外销时:

借:应收外汇账款　　15 000 000

　贷:主营业务收入　　15 000 000

4. 月末，计算当月出口货物不予抵扣和退税的税额：

免、抵、退税不得免征和抵扣税额=当期出口货物离岸价×外汇人民币牌价×(出口货物征税率-出口货物退税率)-免、抵、退税不得免征和抵扣税额减额=当期出口货物离岸价×外汇人民币牌价×(出口货物征税率-出口货物退税率)-免税购进原材料价格×(出口货物征税率-出口货物退税率)=15 000 000×(13%-11%)-10 000 000×(13%-11%)=100 000(元)

做会计分录如下：

借：主营业务成本　　100 000

　贷：应交税金——应交增值税(进项税额转出)　　100 000

5. 计算应退税额和应免抵税额：

免、抵、退税额抵减额=免税购进原材料价格×出口货物退税率

=10 000 000×11%=1 100 000(元)

免、抵、退税额=出口货物离岸价×外汇人民币牌价×出口货物退税率-免、抵、退税额抵减额

=15 000 000×11%-1 100 000=550 000(元)

(1)若上年结转本年留抵进项税额5万元。

1月的留抵税额=进项税额+上期留抵税额-内销销项税额-进项税额转出

=500 000+50 000-0-100 000=450 000(元)

当期期末留抵税额(450 000)≤当期免、抵、退税额(550 000)时：

当期应退税额=当期期末留抵税额=450 000元

当期免抵税额=当期免、抵、退税额-当期应退税额

=550 000-450 000=100 000元

借：应收出口退税　　450 000

　应交税金——应交增值税(出口退税抵减应纳税额)　　100 000

　贷：应交税金——应交增值税(出口退税)　　550 000

(2)假设上例中上年留抵税额为40万元。

1月的留抵税额=进项税额+上期留抵税额-内销销项税额-进项税额转出

=500 000+400 000-0-100 000=800 000(元)

当期期末留抵税额(800 000)>当期免、抵、退税额(550 000)，则：

当期应退税额=当期免、抵、退税额=550 000元

当期免抵税额=0

借:应收出口退税　　550 000
　　贷:应交税金——应交增值税(出口退税)　　550 000

结转下期留抵税额=800 000-550 000=250 000(元)

借:应交税金——未交增值税　　250 000
　　贷:应交税金——应交增值税(转出多交增值税)　　250 000

案例讨论:

1. 若已知货物的 CIF 价格及关税税率、消费税税率,应如何计算进料加工免税进口料件的组成计税价格?

2. 若本月既有内销又有外销,应退税额如何计算?

3. "免、抵、退税"政策实施后,对生产型出口企业主要带来哪些影响?

思考题

1. 试述出口货物退税的基本原则和基本含义。
2. 简述我国出口货物免退税管理的基本内容。
3. 简述企业出口货物免退增值税的计算及其会计处理。
4. 简述生产企业出口货物免、抵、退增值税的计算及其会计处理。
5. 试述出口货物应退消费税的规定及其会计处理。

练习题

1. 某外贸公司 3 月从生产企业购进一批供出口的商品,取得增值税专用发票注明价款 20 万元,税额 2.6 万元;当月出口商品 FOB 价 2 万美元,当日假设计税日外汇牌价 USD100=CNY600,出口商品退税率为 11%。

要求:

根据上述资料,做商品购进、入库、出口及应退增值税的会计处理。

2. 某生产企业 5 月内销货物销售额 600 万元,销项税额 102 万元,当月进项税额 18 万元;出口货物销售额折合人民币 1 300 万元,进口料件组成计税价格 700 万元。增值税税率为 13%,退税率为 11%。

要求:

根据上述资料,计算该企业当月应退税额,并做相应的会计处理。

3. 某生产企业 10 月出口 A 商品,取得出口收入 50 万美元,没有内销收入,当月可抵扣进项税额 8 万元，假设 A 商品增值税税率为 13%，退税率为 11%，外汇牌价为 USD100＝CNY600，该月无留抵税额。

要求：

根据上述资料，计算该企业当月应退税额，并做相应的会计处理。

第七章

资源税会计

本章要点

主要阐述资源税的税制要素、应交资源税的计算及纳税申报,应重点掌握资源税的计税依据及其确认,原矿与选矿的换算与折算,从量计征与从价计征资源税的计算及相应的会计处理。

第一节 资源税税制要素

资源税是以特定自然资源为纳税对象而征收的一种流转税。我国的资源税是在1984年第二步"利改税"时开征的一个税种。1994年税制改革扩大了资源税的征收范围,将盐税纳入其中,但尚未将所有的自然资源列入纳税对象。从2016年7月1日起,全面推进资源税改革;2019年8月26日,第十三届全国人民代表大会常务委员会第十二次会议通过《中华人民共和国资源税法》,自2020年9月1日起实施。2024年10月11日,财政部、税务总局、水利部印发《水资源税改革试点实施办法》,明确自2024年12月1日,我国全面实施水资源费改税试点。

征收资源税有利于合理开采和充分利用自然资源,促进企业节能减排,加快生态文明建设,形成健康、适度的消费观念和消费行为,构建人与自然的和谐环境等。

一、资源税的纳税人与征收范围

(一)资源税的纳税人、扣缴义务人

在我国领域和管辖的其他海域开发应税资源的单位和个人,为资源税的纳税人。单位是指企业、行政单位、事业单位、军事单位、社会团体及其他单位;个人是指个体工商户和其他个人。

资源税的扣缴义务人是收购未税矿产品的单位(独立矿山、联合企业以及其他单位)。"未税矿产品"是指资源税纳税人在销售其产品时不能向扣缴义务人提供"资源税管理证明"①的矿产品。

增值税小规模纳税人可以在50%的税额幅度内减征资源税,资源税扣缴义务人则无法享受减半优惠。因此,在与销售方订立供销合同时,其收购价格应充分考虑该因素,以有效管控税负。

资源税代扣代缴适用范围是除原油、天然气、煤炭以外的,税源小、零散、不定期开

① 如果销售方(纳税人)能够向购货方(扣缴义务人)提供当地主管税务机关开具的"资源税管理证明",购货方据此不代扣资源税。

采,且难以在采矿地申报缴纳资源税的矿产品。对已纳入开采地正常税务管理或者在销售矿产品时开具增值税发票的纳税人,不采用代扣代缴的征管方式。

(二)资源税的征收范围

从我国资源税的征收对象来看,基本上属于产出型资源税。我国资源税的具体征收范围包括:

(1)能源矿产,包括原油、天然气、页岩气、天然气水合物、煤、地热等。

(2)金属矿产,包括黑色金属(铁、锰、铬、钒、钛)、有色金属。

(3)非金属矿产,包括矿物类、岩石类、宝玉石类。

(4)水汽矿产,包括二氧化碳气、硫化氢气、氦气、氡气、矿泉水。

(5)盐,包括钠盐、钾盐、镁盐、锂盐、天然卤水、海盐。

(6)水资源,包括地表水和地下水,不包括再生水、集蓄雨水、海水及海水淡化水、微咸水等非常规水。其中,地表水是陆地表面上动态水和静态水的总称,包括江、河、湖泊(含水库、引调水工程等水资源配置工程)等水资源;地下水是指赋存于地表以下的水。

纳税人开采或生产应税产品自用的,应当依法缴纳资源税;自用于连续生产应税产品的,不缴纳资源税。

二、资源税的税目与税率

资源税税法以列举的方式统一规范税目,分类确定税率,按照《资源税税目、税率表见》(见表7-1)实行从价计征或者从量计征。对于能源矿产、金属矿产、非金属矿产、水汽矿产和盐五大类,各省级人民政府可在税率幅度内提出或确定本地区资源税适用税率;对于水资源,国家统一明确各省、自治区、直辖市水资源税最低平均税额标准,具体适用税额由各省、自治区、直辖市确定。

表7-1 资源税税目、税率表

税目		征税对象	税率
能源矿产	原油	原矿	6%
	天然气、页岩气、天然气水合物	原矿	6%
	煤	原矿或选矿	2%~10%
	煤成(层)气	原矿	1%~2%
	铀、钍	原矿	4%
	油页岩、油砂、天然沥青、石煤	原矿或选矿	1%~4%
	地热	原矿	1%~20%或每立方米1~30元

续表

表 7-1　资源税税目、税率表

税目			征税对象	税率
金属矿产	黑色金属	铁、锰、铬、钒、钛	原矿或选矿	1%～9%
	有色金属	铜、铅、锌、锡、镍、锑、镁、钴、铋、汞	原矿或选矿	2%～10%
		铝土矿	原矿或选矿	2%～9%
		钨	选矿	6.5%
		钼	选矿	8%
		金、银	原矿或选矿	2%～6%
		铂、钯、钌、锇、铱、铑	原矿或选矿	5%～10%
		轻稀土	选矿	7%～12%
		中重稀土	选矿	20%
		铍、锂、锆、锶、铷、铯、铌、钽、锗、镓、铟、铊、铪、铼、镉、硒、碲	原矿或选矿	2%～10%
非金属矿	矿物类	高岭土	原矿或选矿	1%～6%
	岩石类	石灰岩	原矿或选矿	1%～6%或每吨(或每立方米)1～10 元
	宝玉石类	磷	原矿或选矿	3%～8%
		石墨	原矿或选矿	3%～12%
		萤石、硫铁矿、自然硫	原矿或选矿	1%～8%
		天然石英砂、脉石英、粉石英、水晶、工业用金刚石、冰洲石、蓝晶石、硅线石(矽线石)、长石、滑石、刚玉、菱镁矿、颜料矿物、天然碱、芒硝、钠硝石、明矾石、砷、硼、碘、溴、膨润土、硅藻土、陶瓷土、耐火黏土、铁矾土、凹凸棒石黏土、海泡石黏土、伊利石黏土、累托石黏土	原矿或选矿	1%～12%
		叶蜡石、硅灰石、透辉石、珍珠岩、云母、沸石、重晶石、毒重石、方解石、蛭石、透闪石、工业用电气石、白垩、石棉、蓝石棉、红柱石、石榴子石、石膏	原矿或选矿	2%～12%

续表

税目			征税对象	税率
非金属矿	宝玉石类	其他黏土(铸型用黏土、砖瓦用黏土、陶粒用黏土、水泥配料用黏土、水泥配料用红土、水泥配料用黄土、水泥配料用泥岩、保温材料用黏土)	原矿或选矿	1%~5%或每吨(或每立方米)0.1~5元
		大理石、花岗岩、白云岩、石英岩、砂岩、辉绿岩、安山岩、闪长岩、板岩、玄武岩、片麻岩、角闪岩、页岩、乳石、凝灰岩、黑曜岩、霞石正长岩、蛇纹岩、麦饭石、泥灰岩、含钾岩石、含钾砂页岩、天然油石、橄榄岩、松脂岩、粗面岩、辉长岩、辉石岩、正长岩、火山灰、火山渣、泥炭	原矿或选矿	1%~10%
		砂石	原矿或选矿	1%~5%或每吨(或每立方米)0.1~5元
		宝石、玉石、宝石级金刚石、玛瑙、黄玉、碧玺	原矿或选矿	4%~20%
水气矿产	二氧化碳气、硫化氢气、氦气、氡气		原矿	2%~5%
	矿泉水		原矿	1%~20%或每吨(或每立方米)1~10元
盐	钠盐、钾盐、镁盐、锂盐		选矿	3%~15%
	天然卤水		原矿	3%~15%或每吨(或每立方米)1~10元
	海盐			2%~5%
水资源	地表水			平均税额标准0.1~1.6元/立方米
	地下水			平均税额标准0.2~4元/立方米

三、资源税的纳税环节、地点和期限

(一)资源税纳税环节

1. 纳税人将自产应税产品对外销售,在销售环节缴纳资源税,纳税义务发生时间为收讫销售款或取得索取销售款凭据的当日;自用应税产品的,纳税义务发生时间为移送应税产品的当日。

2. 纳税人开采或者生产应税产品自用的,应依法缴纳资源税。纳税人自产自用的应税产品,在移送使用环节计算缴纳资源税,但用于继续加工应税产品销售的,移送时不缴纳资源税。

3. 纳税人以自采原矿加工为选矿产品销售,或者将选矿产品自用于应缴纳资源税的,按照选矿产品计征资源税,在原矿移送环节不缴纳资源。

4. 纳税人取用水资源的当日,为水资源税的纳税义务发生时间。未经批准取用水资源的,水资源税的纳税义务发生时间为水行政主管部门认定的纳税人实际取用水资源的当日。

(二)资源税纳税地点

纳税人应当在矿产品的开采地或者海盐的生产地缴纳资源税。

扣缴义务人代扣代缴的资源税,应在收购地缴纳资源税。

纳税人跨省开采应税产品的,其下属生产单位与核算单位不在同一省、自治区、直辖市的,一律在开采地纳税,应纳税款由独立核算、自负盈亏的单位按开采地的实际销售(或自用)额(量)及适用税率(或单位税额)计算划拨。

纳税人应向取水口所在地的税务机关申报缴纳水资源税。纳税人取用水工程管理单位跨省(自治区、直辖市)配置、调度的水资源,应根据调入区域适用税额和实际取用水量,向调入区域所在地的税务机关申报缴纳水资源税。跨省(自治区、直辖市)水力发电取用水的纳税人应当按照规定的分配比例[跨省(自治区、直辖市)水力发电取用水的水资源税在相关省份之间的分配比例,按照《财政部关于跨省区水电项目税收分配的指导意见》(财预〔2008〕84 号)明确的增值税、企业所得税等税收分配办法确定;该办法实施前,国家和相关省份已有明确分配比例的,仍按照原分配比例执行],分别向相关省份主管税务机关申报缴纳水资源税。

(三)资源税纳税期限

资源税按月或者按季申报缴纳;不能按固定期限计算缴纳的,可以按次申报缴纳。

纳税人按月或者按季申报缴纳的，应当自月度或者季度终了之日起15日内，向税务机关办理纳税申报并缴纳税款；按次申报缴纳的，应当自纳税义务发生之日起15日内，向税务机关办理纳税申报并缴纳税款。

对超过规定限额的农业生产取用水，可以按年申报缴纳。按年申报缴纳的，应当自年度终了之日起5个月内，向税务机关办理纳税申报并缴纳税款。

四、资源税的减免

（一）免缴资源税

（1）开采原油以及在油田范围内运输原油过程中用于加热的原油、天然气。

（2）煤炭开采企业因安全生产需要抽采的煤成（层）气。

（3）以下情况不缴纳水资源税：农村集体经济组织及其成员从本集体经济组织的水塘、水库中取用水；家庭生活和零星散养、圈养畜禽饮用等少量取用水；水工程管理单位为配置或者调度水资源取水；为保障矿井等地下工程施工安全和生产安全必须进行临时应急取（排）水；为消除对公共安全或者公共利益的危害临时应急取水；为农业抗旱和维护生态与环境必须临时应急取水。

（二）减缴资源税

（1）从低丰度油气田开采的原油、天然气，减征20%资源税。

（2）高含硫天然气、三次采油和从深水油气田开采的原油、天然气，减征30%资源税。

（3）稠油、高凝油减征40%资源税。

（4）从衰竭期矿山开采的矿产品，减征30%资源税。

（5）自2023年9月1日至2027年12月31日，对充填开采置换出来的煤炭，资源税减征50%。

纳税人开采或者生产同一应税产品同时符合两项或两项以上减征资源税优惠政策的，除另有规定外，只能选择其中一项。

纳税人开采或者生产同一应税产品，其中既有享受减免税政策的，又有不享受减免税政策的，按照免税、减税项目的产量占比等方法分别核算确定免税、减税项目的销售额或者销售数量。

（三）省、自治区、直辖市可以决定免征或减征资源税

（1）纳税人在开采或者生产应税产品过程中，因意外事故或者自然灾害等原因遭

受重大损失。

(2)纳税人开采共伴生矿、低品位矿、尾矿。纳税人的免税、减税项目应单独核算销售额或销售数量;未单独核算或不能准确提供销售额或销售数量的,不予免税或减税。

(3)纳税人享受资源税优惠政策,实行"自行判别、申报享受、有关资料留存备查"的办理方式(另有规定的除外)。纳税人对资源税优惠事项留存材料的真实性和合法性承担法律责任。

第二节　资源税的确认计量与申报

一、资源税的计税依据及其确认

(一)资源税的计税依据

资源税的计税依据为应税产品的销售额、销售数量。

应税产品销售额是纳税人销售应税产品向购买方收取的全部价款和价外费用,不包括增值税税款。计入销售额中的相关运杂费用,凡取得增值税发票或者其他合法有效凭据的,准予从销售额中扣除。相关运杂费用是指应税产品从坑口或者洗选(加工)地到车站、码头或者购买方指定地点的运输费用、建设基金以及随运销产生的装卸、仓储、港杂费用。

应税产品销售数量包括纳税人开采或者生产应税产品的实际销售数量和自用于应当缴纳资源税情形的应税产品数量。纳税人不能准确提供应税产品的销售数量或移送数量的,以应税产品的产量或主管税务机关确定的折算比换算的数量为销售量。

(二)资源税计税依据的确认

1. 纳税人开采或者生产同一税目下适用不同税率应税产品的,应当分别核算不同税率应税产品的销售额、销售数量;未分别核算或者不能准确提供不同税率应税产品的销售额、销售数量的,从高适用税率。

2. 为公平原矿与选矿之间的税负,对同一种应税产品,征税对象为原矿的,纳税人销售自采原矿加工的选矿，应将选矿销售额折算为原矿销售额缴纳资源税；征税对象为选矿的，纳税人销售原矿时，应将原矿销售额换算为选矿销售额缴纳资源税。

3. 纳税人以外购原矿与自采原矿混合为原矿销售，或者以外购选矿产品与自产选矿产品混合为选矿产品销售的，在计算应税产品销售额或者销售数量时，直接扣减已单独核算的外购原矿或者外购选矿产品的购进金额或者购进数量。

纳税人以外购原矿与自采原矿混合洗选加工为选矿产品销售的，按下式计算扣减应税产品销售额或者销售数量：

$$\text{准予扣减的外购应税产品购进金额(数量)}=\text{外购原矿购进金额(数量)}\times\frac{\text{本地区原矿适用税率}}{\text{本地区选矿产品适用税率}}$$

不能按照上式计算扣减的，按主管税务机关确定的其他合理方法进行扣减。

4. 一般情况下，纳税人缴纳水资源税，以实际取用水量为计税依据。城镇公共供水，以实际取用水量扣减公共供水管网合理漏损为计税依据；水力发电取用水，以实际发电量为计税依据；冷却取用水（除火力发电冷却取用水外），以实际取用（耗）水量为计税依据。

5. 纳税人自用应税产品时，应按对外销售该应税产品的平均价格确认销售额。纳税人自用应税产品包括纳税人以应税产品用于非货币性资产交换、捐赠、偿债、赞助、集资、投资、广告、样品、职工福利、利润分配或者连续生产非应税产品等。

6. 纳税人申报的应税产品销售额明显偏低且无正当理由的，或者有自用应税产品行为而无销售额的，主管税务机关可按下列方法和顺序确定其应税产品销售额：

（1）按纳税人最近时期同类产品的平均销售价格确定。

（2）按其他纳税人最近时期同类产品的平均销售价格确定。

（3）按后续加工非应税产品销售价格，减去后续加工环节的成本利润后确定。

（4）按应税产品组成计税价格确定。

$$\text{组成计税价格}=\text{成本}\times(1+\text{成本利润率})\div(1-\text{资源税税率})$$

公式中的成本利润率由省、自治区、直辖市税务机关确定。

（5）按其他合理方法确定。

二、应交资源税的计算

（一）从量计征资源税的计算

1. 从量计征的矿资源税计算。对经营分散、多为现金交易且难以控管的黏土、砂石，按照便利征管原则，资源税仍实行从量定额计征。从量计征资源税的，其应纳税额的计算公式为：

应交资源税＝应税产品实际销售数量×单位税额（定额税率）

代扣代缴税额＝收购的未税矿产品数量×适用单位税额

销售数量包括纳税人开采或者生产应税产品的实际销售数量和视同销售的自用数量。纳税人不能准确提供应税产品销售数量的，以应税产品的产量或者主管税务机关确定的折算比换算成的数量为计征资源税的销售数量。

【例 7-1】某砂石厂 4 月开采砂石 2 000 吨，当月对外销售 1 500 吨，为建职工宿舍耗用自采砂石 80 吨；其余砂石待售。每吨砂石资源税税额 4.5 元，当月应交资源税计算如下：

应交资源税＝（1 500+80）×4.5＝7 110（元）

2. 从量计征的水资源税计算。水资源税实行从量计征，具体包括四种情况：

（1）一般情况下，水资源税应纳税额的计算公式为：

应交水资源税＝实际取用水量×适用税额

疏干排水的实际取用水量按照排水量确定。疏干排水是指在采矿和工程建设过程中破坏地下水层、发生地下涌水的活动。

（2）城镇公共供水企业，水资源税应纳税额的计算公式为：

应交水资源税＝实际取用水量×（1-公共供水管网合理漏损率）×适用税额

公共供水管网合理漏损率由各省、自治区、直辖市人民政府确定。

（3）水力发电取用水，水资源税应纳税额的计算公式为：

应交水资源税＝实际发电量×适用税额

（4）冷却取用水（除火力发电冷却取用水外），水资源税应纳税额的计算公式为：

应交水资源税＝实际取用（耗）水量×适用税额

火力发电冷却取用水可以按照实际发电量或者实际取用（耗）水量作为计税依据，具体由各省、自治区、直辖市人民政府按照税费平移原则确定。

（二）从价计征资源税的计算

从价定率计征资源税时，其计算公式为：

应交资源税=应税产品销售额×适用税率

【例7-2】某煤矿1月开采原煤50万吨，当月对外销售35万吨，取得不含税收入24 500万元；销售与原煤同时开采的天然气，取得不含税收入26万元；因管理不善当月开采的原煤发生火灾损失3万吨。原煤资源税税率为5%，天然气资源税税率为6%。

按规定，煤矿生产的天然气不缴纳资源税，因管理不善而造成的损失不能减免资源税。当月应交资源税计算如下：

应交资源税=24 500×5%+24 500÷35×3×5%=1 330(万元)

【例7-3】某稀土矿山企业6月销售轻稀土选矿取得不含税收入1 400万元；销售自采轻稀土原矿取得含税收入791万元；移送45吨轻稀土原矿继续加工稀土选矿，当月没有销售。

政府规定轻稀土资源税税率为7.5%，市场法的折算比为3.1。当月应交资源税计算如下：

选矿销售应交资源税=14 000 000×7.5%=1 050 000(元)

原矿销售应交资源税=7 910 000÷(1+13%)×3.1×7.5%=1 627 500(元)

合计应交资源税=1 050 000+1 627 500=2 677 500(元)

【例7-4】某油田1月对外销售原油，销售额为300 000元，适用税率为6%；油田在销售原油的同时，开采天然气2 200千立方米，当月全部用于职工宿舍取暖。已知开采成本220万元，当地无同类天然气售价，当地规定的天然气成本利润率为8%，资源税税率为6%。当月应交资源税计算如下：

原油应交资源税=300 000×6%=18 000(元)

天然气组成计税价格=2 200 000×(1+8%)÷(1-6%)=2 527 660(元)

天然气应交资源税=2 527 660×6%=151 660(元)

(三)原矿销售额与选矿销售额的换算与折算

销售额的换算比、折算率一般上应通过原矿售价、选矿售价和选矿比计算(市场法)，也可通过原矿销售额、加工环节的成本利润率计算(成本法)。

以原矿为征税对象的税目，如果销售选矿，在计算应纳资源税时，应将选矿销售额折算为原矿销售额。

原矿销售额=选矿销售额×折算率

折算率=(原矿单位售价×选矿比)÷ 选矿单位售价

选矿比=加工选矿耗用的原矿数量÷选矿数量

以选矿为征税对象的税目,如果销售原矿,在计算应纳资源税时,应将原矿销售额换算为选矿销售额。

选矿销售额=原矿销售额×换算比

换算比=选矿单位售价÷(原矿单位售价×选矿比)

选矿比=加工选矿耗用的原矿数量÷选矿数量

如果本地区原矿销售情况很少,缺乏可参照的市场售价,纳税人销售或视同销售其自采原矿加工的选矿,可采用成本法计算销售额:

选矿销售额=原矿销售额+原矿加工为选矿的成本×(1+成本利润率)

【例 7-5】某省规定煤炭资源税税率为 6%。该省天原煤矿 12 月销售自产原煤 1 万吨,每吨不含税价格 700 元;用自采原煤连续加工成选煤 500 吨,当月销售 300 吨,每吨不含税价格 900 元,选煤折算率为 75%。当月应交资源税计算如下:

自产原煤销售应交资源税=10 000×700×6%=420 000(元)

选煤销售应交资源税=300×900×75%×6%=12 150(元)

合计应交资源税=420 000+12 150=432 150(元)

三、资源税的纳税申报

自 2021 年 6 月 1 日起,资源税纳入"十税合一"合并申报范围,即财产和行为税 10 个税种(资源税、土地增值税、城镇土地使用税、耕地占用税、房产税、车船税、印花税、契税、环境保护税、烟叶税)原有分税种纳税申报,改为"合并申报"。合并申报按照"一表申报、税源信息采集前置"的思路,对申报流程进行优化改造,"简并申报表,一表报多税",将 10 个税种的申报统一到一个入口,不仅减轻了纳税人的负担,也便于数据的统筹运用,提高数据使用效率。

目前,资源税的纳税申报也使用《财产和行为税纳税申报表》(见表 7-2),进行多税合并申报。

表 7-2　资源税纳税申报表

纳税人识别号(统一社会信用代码):□□□□□□□□□□□□□□□□□□

纳税人名称:　　　　　　　　　　　　　　　　　　　　金额单位:人民币元(列至角分)

税款所属期限:自　　年　　月　　日　至　　年　　月　　日

本期是否适用增值税小规模纳税人减征政策(减免性质代码:06049901)						是□　否□		减征比例(%)		
税目	子目	计量单位	计税销售量	计税销售额	适用税率	本期应纳税额	本期减免税额	本期增值税小规模纳税人减征额	本期已缴税额	本期应补(退)税额
1	2	3	4	5	6	7①=4×6 7②=5×6	8	9=(7-8)×减征比例	10	11=7-8-9-10
合计		—	—	—	—					
声明:本纳税申报表是根据国家税收法律法规及相关规定填报的,是真实的、可靠的、完整的。 纳税人(签章):　　年　月　日										
经办人: 经办人身份证号: 代理机构签章: 代理机构统一社会信用代码:						受理人: 受理税务机关(章): 受理日期:　年　月　日				

表 7-3　资源税纳税申报表附表(一)(原矿类税目适用)

纳税人识别号 □□□□□□□□□□□□□□□□□□□□

纳税人名称:　　　　　　　　(公章)

税款所属时间:自　年　月　日　至　年　月　日　　　　　　金额单位:元至角分

序号	税目	子目	原矿销售额	精矿销售额	折算率	精矿折算为原矿的销售额	允许扣减的运杂费	允许扣减的外购矿购进金额	计税销售额	计量单位	原矿销售量	精矿销售量	平均选矿比	精矿换算为原矿的销售量	计税销售量
	1	2	3	4	5	6=4×5	7	8	9=3+6-7-8	10	11	12	13	14=12×13	15=11+14
1															
2															
3															
4															
5															
合计															

表 7-4　资源税纳税申报表附表(二)(精矿类税目适用)

纳税人识别号

纳税人名称：　　　　　　　　　(公章)

税款所属时间：自　　年　　月　　日至　　年　　月　　日　　　　　　　　金额单位：元至角分

序号	税目	子目	原矿销售额	精矿销售额	换算比	原矿换算为精矿的销售额	允许扣减的运杂费	允许扣减的外购矿购进金额	计税销售额	计量单位	原矿销售量	精矿销售量	平均选矿比	原矿换算为精矿的销售量	计税销售量
	1	2	3	4	5	6=3×5	7	8	9=4+6−7−8	10	11	12	13	14=11÷13	15=12+14
1															
2															
3															
4															
5															
合计															

第三节　资源税的会计处理

一、资源税会计账户的设置

为反映和监督资源税的计算和缴纳,纳税人应设置“应交税费——应交资源税”账户,贷方记本期应缴纳的资源税,借方记企业实际缴纳及应抵扣的资税额,贷方余额表示企业应交而未交的资源税。

企业按规定计算出对外销售应税产品应纳资源税时,借记“税金及附加”账户,贷记“应交税费——应交资源税”账户;企业计算出自产自用应税产品应缴纳的资源税时,借记“生产成本”账户或“制造费用”账户,贷记“应交税费——应交资源税”账户;独立矿山、联合企业收购未税矿产品,按实际支付的收购款,借记“材料采购”等账户,贷记“银行存款”等账户;按代扣代缴的资源税,借记“材料采购”等账户,贷记“应交税费——应交资源税”账户;纳税人按规定上交资源税时,借记“应交税费——应交资源税”账户,贷记“银行存款”账户。

企业外购液体盐加工成固体盐,在购入液体盐时,按允许抵扣的资源税,借记“应交税费——应交资源税”账户或“待扣税金——待扣资源税”账户,按外购价款扣除允许抵扣资源税的数额,借记“材料采购”等账户;企业加工成固体盐或碱销售时,按计算出的销售固体盐应交的资源税,借记“税金及附加”账户,贷记“应交税费——应交资源税”账户,而将销售固体盐应纳资源税扣抵液体盐已纳资源税后的差额上交时,借记“应交税费——应交资源税”账户,贷记“银行存款”账户。

上月税款结算,补缴税款时,借记“应交税费——应交资源税”账户,贷记“银行存款”账户;退回税款时,借记“银行存款”账户,贷记“应交税费——应交资源税”账户。

二、资源税的会计处理

【例 7-6】承例 7-1 资料,砂石厂 4 月销售砂石应交资源税会计分录如下:

借:税金及附加　　7 110

　贷:应交税费——应交资源税　　7 110

【例 7-7】承例 7-3 稀土矿山企业 6 月资源税计算资料,当月应交资源税的会计分录如下:

借:税金及附加　　2 677 500

　贷:应交税费——应交资源税　　2 677 500

【例7-8】以例7-4油田1月资源税计算资料为例,当月应交资源税会计分录如下:

借:税金及附加　151 660

　贷:应交税费——应交资源税　151 660

【例7-9】以例7-5天原煤矿12月资源税计算资料为例,当月应交资源税的会计分录如下:

借:税金及附加　432 150

　贷:应交税费——应交资源税　432 150

案　例

案例一

某油田10月初库存原油30 000吨,本月生产原油40 000吨,本期发出50 000吨。其中,对外销售40 000吨,企业开采原油过程中用于加热、修井自用原油500吨,非生产自用原油9 500吨。另外,伴采天然气100 000立方米,当月销售80 000立方米,其余20 000立方米全部由油田自用。已知该油田原油适用的单位税额为每吨8元,天然气适用的单位税额为每千立方米10元。

销售和自用原油应交资源税=50 000×8=400 000(元)

销售和自用天然气应交资源税=100 000×10÷1 000=1 000(元)

合计应交资源税=400 000+1 000=401 000(元)

案例二

某铜矿山10月销售铜矿石原矿10 000吨,移送入选选矿2 000吨,选矿比为20%,该矿山铜矿属于五等,按规定适用1.2元/吨单位税额。

应交资源税=(10 000+2 000)×1.2=14 400(元)

案例三

某煤矿10月对外销售原煤400万吨,销售伴采天然气80 000立方米。本月后勤部门领用原煤100吨,另使用本矿生产的原煤加工洗煤80万吨。已知该矿加工产品的综合回收率为80%,原煤适用单位税额为每吨2元,天然气适用的单位税额为每千立方米10元。

$$应交资源税=400\times2+80\div80\%\times2+100\times2+80\ 000\times10\div1\ 000=1\ 200.08(万元)$$

案例四

某盐场10月生产液体盐500吨，其中对外销售100吨。当月生产固体盐1 000吨(本月已全部对外销售)，共耗用液体盐1 200吨，其中400吨是本企业自产的液体盐，另800吨液体盐从另一盐场购进。已知液体盐单位税额为每吨3元，固体盐单位税额为每吨25元。

$$应交资源税=100\times3+1\ 000\times25=25\ 300(元)$$

案例讨论：

请指出上述案例资源税的计算是否有误，并说明理由。

思考题

1. 试述国家征收资源税的意义。
2. 简述资源税的纳税范围和计税依据。
3. 企业如何进行资源税的会计处理？
4. 试比较资源税的从价计税与从量计税的优缺点。

练习题

1. 晋同煤矿1月销售洗选煤18 000吨，每吨售价920元。假定核定折算率为80%，适用税率为5%。

要求：

计算当月应交资源税并做相应的会计处理。

2. 资料如下：

(1)某煤矿3月外销自产原煤10万吨，外销以自产原煤加工的选煤20万吨(折算率为75%)；每吨煤不含税售价800元，资源税税率为5%。

(2)某油田5月生产原油1万吨。其中，6 000吨用于对外销售，销售收入3 000万元；1 000吨用于加热和修井，其余待售。在采油过程中，回收天然气2 000万立方米，对外销售收入350万元。原油每吨不含税售价5 000元，天然气每万立方米不含税售价1 750元，原油、天然气资源税税率为6%。

(3)某矿山当月生产石灰岩15万吨，销售12万吨，单位税额为每吨8元；当月开采水泥配料用红土 9 万吨全部销售，单位税额为每吨 4 元。

要求：

根据上述资料，分别计算其应缴资源税，并做相应的会计处理。

第八章

企业所得税会计

本章要点

主要阐述我国企业所得税的税制要素，应纳税所得额、应纳所得税额等的确认计量方法，企业所得税的纳税申报和企业所得税的会计处理。在理论与实务上明确税务会计中的所得税会计与财务会计中的所得税会计的联系与区别；财务会计中的所得税会计处理基础及其方法。应重点掌握企业所得税的税前扣除原则、扣除范围、扣除项目及其标准，应交企业所得税的计算方法，企业所得税的预缴、纳税调整和汇算清缴等的会计处理。

第一节 企业所得税税制要素

改革开放以来，我国的企业所得税制进行了多次改革。1991年4月9日，第七届全国人民代表大会审议通过了《中华人民共和国外商投资企业和外国企业所得税法》，决定自1991年7月1日起正式施行。1993年12月13日，国务院发布的《中华人民共和国企业所得税暂行条例》，统一了内资企业所得税，并从1994年1月1日起执行。

2007年3月16日，第十届全国人民代表大会第五次会议通过了《中华人民共和国企业所得税法》，并自2008年1月1日起施行。企业所得税法按照“简税制、宽税基、低税率、严征管”的税制改革原则，借鉴国际经验，建立各类企业统一适用的科学、规范的企业所得税制度，为各类企业创造公平的市场竞争环境。

一、企业所得税的纳税人

企业所得税是对我国境内的企业和其他取得收入的组织的生产经营所得和其他所得征收的一种直接税。企业所得税的纳税人是在中华人民共和国境内，企业和其他取得收入的组织（以下统称“企业”）。依照中国法律、行政法规规定成立的个人独资企业以及合伙人是自然人的合伙企业①除外。

“企业”分为居民企业和非居民企业。

居民企业是指依法在中国境内成立，或者依照外国（地区）法律成立但实际管理机构在中国境内的企业。依法在中国境内成立的企业，包括依照中国法律、行政法规在中国境内成立的企业、事业单位、社会团体以及其他取得收入的组织。

非居民企业是指依照外国（地区）法律成立且实际管理机构不在中国境内，但在中国境内设立机构、场所的，或者在中国境内未设立机构、场所，但有来源于中国境内所得的企业。依照外国（地区）法律成立的企业，包括依照外国（地区）法律成立的企业和其他取得收入的组织。

实际管理机构是指对企业的生产经营、人员、财产等实施实质性全面管理和控制的

① 合伙人是法人和其他组织的，缴纳企业所得税；合伙人在计算其应缴企业所得税时，不得用合伙企业的亏损抵减其盈利。

机构。机构、场所是指在中国境内从事生产经营活动的机构、场所，包括下列各机构、场所：

(1)管理机构、营业机构、办事机构。

(2)农场、工厂、开采自然资源的场所。

(3)提供劳务的场所。

(4)从事建筑、安装、装配、修理、勘探等工程作业的场所。

(5)其他从事生产经营活动的机构、场所。

非居民企业委托营业代理人在中国境内从事生产经营活动的，包括委托单位或者个人经常代其签订合同，或者储存、交付货物等，该营业代理人视为非居民企业在中国境内设立的机构、场所。

二、企业所得税的扣缴义务人

(一)支付人为扣缴义务人

非居民企业在中国境内未设立机构、场所的，或者虽设立机构、场所但取得的所得与其所设机构、场所没有实际联系的，其来源于中国境内的所得应缴纳的所得税，实行源泉扣缴，以支付人为扣缴义务人。税款由扣缴义务人在每次支付或者到期应支付时，从支付或者到期应支付的款项中扣缴。

支付人是指依照有关法律规定或合同约定直接负有支付相关所得款项义务的组织和个人。支付是指现金支付、汇拨支付、转账支付，以及用非货币资产或者权益兑价支付等货币和非货币支付。到期应支付的款项是指企业按权责发生制原则已计入与支付人生产经营活动相关的成本、费用的应付款项。

(二)指定扣缴义务人

对非居民企业在中国境内取得工程作业和劳务所得应缴纳的所得税，税务机关可以指定工程价款或者劳务费的支付人为扣缴义务人。

在中国境内从事工程作业和提供劳务的非居民企业发生下列情形之一的，县级以上税务机关可以指定工程价款或者劳务费的支付人为扣缴义务人：

(1)预计工程作业或提供劳务期限不足一个纳税年度的，且有证据表明不履行纳税义务的。

(2)没有办理税务登记或者临时税务登记的，且未委托中国境内的代理人办理纳税义务的。

(3)未按照规定期限办理企业所得税纳税申报或者预缴申报的。

(4)其他规定情形。

扣缴义务人每次代扣的税款,应当自代扣之日起7日内缴入国库,并向所在地的税务机关报送扣缴企业所得税报告表。

扣缴义务人未依法扣缴或者无法履行扣缴义务的,由纳税人在所得发生地缴纳税款。在中国境内存在多个所得发生地的,由纳税人选择一地申报缴纳税款。

三、企业所得税的征税对象

(一)居民企业的征税对象

居民企业应当就其来源于中国境内、境外的所得缴纳企业所得税。"所得"包括销售货物所得、提供劳务所得,转让财产所得、股息红利等权益性投资所得,利息所得、租金所得、特许权使用费所得、接受捐赠所得和其他所得。

(二)非居民企业的征税对象

非居民企业在中国境内设立机构、场所的,应当就其所设机构、场所取得的来源于中国境内的所得,以及发生在中国境外、但与其所设机构、场所有实际联系①的所得,缴纳企业所得税。

非居民企业在中国境内未设立机构、场所的,或者虽设立机构、场所但取得的所得与其所设机构、场所没有实际联系的,应当就其来源于中国境内的所得缴纳企业所得税。

来源于中国境内、境外的所得,按照以下原则确定:

(1)销售货物所得,按照交易活动发生地确定。

(2)提供劳务所得,按照劳务发生地确定。

(3)转让财产所得,不动产转让所得按照不动产所在地确定;动产转让所得按照转让动产的企业或者机构、场所所在地确定;权益性投资资产转让所得按照被投资企业所在地确定。

(4)股息、红利等权益性投资所得,按照分配所得的企业所在地确定。

(5)利息所得、租金所得、特许权使用费所得,按照负担、支付所得的企业或者机构、场所所在地确定,或者按照负担、支付所得的个人的住所地确定。

(6)其他所得,由国务院财政、税务主管部门确定。

---

① 实际联系是指非居民企业在中国境内设立的机构、场所拥有据以取得所得的股权、债权,以及拥有、管理、控制据以取得所得的财产等。

四、企业所得税税率

企业所得税税率采用比例税率，现行税率见表 8-1。

表 8-1 企业所得税税率表

税率种类	税率	适用范围
基本税率	25%	居民企业
		在中国境内设立机构、场所且所得与机构、场所有实际联系的非居民企业
低税率	20%	在中国境内未设立机构、场所的非居民企业
		虽设立机构、场所，但取得的所得与机构、场所没有实际联系的非居民企业
优惠税率	10%	执行 20%税率的非居民企业
	15%	高新技术企业，技术先进型服务企业，其他特定企业
	20%	小型微利企业（年应纳税所得额不超过 100 万元、100 万元到 300 万元的部分，分别减按 25%和 50%计入应纳税所得额）

（一）小型微利企业适用的所得税税率

自 2023 年 1 月 1 日至 2027 年 12 月 31 日，符合条件的小型微利（包括电商）企业，无论采取查账征收方式还是核定征收方式缴纳企业所得税，其年应纳税所得额不超过 100 万元（含，下同）的部分，减按 25%计入应纳税所得额，按 20%的税率计算缴纳企业所得税。

小型微利企业是指从事国家非限制和禁止行业，并同时符合下列条件的企业：

年度应纳税所得额不超过 300 万元、从业人数不超过 300 人、资产总额不超过 5 000 万元。

“从业人数”包括与企业建立劳动关系的职工人数和企业接受的劳务派遣用工人数。从业人数和资产总额指标，应按企业全年的季度平均值确定，计算公式为：

季度平均值=（季初值+季末值）÷2

全年季度平均值=全年各季度平均值之和÷4

年度中间开业或者终止经营活动的，以其实际经营期作为一个纳税年度确定上述相关指标。

(二)高新技术企业、技术先进型服务企业适用的所得税税率

为扶持和鼓励高新技术企业①发展,对符合科技部、财政部和国家税务总局颁布的《高新技术企业认定管理办法》中规定的认定条件和认定程序的高新技术企业,减按15%的税率征收企业所得税。

经认定的技术先进型服务企业,减按15%的税率征收企业所得税。技术先进型服务企业必须同时符合五项条件:①在中国境内(不包括港、澳、台地区)注册的法人企业;②从事《技术先进型服务业务认定范围(试行)》中的一种或多种技术先进型服务业务,采用先进技术或具备较强的研发能力;③具有大专以上学历的员工占企业职工总数的50%以上;④从事《技术先进型服务业务认定范围(试行)》中的技术先进型服务业务取得的收入占企业当年总收入的50%以上;⑤从事离岸服务外包业务取得的收入不低于企业当年总收入的35%。

(三)其他特定企业享受优惠税率

自2011年1月1日至2030年12月31日,对设在西部地区的鼓励类产业企业减按15%的税率征收企业所得税;国家规划布局内的重点软件企业和集成电路设计企业,如当年未享受免税优惠的,可减按10%的税率缴纳企业所得税。

五、企业所得税中的收入

对境外投资者从中国境内居民企业分配的利润,直接投资于鼓励类投资项目,凡符合规定条件的,实行递延纳税,暂不征收预提所得税。

(一)收入总额

收入总额是企业从各种来源取得的收入总和。收入包括企业以货币形式(现金、银行存款、应收账款、应收票据、准备持有至到期的债券投资以及债务的豁免等)和非货币形式(固定资产、生物资产、无形资产、股权投资、存货、不准备持有至到期的债券投资、劳务以及有关权益等)从各种来源取得的收入。如果是以非货币形式取得的收入,应当按公允价值确定收入额,公允价值是指按照资产的市场价格确定的价值。收入项目主要有以下各项:

1. 销售货物收入。销售货物收入是指企业销售商品、产品、原材料、包装物、低值易

① 在《国家重点支持的高新技术领域》内,持续进行研究开发与技术成果转化,形成企业核心自主知识产权,并以此为基础开展经营活动,在中国境内(不包括港、澳、台地区)注册的居民企业。

耗品以及其他存货取得的收入。

2. 提供劳务服务收入。提供劳务服务收入是指企业从事建筑安装、修理修配、交通运输、仓储租赁、金融保险、邮电通信、咨询经纪、文化体育、科学研究、技术服务、教育培训、餐饮住宿、中介代理、卫生保健、社区服务、旅游、娱乐、加工以及其他劳务服务活动取得的收入。承包收入为应税收入,支付的分包款可以在税前扣除,但不能直接从收入中抵扣。

3. 转让财产收入。转让财产收入是指企业转让固定资产、投资性房地产、生物资产、无形资产、股权、债权等所取得的收入。

转让限售股取得收入。企业应按减持限售股取得的全部收入,计入企业当年应税收入计算纳税。企业转让代个人持有的限售股所取得的收入,应作为企业应税收入计算纳税。转让收入扣除限售股原值和合理税费后的余额为该限售股转让所得。企业未能提供完整、真实的限售股原值凭证,不能准确计算该限售股原值的,主管税务机关按该限售股转让收入的15%核定其原值和税费。

4. 股息、红利等权益性投资收益。股息、红利等权益性投资收益是指企业因权益性投资从被投资方取得的收入。除国务院财政、税务主管部门另有规定外,企业应当以被投资方作出利润分配决定的日期确认收入的实现。

5. 利息收入。利息收入是指企业将资金提供他人使用但不构成权益性投资,或因他人占用本企业资金所取得的收入,包括存款利息、贷款利息、债券利息、欠款利息等收入。

企业应按照合同约定的债务人应付利息日期确认收入。对持有至到期投资、贷款等,按照企业会计准则规定,采用实际利率法确认的利息收入为应税收入(贷记“投资收益”)。

6. 租金收入。租金收入是指企业提供固定资产、包装物或者其他有形资产的使用权取得的收入。租金收入应当按照合同约定的承租人应付租金的日期确认收入的实现。

7. 特许权使用费收入。特许权使用费收入是指企业提供专利权、非专利技术、商标权、著作权以及其他特许权的使用权而取得的收入。特许权使用费收入,应当按照合同约定的特许权使用人应付特许权使用费的日期确认收入的实现。

8. 接受捐赠收入。接受捐赠收入是指企业接受的来自其他企业、组织和个人无偿给予的货币性资产、非货币性资产。接受捐赠收入,应当在实际收到捐赠资产的日期确认收入的实现。

9. 其他收入。其他收入是指企业取得的上述各项收入以外的一切收入,包括企业资产溢余收入、逾期未退包装物没收的押金、确实无法偿付的应付款项、企业已做坏账损失处理后又收回的应收账款、债务重组收入、补贴收入、教育费附加返还款、违约金收入、汇兑收益等。

(二)不征税收入

1. 不征税收入的界定。根据可税性原理,如果一项收入、收益具有公益性或者非营利性,就不具可税性,就不应该对其征税。因此,不征税收入是指不具可税性的收入。从政府角度而言,如果对财政支出的拨款征税后再转为财政收入,就如同左手送出去的钱右手又拿回一部分,是对财政资金的循环征税,不符合效率原则。行政事业性收费、政府性基金两者均属财政性资金,都是国家财政收入,征税者不应再对自己征税。

按税法规定,收入总额中的下列收入为不征税收入:

(1)财政拨款。财政拨款是指各级政府对纳入预算管理的事业单位、社会团体等组织拨付的财政资金(财政补助、专项财政补贴等),但国务院以及国务院财政、税务主管部门另有规定的除外。

(2)行政事业性收费。行政事业性收费是指企业根据法律法规等有关规定,按照国务院规定程序批准,在实施社会公共管理,以及在向公民、法人或者其他组织提供特定公共服务过程中,向特定对象收取并纳入财政管理的费用。

(3)政府性基金。政府性基金是指企业根据法律、行政法规等有关规定,代政府收取的具有专项用途的财政资金。

(4)其他不征税收入。其他不征税收入是指企业取得的,由国务院财政、税务主管部门规定专项用途并经国务院批准的财政性资金。

2. 企业取得的财政性资金。企业从各级政府取得的财政性资金包括政府对企业的无偿拨款、税收返还、财政贴息,以及无偿给予的非货币性资产等(属于国家投资和使用后要求归还的本金除外);同时,符合以下条件时,准予作为不征税收入,在计算应纳税所得额时从收入总额中减除:

(1)企业能够提供规定资金专项用途的资金拨付文件。

(2)财政部门或其他拨付资金的政府部门对该资金有专门的资金管理办法或具体管理要求。

(3)企业对该资金以及以该资金发生的支出单独进行核算。

企业将符合规定条件的财政性资金做不征税收入处理后,在5年(60个月)内未发生支出且未缴回财政或其他拨付资金的政府部门的部分,应重新计入取得该资金第6年的应税收入总额;重新计入应税收入总额的财政性资金发生的支出,允许在计算应纳税所得额时扣除。企业从政府取得的搬迁补偿收入或处置相关资产而取得的收入,从规划搬迁的次年起的5年内,作为不征税收入,期满后,计入应税收入。

企业从政府取得的，与企业日常经营活动密切相关且构成企业商品或服务对价组成部分的经济资源，应按收入准则进行会计处理；而对与企业日常活动无关的政府补助(如受灾补贴等)，按政府补助准则进行会计处理。

政府补助是来源于政府的经济资源，具有无偿性，不需要向政府交付商品或服务等对价。与资产相关的政府补助(企业取得的、用于购建或以其他方式形成长期资产的政府补助)，应当冲减相关资产的账面价值或确认为"递延收益"；与收益相关的政府补助(除与资产相关的政府补助之外的政府补助)，应当分别情况进行会计处理。

3. 企业取得财政性资金的会计处理。符合收入确认条件的，财务会计通过"其他收益"进行会计处理；符合政府补助确认条件的，财务会计通过"营业外收入"进行会计处理。

税务会计则应根据税法规定，对不征税收入或免税收入及其用于支出所形成的费用或资产进行同步纳税调整减少和增加。不征税收入管理的核心是收入暂不征税，支出不能税前扣除。

六、企业所得税纳税地点和纳税年度

(一)企业所得税纳税地点

除税收法律、行政法规另有规定外，居民企业以企业登记注册地(企业按照国家有关规定进行登记注册的住所地)为纳税地点；但登记注册地在境外的，以实际管理机构所在地为纳税地点。

非居民企业取得税法规定的所得，以机构、场所所在地为纳税地点。

非居民企业在中国境内未设立机构、场所，或者虽设立机构、场所但取得的所得与其所设机构、场所没有实际联系的，其所得应缴纳的所得税，以扣缴义务人所在地为纳税地点。

(二)企业所得税纳税年度

企业所得税按纳税年度计算，纳税年度自公历1月1日起至12月31日止。

企业在一个纳税年度中间开业，或者终止经营活动，使该纳税年度的实际经营期不足12个月的，应当以其实际经营期为一个纳税年度。

企业依法清算时，应当以清算期间作为一个纳税年度。

七、企业所得税的减免

（一）免税收入

免税收入是指虽然具有可税性，但按税法规定是免予征税的收入。企业的下列收入为免税收入：

1. 国债利息收入。以国债发行时约定应付利息的日期，确认利息收入的实现。企业从发行者直接投资购买的国债持有至到期，其从发行者取得的国债利息收入；企业在到期前转让国债或者从非发行者投资购买的国债，按以下方法计算的国债利息收入，全额免缴企业所得税：

国债利息收入＝国债金额×（适用年利率÷365）×持有天数

"国债金额"按国债发行面值或发行价格确定；"适用年利率"按国债票面年利率或折合年收益率确定；若企业不同时间多次购买同一品种国债的，"持有天数"可按平均持有天数计算确定。

2. 居民企业直接投资于其他居民企业所取得的股息、红利等权益性投资收益以及在中国境内设立机构、场所的非居民企业从居民企业取得与该机构、场所有实际联系的股息、红利等权益性投资收益，但不包括连续持有居民企业公开发行并上市流通的股票不足12个月取得的投资收益。

3. 符合条件的非营利组织[①]的收入（不包括非营利组织从事营利性活动所取得的收入，但国务院财政、税务主管部门另有规定的除外）。

对于不符合不征税收入条件的财政性补贴，应属于征税收入（应税收入或免税收入），当且仅当有国务院、财政部或国家税务总局三个部门中的一个或多个部门明确颁发文件确认为免税收入的，才属于免税收入，在计入会计收入的年度可进行纳税调整处理[②]。否则，即属于应税收入，应当在取得财政补贴款项的当年度计入应纳税所得额。

4. 证券投资基金有关收入。

（1）对证券投资基金从证券市场中取得的收入，包括买卖股票、债券的差价收入，股权的股息、红利收入，债券的利息收入及其他收入，暂不征收企业所得税。

（2）对投资者从证券投资基金分配中取得的收入，暂不征收企业所得税。

（3）对证券投资基金管理人运用基金买卖股票、债券的差价收入，暂不征收企业所得税。

---

① 非营利组织的认定管理办法由国务院财政、税务主管部门会同国务院有关部门制定。

② 如生产软件、集成电路的企业，其增值税实际税负超过3%的即征即退增值税补贴就属于免税收入。

(二)法定减免

1. 免缴企业所得税。企业[①]从事下列项目的所得,免缴企业所得税:

(1)蔬菜、谷物、薯类、油料、豆类、棉花、麻类、糖料、水果、坚果的种植。

(2)农作物新品种的选育。

(3)中药材的种植。

(4)林木的培育和种植。

(5)牲畜、家禽的饲养。

(6)林产品的采集。

(7)灌溉、农产品初加工、兽医、农技推广、农机作业和维修等农、林、牧、渔服务业项目。

(8)远洋捕捞。

2. 减缴企业所得税。企业从事下列项目(不含国家禁止和限制发展的项目)的所得,减半缴纳企业所得税:

(1)花卉、茶以及其他饮料作物和香料作物的种植。

(2)海水养殖、内陆养殖。

企业从事国家限制和禁止发展的项目,不得享受税法规定的企业所得税优惠。

3. 技术转让所得的减免。技术转让是居民企业转让其所拥有技术的所有权或 5 年(含)以上全球独占许可使用权的行为。技术转让包括专利技术、计算机软件著作权、集成电路布图设计权、植物新品种、生物医药新品种以及财政部和国家税务总局确定的其他技术。

在一个纳税年度内,居民企业技术转让所得不超过 500 万元的部分,免缴企业所得税;超过 500 万元的部分,减半缴纳企业所得税。

技术转让应签订技术转让合同。境内技术转让须经省级(含)以上科技部门认定登记,跨境技术转让须经省级(含)以上商务部门认定登记,涉及财政经费支持产生技术的转让,需省级(含)以上科技部门审批。

居民企业取得禁止出口和限制出口技术转让所得,不享受技术转让减免企业所得税优惠政策。居民企业从直接或间接持有股权之和达到 100%的关联方取得的技术转让所得,不享受技术转让减免企业所得税优惠政策。关联方之间发生技术转让所取得的技术转让所得,不享受本优惠政策。

4. 预提所得税的减免。非居民企业取得的税法规定的所得,减按 10%的税率缴纳

---

① 其中包括“公司+农户”经营模式的企业。

企业所得税。下列所得可以免缴企业所得税：外国政府向我国政府提供贷款取得的利息所得；国际金融组织向我国政府和居民企业提供优惠贷款取得的利息所得；经国务院批准的其他所得。

对境外投资者从中国境内居民企业分配的利润直接投资于非禁止外商投资的项目和领域，凡满足规定条件的，实行递延纳税，暂不征收预提所得税。

境外投资者以分配利润补缴其在境内居民企业已经认缴的注册资本（新增或转增实收资本、资本公积）；境外投资者按金融主管部门规定，通过人民币再投资专用存款账户划转再投资资金，并在相关款项从利润分配企业账户转入境外投资者人民币再投资专用存款账户的当日，再由境外投资者通过人民币再投资专用存款账户，转入被投资企业或股权转让方账户的，可享受递延纳税优惠。

5. 民族自治地方的自治机关对本民族自治地方的企业应缴纳的企业所得税中属于地方分享的部分，可以决定减征或者免征。自治州、自治县决定减征或者免征所得税的，须报省、自治区、直辖市人民政府批准。民族自治地方是指按照《中华人民共和国民族区域自治法》的规定，实行民族区域自治的自治区、自治州、自治县。民族自治地方内国家限制和禁止发展行业的企业，不得享受减免企业所得税的优惠。

（三）定期减免

1. 享受企业所得税定期减税或免税的新办企业。

（1）享受企业所得税定期减税或免税的新办企业标准为：按照国家法律、法规以及有关规定，在工商行政主管部门办理设立登记、新注册成立的企业。新办企业的权益性出资人（股东或其他权益投资方）实际出资中固定资产、无形资产等非货币性资产的累计出资额占新办企业注册资金的比例一般不得超过25%。现有企业新设立的不具有法人资格的分支机构，不论其货币投资占了多大比例，均不得作为新办企业。

（2）办理设立登记的企业，在设立时以及享受新办企业所得税定期减税或免税优惠政策期间，从权益性投资者及其关联方购置、租借或无偿占用的非货币性资产占注册资本的比例累计超过25%的，不得享受新办企业的所得税优惠政策。

（3）符合条件的新办企业利用转让定价等方法从关联企业转移来利润的，转移过来的利润不得享受新办企业所得税优惠政策；符合条件的新办企业，其业务和关键人员是从现有企业转移而来的，其全部所得不得享受新办企业所得税优惠政策。

2. 企业从事国家重点扶持的公共基础设施项目投资经营的所得，从项目取得第一笔生产经营收入所属年度起，第1年至第3年免缴企业所得税，第4年至第6年减半缴纳企业所得税。

国家重点扶持的公共基础设施项目是指《公共基础设施项目企业所得税优惠目

录》规定的港口码头、机场、铁路、公路、电力、水利等项目。

企业承包经营、承包建设和内部自建自用以上项目，不得享受该项企业所得税优惠。

3. 从事符合条件的环境保护、节能节水项目的所得，从项目取得第一笔生产经营收入所属年度起，第 1 年至第 3 年免缴企业所得税，第 4 年至第 6 年减半缴纳企业所得税。

符合条件的环境保护、节能节水项目，包括公共污水处理、公共垃圾处理、沼气综合开发利用、节能减排技术改造、海水淡化等。项目的具体条件和范围由国务院财政、税务主管部门商国务院有关部门制定，报国务院批准后公布施行。

4. 企业从事上述投资经营项目，按规定享受定期减免税优惠的，在减免税期限内转让的，受让方自受让之日起，可以在剩余期限内享受规定的减免税优惠；减免税期限届满后转让的，受让方不得就该项目重复享受减免税优惠。

5. 实行查账征收方式的集成电路生产企业和软件企业。国家鼓励的集成电路线宽小于 28 纳米(含)，且经营期在 15 年以上的集成电路生产企业或单独核算项目，第 1 年至第 10 年免缴企业所得税(即"十免"优惠)；集成电路线宽小于 65 纳米(含)，且经营期在 15 年以上的集成电路生产企业或单独核算项目，第 1 年至第 5 年免缴企业所得税，第 6 年至第 10 年按 25%的法定税率减半缴纳企业所得税(即"五免五减半"优惠)；集成电路线宽小于 130 纳米(含)，且经营期在 10 年以上的集成电路生产企业或单独核算项目，第 1 年至第 2 年免缴企业所得税，第 3 年至第 5 年按照 25%的法定税率减半缴纳企业所得税(即"两免三减半"优惠)，纳税年度发生的亏损，准予向以后年度结转，总的结转年限最长不得超过 10 年。

优惠期自获利年度起计算，获利年度是企业应纳税所得额大于零的当年。

(四) 加速折旧

加速折旧包括采用加速折旧和缩短折旧年限方法两种类型。采取加速折旧方法的，可以采用双倍余额递减或年数总和法；采取缩短折旧年限方法的固定资产，最低折旧年限不得低于税法规定折旧年限的 60%。若为购置已使用过的固定资产，其最低折旧年限不得低于税法规定最低折旧年限减去已使用年限后剩余年限的 60%。

2019 年之前，固定资产加速折旧的适用范围是"六大行业和四个领域重点行业"。从 2019 年起，加速折旧的适用范围是信息传输、软件和信息服务，以及全部制造业。自 2024 年 1 月 1 日至 2027 年 12 月 31 日，新购进的设备仪器，单位价值不超过 500 万元的，允许一次性计入当期成本费用，在计算应纳税所得额时扣除，不再分年度计算折旧。

企业在享受加速折旧税收优惠时，并不要求财务会计也必须采取与税务会计相同的折旧方法。换言之，财务会计处理是否采取加速折旧方法，并不影响企业享受加速折旧税收优惠。这就可能导致财务会计折旧额小于同期税务会计折旧额，由此产生应纳税暂时性差异，可通过“递延所得税负债”账户调整该差异。

(五)加计扣除

1. 研发费用的加计扣除：

(1)加计扣除比例及费用项目。企业开展研发活动中实际发生的研发费用，自2023年1月1日起，未形成无形资产计入当期损益的，在按规定据实扣除的基础上，再按照实际发生额的100%在税前加计扣除；形成无形资产的，按照无形资产成本的200%在税前摊销。

在集成电路企业①和工业母机企业②开展研发活动中实际发生的研发费用，自2023年1月1日至2027年12月31日，未形成无形资产计入当期损益的，在按规定据实扣除的基础上，再按照实际发生额的120%在税前加计扣除；形成无形资产的，按照无形资产成本的220%在税前摊销。

研发费用项目包括：①人工费用，直接从事研发活动人员的工资薪金、基本养老保险费、基本医疗保险费、失业保险费、工伤保险费、生育保险费、住房公积金和外聘研发人员的劳务费。②直接投入费用，研发活动直接消耗的材料、燃料和动力费用；用于中间试验和产品试制的模具、工艺装备开发及制造费，不构成固定资产的样品、样机及一般测试手段的购置费，试制产品的检验费；用于研发活动的仪器、设备的运行维护、调整、检验、维修等费用，以及通过经营租赁方式租入的用于研发活动的仪器、设备租赁费。③折旧费用，用于研发活动的仪器、设备的折旧费。企业融资租入固定资产不能加速折旧，但符合条件的折旧额(而不是支付的租赁费)可以加计扣除。④无形资产摊销额，用于研发活动的软件、专利权、非专利技术(包括许可证、专有技术、设计和计算方法等)的摊销费用。⑤新产品设计费、新工艺规程制定费、新药研制的临床试验费、勘探开发技术的现场试验费。⑥其他相关费用，与研发活动直接相关的其他费用，如技术图书资料费、资料翻译费、专家咨询费、高新科技研发保险费，研发成果的检索、分析、评议、论证、鉴定、评审、评估、验收费用，知识产权的申请费、注册费、代理费，差旅费、会议费等。此项费用总额不得超过可加计扣除研发费用总额的10%③。⑦财政部和国家税务总局规定的其他费用。

(2)加计扣除的适用范围。下列活动不得在税前加计扣除：①企业产品(服务)的常规性升级；②对某项科研成果的直接应用，如直接采用公开的新工艺、材料、装置、产

---

① 集成电路企业是指国家鼓励的集成电路生产、设计、装备、材料、封装、测试企业。

② 工业母机企业是指生产销售符合《先进工业母机产品基本标准》产品的企业。

③ 其他相关费用限额=上述①至⑤项费用之和×10%÷(1−10%)。

品、服务或知识等;③企业在商品化后为顾客提供的技术支持活动;④对现存产品、服务、技术、材料或工艺流程进行的重复或简单改变;⑤市场调查研究、效率调查或管理研究;⑥作为工业(服务)流程环节或常规的质量控制、测试分析、维修维护;⑦社会科学、艺术或人文学方面的研究。

下列行业不得在税前加计扣除:①烟草制造业;②住宿和餐饮业;③批发和零售业;④房地产业;⑤租赁和商务服务业;⑥娱乐业;⑦财政部和国家税务总局规定的其他行业。

除上述活动和行业外,企业发生的研发支出均可享受税前加计扣除的优惠。

(3)特别事项处理。委托外部机构或个人进行研发活动所发生的费用,按照费用实际发生额(符合独立交易原则)的80%计入委托方研发费用并计算加计扣除,受托方不得再进行加计扣除。

委托境外机构进行研发活动所发生的费用,按费用实际发生额(符合独立交易原则)的80%计入委托方的委托境外机构研发费用。委托境外机构研发费用不得超过境内符合条件研发费用2/3的部分,可以按规定在企业所得税前加计扣除。委托境外个人进行研发活动发生的费用,不得加计扣除。

委托方与受托方存在关联关系的,受托方应向委托方提供研发项目费用支出明细情况。

(4)核算管理要求。研发费用加计扣除适用于会计核算健全、实行查账征收并能够准确归集研发费用的居民企业,对可加计扣除的研发费用实行归并核算。企业应按照国家财务会计制度要求,对研发支出进行会计处理。

企业研发项目立项时应设置研发支出辅助账(按自主、委托、合作、集中的研发方式分设),由企业留存备查;年末汇总分析填报研发支出辅助账汇总表,并在报送《年度财务会计报告》的同时,随附注一并报送主管税务机关。研发支出辅助账、研发支出辅助账汇总表格式参照税总公告所附样式编制。企业年度纳税申报时,根据研发支出辅助账汇总表填报研发项目可加计扣除研发费用情况归集表,在年度纳税申报时随申报表一并报送。企业应不迟于年度汇算清缴纳税申报时,向税务机关报送《企业所得税优惠事项备案表》和研发项目文件完成备案,并将有关资料留存备查。

【例8-1】税务人员在对某仪表生产企业进行纳税评估时,实物盘查后发现实际结存的仪表比账上少4台。会计人员解释说,该企业是仪表生产企业,上年购进的12台仪表其实是其他企业生产的仪表,购入目的是进行拆解研究,以便改进本企业的产品。4台仪表在上年研究开发时进行拆解,已经失去了使用价值,拆解研究后大部分零件作为废品处理了。当初,企业认为购入的精密仪表价值较高(单台价值在10万元左右),将其作为固定资产入账,并按折旧年限3年的期限计提了相应折旧额。税务人员核查后证实了会计人员的解释。

税务人员经过分析后认为,企业购入的精密仪表虽然价值较高,但不属于固定资产，而属于研发活动直接消耗的材料，应该按照存货进行核算管理。根据税法规定，应该以购入仪表价值的全额为依据享受加计扣除。

税务人员建议企业应当及时进行账务调整，把库存未用的精密仪表由固定资产账调到存货账，未耗用的8台仪表不能再计提折旧，8台仪表上年已经计提并加计扣除的折旧要及时转回调减补税，在本年度拆解的仪表可以作为研发材料，备案后在本年企业所得税年度申报时一次性加计扣除。

2. 安置残疾人员就业的工资加计扣除。企业安置残疾人员及国家鼓励安置的其他人员就业并符合具体规定条件的，除所支付的工资可据实扣除外，不论企业盈亏，均可按支付给残疾职工工资的100%加计扣除。企业对支付给残疾职工的工资，在进行企业所得税预缴申报时，可据实计算扣除；在年度终了进行企业所得税年度申报和汇算清缴时，再按规定计算加计扣除。

企业实际支付给职工工资的加计扣除部分，如果大于本年度应纳税所得额的，可准予扣除其不超过应纳税所得额的部分，超过部分在本年度和以后年度均不得扣除。亏损单位不适用工资加计扣除应纳税所得额的办法。

（六）减计收入

减计收入是指企业以《资源综合利用企业所得税优惠目录》规定的资源作为主要原材料，生产国家非限制和禁止并符合国家和行业相关标准的产品取得的收入，减按90%计入收入总额。

主要原材料占生产产品材料的比例不得低于《资源综合利用企业所得税优惠目录》规定的标准。

（七）抵扣税额

创业投资企业从事国家需要重点扶持和鼓励的创业投资，可以按投资额的一定比例抵扣应纳税所得额。

创业投资企业采取股权投资方式投资于未上市的中小高新技术企业2年（含）以上，可以按照其对中小高新技术企业投资额的70%在股权持有满2年的当年抵扣该创业投资企业的应纳税所得额；当年不足抵扣的，可以在以后纳税年度结转抵扣。

中小高新技术企业是指企业职工人数不超过500人、年销售收入不超过2亿元、资产总额不超过2亿元的高新技术企业。

（八）税额抵免

企业购置用于环境保护、节能节水、安全生产等专用设备的投资额，可以按一定比例实行税额抵免。税额抵免是指企业购置并实际使用《环境保护专用设备企业所得税优惠目录》《节能节水专用设备企业所得税优惠目录》和《安全生产专用设备企业所得税优惠目录》规定的环境保护、节能节水、安全生产等专用设备。该专用设备的投资额的10%可以从企业当年的应纳税额中抵免;当年不足抵免的,可以在以后5个纳税年度结转抵免。企业进行税额抵免时,如果增值税进项税额允许抵扣,其设备投资额不再包括增值税进项税额;如果增值税进项税额不允许抵扣,其设备投资额可以是价税合计金额;如果取得的是普通发票,其设备投资额是发票上注明的金额。

享受所得税税额抵免优惠的企业,应当是实际购置并自身实际投入使用税法规定的专用设备;企业购置上述专用设备在5年内转让、出租的,应当停止享受企业所得税优惠,并补缴已经抵免的企业所得税税款。

(九)企业所得税减免管理

企业按规定可以享受的上述各项减免政策(优惠事项),实行"自行判别、申报享受、相关资料留存备查"的办理方式。企业应根据经营情况以及相关税收规定自行判断是否符合优惠事项规定的条件,符合条件的可以按规定时间自行计算减免税额,并通过填报企业所得税纳税申报表享受税收优惠。同时,按规定归集和留存相关资料备查,并对其真实性、合法性承担法律责任。留存备查资料是指与企业享受优惠事项有关的合同、协议、凭证、证书、文件、账册、说明等资料,应从企业享受优惠事项当年的企业所得税汇算清缴期结束次日起保留10年。

企业享受优惠事项的,应当在完成年度汇算清缴后,将留存备查资料归集齐全并整理完成,以备税务机关核查。企业同时享受多项优惠事项或享受的优惠事项按照规定分项目进行核算的,应按优惠事项或项目分别归集留存备查资料。

第二节 企业所得税的确认计量

一、应税收入的确认计量

(一)应税收入确认的原则和条件

应税收入就是按税法规定应纳企业所得税的收入。它是在财务会计按会计准则确认计量的基础上，再按税法规定重新确认计量的收入。

对应税收入的确认，一般也应遵循财务会计中的权责发生制原则和实质重于形式原则①。税法规定，企业销售商品同时满足下列条件的，应确认收入的实现：

(1)商品销售合同已经签订，企业已将商品所有权相关的主要风险和报酬转移给购货方。

(2)企业对已售出的商品既没有保留通常与所有权相联系的继续管理权，也没有实施有效控制。

(3)收入的金额能够可靠地计量。

(4)已发生或将发生的销售方的成本能够可靠地核算。

企业在对应税收入确认时，应关注收入的两种情况：一是与应税行为相联系，即发生应税行为才能产生应税收入；换言之，如果纳税人发生非应税行为或免税行为，其所取得的收入就不是应税收入，而只是财务会计收入。二是与某一具体税种相关。纳税人取得一项收入，如果是应税收入，那必然与某一具体税种相关，它是某一特定税种的应税收入，而非其他税种的应税收入。

(二)商品销售收入的确认计量

1. 一般商品销售收入的确认计量。

(1)销售商品采用托收承付方式的，在办妥托收手续时确认收入。

(2)销售商品采取预收款方式的，在发出商品时确认收入。

(3)销售商品需要安装和检验的，在购买方接受商品以及安装和检验完毕时确认收入。如果安装程序比较简单，可在发出商品时确认收入。

(4)销售商品采用支付手续费方式委托代销的，在收到代销清单时确认收入。

2. 特殊商品销售收入的确认计量。

(1)以分期收款方式销售货物的，应当按照合同约定的收款日期确认收入的实现。

(2)企业受托加工制造大型机械设备、船舶、飞机等，以及从事建筑、安装、装配工程业务或者提供劳务等，持续时间超过12个月的，应当按照纳税年度内完工进度或者完成的工作量确认收入的实现。完工进度或者完成的工作量不能合理判断情况的，按照税法确定的原则处理。

3. 采取产品分成方式取得收入的，以企业分得产品的日期确认收入的实现，其收入额按照产品的公允价值确定。

---

① 国务院财政、税务主管部门另有规定的除外。

(三)视同销售收入的确认计量

视同销售是在税收上需要确认为应税收入(收益)而在财务会计中一般不能确认为销售收入的事项。企业将自有资产移送他人,如将资产用于市场推广、交际应酬、职工奖励、集体福利、对外投资和分配、对外捐赠或其他改变资产所有权属等情况均应确定视同销售收入。

确认视同销售的前提是资产所有权属发生改变,按自制、外购、委托加工资产分别确认视同销售价格。企业以自产或外购资产作为职工福利费发给职工,其纳税处理的主要差异是确认标准和确认方式。

(1)主营业务收入及成本的确认标准不同。以自制产品发放职工福利,主营业务收入按对外销售价或公允价值确认,主营业务成本按制造成本确认;以外购商品发放职工福利,主营业务收入和主营业务成本均按购买价确认。

(2)职工福利费税前扣除的确认方式不同。自制或外购两种方式的纳税差异:一是将自制产品作为福利发给职工按售价确认,根据税前扣除的真实发生原则,职工福利费按成本价确认,需要进行纳税调整;二是以外购商品发放职工福利,外购价既是公允价值又是成本价,因此,按外购价确认的职工福利费支出就是其发生的实际支出,无须进行纳税调增。

企业发生下列情形的处置资产(将资产转移至境外的除外),因资产所有权属在形式和实质上均不发生改变,应作为内部处置资产,不作为视同销售确认收入,相关资产的计税基础延续计算:

(1)将资产用于生产、制造、加工另一产品。

(2)改变资产形状、结构或性能。

(3)改变资产用途(如自建商品房转为自用或经营)。

(4)将资产在总机构及其分支机构之间转移。

(5)上述两种或两种以上情形的混合。

(6)其他不改变资产所有权属的用途。

(四)租赁收入的确认计量

企业①提供固定资产、包装物或者其他有形资产的使用权取得的租金收入,应按交易合同或协议规定的承租人应付租金的日期确认收入的实现。如果交易合同或协议中规定租赁期限跨年度,且租金提前一次性收取的,出租人可对已确认的收入,在租赁期

① 也包括出租方在我国境内设有机构场所且采取据实申报缴纳企业所得的非居民企业。

内,分期均匀计入相关年度收入。如某企业当年9月收到当年9月至下年8月的一笔租金120万元,其在当年所得税汇算清缴时应确认40万元。

在融资性售后回租业务中,承租人出售资产的行为,不确认为销售收入,对融资性租赁的资产,仍按承租人出售前原账面价值作为计税基础计提折旧。租赁期间,承租人支付的属于融资利息的部分,作为企业财务费用在税前扣除。

(五)股权转让所得的确认计量

企业转让股权收入,应于转让协议生效且完成股权变更手续时确认收入的实现。转让股权收入扣除为取得该股权所发生的成本后,为股权转让所得。企业在计算股权转让所得时,不得扣除被投资企业未分配利润等股东留存收益中按该项股权而可能分配的金额。在财务会计中,企业处置长期股权投资时,其账面价值与实际取得价款的差额,应确认为处置损益。采用权益法核算的长期股权投资,因被投资单位除净损益以外所有者权益的其他变动而计入所有者权益的,处置该项投资时应当将原计入所有者权益的部分按相应比例转入当期损益。

(六)财产转让等所得的确认计量

企业取得财产(包括各类资产、股权、债权等)转让收入、债务重组收入(债务重组合同或协议生效时确认收入的实现)、接受捐赠收入、无法偿付的应付款收入等,不论是以货币形式还是非货币形式体现,除另有规定外,均应一次性计入确认收入的年度,计算缴纳企业所得税。

(七)股息、红利等权益性投资收益收入的确认计量

企业权益性投资取得股息、红利等收入,应以被投资企业股东会或股东大会作出利润分配或转股决定的日期确定收入的实现。被投资企业将股权(票)溢价所形成的资本公积转为股本的,不作为投资方企业的股息、红利收入,投资方企业也不得增加该项长期投资的计税基础。

(八)金融企业贷款利息收入的确认计量

金融企业按规定发放的贷款,属于未逾期贷款(含展期,下同),应根据先收利息、后收本金的原则,按贷款合同确认的利率和结算利息的期限计算利息,并于债务人应付利息的日期确认收入实现;属于逾期贷款,其逾期后发生的应收利息,应于实际收到日期,或者虽未实际收到,但会计上确认为利息收入的日期,确认收入的实现。金融企业已确认为利息收入的应收利息,逾期90天仍未收回,且会计上已冲减了当期利息收入

的，准予抵扣当期应纳税所得额。金融企业已冲减了利息收入的应收未收利息，以后年度收回时，应计入当期应纳税所得额计算纳税。

（九）企业接收划入资产收入的确认计量

1. 企业接收政府划入资产。

（1）接收政府投资资产。县级以上人民政府及其有关部门将国有资产作为股权投资划入企业，属于政策性划转（投资）行为，不属于收入范畴，企业应将其作为国家资本金（资本公积）进行企业所得税处理。若为非货币性资产，应以政府确定的接收价为计税基础。

（2）接收政府指定用途资产。县级以上人民政府及其有关部门将国有资产无偿划入企业，凡划出单位或监管部门指定专门用途，且企业按规定进行管理，具备财政性资金性质，作为不征税收入进行所得税处理。若为非货币性资产，应以实际接收价计算不征税收入额。

（3）接收政府无偿划入资产。如果属于上述情形以外的政府划入资产，企业应按政府确定的实际接收价计入当期应税收入，计算缴纳企业所得税。如果政府没有确定接收价，应按无偿划入资产的公允价值确认应税收入。

2. 企业接收股东划入资产。企业接收股东划入资产（包括股东赠予资产、在股权分置改革中接收非流通股股东赠予资产、股东放弃本企业的股权），合同（协议）约定作为资本金（含资本公积）且已进行会计处理的，属于接受股东股权的投资行为，不作为应税收入进行所得税处理，企业应按公允价值确定该项资产的计税基础。若企业接收股东划入资产系捐赠行为，应按公允价值确定该项资产的计税基础，同时作为应税收入计入收入总额，计算缴纳企业所得税。

（十）递延收入的确认计量

企业在搬迁期间发生的搬迁收入和搬迁支出，可以暂不计入当期应纳税所得额，而在完成搬迁的年度，对搬迁收入和支出进行汇总清算。企业应在搬迁完成年度，将搬迁所得计入当年的应纳税所得额计算纳税。对搬迁完成年度的确认是：从搬迁开始，5 年内（包括搬迁当年，下同）任何一年完成搬迁的；从搬迁开始，搬迁时间满 5 年的年度。

（十一）其他收入的确认计量

企业发生非货币性资产交换，将货物、劳务用于赞助、集资、广告、样品、职工福利和利润分配等用途的，应当视同销售货物、转让财产或者提供劳务，但国务院财政、税务主管部门另有规定的除外。

二、企业所得税的税前扣除

(一)税前扣除凭证及其扣除原则

企业所得税税前扣除凭证是指企业在计算企业所得税应纳税所得额时,证明与取得收入有关的、合理的支出实际发生,并可据以税前扣除的各类凭证。

企业发生的各项支出,应取得税前扣除凭证,作为计算企业所得税应纳税所得额时扣除相关支出的依据,企业应当在当年度企业所得税汇算清缴期结束前取得税前扣除凭证。

根据凭证的来源,税前扣除凭证分为内部凭证和外部凭证。内部凭证是指企业自制用于成本、费用、损失和其他支出核算的会计原始凭证,其填制和使用应当符合国家会计法律法规等相关规定;外部凭证是指企业发生经营活动和其他事项时,从其他单位、个人取得的用于证明其支出发生的凭证,包括但不限于发票(包括纸质发票和电子发票)、财政票据、完税凭证、收款凭证、分割单等。

企业从境外购进货物或劳务发生的支出,以对于开具的发票或者具有发票性质的收款凭证、相关税费缴纳凭证作为税前扣除凭证。

税前扣除凭证应遵循真实性、合法性和关联性原则。真实性是指税前扣除凭证反映的经济业务真实,且支出已经实际发生;合法性是指税前扣除凭证的形式、来源符合国家法律法规等相关规定;关联性是指税前扣除凭证与其反映的支出相关联且有证明力。

企业应将与税前扣除凭证相关的资料,包括合同协议、支出依据、付款凭证等留存备查,以证实税前扣除凭证的真实性。

(二)税前扣除的确认原则

税前扣除权是纳税人的一项权利。企业在具体进行税前扣除时,对扣除项目的确认时间和条件,主要应遵循以下确认原则:

1. 权责发生制原则。该原则的基本含义与财务会计相同,所得税法规定该原则旨在尽可能减少两者的差异,降低成本和风险,但“另有规定的除外”,即一般以权责发生制为基础(如企业购买预付卡时,即使取得了售卡方开具的增值税普通发票,如果未发生实际消费,按权责发生制原则,其支出也不得在所得税税前扣除),但也共存其他原则,如真实发生、确定性等原则。

2. 配比原则。纳税人发生的费用应在费用应配比或应分配的当期申报扣除,不得提前或滞后申报扣除。

3. 确定性原则。纳税人可扣除的费用不论何时支付,其金额必须是确定的。

(三)税前扣除范围

企业实际发生的与取得应税收入有关的、合理的支出,包括成本、费用、税金、损失和其他支出,准予在计算应纳税所得额时扣除。除税收法律、行政法规另有规定外,不得重复扣除。

1. 销售(营业)成本。企业申报纳税期间已经确认的销售商品(包括商品、产品、原材料、边角余料、废旧物资等)、提供劳务、转让和处置固定资产、无形资产等的销售成本、销货成本、业务支出以及其他耗费。它与财务会计中的主营业务成本、其他业务成本有密切联系,但不是直接对应的。企业在所得税纳税申报时,应根据“申报表”的附表“销售(营业)成本明细表”逐项填列。

2. 期间费用。企业为生产、经营商品和提供劳务等所发生的销售费用、管理费用和财务费用(已经记入成本的有关费用除外)。

3. 税金及附加。企业实际发生的除所得税和增值税以外的各项税金及附加,即通过“税金及附加”所反映的税费。

4. 损失。企业在生产经营活动中发生的固定资产和存货的盘亏、毁损、报废损失,转让财产损失,呆账损失,坏账损失,因自然灾害等不可抗力因素造成的损失以及其他损失。企业发生的损失,减除责任人赔偿和保险赔款后的余额,依照国务院财政、税务主管部门的规定扣除。

企业已经作为损失处理的资产,在以后纳税年度又全部收回或者部分收回时,应当计入当期收入。

5. 其他支出。除成本、费用、税金、损失外,企业经营活动中发生的有关的、合理的支出。

(四)准予扣除项目及其确认

纳税人的财务会计处理与税法规定不一致的,应依照税法规定予以调整,按调整后的金额(准予扣除的金额)扣除。

1. 工薪支出。企业发生的合理的工资、薪金支出,准予在税前扣除。职工工资、薪金是指企业每一纳税年度支付给在本企业任职或与其有雇佣关系的员工的所有现金或非现金形式的劳动报酬,包括基本工资、奖金、津贴、补贴、年终加薪、加班工资,以及与员工任职或者受雇有关的其他支出。企业雇佣季节工、临时工、实习生、返聘离退休人员以及接受外部劳务派遣用工,也属于企业任职或者受雇员工范畴。企业为其支付的相关费用,可以区分为工资、薪金支出和职工福利费支出后,准予在税前扣除,并以准予税前扣除的工资、薪金支出总额为基数,作为计算其他各项相关费用的扣除依据。

“合理的工资、薪金”是指企业按照股东大会、董事会、薪酬委员会或相关管理机构制订的工资、薪金制度规定实际发放给员工的工资、薪金。税务机关在对工资、薪金进行合理性确认时,按以下原则判断:

(1)企业制定了较为规范的员工工资、薪金制度。

(2)企业所制定的工资、薪金制度符合行业及地区水平。

(3)企业在一定时期所发放的工资、薪金是相对固定的,工资、薪金的调整是有序进行的。

(4)企业对实际发放的工资、薪金,已依法履行了预扣预缴个人所得税义务。

(5)有关工资、薪金的安排,不以减少或逃避税款为目的。

符合合理工薪原则,列入企业员工工薪制度、固定与工资、薪金一起发放的福利性补贴,可作为企业发生的工薪支出,按规定在税前扣除。企业在年度所得税汇算清缴结束前向员工实际支付的已预提工资、薪金,准予在汇缴年度按规定扣除。按协议(合同)约定直接支付给劳务派遣公司的费用,作为劳务费支出;直接支付给员工个人的费用,作为工薪支出和职工福利费支出,准予计入工薪总额基数,作为计算其他各项相关费用扣除的依据。

2. 职工福利费①、工会经费、职工教育经费。企业实际发生的满足职工共同需要的集体生活、文化、体育等方面的职工福利费支出,不超过工薪总额14%的部分,准予扣除。企业发生的职工福利费,应该单独设置账册,进行准确核算。没有单独设置账册准确核算的,税务机关应责令企业在规定的期限内进行改正。逾期仍未改正的,税务机关可对企业发生的职工福利费进行合理的核定。

企业拨缴的工会经费,不超过工薪总额2%的部分,凭工会组织开具的《工会经费收入专用收据》,准予在税前扣除。

企业发生的职工教育经费支出,不超过工薪总额8%的部分,准予扣除;超过部分,可以在以后纳税年度结转扣除。

软件企业、集成电路设计企业、动漫企业、核电企业、航空企业的职工培训费用,可按其实际发生额在税前全额扣除。

3. 社会保险费。

(1)企业按照国务院主管部门或省级人民政府规定的范围和标准为职工缴纳的基本医疗保险费、基本养老保险费、失业保险费、工伤保险费等基本社会保险费和住房公积金,准予税前扣除。

---

① 企业参加财产保险,按照规定缴纳的保险费,准予扣除。

(2)企业为本企业任职和受雇的员工支付的补充养老保险费、补充医疗保险费，分别在不超过职工工薪总额5%标准内的部分，准予税前扣除；超过部分，不得扣除。

(3)企业按规定为特殊工种职工支付的人身安全保险费和符合规定的商业保险费，准予扣除；但为投资人、一般职工支付的商业保险费，不得扣除。

(4)企业参加的财产保险、责任保险，按规定缴纳的保险费，准予扣除。

4. 公益捐赠支出。公益捐赠支出是企业通过境内公益性社会组织、县级及以上人民政府及其部门等国家机关，向教育、扶贫、济困等公益慈善事业的捐赠支出①。在不超过按国家会计制度规定计算的年度利润总额12%的部分，准予在计算应纳税所得额时扣除；超过年度利润总额12%的部分，准予在以后3年内计算应纳税所得额时结转扣除。

2019年1月1日至2025年12月31日，目标扶贫地区的扶贫捐赠支出，准予在计算应纳税所得额时据实扣除(全额扣除)。

企业发生的公益捐赠支出未在当年税前扣除的部分，准予向以后年度结转扣除，结转年限自捐赠发生年度的次年起计算最长不得超过3年。

企业在计算扣除时，应先扣除以前年度结转的捐赠支出，再扣除当年发生的捐赠支出。

【例8-2】TS公司某年度会计利润总额为600万元，向市慈善基金会捐赠其子公司10%的股权，该股权公允价值240万元，成本200万元，企业已将成本金额计入“营业外支出”。

假定不存在其他纳税调整事项，该公司实际捐赠支出为200万元，捐赠的扣除限额为72(600×12%)万元，调增应纳税所得额128(200-72)万元，视同销售收入200万元，视同销售成本200万元。该公司年度应交企业所得税182[(600+128)×25%]万元。

5. 利息费用。企业在经营过程中发生的、与收入有关的下列利息支出，准予在税前扣除：

(1)非金融企业向金融企业借款的利息支出、金融企业的各项存款利息支出和同业拆借利息支出、企业经批准发行债券的利息支出②。

(2)非金融企业向非金融企业、向股东或其他与企业有关联关系的自然人、向内部职工或其他人员③借款的利息支出，在不超过债权性投资与权益性投资2∶1比例的基

---

① “公益捐赠支出”的界定也适用于个人所得税，但公益捐赠主体为“个人”。

② 符合资本化条件的，应计入相关资产成本。

③ 企业与个人之间的借贷是真实、合法、有效的，并且不具有非法集资目的或其他违反法律、法规的行为；企业与个人之间签订了借款合同。

础上,不超过按照金融企业同期同类贷款利率[1]计算的数额的部分。假设某企业权益性投资额 5 000 万元,向自然人(或关联方)借款 15 000 万元,在计算利息扣除时,只允许按 1 000 万元乘以金融企业同期同类贷款利率计算的利息在税前扣除。

(3)对于采用实际利率法确认的与金融负债相关的利息费用,未超过同期银行贷款利率的部分,可在计算当期应纳税所得额时扣除,超过的部分不得扣除。

(4)投资人投资未到位而发生的利息支出。投资人在规定期限内未缴足其应投资本额的,其应投资本额与实投资本额的差额应计付的利息,不属于企业合理的支出,应由投资人负担,企业不得在税前扣除。假如某企业注册资本 3 000 万元,投资人先投入 1 800 万元,尚欠 1 200 万元。该年度企业向银行借款 1 500 万元,支付借款利息 90 万元。不得扣除的借款利息为 72(90×1 200÷1 500)万元,允许扣除的利息支出为 18(90−72)万元。

6. 汇兑损失。企业在货币交易中,以及纳税年度终了时将人民币以外的货币性资产、负债按照期末即期人民币汇率中间价折算为人民币时产生的汇兑损失,除已经记入有关资产成本以及与向所有者进行利润分配相关的部分外,准予扣除。

7. 借款费用。企业在生产经营活动中发生的合理的不需要资本化的借款费用,准予在税前扣除。

企业为购置、建造和生产固定资产、无形资产和经过 12 个月以上的建造才能达到预定可销售状态的存货而发生的借款,在有关资产购置、建造期间发生的合理的借款费用,符合会计准则规定的资本化条件的,应作为资本性支出计入相关资产的成本;日后按税法规定计算的折旧等成本费用,可在税前扣除。有关资产竣工结算并交付使用后或达到预定可销售状态后发生的合理的借款费用,可在发生当期扣除。

企业通过发行债券、取得贷款、吸收保户储金等方式融资而发生的合理的费用支出(包括手续费及佣金支出),符合资本化条件的,应计入相关资产成本;不符合资本化条件的,作为财务费用,准予在企业所得税前据实扣除。

8. 业务招待费。企业实际发生的与生产经营活动有关的业务招待费,按照实际发生额的 60%扣除,但最高不得超过当年销售(营业)收入额(含视同销售收入额)的 5‰。对从事股权投资业务的企业(包括集团公司总部、创业投资企业等),其从被投资企业所分配的股息、红利及股权转让收入,也可以按规定比例计算业务招待费的扣除限额。

9. 广告费和业务宣传费。企业发生的符合条件的广告费和业务宣传费支出,除国

① 企业按合同要求首次支付利息并进行税前扣除时,应提供金融企业同期同类贷款利率情况的说明,以证明其利息支出的合理性。

务院财政、税务主管部门另有规定外,不超过当年销售(营业)收入额(含视同销售收入额)15%的部分,准予扣除;超过部分,准予在以后纳税年度结转扣除。企业申报的广告费支出,必须符合规定的条件:广告是通过工商部门批准的专门机构制作的;已实际支付,并已取得相应发票;通过一定的媒体传播。

【例 8-3】天瑞公司上年设立时发生筹办费用 15 万元,其中业务招待费 3 万元,广告费和业务宣传费 4.5 万元。今年 1 月该公司开始经营,全年实现营业收入 1 500 万元,实际支出业务招待费 10.5 万元,广告费和业务宣传费 240 万元。今年,公司应如何进行企业所得税纳税调整?

根据有关规定,企业筹办期间发生的筹办费用支出,不得计算为当期的亏损,即不作纳税调整。对于开(筹)办费用,企业可以在开始经营之日的当年一次性扣除,也可以作为长期待摊费用处理,但一经选定,不得改变。

今年 1 月,该公司开始经营,筹办费在 1 月一次性扣除。当年,企业实际发生业务招待费 10.5 万元,共列支业务招待费 13.5(3+10.5)万元。准予税前扣除的业务招待费计算如下:

(1)准予扣除的筹办期业务招待费为 1.8(3×60%)万元。

(2)当年准予扣除的业务招待费:

$$扣除限额=1\ 500×0.5\%=7.5(万元)$$

$$扣除金额=10.5×60\%=6.3(万元)$$

扣除金额小于扣除限额,当年准予税前扣除的业务招待费金额是 6.3 万元,加上准予扣除的筹办期的业务招待费 1.8 万元,共计 8.1 万元。应纳税调增金额是 5.4(13.5-8.1)万元。

当年实际发生广告费和业务宣传费 240 万元,共列支广告费和业务宣传费 244.5(4.5+240)万元。准予税前扣除的广告和业务宣传费计算如下:

(1)准予扣除的筹办期广告费和业务宣传费 4.5 万元。

(2)当年准予扣除的广告费和业务宣传费限额为 225(1 500×15%)万元,超过限额的 15 万元可以结转以后年度扣除。

加上准予扣除的筹办期广告费和业务宣传费 4.5 万元,共计 229.5 万元。应纳税调增金额为 15(240-225 或 244.5-229.5)万元。

10. 固定资产折旧费用。企业按照规定计算的固定资产折旧,准予扣除。下列固定资产不得计算折旧扣除:

(1)房屋、建筑物以外未投入使用的固定资产。

(2)以经营租赁方式租入的固定资产。

(3)以融资租赁方式租出的固定资产。

(4)已足额提取折旧仍继续使用的固定资产。

(5)与经营活动无关的固定资产。

(6)单独估价作为固定资产入账的土地。

(7)其他不得计算折旧扣除的固定资产。

11. 无形资产摊销费用。企业按照规定计算的无形资产摊销费用,准予扣除。下列无形资产不得计算摊销费用扣除:

(1)自行开发的支出已在计算应纳税所得额时扣除的无形资产。

(2)自创商誉。

(3)与经营活动无关的无形资产。

(4)其他不得计算摊销费用扣除的无形资产。

12. 长期待摊费用。企业发生的下列支出作为长期待摊费用,按照规定摊销的,准予扣除:

(1)已足额提取折旧的固定资产的改建支出。

(2)租入固定资产的改建支出。

(3)固定资产的大修理支出。

(4)其他应当作为长期待摊费用的支出,如企业在筹建期间发生的开办费等①。

13. 转让资产。企业转让资产的净值(有关资产的计税基础减除已经按照规定扣除的折旧、折耗、摊销、准备金等后的余额),准予在计算应纳税所得额时扣除。

14. 资产损失。企业在生产经营活动中实际发生的、与取得应税收入有关的资产损失,包括现金损失,存款损失,坏账损失,贷款损失,股权投资损失,固定资产和存货的盘亏、毁损、报废、被盗损失,自然灾害等不可抗力因素造成的损失以及其他损失。

准予在税前扣除的资产损失包括企业在实际处置、转让资产过程中发生的合理损失,以及虽未实际处置、转让资产,但符合税法规定条件计算确认的损失,即实际资产损失和法定资产损失。

15. 环保专项资金。企业按照国家法律、行政法规有关规定提取的用于环境保护、生态恢复等的专项资金,准予扣除;提取资金后改变用途的,不得扣除,已经扣除的,应计入当期应纳税所得额。

16. 租赁费。企业根据生产经营的需要租入固定资产所支付的租赁费,按下列办法扣除:

---

① 开(筹)办费,既可以作为长期待摊费用处理,也可以在开始经营之日在当年一次扣除,但一经确定,不得改变。企业筹办期发生的业务招待费按其实际发生额的60%、广告费和业务宣传费按其实际发生额,计入筹办费。

(1)以经营租赁方式租入固定资产发生的租赁费支出,按照租赁期限均匀扣除。

(2)以融资租赁方式租入固定资产发生的租赁费支出,按照规定构成融资租入固定资产价值的部分应当提取折旧费用,分期扣除。

17. 劳动保护费。企业实际发生的合理的劳动保护支出,准予扣除。劳动保护支出是指确因工作需要为雇员配备或提供工作服、手套、安全保护用品、防暑降温用品等所发生的支出。

18. 手续费及佣金支出。佣金是在合法的商业活动中,支付给中间商、经纪人、代理商、掮客等中间人的合法劳务报酬。

(1)保险企业发生与其经营活动有关的手续费及佣金支出,不超过当年全部保费收入扣除退保金等后余额的18%(含本数)的部分,在计算应纳税所得额时准予扣除;超过部分,允许结转以后年度扣除。

(2)企业应与具有合法经营资格的中介服务企业或个人签订代办协议或合同,并按国家有关规定支付手续费及佣金。除委托个人代理外,企业以现金等非转账方式支付的手续费及佣金不得在税前扣除。企业为发行权益性证券支付给有关证券承销机构的手续费及佣金不得在税前扣除。

(3)企业不得将回扣、业务提成、返利、进场费等计入手续费及佣金支出中。

(4)企业已计入固定资产、无形资产等相关资产的手续费及佣金支出,应当通过折旧、摊销等方式分期扣除,不得在发生当期直接扣除。

(5)企业支付的手续费及佣金不得直接冲减服务协议或合同金额,并如实入账。

(6)企业应当如实向当地主管税务机关提供当年手续费及佣金计算分配表和其他相关资料,并依法取得合法真实凭证。

19. 劳务服务。企业接受关联方提供的管理或其他形式的服务,按照独立交易原则支付的有关费用,准予扣除。电信企业在发展客户、拓展业务等过程中(如委托销售电话入网卡、电话充值卡等),需向委托经纪人、代办商支付手续费及佣金的,其实际发生额在不超过企业当年收入总额5%的部分,准予在企业所得税前据实扣除。

20. 总机构分摊的费用。非居民企业在中国境内设立的机构、场所,就其中国境外总机构发生的与该机构、场所生产经营有关的费用,能够提供总机构出具的费用汇集范围、定额、分配依据和方法等证明文件,并合理分摊的,准予扣除。

(五)以前年度发生的资产损失和应扣未扣支出的处理

1. 追补确认期限。企业以前年度发生的资产损失未能在当年税前扣除的,可按规定向税务机关说明并进行专项申报扣除。其中,属于实际资产损失,准予追补至该项损失发生年度扣除,其追补确认期限一般不得超过5年,但因计划经济体制转轨过程中遗留的资产损失、企业重组上市过程中因权属不清出现争议而未能及时扣除的资产损失、因承担国家政策性任务而形成的资产损失以及政策定性不明确而形成资产损失等特殊原因形成的资产损失，其追补确认期限经国家税务总局批准后可适当延长。

对企业发现以前年度实际发生的、按照税收规定，应在企业所得税前扣除而未扣除或者少扣除的支出，企业做出专项申报及说明后，准予追补至该项目发生年度计算扣除，追补确认期限不得超过5年。

2. 多缴税款的抵退。企业因以前年度实际资产损失未在税前扣除而多缴的企业所得税税款，可在追补确认年度企业所得税应纳税款中予以抵扣，不足抵扣的，可在以后年度递延抵扣，但不能退税。

企业因应扣未扣支出而多缴的企业所得税款，可以在追补确认年度企业所得税应纳税款中抵扣，不足抵扣的，可以向以后年度递延抵扣或申请退税。

企业实际资产损失发生年度扣除追补确认的损失后出现亏损的，应先调整资产损失发生年度的亏损额，再按弥补亏损的原则计算以后年度多缴的企业所得税税款，并按规定进行税务处理。亏损企业追补确认以前年度未在企业所得税前扣除的支出，或盈利企业经过追补确认后出现亏损的，应首先调整该项支出所属年度的亏损额，然后再按照弥补亏损的原则计算以后年度多缴的企业所得税款，并按前款规定处理。

3. 纳税申报。企业在进行企业所得税年度汇算清缴申报时，可将资产损失、应扣未扣支出申报材料和纳税资料作为企业所得税年度纳税申报表的附件一并向税务机关报送。企业资产损失、应扣未扣支出按其申报内容和要求的不同，分为清单申报和专项申报两种申报形式。其中，属于清单申报的，企业可按会计核算科目进行归类、汇总，然后再将汇总清单报送税务机关，有关会计核算资料和纳税资料留存备查；属于专项申报的，企业应逐项（或逐笔）报送申请报告，同时附送会计核算资料及其他相关的纳税资料。

4. 有关会计处理。《会计法》规定，企业不得随意改变费用、成本的确认标准或者计量方法，虚列、多列、不列或者少列费用、成本，不得提前或推迟确认企业的成本、费用、收入等。在对此类事项进行会计处理时，除涉及税法外，还涉及《会计政策、会计估计变更和差错更正》《资产负债表日后事项》《所得税》等项企业会计准则。存在财税差异的，财务会计应按资产负债表债务法，确认暂时性差异，以很可能获得用来抵扣可抵扣亏损和税款抵减的未来应纳税所得额为限，确认相应的递延所得税资产。

（六）不得扣除项目

1. 不得扣除的基本项目如下：

（1）向投资者支付的股息、红利等权益性投资收益款项。

（2）企业所得税税款。

(3)税收滞纳金。

(4)罚金、罚款和被没收的违法所得①。

(5)不属于公益捐赠规定条件的捐赠支出。

(6)赞助支出(即企业发生的与生产经营活动无关的各种非广告性质的支出)。

(7)未经核定的准备金支出②。

(8)因特别纳税调整而被加收的利息支出。

(9)企业以其取得的不征税收入用于支出所形成的费用或资产(包括对资产计提的折旧、摊销)不得在税前扣除;但企业取得的各项免税收入所对应的各项成本费用,除另有规定者外,可以在计算企业应纳税所得额时扣除。

(10)与取得收入无关的其他支出。

2. 其他不得扣除项目。企业之间支付的管理费、企业内营业机构之间支付的租金和特许权使用费,以及非银行企业内营业机构之间支付的利息,不得扣除。

企业对外投资期间,投资资产的成本在计算应纳税所得额时不得扣除。

3. 企业发生的与其经营活动有关的合理的费用,税务机关要求提供证明资料的,应提供能够证明其真实性的合法凭证,否则,不得在税前扣除。

(七)企业亏损的确认和弥补

企业自开始生产经营的年度,为开始计算企业损益年度。企业开(筹)办期间发生的筹办费用支出,不得计算为当期的亏损,即不作纳税调整。对于开(筹)办费用,企业可以在开始经营之日的当年一次性扣除,也可以作为"长期待摊费用"分期摊销,一经选定,不得改变。

1. 亏损确认计量。亏损是企业年度收入总额减去不征税收入、免税收入和各项税前扣除额后的余额为负数的金额。不征税收入和免税收入是指毛收入,其金额必然大于零。计算亏损时,不减去免税所得大于零以及税前扣除受盈利限制的加计扣除额,此类扣除额最多是将应纳税所得额扣除到零为止。

如某企业某年实现利润 50 万元。其中,收入 1 000 万元,成本费用 950 万元,包括技术转让所得 100 万元(收入 500 万元,成本费用 400 万元)。假设没有其他纳税调整项目,该企业当年应纳税所得额为-50[(1 000-500)-(950-400)]万元。

2. 亏损弥补期限。企业纳税年度发生的应税亏损,准予在以后年度以应税所得弥

---

① 指行政机关依法没收的违法行为人取得的违法所得财物,不包括纳税人被没收财物的损失,如按经济合同规定支付的违约金、银行罚息、诉讼费等经营性罚款。

② 经国务院财政、税务主管部门批准(规定期限、规定比例限额)的准备金支出除外。

补，弥补年限不得超过5年；弥补年限应连续计算，不得因弥补期间发生亏损而顺延。2018年1月1日起，当年具备高新技术企业或科技型中小企业资格的企业，其具备资格年度之前5个年度发生的尚未弥补完的亏损，准予结转以后年度弥补，最长结转年限为10年。

3. 亏损弥补的特殊问题：

（1）企业合并。被合并企业的亏损不得在合并企业结转弥补，但企业股东在该企业合并发生时取得的股权支付金额不低于其交易支付总额的85%，以及同一控制下且不需要支付对价的企业合并，可以按下列公式计算：

由合并企业弥补的被合并企业亏损的限额＝被合并企业净资产公允价值×截至合并业务发生当年末国家发行的最长期限的国债利率

（2）企业分立。相关企业的亏损不得相互结转弥补，但被分立企业所有股东按原持股比例取得分立企业的股权，分立企业和被分立企业均不改变原来的实质经营活动，且被分立企业股东在该企业分立发生时取得的股权支付金额不低于其交易支付总额的85%，可以选择被分立企业未超过法定弥补期限的亏损额可按分立资产占全部资产的比例进行分配，由分立企业继续弥补。

（3）免税项目。如果一个企业既有应税项目，又有免税项目，其应税项目发生亏损时，按照规定可以结转以后年度弥补的亏损，应该是冲抵免税项目所得后的余额。如果应税项目有所得，但不足弥补以前年度亏损的，免税项目的所得也应可用于弥补以前年度亏损。

4. 弥补亏损的特定问题：

（1）纳税人弥补以前年度亏损时，先到期亏损先弥补，同时到期亏损先发生的先弥补。

（2）如果企业当期有境外所得，可以用其弥补境内以前年度亏损。如果企业境外所得来自多个国家，弥补境内亏损时，可以自行选择弥补境内亏损的境外所得来源国家（地区）顺序。

三、资产的所得税处理

（一）资产的计税基础

税法中界定的资产是以资本投资而形成的财产。对资本性支出以及无形资产受让、开办、开发费用，不允许作为成本、费用一次性在税前扣除，应按折旧费用、摊销费用方式分次扣除。作为所得税处理的资产，包括固定资产、生物资产、无形资产、长期待摊费用、投资资产、存货等。

在税务会计中,资产的计税基础是指企业取得某项资产时实际发生的支出。除盘盈固定资产外,企业的各项资产均应以历史成本为计税基础。企业持有各项资产期间资产增值或减值,除国务院财政、税务主管部门规定可以确认损益外,不得调整资产的计税基础。企业不能提供资产取得或持有时的支出以及税前扣除有效凭证的,税务机关有权采用合理方法估定其净值。资产的净值是指企业按税法规定确定的资产的计税基础扣除按税法规定计提的资产折旧、摊销、折耗、呆账准备后的余额。

(二)固定资产的所得税处理

固定资产是指企业为生产产品、提供劳务、出租或经营管理而持有的、使用时间超过12个月(不含12个月)的非货币性资产,包括房屋、建筑物、机器、机械、运输工具以及其他与生产经营有关的设备、器具、工具等。

1. 固定资产的计税基础。

(1)外购的固定资产,以购买价款和支付的相关税费以及直接归属于使该资产达到预定用途发生的其他支出为计税基础。

(2)自行建造的固定资产,以竣工结算前发生的支出为计税基础。

(3)企业固定资产投入使用后,由于工程款项尚未结清未取得全额发票的,可暂按合同规定的金额计入固定资产计税基础计提折旧,待发票取得后进行调整(该项调整应在固定资产投入使用后12个月内进行)。

(4)融资租入的固定资产,以租赁合同约定的付款总额和承租人在签订租赁合同过程中发生的相关费用为计税基础,租赁合同未约定付款总额的,以该资产的公允价值和承租人在签订租赁合同过程中发生的相关费用为计税基础。

(5)盘盈的固定资产,以同类固定资产的重置完全价值为计税基础。

(6)通过捐赠、投资、非货币性资产交换、债务重组等方式取得的固定资产,以该资产的公允价值和支付的相关税费为计税基础。

(7)改建的固定资产,除已足额提取折旧的固定资产的改建支出、租入固定资产的改建支出外,以改建过程中发生的改建支出增加计税基础。

2. 固定资产折旧。固定资产按照直线法计算的折旧,准予税前扣除。

企业应当从固定资产使用月份的次月起计算折旧;停止使用的固定资产,应当自停止使用月份的次月起停止计算折旧。企业应当根据固定资产的性质和使用情况,合理确定固定资产的预计净残值。固定资产的预计净残值一经确定,不得变更。

3. 固定资产折旧年限。除国务院财政、税务主管部门另有规定外,固定资产计算折旧的最短年限如下:

(1)房屋、建筑物,为20年。

(2)飞机、火车、轮船、机器、机械和其他生产设备,为10年。

(3)与企业生产经营活动有关的器具、工具、家具等,为5年。

(4)飞机、火车、轮船以外的运输工具,为4年。

(5)电子设备,为3年。

4. 固定资产改建支出。固定资产的改建支出是指企业改变房屋、建筑物结构、延长使用年限等发生的支出。

已足额提取折旧的固定资产的改建支出,按照固定资产预计尚可使用年限分期摊销;租入固定资产的改建支出,按照合同约定的剩余租赁期限分期摊销。

改建的固定资产延长使用年限的,除已足额提取折旧的固定资产的改建支出、租入固定资产的改建支出外,应当适当延长折旧年限。

5. 固定资产大修理支出。固定资产的大修理支出,是指同时符合以下条件的支出:

(1)修理支出达到取得固定资产时的计税基础50%以上。

(2)发生修理后固定资产的使用寿命延长2年以上。

固定资产的大修理支出,按照固定资产尚可使用年限分期摊销。

6. 长期待摊费用的摊销。长期待摊费用的支出,应自支出发生的次月起,分期摊销,摊销年限不得少于3年。

(三)递耗资产的所得税处理

从事开采石油、天然气等资源的企业所发生的矿区权益和勘探费用,可以在已经开始商业性生产后,在不少于2年的期限内分期计提折耗。

从事开采石油资源的企业,在开发阶段的费用支出和在采油气井上建造和安装的不可移作他用的建筑物、设备等固定资产,以油气井、矿区或油气田为单位,按以下方法和年限计提的折耗,准予扣除:

(1)以油气井、矿区或油气田为单位,按照直线法综合计提折耗,折耗年限不少于6年。

(2)以油气井、矿区或油气田为单位,按可采储量和产量法综合计提折耗。采取上述方法计提折耗的,可以不留残值,从油气井或油气田开始商业性生产月份的次月起计提折耗。

(四)生产性生物资产的所得税处理

生产性生物资产是指企业为生产农产品、提供劳务或者出租等而持有的生物资产,包括经济林、薪炭林、产畜和役畜等。

1. 生产性生物资产的计税基础。生产性生物资产,按照实际发生的支出作为计税基础。确认方法有如下两种：

(1)外购的生产性生物资产，以购买价款和支付的相关税费为计税基础。

(2)通过捐赠、投资、非货币性资产交换、债务重组等方式取得的生产性生物资产，以该资产的公允价值和支付的相关税费为计税基础。

2. 生产性生物资产折旧。生产性生物资产按照直线法计算的折旧，准予扣除。

企业应当自生产性生物资产投入使用月份的次月起计算折旧；停止使用的生产性生物资产，应当自停止使用月份的次月起停止计算折旧。

企业应当根据生产性生物资产的性质和使用情况，合理确定生产性生物资产的预计净残值。生产性生物资产的预计净残值一经确定，不得变更。

3. 生产性生物资产折旧年限。生产性生物资产计算折旧的最低年限如下：

(1)林木类生产性生物资产为 10 年。

(2)畜类生产性生物资产为 3 年。

(五)无形资产的所得税处理

无形资产是指企业为生产产品、提供劳务、出租或者经营管理而持有的、没有实物形态的非货币性长期资产，包括专利权、商标权、著作权、土地使用权、非专利技术、商誉等。

1. 无形资产的计税基础。无形资产按取得时的实际支出作为计税基础。确认方法有如下三种：

(1)外购的无形资产，以购买价款和支付的相关税费以及直接归属于使该资产达到预定用途发生的其他支出为计税基础。

(2)自行开发的无形资产，以开发过程中该资产符合资本化条件后至达到预定用途前发生的支出为计税基础。

(3)通过捐赠、投资、非货币性资产交换、债务重组等方式取得的无形资产，以该资产的公允价值和支付的相关税费为计税基础。

2. 无形资产的价值摊销。无形资产按照直线法计算的摊销费用，准予扣除。

无形资产的摊销年限不得低于 10 年。作为投资或者受让的无形资产，有关法律规定或合同约定了使用年限的，可以按照规定或者约定的使用年限分期摊销。

外购商誉的支出，在企业整体转让或清算时，准予税前扣除。

(六)投资资产的所得税处理

投资资产是指企业对外进行权益性投资和债权性投资形成的资产。企业在转让或者处置投资资产时,投资资产的成本,准予从转让该资产的收入中扣除①。

投资资产按发生的实际支出作为计税基础。确认方法有如下两种:

(1)通过支付现金方式取得的投资资产,以购买价款为成本。

(2)通过支付现金以外的方式取得的投资资产,以该资产的公允价值和支付的相关税费为成本。

(七)存货的所得税处理

存货是指企业持有以备出售的产品或商品、处在生产过程中的在产品、在生产过程或提供劳务过程中耗用的材料和物料等。

1. 存货的计税基础。企业应按取得存货时的实际支出作为计税基础。确认方法有如下三种:

(1)通过支付现金方式取得的存货,以购买价款和支付的相关税费为成本。

(2)通过支付现金以外的方式取得的存货,以该存货的公允价值和支付的相关税费为成本。

(3)生产性生物资产收获的农产品,以产出或者采收过程中发生的材料费、人工费和分摊的间接费用等必要支出为成本。

2. 存货的计价方法。企业各项存货的使用或者销售,其实际成本的计算方法,可以在先进先出法、加权平均法、个别计价法中选用一种。计价方法一经选用,不得随意改变。

(八)非货币性资产投资的所得税处理

实行查账征收的居民企业(以下简称企业)以非货币性资产对外投资确认的非货币性资产转让所得,可自确认非货币性资产转让收入年度起不超过连续5个纳税年度的期间内,分期均匀计入相应年度的应纳税所得额,按规定计算缴纳企业所得税。非货币性资产投资同时符合多项政策的,企业可选择其中一项最优政策执行(一经选择确定,不得改变)。关联企业之间发生的非货币性资产投资行为,投资协议生效后12个月内尚未完成股权变更登记手续的,于投资协议生效时,确认非货币性资产转让收入。

企业以非货币性资产对外投资而取得被投资企业的股权,应以非货币性资产的原计税成本为计税基础,加上每年确认的非货币性资产转让所得,逐年进行调整。被投资企业取得非货币性资产的计税基础,应按非货币性资产的公允价值确定。

---

① 企业对外投资的成本在对外转让或置前不得扣除。

企业在对外投资5年内转让上述股权或投资收回的,应停止执行递延纳税政策,并就递延期内尚未确认的非货币性资产转让所得,在转让股权或投资收回当年的企业所得税年度汇算清缴时,一次性计算缴纳企业所得税;企业在计算股权转让所得时,可按上述规定将股权的计税基础一次调整到位。对外投资5年内注销的,应停止执行递延纳税政策,并就递延期内尚未确认的非货币性资产转让所得,在注销当年的企业所得税年度汇算清缴时,一次性计算缴纳企业所得税。

四、应交企业所得税的计算

(一)应纳税所得额的确定原则

1. 权责发生制原则。企业应纳税所得额的确定,一般应以权责发生制为基础。在一般情况下,企业所得税的纳税主体与会计核算主体是一致的,应纳税所得额的计算以财务会计核算的结果为基础,因而应纳税所得额的计算也采用了会计核算中的基本原则——权责发生制。因为企业的经济活动使其实际获取或拥有对某一利益的控制权时,就表明企业已经产生应税收入,而与成本、费用对应的付款责任实际发生时,相关成本、费用也应允许从应税收入中减去,得出的应纳税所得额就是企业所得税的计税依据。

权责发生制原则与税前扣除的真实性原则并不矛盾。真实性是税前扣除的基本前提,除税法规定的研发费用支出和特定人员工资支出可以实行加计扣除外,一项费用只有确属已经真实发生,方可进行税前扣除。其真实发生,并非实际支付的概念,某些尚未支付但确属企业当期应该负担的费用,只要企业能够提供适当的凭据,就可以认定其已经真实发生,当期可以扣除。反之,即使是当期已经实际支付的费用,如果不属于企业当期应该承担的费用,也不应看作是企业当期已真实发生的费用,当期不得扣除。因此,对税前扣除真实性原则的阐释与权责发生制原则是不矛盾的。

2. 税法优先原则。税法优先原则是指企业在计算应纳税所得额时,企业财务、会计处理办法同税收法律、行政法规的规定不一致的,应当依照税收法律、行政法规的规定进行纳税调整,并据调整后的应纳税所得额计算缴税。

(1)税务会计与财务会计的适度分离。由于税法(借助税务会计,下同)与财务会计目标不同,使其两者在某些规定上应适度分离。财务会计目标是为了真实、准确、完整地反映企业财务状况、经营成果和现金流量,为会计报表使用者提供对其决策有用的信息。税法的主要目的是为了及时、足额地为国家筹集财政资金,对社会和经济发展进行适当调节,保护纳税人的合法权益,其根本点在于防止企业少计应税所得、少缴所得税。

税法与财务会计两者遵循的原则不能兼容。绝大多数国家认为,作为财务会计基础的典型惯例并不能完全适用于征税的实际需要。如财务会计确认收入要充分估计将来承担的义务或潜在义务,以确保能够准确反映一个经济实体真正的长期获利能力。根据风险自担的原则,国家已经赋予经营实体有限责任的法律保护,除此之外的经营风险,国家将不予承担。否则,将导致风险程度不同的纳税人的税收负担不公平。

由于目标和原则的差异带来了税法与财务会计的适度分离,致使税收上应该确认为收入的,财务会计可以不确认为收入,而税收上不应该确认为费用的,财务会计却可以确认为费用;或者出现相反的情况。这种适度分离有其客观性和必然性。

(2)税务会计与财务会计差异的协调。税法具有独立的法律效力,而财务会计规范往往不具有法律效力。在处理税法与财务会计的冲突时,一般是采取协调的方式,除了无法协调的情况应遵循税法优先原则外,应尽可能减少税法与会计准则的差异,降低税收管理成本和税法遵从成本。

从提高税法的操作性而言,财务会计无疑为税务会计提供了一个基点。也就是说,税法不是确定税务会计规则的唯一依据,如果会计准则能够更好地反映纳税人在纳税年度取得的应税所得,它也可以从这些准则中获得一些框架性和原则性支持。

对于企业财务会计已有处理方法,而税收法律、行政法规没有规定的,总体处理原则是按照已有的财务会计规定处理。这样,既有利于缩小和协调税法与财务会计的差异,也有利于降低纳税人的会计核算成本、纳税遵从成本和税务机关的管理成本。

(二)居民企业及在我国境内设立机构场所的非居民企业应纳税所得额的计算

企业应当建立健全会计制度,并按照税法规定正确计算应纳税所得额。

企业应纳税所得额的计算有直接计算法和间接计算法两种。直接计算法是按税法规定直接计算应纳税所得额的方法,即按税法规定的应税收入减去税法规定允许税前扣除项目金额计算应纳税所得额;间接计算法即在财务会计计算的账面利润(利润总额)的基础上,加减纳税调整项目金额,间接计算应纳税所得额的方法。直接计算法的计算公式为:

应纳税所得额=收入总额-不征税收入-减免税收入-扣除费用金额-抵扣和减免所得、弥补以前年度亏损额

对征纳双方来说,企业所得税的直接计算法成本较高。因此,在企业所得税的年度纳税申报(A类)时,都是采用间接计算法。间接计算法的计算公式为:

$$纳税调整后所得=利润总额-境外所得\pm纳税调整额-免税、减计收入及加计扣除+境外应税所得抵减境内亏损额$$

$$应纳税所得额=纳税调整后所得-所得减免-弥补以前年度亏损-抵扣应纳税所得额$$

企业按照国务院财政、税务主管部门有关文件规定，实际收到具有专门用途的先征后返所得税税款，按照会计准则规定应计入取得当期的利润总额，暂不计入取得当期的应纳税所得额。

企业以公允价值计量的金融资产、金融负债以及投资性房地产等，持有期间公允价值的变动不记入应纳税所得额，在实际处置或结算时，处置取得的价款扣除其历史成本后的差额应记入处置或结算期间的应纳税所得额。

企业确实不能提供真实、完整、准确的收入、支出凭证，不能正确申报应纳税所得额的，税务机关可以采取成本加合理利润、费用换算以及其他合理方法核定其应纳税所得额①。

（三）居民企业及在我国境内设立机构场所的非居民企业应纳税额的计算

企业的应纳税所得额乘以适用税率为应纳所得税额，再减去按税法规定的减免税额和抵免税额后的余额为应纳税额。其计算公式为：

$$\begin{aligned}应纳税额&=应纳税所得额\times适用税率-减免税额-抵免税额\\&=应纳所得税额-减免所得税额-抵免所得税额\end{aligned}$$

公式中的减免所得税额和抵免所得税额，是指根据企业所得税法和国务院的税收优惠规定减征、免征和抵免的所得税额。

【例 8-4】某贸易公司为居民企业，某年度经营业务汇总资料如下：

商品销售收入 10 000 万元，销售成本 42 400 万元，销售费用 2 680 万元（其中广告费 1 800 万元），管理费用 1 920 万元（其中业务招待费 60 万元），财务费用 2 400 万元，销售税金 640 万元（含增值税 480 万元），营业外收入 280 万元，营业外支出 200 万元（其中通过税法认定的公益性社会团体组织向贫困山区捐款 120 万元、支付税收滞纳金 24 万元），计入成本、费用中的实发工资总额 600 万元；本年度共拨缴职工工会经费 12 万元，累计支付职工福利费和职工教育经费 116 万元，“三费”合计 128 万元；当年已计入所得税费用的金额为 170.85 万元。

根据上述资料，计算该公司当年会计利润总额、应纳税所得额、应交企业所得税和当年应补交企业所得税。

---

① 详见本章第三节“二、企业所得税的核定征收”。

(1)会计利润总额为680(10 000+280-4 400-2 680-1 920-240-160-200)万元。

(2)纳税调整额的计算。纳税调整额的计算公式为:

广告费和业务宣传费调增所得额=1 800-10 000×15%=1 800-1 500=300(万元)

业务招待费调增所得额=60-36=24(万元)

捐赠支出应调增所得额=120-680×12%=120-81.6=38.4(万元)

税收滞纳金调增所得额=24(万元)

“三费”应调增所得额=12+116-600×(2%+14%+2.5%)=128-111=17(万元)

(3)应纳税所得额1083.4(680+300+24+38.4+24+17)万元。

(4)应交企业所得税额270.85(1 083.4×25%)万元。

(5)应补交企业所得税100(270.85-170.85)万元。

(四)在我国境内未设立机构场所的非居民企业应纳税所得额和应纳税额的计算

非居民企业取得的应税所得,按照下列方法计算其应纳税所得额①:

(1)股息、红利等权益性投资收益和利息、租金、特许权使用费所得,以收入全额为应纳税所得额。

(2)转让财产所得,以收入全额减去财产净值后的余额为应纳税所得额。

(3)其他所得,参照前两项规定的方法计算应纳税所得额。

“收入全额”是指非居民企业向支付人收取的全部价款和价外费用。提供专利权、专有技术所收取的特许权使用费,包括特许权使用费收入,以及与其相关的图纸资料费、技术服务费和人员培训费等费用。

非居民企业应交企业所得税的计算公式为:

应交企业所得税=应纳税所得额×适用税率-抵免税额

【例8-5】某外国企业在中国境内设立一个分公司,该分公司可在中国境内独立开展经营活动,当年该分公司在中国境内取得营业收入200万元,发生成本费用150万元(其中有20万元不得税前扣除)。假设该分公司不享受税收优惠,则该分公司当年应在中国缴纳多少企业所得税?

非居民企业在中国境内设立机构、场所的,应当就其所设机构、场所取得的来源于中国境内的所得,以及发生在中国境外但与其所设机构、场所有实际联系的所得,按

① 中国居民企业在向非居民企业派发股息时,应按10%的税率计算代扣代缴企业所得税。

25%的税率计算缴纳企业所得税。

该分公司的应纳税所得额 = 200 -（150 - 20）= 70（万元）

由于该分公司不享受税收优惠，当年该分公司应在中国缴纳所得税 17.5（70×25%）万元。

（五）境外机构所得税抵免

1. 抵免法及其意义。抵免法是一国政府在优先承认其他国家的地域税收管辖权的前提下，在对本国纳税人来源于国外的所得征税时，以本国纳税人在国外缴纳的税款冲抵本国税收的方法。抵免法能够较为彻底地消除国际重复征税，使投资者向国外投资与国内投资的税收负担大致相同，有利于促进国际投资和各国对外经济关系的发展；既避免了同一笔所得的双重征税，又在一定程度上防止了国际逃税、避税，保证对一笔所得必征一次税；体现了公平税负的原则，有利于维护各国的税收管辖权和税收利益。因此，它是目前世界各国普遍采用的方法。

2. 抵免法的分类：

（1）按计算方式划分——全额抵免与限额抵免。全额抵免是指居住国政府对跨国纳税人在国外直接缴纳的所得税税款予以全部抵免。限额抵免也称普通抵免，是指居住国政府对跨国纳税人在国外直接缴纳的所得税税款给予抵免，但可抵免的数额不得超过国外所得额按本国税率计算的应纳税额。

限额抵免与全额抵免的区别在于：限额抵免规定了一个抵免限额，当应抵税额等于或小于抵免限额时，一般可获全数抵免，超过限额数的，则不能全数抵免；全额抵免可实现全数抵免，但当居住国的税率低于非居住国的税率时，就会侵蚀居住国的税收利益，也违背了消除国际重复征税的初衷。采用限额抵免可以维护居住国的税收利益，因而被大多数国家所采用；全额抵免除在少数国家之间签订的国际税收协定中被采用外，单边采用这种方法的国家很少。为了维护国家税收利益，我国采用限额抵免法。

（2）按适用对象不同划分——直接抵免与间接抵免。直接抵免是直接对本国纳税人在国外已经缴纳的所得税的抵免，一般适用于同一法人实体的总公司与海外分公司、总机构与海外分支机构之间的抵免。间接抵免是指母公司所在的居住国政府，允许母公司将其子公司已缴居住国的所得税中应由母公司分得股息承担的那部分税额，用来冲抵母公司的应纳税额。

我国对境外所得直接负担的所得税采用直接抵免方法，同时又对股息、红利间接负担的所得税给予抵免，即采用间接抵免方法。实行间接抵免，有利于中国居民企业“走出去”,提高国际竞争力。根据国际惯例,实行间接抵免一般都要求以居民企业对外国公司有实质性股权参与为前提。美国、加拿大、英国、澳大利亚、墨西哥等国规定,本国公司直接或间接拥有外国公司10%以上有表决权股票的,实行间接抵免;日本、西班牙规定的比例为25%以上。我国税法中的间接抵免方法,规定控股比例为20%及以上。

3. 境外所得税直接抵免的计算:

(1)可抵免境外所得税税额的确认。居民企业在境外投资设立不具有独立纳税地位的分支机构,其来源于境外的所得,以境外收入总额扣除与取得境外收入有关的各项合理支出后的余额为应纳税所得额。居民企业在境外设立不具有独立纳税地位的分支机构取得的各项境外所得,无论是否汇回中国境内,均应计入该企业所属纳税年度的境外应纳税所得额。

居民企业应就其来源于境外的股息、红利等权益性投资收益,以及利息、租金、特许权使用费、转让财产等收入,扣除按照企业所得税法及实施条例等规定计算的与取得该项收入有关的各项合理支出后的余额为应纳税所得额。来源于境外的股息、红利等权益性投资收益,应按被投资方做出利润分配决定的日期确认收入实现;来源于境外的利息、租金、特许权使用费、转让财产等收入,应按有关合同约定应付交易对价款的日期确认收入实现。

非居民企业在境内设立机构、场所的,应就其发生在境外但与境内所设机构、场所有实际联系的各项应税所得,比照居民企业的规定计算相应的应纳税所得额。

(2)可抵免境外所得税税额的计量。可抵免境外所得税税额是指企业来源于中国境外的所得依照境外税收法律及相关规定应当缴纳并已实际缴纳的企业所得税性质的税款。

企业可以选择按国别(地区)分别计算,即“分国(地区)不分项”或不按国别(地区)汇总计算,即“不分国(地区)不分项”,其来源于境外的应纳税所得额。

“分国(地区)不分项”计算方式以一个国家为维度,计算可抵免境外所得税额和抵免限额;同一投资架构层级且位于不同国家的企业之间,盈亏不得相互弥补。

“不分国(地区)不分项”计算方法以同一投资架构层级为维度,计算可抵免境外所得税额和抵免限额;同一投资架构层级且位于不同国家的企业之间,盈亏可以相互弥补。

企业按规定计算的当年在境外缴纳的所得税额低于境外抵免限额的,可以从企业“应纳税总额”中据实抵免;超过抵免限额的,应以抵免限额作为境外所得税抵免额,超过抵免限额的部分,自下年起,可在连续5个纳税年度内,对每年抵免限额抵免当年应抵税额后的余额进行抵补。

企业按规定计算的当期境内外应纳税所得总额小于零时，以零计算当期境内外应纳税所得总额，其当期境外所得税的抵免限额也为零。

【例 8-6】中国居民 A 企业在某国设立分公司 B。某年，A 企业来自中国本部的应纳税所得额为 1 000 万元，来自 B 公司的所得为 70 万元，A 企业适用所得税税率 25%，B 公司适用税率 30%。假定 A 企业当年无减免税和投资抵免，则 A 企业当年应在中国缴纳的所得税额是多少？

A 企业来自 B 公司的应纳税所得额 = 70÷(1−30%) = 100(万元)

抵免限额 = 100×25% = 25(万元)

B 公司在某国已纳所得税 = 100×30% = 30(万元)

因为 25 万元<30 万元，所以，允许抵免税额为 25 万元。

A 企业当年应在中国缴纳的所得税额为 250[(1 000+100)×25%−25]万元。

【例 8-7】天源公司当年源于境内的应纳税所得额为 1 000 万元，公司在甲国设有 A 公司和乙国设有 B 公司两个分支机构。按我国税法规定计算的 A 公司应纳税所得额 200 万元、B 公司应纳税所得额 150 万元。A、B 公司依据甲、乙两国税法规定，当年分别计算并实际缴纳所得税 42 万元和 48 万元。天源公司在我国应汇总缴纳企业所得税税额的计算如下：

1. 按分国(地区)不分项计算：

(1) 按我国税法规定计算的境内、境外所得应纳税总额。

应纳税总额 = (1 000+200+150)×25%(基本税率) = 337. 5 (万元)

(2) 境外所得的抵免限额。

A 公司抵免限额 = 337. 5×[200÷(1 000+200+150)] = 50(万元)

B 公司抵免限额 = 337. 5×[150÷(1 000+200+150)] = 37. 5(万元)

在甲国实际缴纳企业所得税 42 万元，低于抵免限额 50 万元，可全额抵免。

在乙国实际缴纳企业所得税 48 万元，大于抵免限额 37. 5 万元，可按限额抵免，超过抵免限额的 10. 5(48−37. 5)万元可从下年起，用以后连续 5 个纳税年度的每年抵免限额抵免当年应抵税额后的余额进行抵免。

(3) 天源公司当年实际应交企业所得税的计算。

应交企业所得税 = 337. 5−42−37. 5 = 258(万元)

2. 按不分国不分项计算：

(1)按我国税法规定计算的境内、境外所得应纳税总额：

应纳税总额=(1 000+200+150)×25%(基本税率)= 337.5 (万元)

(2)境外所得的抵免限额：

抵免限额=(200+150) ×25%(基本税率)= 87.5 (万元)

在境外实际缴纳企业所得税90(42+48)万元，大于境外可抵免限额2.5(90−87.5)万元，可按限额抵免，超过抵免限额的2.5万元可从下年起，用以后连续5个纳税年度的每年抵免限额抵免当年应抵税额后的余额进行抵免。

(3)天源公司当年实际应交企业所得税的计算：

应交企业所得税=337.5−87.5 =250(万元)

3. 境外所得已纳税额抵免的简易计算。企业从境外取得营业利润所得以及符合境外税额间接抵免条件的股息所得，虽有所得来源国(地区)政府机关核发的具有纳税性质的凭证或证明，但若因客观原因无法真实、准确地确认应当缴纳并已经实际缴纳的境外所得税税额的，除就该所得直接缴纳及间接负担的税额在所得来源国(地区)的实际有效税率低于我国企业所得税法规定25%税率50%以上的外，可按境外应纳税所得额的12.5%作为抵免限额，企业按该国(地区)税务机关或政府机关核发具有纳税性质的凭证或证明的金额，其不超过抵免限额的部分，准予抵免；超过的部分不得抵免。

4. 境外所得税间接抵免的计算。居民企业从其直接或者间接控股的外国企业分得的来源于中国境外的股息、红利等权益性投资收益，外国企业在境外实际缴纳的所得税税额中属于该项所得负担的部分，可以作为该居民企业的可抵免境外所得税税额，在法定的抵免限额内抵免。

居民企业在按照企业所得税法规定用境外所得间接负担的税额进行税收抵免时，其取得的境外投资收益实际间接负担的税额，是指根据直接或者间接持股方式合计持股20%(含20%，下同)以上的规定层级的外国企业股份，由此应分得的股息、红利等权益性投资收益中，从最低一层外国企业起逐层计算的属于由上一层企业负担的税额，其计算公式为：

本层企业所纳税额属于由一家上一层企业负担的税额=(本层企业就利润和投资收益所实际缴纳的税额+符合本通知规定的由本层企业间接负担的税额)×本层企业向一家上一层企业分配的股息(红利)÷本层企业所得税后利润额

【例 8-8】中国居民 A 企业拥有设立在甲国的 B 企业 60%的有表决权的股份。某年,A 企业本部确认计量的应纳税所得额为 1 000 万元,收到 B 企业分回股息 90 万元,A 企业适用所得税税率 25%,B 企业实现应纳税所得额 500 万元,适用 20%的比例所得税税率,甲国规定的股息预提所得税税率为 10%。假定 B 企业按适用税率在甲国已经实际缴纳了企业所得税,且 A 企业当年也无减免税和投资抵免,则 A 企业当年应在中国缴纳多少企业所得税?

B 企业应支付给 A 企业的股息 = 90÷(1-10%) = 100(万元)

B 企业针对 A 企业股息代缴预提税 = 100×10% = 10(万元)

B 企业当年实现的税后利润 = 500×(1-20%) = 400(万元)

B 企业支付给 A 企业的股息所承担的所得税额 = 500×20%×100÷400 = 25(万元)

B 企业支付给 A 企业的股息还原后的应税所得 = 100+25 = 125(万元)

A 企业收到 B 企业分回股息已在甲国纳税 = 25+10 = 35(万元)

抵免限额 = 125×25% = 31. 25(万元)<35 万元

因此,允许抵免税额为 31. 25 万元。

A 企业当年应在中国缴纳企业所得税 250(1 000+125×25%-31. 25)万元。

企业从境外取得营业利润所得以及符合境外税额间接抵免条件的股息所得,凡就该所得缴纳及间接负担的税额在所得来源国(地区)的法定税率且其实际有效税率明显高于我国(国家名单由财政部、国家税务总局公布)的,可直接以按规定计算的境外应纳税所得额和我国企业所得税法规定的税率计算的抵免限额作为可抵免的已在境外实际缴纳的企业所得税税额。

5. 境内外纳税年度不一致的问题。企业在境外投资设立不具有独立纳税地位的分支机构,其计算生产、经营所得的纳税年度与我国规定的纳税年度不一致的,与我国纳税年度当年度相对应的境外纳税年度,应为在我国有关纳税年度中任何一日结束的境外纳税年度。

第三节 企业所得税的缴纳和申报

一、企业所得税的查账征收

企业所得税的征收有查账征收(核实征收)与核定征收两种方式。对会计核算和管理符合税法要求的企业,采用查账征收方式。在查账征收方式下,凡是具有法人资格的企业都必须单独申报缴纳企业所得税(国务院另有规定者除外),企业之间不得合并缴纳企业所得税。企业在进行所得税纳税申报时,应根据企业所得税法与企业会计准则,确认、计量两者之间的差异,将利润表中的收入、成本和费用项目调整为纳税申报表中的收入和扣除项目,进而计算应纳税所得额、应纳所得税额与应纳税额等。

(一)企业所得税的预缴

企业所得税分月或分季预缴,由税务机关具体确定每个企业的预缴期限。

企业应当自月份或者季度终了之日起15日内,向主管税务机关报送企业所得税预缴纳税申报表。企业预缴企业所得税时,应当按照月度或者季度的实际利润额预缴。“实际利润额”是按会计准则规定核算的利润总额减去以前年度待弥补亏损以及不征税收入、免税收入后的余额。按照月度或者季度的实际利润额预缴有困难的,可以按照上一纳税年度应纳税所得额的月度或者季度平均额预缴,或者按照经税务机关认可的其他方法预缴。预缴方法一经确定,该纳税年度内不得随意变更。小型微利企业预缴所得税按20%的优惠税率计算,符合减半条件的,还可以按20%的50%计算。

【例8-9】某公司按季预缴企业所得税。某年第二季度会计利润总额为180万元(包括国债利息收入18万元),上年度未弥补亏损20万元,企业所得税税率为25%。公司有两项生产经营借款:年初向银行借款100万元,年利率为5%;向甲公司借款40万元,年利率为9%。计提固定资产减值损失6万元。不考虑其他纳税调整事项,计算该公司第二季度预缴企业所得税的基数。

$$第二季度实际利润额=180-18-20=142(万元)$$
$$应预缴企业所得税=142\times25\%=35.5(万元)$$

对于其他永久性差异——长期借款利息超支的1.6[40×(9%-5%)]万元和暂时性差异(资产减值损失6万元),季度预缴时不作纳税调整。

(二)企业所得税的汇算清缴

企业所得税汇算清缴是指纳税人在纳税年度终了后5个月内[①],依照税收法规的规定,自行计算全年应纳税所得额和应纳所得税额,根据月度或季度预缴所得税的数额,确定该年度应补或者应退税额,并填写年度企业所得税纳税申报表,向主管税务机关办理年度企业所得税纳税申报、提供税务机关要求提供的有关资料、结清全年企业所

① 企业在年度中间终止经营活动的,应当自实际经营终止之日起60日内,向税务机关办理当期企业所得税汇算清缴。企业应当在办理注销登记前,就其清算所得向税务机关申报并依法缴纳企业所得税。

得税税款的行为。凡在纳税年度内从事生产经营(包括试生产、试经营),或在纳税年度中间终止经营活动的纳税人,不论是否在减税、免税期间,也无论盈利或亏损,均应按税法有关规定进行企业所得税的汇算清缴。实行查账征收的企业(A类)适用汇算清缴办法,核定定额征收企业所得税的纳税人(B类),不进行汇算清缴。企业进行汇算清缴应重点关注以下各项目的核查:

(1)收入:核查企业收入是否全部入账,特别是往来款项是否还存在该确认为收入而没有入账。

(2)成本:核查企业成本结转与收入是否匹配,是否真实反映企业成本水平。

(3)费用:核查企业费用支出是否符合税法规定,计提费用项目和税前列支项目是否超过税法规定标准。

(4)税收:核查企业各项税款是否提取并缴纳。

(5)补亏:企业当年实现的利润对以前年度发生亏损的合法弥补(5年内)。

(6)调整:不论是正常纳税的企业,还是依法享受企业所得税减免的企业,在汇算清缴时,均应在财务会计账面利润的基础上,依法进行企业所得税纳税调整。它是一般纳税调整,调表不调账,不对财务会计记录调整,只在纳税申报表中进行调整,影响的只是企业应纳所得税,不影响企业的账面利润。企业对以上项目按税法规定进行调增和调减后,依法计算本企业年度应纳税所得额,进而计算本年度实际应纳所得税额和应补(退)所得税额,或者是应减免税额。

(三)固定资产折旧的纳税调整

1. 财务会计折旧年限短于税法最低折旧年限的纳税调整。按财务会计折旧年限计提的年折旧额高于按税法规定的最低折旧年限计提的折旧额,应调增年应纳税所得额;当财务会计折旧年限期满且提足折旧后,其未足额在税前扣除的部分,准予在剩余的税务会计折旧年限按规定扣除,即准予将前期纳税调增的金额在后期进行纳税调减。

2. 财务会计折旧年限长于税法的最低折旧年限的纳税调整。按财务会计折旧年限计提的折旧额可以在税前扣除,视同两者无差异,所得税汇算清缴时无需进行纳税调减。

当企业适用税法规定的加速折旧政策时,不要求财务会计上也同时采取与税务会计相同的折旧方法。若每期财务会计折旧额与税务会计折旧额不同,由此而产生的暂时性差异及其处理,应通过“递延所得税负债”予以反映。

如果企业同时还符合研发费用的加计扣除条件,应就已经做出财务会计处理的折旧、费用等金额加计扣除,并做相应的会计处理,否则不能加计扣除。

3. 企业按会计准则规定提取的固定资产减值准备，不得在税前扣除（需进行纳税调增），其折旧仍按税法确定的固定资产计税基础[①]计算扣除。

4. 石油天然气开采企业在计提油气资产折耗（折旧）时，由于财务会计与税法规定计算方法不同导致的折耗（折旧）差异，应按税法规定进行纳税调整。

（四）货币计量单位

企业依法缴纳的所得税，以人民币作为计量单位。

如果企业所得是以人民币以外的货币计算的，预缴企业所得税时，应当按照月度或者季度最后一日的人民币汇率中间价，折合成人民币计算应纳税所得额。年度终了汇算清缴时，对已经按照月度或者季度预缴税款的，不再重新折合计算，只就该纳税年度内未缴纳企业所得税的部分，按照纳税年度最后一日的人民币汇率中间价，折合成人民币计算应纳所得税。经税务机关检查确认，企业少计或者多计应税所得的，应当按照检查确认补税或者退税时的上一个月最后一日的人民币汇率中间价，将少计或者多计的应税所得折合成人民币计算应纳税所得额，再计算应补缴或者应退的所得税。

（五）居民企业跨地区经营的汇总纳税

1. 企业范围。居民企业在中国境内跨地区（指跨省、自治区、直辖市和计划单列市，下同）设立不具有法人资格分支机构的，该居民企业为跨地区经营汇总纳税企业（以下简称汇总纳税企业）。缴纳的企业所得税（包括滞纳金、罚款）为中央收入并全额上缴中央国库的国有邮政企业、中国工商银行股份有限公司、中国农业银行股份有限公司、中国银行股份有限公司、国家开发银行股份有限公司、中国农业发展银行、中国进出口银行、中国投资有限责任公司、中国建设银行股份有限公司、中国建银投资有限责任公司、中国信达资产管理股份有限公司、中国石油天然气股份有限公司、中国石油化工股份有限公司、海洋石油天然气企业、中国长江电力股份有限公司以及铁路运输企业，其企业所得税征收管理不适用汇总纳税方法。

2. 基本要求。汇总纳税企业实行"统一计算、分级管理、就地预缴、汇总清算、财政调库"的企业所得税征收管理办法。

统一计算是指总机构统一计算包括汇总纳税企业所属各个不具有法人资格分支机构在内的全部应纳税所得额、应纳税额。

---

① 企业持有固定资产期间，如果发生增值或减值，除国务院财政、税务主管部门规定可以确认损益外，不得调整该资产的计税基础。

分级管理是指总机构、分支机构所在地的主管税务机关都有对当地机构进行企业所得税管理的责任，总机构和分支机构应分别接受机构所在地主管税务机关的管理。

就地预缴是指总机构、分支机构应按规定分月或分季分别向所在地主管税务机关申报预缴企业所得税。

汇总清算是指在年度终了后，总机构统一计算汇总纳税企业的年度应纳税所得额、应纳所得税额，抵减总机构、分支机构当年已就地分期预缴的企业所得税款后，多退少补。

财政调库是指财政部定期将缴入中央国库的汇总纳税企业所得税待分配收入，按照核定的系数调整至地方国库。

3. 税款预缴和汇算清缴。汇总纳税企业汇总计算的企业所得税，包括预缴税款和汇算清缴应缴应退税款，50%在各分支机构间分摊，各分支机构根据分摊税款就地办理缴库或退库；50%由总机构分摊缴纳，其中 25%就地办理缴库或退库，25%就地全额缴入中央国库或退库。

汇总纳税企业应根据当期实际利润额，按规定的预缴分摊方法计算总机构和分支机构的企业所得税预缴额，分别由总机构和分支机构就地预缴；在规定期限内按实际利润额预缴有困难的，也可以按上一年度应纳税所得额的 1/12 或 1/4，按预缴分摊比例计算总机构和分支机构的企业所得税预缴额，分别由总机构和分支机构就地预缴。预缴方法一经确定，当年度不得变更。

总机构应将本期企业应纳所得税额的 50%部分，在每月或季度终了后 15 日内就地申报预缴。总机构应将本期企业应纳所得税额的另外 50%部分，按照各分支机构应分摊的比例，在各分支机构之间进行分摊，并及时通知到各分支机构；各分支机构应在每月或季度终了之日起 15 日内，就其分摊的所得税额就地申报预缴。

汇总纳税企业预缴申报时，总机构除报送企业所得税预缴申报表和企业当期财务报表外，还应报送汇总纳税企业分支机构所得税分配表和各分支机构上一年度的年度财务报表（或年度财务状况与营业收支情况）；分支机构除报送企业所得税预缴申报表（只填列部分项目）外，还应报送经总机构所在地主管税务机关受理的汇总纳税企业分支机构所得税分配表。在一个纳税年度内，各分支机构上一年度的年度财务报表（或年度财务状况和营业收支情况）原则上只需要报送一次。

汇总纳税企业应当自年度终了之日起 5 个月内，由总机构汇总计算企业年度应纳所得税额，扣除总机构和各分支机构已预缴的税款，计算出应缴应退税款，按照本办法规定的税款分摊方法计算总机构和分支机构的企业所得税应缴应退税款，分别由总机构和分支机构就地办理税款缴库或退库。

汇总纳税企业在纳税年度内预缴企业所得税税款少于全年应缴企业所得税税款

的，应在汇算清缴期内由总、分机构分别结清应缴的企业所得税税款；预缴税款超过应缴税款的，主管税务机关应及时按有关规定分别办理退税，或者经总、分机构同意后分别抵缴其下一年度应缴企业所得税税款。

汇总纳税企业汇算清缴时，总机构除报送企业所得税年度纳税申报表和年度财务报表外，还应报送汇总纳税企业分支机构所得税分配表、各分支机构的年度财务报表和各分支机构参与企业年度纳税调整情况的说明；分支机构除报送企业所得税年度纳税申报表（只填列部分项目）外，还应报送经总机构所在地主管税务机关受理的汇总纳税企业分支机构所得税分配表、分支机构的年度财务报表（或年度财务状况与营业收支情况）和分支机构参与企业年度纳税调整情况的说明。

4. 总分机构分摊税款的计算。总分机构分摊税款的计算公式为：

$$\text{总机构分摊税款}=\text{汇总纳税企业当期应纳所得税额}\times 50\%$$
$$\text{所有分支机构分摊税款总额}=\text{汇总纳税企业当期应纳所得税额}\times 50\%$$
$$\text{某分支机构分摊税款}=\text{所有分支机构分摊税款总额}\times\text{该分支机构分摊比例}$$

总机构应按上年度分支机构的营业收入、职工薪酬和资产总额三个因素计算各分支机构分摊所得税款的比例，三个因素的权重依次为0. 35、0. 35、0. 30；三级及以下分支机构，其营业收入、职工薪酬和资产总额统一计入二级分支机构：

$$\text{某分支机构分摊比例}=\frac{\text{该分支机构营业收入}}{\text{各分支机构营业收入之和}}\times 0.35+\frac{\text{该分支机构职工薪酬}}{\text{各分支机构职工薪酬之和}}\times 0.35+\frac{\text{该分支机构资产总额}}{\text{各分支机构资产总额之和}}\times 0.30$$

分支机构分摊比例一经确定，一般当年不作调整。

总机构设立具有主体生产经营职能的部门，且该部门的营业收入、职工薪酬和资产总额与管理职能部门分开核算的，可将该部门视同一个二级分支机构，按规定计算分摊并就地缴纳企业所得税；该部门与管理职能部门的营业收入、职工薪酬和资产总额不能分开核算的，该部门不得视同一个二级分支机构。

总机构和分支机构处于不同税率地区的，先由总机构统一计算全部应纳税所得额，然后按规定比例和计算的分摊比例，计算划分不同税率地区机构的应纳税所得额，再分别按各自的适用税率计算应纳税额后加总计算出汇总纳税企业的应纳所得税总额，最后按规定比例和计算的分摊比例，向总机构和分支机构分摊就地缴纳的企业所得税款。汇总纳税企业未按规定准确计算分摊税款，造成总机构与分支机构之间同时存在一方（或几方）多缴另一方（或几方）少缴税款的，其总机构或分支机构分摊缴纳的企业所得税低于按规定计算分摊的数额,应在下一税款缴纳期内,由总机构将按本规定计算分摊的税款差额分摊到总机构或分支机构补缴;其总机构或分支机构就地缴纳的企业所得税高于按规定计算分摊的数额的,应在下一税款缴纳期内,由总机构将按本办法规定计算分摊的税款差额从总机构或分支机构的分摊税款中扣减。

【例 8-10】总机构设在天津市的天鹏公司,在北京、石家庄和银川分别设有三个分公司,该公司采用总分公司汇总纳税方法。第二季度,银川分公司占三个分公司资产总额、经营收入、职工薪酬的比例分别为50%、20%、40%。银川分公司适用西部大开发15%的所得税优惠税率,总机构和另外两个分支机构税率均为25%。假设第二季度该公司应纳税所得额为2.4亿元,计算银川分公司应分摊比例及应预缴的企业所得税。

(1)银川分公司应分摊比例及应纳税所得额的计算:

应分摊比例=(该分支机构经营收入÷各分支机构经营收入之和)×0.35+
(该分支机构职工薪酬÷各分支机构职工薪酬之和)×0.35+
(该分支机构资产总额÷各分支机构资产总额之和)×0.30
=50%×0.30+20%×0.35+40%×0.35=0.36

应纳税所得额=24 000×50%×0.36=4 320(万元)

(2)不同税率地区应预缴企业所得税的计算:

银川分公司应预缴企业所得税=4 320×15%=648(万元)
其他分公司应预缴企业所得税=(24 000-4 320)×25%=4 920(万元)
天鹏公司应预缴企业所得税合计=648+4 920=5 568(万元)

(3)实际分摊应预缴企业所得税的计算:

各分公司应预缴企业所得税的分摊额=5 568×50%=2 784(万元)
其中,银川分公司分摊应预缴的企业所得税=2 784×0.36=1 002.24(万元)

由于银川分公司适用15%的优惠税率,因此不能用该公司全部应纳税所得额直接乘以25%适用税率(24 000×50%×25%),这样就会使该公司多预缴企业所得税。另外,银川分公司的预缴税额也不是用该分公司所分摊的应纳税所得额直接乘以优惠税率15%后的金额(4 320×15%),而是该分公司分摊比例占各分公司应预缴所得税总额的份额(2 784×0.36);否则就会使该分公司少预缴所得税。不论多缴还是少缴,都不是对税法的正确遵从。

(六)在我国境内设立机构场所的非居民企业的汇总纳税

非居民企业在中国境内设立两个或者两个以上机构、场所的,经税务机关审核批准,可以选择由其主要机构、场所汇总缴纳企业所得税。汇总计算并缴纳企业所得税时,应统一核算应纳税所得额,具体办法由国务院财政、税务主管部门另行制定。

"主要机构、场所"是指具备下列条件的机构、场所:

(1)对其他各机构、场所的生产经营业务负有监督管理责任。

(2)设有完整的账簿、凭证,能够准确反映各机构、场所的收入、成本、费用和盈亏情况。"经税务机关审核批准"是指经各机构、场所所在地税务机关的共同上级税务机关审核批准。

非居民企业经批准汇总缴纳企业所得税后,需要增设、合并、迁移、关闭机构、场所或者停止机构、场所业务的,应当事先由负责汇总申报缴纳企业所得税的主要机构、场所向其所在地税务机关报告;需要变更汇总缴纳企业所得税的主要机构、场所的,依照上述规定办理。

(七)多缴税款的退还

如果企业因计算错误等失误而出现应在当期扣除而未扣除的税费,从而多缴了税款,以后年度发现后准予追补确认退还①,但根据权责发生制原则,不得改变税费扣除的所属年度,应追补至该项目发生年度计算扣除。

二、企业所得税的核定征收

(一)企业所得税核定征收的范围

居民企业纳税人具有下列情形之一的,核定征收企业所得税:

(1)依照税法规定可以不设账或应设而未设账的。

(2)只能准确核算收入总额或收入总额能够查实,但其成本费用支出不能准确核算。

(3)只能准确核算成本费用支出或成本费用支出能够查实,但其收入总额不能准确核算。

(4)收入总额、成本费用支出均不能正确核算,难以查实。

(5)虽然能够按规定设置账簿并进行核算,但未按规定保存有关凭证、账簿及纳税资料。

(6)未按规定期限办理纳税申报,经税务机关责令限期申报,逾期仍不申报的。

---

① 追补确认期限与未缴或少缴税款相同,均不得超过5年。税务机关及时查实后,应立即退还多缴税款和相应利息。

特殊行业、特殊类型的纳税人和一定规模以上的特定纳税人不适用于核定征收企业所得税。

税务机关应严格按照规定的范围和标准确定企业所得税的征收方式，不得违规扩大核定征收企业所得税范围，对符合查账征收条件的纳税人，应及时调整征收方式，实行查账征收。

（二）企业所得税征收方式的确定

1. 企业在每年第一季度填列《企业所得税征收方式鉴定表》（简称“鉴定表”）一式三份，报主管税务机关审核。所填列“鉴定表”的五个项目依次是：①账簿设置情况；②收入总额核算情况；③成本费用核算情况；④凭证、账簿保存情况；⑤纳税义务履行情况。五项均合格的，实行纳税人自行申报、税务机关查账征收方式。有一项不合格的，实行核定征收方式，具体分为：若①④⑤项中有一项不合格或②③项均不合格，实行定额征收办法；若②③项中有一项合格、一项不合格的，实行核定应税所得率办法征收。

2. 主管税务机关对“鉴定表”审核后，报县（市、区）级税务机关确定企业的所得税征收方式。

3. 征收方式确定后，在一个纳税年度内一般不得变更。

4. 对实行核定征收方式的纳税人，主管税务机关应该根据企业和当地的具体情况，按公平、公正、公开原则分类逐户核定其应纳税额或应税所得率。

（三）企业所得税的定额征收

企业所得税的定额征收是指主管税务机关按照一定的标准、程序和方法，直接核定纳税人的年度应纳所得税额，由纳税人按规定进行申报缴纳。实行定额征收办法的企业，参照以前年度经营情况，可先采用发票加定额的方法测算本年度应税收入总额，然后再核定其应纳所得税额。

（四）按核定应税所得率计算征收

按核定征收方式缴纳企业所得税的企业，在其收入总额或成本费用支出额能够正确核算的情况下，可按国家规定的应税所得率计算应纳税所得额，再计算应交企业所得税，据以申报纳税。也就是说，按应税所得率方法核定征收企业所得税的企业，其应交企业所得税的计算公式为：

应税收入额=收入总额-不征税收入-免税收入

$$应纳税所得额=应税收入额\times应税所得率$$
$$=成本(费用)支出额\div(1-应税所得率)\times应税所得率$$
$$应交企业所得税=应纳税所得额\times适用税率$$

应税所得率不是税率，它是对核定征收企业所得税的企业计算其应纳税所得额（不是应纳所得税额）时预先规定的比例，是企业应纳税的所得额占其经营收入的比例。该比例根据各个行业的实际销售利润率或者经营利润率等情况分别测算得出。现行企业应税所得率见表8-2。

表8-2 企业所得税应税所得率

行业	应税所得率(%)	行业	应税所得率(%)
农、林、牧、渔业	3~10	建筑业	8~20
制造业	5~15	饮食业	8~25
批发和零售贸易业	4~15	娱乐业	15~30
交通运输业	7~15	其他行业	10~30

注：跨境电商试验区内"无需免税"的出口电商企业，应税所得率为4%。

主管税务机关根据纳税人的行业特点、纳税情况、财务管理、会计核算、利润水平等因素，结合本地实际情况逐户核定；应税所得率一经核定，除发生特殊情况（如企业改组改制、经营范围发生重大变化、遭遇人力不可抗拒灾害等）外，一个纳税年度内一般不得调整。核定征收企业，其发生的亏损不得在税前弥补。

【例8-11】假定某核定征收企业年度实现收入160万元，成本费用140万元，主管税务机关核定的应税所得率为10%。

如果是以收入为核定基数，其应交所得税$=160\times10\%\times25\%=4$（万元）

如果以成本费用为核定基数，其应交所得税$=140\div(1-10\%)\times10\%\times25\%=3.89$（万元）

如果采用定额征收方式，假定核定其全年交企业所得税4.4万元，则每季应交1.1万元。

三、小型微利企业所得税预缴和汇算清缴

符合条件的小型微利企业，预缴和年度汇算清缴企业所得税时，通过填制纳税申报表的相关内容，即可享受减征税政策。

统一实行按季度预缴企业所得税的企业。第一季度预缴企业所得税时,如未完成上一纳税年度汇算清缴,无法判断上一纳税年度是否符合小型微利企业条件,可暂按上一纳税年度第四季度的预缴申报情况判别。

企业预缴所得税时,按照以下规定享受减征税政策:

1. 查账征收企业。对上一纳税年度符合条件的小型微利企业,分别按以下两种情况确定征税:

(1)按实际利润额预缴的,预缴时本年度累计实际利润额不超过规定标准的,可享受减征税政策。

(2)按上一纳税年度应纳税所得额平均额预缴的,预缴时可以享受减征税政策。

2. 核定应税所得率征收的企业。上一纳税年度符合条件的小型微利企业,预缴时本年度累计应纳税所得额不超过规定标准的,可享受减征税政策。

3. 核定应纳所得税额征收的企业。根据减征税政策规定需要调减定额的,由主管税务机关按程序调整,依规定征收。

4. 企业预缴时享受了减征税政策,年度汇算清缴时不符合小型微利企业条件的,应当按规定补缴税款。

四、企业所得税纳税申报表的填制

企业所得税纳税申报表的填制是所得税会计的核心内容。企业所得税纳税申报表的填制采用间接计算法,即以财务会计数据为基础,但这些数据往往要按税法规定进行纳税调整或重新组织,以符合所得税会计的要求——及时、正确地提供所得税会计(税务会计)信息。

企业进行所得税纳税申报时,必须正确填制并及时报送企业所得税纳税申报表,还应附送同期财务会计报告等资料。

(一)企业所得税预缴纳税申报表及其填制

企业所得税月(季)度预缴纳税申报表(A类)见表8-3,适用于实行查账(核实)征收企业所得税的居民纳税人在月(季)度预缴企业所得税时使用。企业所得税月(季)度和年度纳税申报表(B类)见表8-4,适用于核定征收企业所得税的纳税人在月(季)度申报缴纳企业所得税时使用;同时,也适用于核定征收企业所得税的纳税人在年度申报缴纳企业所得税时使用。

表 8-3 企业所得税月(季)度预缴纳税申报表(A类)

税款所属期间: 年 月 日至 年 月 日

纳税人识别号(统一社会信用代码): □□□□□□□□□□□□□□□□□□

纳税人名称: 金额单位:人民币元(列至角分)

<table>
<tr><td colspan="10">优惠及附报事项有关信息</td></tr>
<tr><td rowspan="2" colspan="2">项目</td><td colspan="2">一季度</td><td colspan="2">二季度</td><td colspan="2">三季度</td><td colspan="2">四季度</td><td rowspan="2">季度平均值</td></tr>
<tr><td>季初</td><td>季末</td><td>季初</td><td>季末</td><td>季初</td><td>季末</td><td>季初</td><td>季末</td></tr>
<tr><td colspan="2">从业人数</td><td></td><td></td><td></td><td></td><td></td><td></td><td></td><td></td><td></td></tr>
<tr><td colspan="2">资产总额(万元)</td><td></td><td></td><td></td><td></td><td></td><td></td><td></td><td></td><td></td></tr>
<tr><td colspan="2">国家限制或禁止行业</td><td colspan="4">□是 □否</td><td colspan="4">小型微利企业</td><td>□是 □否</td></tr>
<tr><td colspan="2"></td><td colspan="8">附报事项名称</td><td>金额或选项</td></tr>
<tr><td colspan="2">事项1</td><td colspan="8">(填写特定事项名称)</td><td></td></tr>
<tr><td colspan="2">事项2</td><td colspan="8">(填写特定事项名称)</td><td></td></tr>
<tr><td></td><td colspan="9">预缴税款计算</td><td>本年累计</td></tr>
<tr><td>1</td><td colspan="9">营业收入</td><td></td></tr>
<tr><td>2</td><td colspan="9">营业成本</td><td></td></tr>
<tr><td>3</td><td colspan="9">利润总额</td><td></td></tr>
<tr><td>4</td><td colspan="9">加:特定业务计算的应纳税所得额</td><td></td></tr>
<tr><td>5</td><td colspan="9">减:不征税收入</td><td></td></tr>
<tr><td>6</td><td colspan="9">减:资产加速折旧、摊销(扣除)调减额(填写A201020)</td><td></td></tr>
<tr><td>7</td><td colspan="9">减:免税收入、减计收入、加计扣除(7.1+7.2+…)</td><td></td></tr>
<tr><td>7.1</td><td colspan="9">(填写优惠事项名称)</td><td></td></tr>
<tr><td>7.2</td><td colspan="9">(填写优惠事项名称)</td><td></td></tr>
<tr><td>8</td><td colspan="9">减:所得减免(8.1+8.2+…)</td><td></td></tr>
<tr><td>8.1</td><td colspan="9">(填写优惠事项名称)</td><td></td></tr>
<tr><td>8.2</td><td colspan="9">(填写优惠事项名称)</td><td></td></tr>
<tr><td>9</td><td colspan="9">减:弥补以前年度亏损</td><td></td></tr>
<tr><td>10</td><td colspan="9">实际利润额(3+4-5-6-7-8-9)\按照上一纳税年度应纳税所得额平均额确定的应纳税所得额</td><td></td></tr>
</table>

续表

		预缴税款计算	本年累计
11	税率(25%)		
12	应纳所得税额(10×11)		
13	减:减免所得税额(13.1+13.2+…)		
13.1	(填写优惠事项名称)		
13.2	(填写优惠事项名称)		
14	减:本年实际已缴纳所得税额		
15	减:特定业务预缴(征)所得税额		
L16	减:符合条件的小型微利企业延缓缴纳所得税额(是否延缓缴纳所得税□是□否)		
16	本期应补(退)所得税额(12-13-14-15)\税务机关确定的本期应纳所得税额		
		汇总纳税企业总分机构税款计算	
17	总机构	总机构本期分摊应补(退)所得税额(18+19+20)	
18		其中:总机构分摊应补(退)所得税额(16×总机构分摊比例%)	
19		财政集中分配应补(退)所得税额(16×财政集中分配比例%)	
20		总机构具有主体生产经营职能的部门分摊所得税额(16×全部分支机构分摊比例%×总机构具有主体生产经营职能部门分摊比例%)	
21	分支机构	分支机构本期分摊比例	
22		分支机构本期分摊应补(退)所得税额	
		实际缴纳企业所得税计算	
23	减:民族自治地区企业所得税地方分享部分:□免征 □减征:减征幅度%	本年累计应减免金额[(12-13-15)×40%×减征幅度]	
24	实际应补(退)所得税额		

声明:本纳税申报表是根据国家税收法律法规及相关规定填报的,是真实的、可靠的、完整的。

纳税人(签章):　　　　年　　月　　日

经办人: 经办人身份证号: 代理机构章: 代理机构统一社会信用代码:	受理人: 受理税务机关(章): 受理日期:　　年　　月　　日

表 8-4 企业所得税月(季)度预缴和年度纳税申报表(B 类)

税款所属期间： 年 月 日至 年 月 日

纳税人识别号(统一社会信用代码)：□□□□□□□□□□□□□□□□□□□□□□

纳税人名称： 金额单位：人民币元(列至角分)

行次	项目	本年累计金额
1	收入总额	
2	减：不征税收入	
3	减：免税收入(4+5+8+9)	
4	国债利息收入免征企业所得税	
5	符合条件的居民企业之间的股息、红利等权益性投资收益免征企业所得税	
6	其中：通过沪港通投资且连续持有 H 股满 12 个月取得的股息红利所得免征企业所得税	
7	通过深港通投资且连续持有 H 股满 12 个月取得的股息红利所得免征企业所得税	
8	投资者从证券投资基金分配中取得的收入免征企业所得税	
9	取得的地方政府债券利息收入免征企业所得税	
10	应税收入额(1-2-3) \ 成本费用总额	
11	税务机关核定的应税所得率(%)	
12	应纳税所得额(第 10×11 行) \[第 10 行÷(1-第 11 行)×第 11 行]	
13	税率(25%)	
14	应纳所得税额(12×13)	
15	减：符合条件的小型微利企业减免企业所得税	
16	减：实际已缴纳所得税额	
17	本期应补(退)所得税额(14-15-16) \ 税务机关核定本期应纳所得税额	

按季度填报信息			
季初从业人数		季末从业人数	
季初资产总额(万元)		季末资产总额(万元)	
国家限制或禁止行业	□是 □否	小型微利企业	□是 □否

续表

<table>
<tr><td colspan="4">按年度填报信息</td></tr>
<tr><td>小型微利企业</td><td>□是 □否</td><td></td><td></td></tr>
<tr><td colspan="4">声明:本纳税申报表是根据国家税收法律法规及相关规定填报的,是真实的、可靠的、完整的。</td></tr>
<tr><td colspan="4">纳税人(签章): 年 月 日</td></tr>
<tr><td colspan="2">经办人:
经办人身份证号:
代理机构签章:
代理机构统一社会信用代码:</td><td colspan="2">受理人:
受理税务机关(章):
受理日期: 年 月 日</td></tr>
</table>

(二)企业所得税年度纳税申报表(A类)及其填制

年终进行企业所得税汇算清缴时,应填报企业所得税年度纳税申报表(A类)。企业所得税年度纳税申报表(A类)适用于查账征收企业,由37张表单组成,其中必填表2张,选填表35张。从表单结构(见图8-1)看,全套申报表分为基础信息表、主表(见表8-5)、一级明细表、二级明细表和三级明细表,表单数据逐级汇总。从填报内容看,全套申报表由反映纳税人整体情况(2张)、会计核算(6张)、纳税调整(13张)、弥补亏损(1张)、税收优惠(9张)、境外税收(4张)、汇总纳税(2张)等明细情况的表单(见表8-6)组成。

表8-5 企业所得税年度纳税申报表(A类)

所属期间:20××年1月1日至20××年12月31日

纳税人名称:

纳税人识别号:

金额单位:元(列至角分)

行次	类别	项目	金额
1	利润总额计算	一、营业收入(填写A101010\101020\103000)	
2		减:营业成本(填写A102010\102020\103000)	
3		减:税金及附加	
4		减:销售费用(填写A104000)	
5		减:管理费用(填写A104000)	
6		减:财务费用(填写A104000)	

续表

行次	类别	项目	金额
7	利润总额计算	减:资产减值损失	
8		加:公允价值变动收益	
9		加:投资收益	
10		二、营业利润(1-2-3-4-5-6-7+8+9)	
11		加:营业外收入(填写A101010\101020\103000)	
12		减:营业外支出(填写A102010\102020\103000)	
13		三、利润总额(10+11-12)	
14	应纳税所得额计算	减:境外所得(填写A108010)	
15		加:纳税调整增加额(填写A105000)	
16		减:纳税调整减少额(填写A105000)	
17		减:免税、减计收入及加计扣除(填写A107010)	
18		加:境外应税所得抵减境内亏损(填写A108000)	
19		四、纳税调整后所得(13-14+15-16-17+18)	
20		减:所得减免(填写A107020)	
21		减:弥补以前年度亏损(填写A106000)	
22		减:抵扣应纳税所得额(填写A107030)	
23		五、应纳税所得额(19-20-21-22)	
24	应纳税额计算	税率(25%)	
25		六、应纳所得税额(23×24)	
26		减:减免所得税额(填写A107040)	
27		减:抵免所得税额(填写A107050)	
28		七、应纳税额(25-26-27)	
29		加:境外所得应纳所得税额(填写A108000)	
30		减:境外所得抵免所得税额(填写A108000)	
31		八、实际应纳所得税额(28+29-30)	
32		减:本年累计实际已缴纳的所得税额	
33		九、本年应补(退)所得税额(31-32)	
34		其中:总机构分摊本年应补(退)所得税额(填写A109000)	

续表

行次	类别	项目	金额
35	应纳税额计算	财政集中分配本年应补(退)所得税额(填写 A109000)	
36		总机构主体生产经营部门分摊本年应补(退)所得税额(填写 A109000)	
37	实际应纳税额计算	减:民族自治地区企业所得税地方分享部分:(□ 免征 □ 减征:减征幅度%)	
38		十、本年实际应补(退)所得税额(33-37)	
声明:此纳税申报表是根据《中华人民共和国企业所得税法》、《中华人民共和国企业所得税法实施条例》、有关税收政策以及国家统一会计制度的规定填报的,是真实的、可靠的、完整的。 法定代表人(签章):　　　　年　月　日			
纳税人公章: 会计主管: 填表日期:　年　月　日	代理申报中介机构公章: 经办人及执业证件号码: 代理申报日期:　年　月　日	主管税务机关受理专用章: 受理人: 受理日期:　年　月　日	

表 8-6　企业所得税年度纳税申报表(A 类)填报表单

表单编号	表单名称	是否填报
A000000	企业所得税年度纳税申报基础信息表	√
A100000	中华人民共和国企业所得税年度纳税申报表(A 类)	√
A101010	一般企业收入明细表	□
A101020	金融企业收入明细表	□
A102010	一般企业成本支出明细表	□
A102020	金融企业支出明细表	□
A103000	事业单位、民间非营利组织收入、支出明细表	□
A104000	期间费用明细表	□
A105000	纳税调整项目明细表	□
A105010	视同销售和房地产开发企业特定业务纳税调整明细表	□
A105020	未按权责发生制确认收入纳税调整明细表	□
A105030	投资收益纳税调整明细表	□

续表

表单编号	表单名称	是否填报
A105040	专项用途财政性资金纳税调整明细表	□
A105050	职工薪酬支出及纳税调整明细表	□
A105060	广告费和业务宣传费等跨年度纳税调整明细表	□
A105070	捐赠支出及纳税调整明细表	□
A105080	资产折旧、摊销及纳税调整明细表	□
A105090	资产损失税前扣除及纳税调整明细表	□
A105100	企业重组及递延纳税事项纳税调整明细表	□
A105110	政策性搬迁纳税调整明细表	□
A105120	特殊行业准备金及纳税调整明细表	□
A106000	企业所得税弥补亏损明细表	□
A107010	免税、减计收入及加计扣除优惠明细表	□
A107011	符合条件的居民企业之间的股息、红利等权益性投资收益优惠明细表	□
A107012	研发费用加计扣除优惠明细表	□
A107020	所得减免优惠明细表	□
A107030	抵扣应纳税所得额明细表	□
A107040	减免所得税优惠明细表	□
A107041	高新技术企业优惠情况及明细表	□
A107042	软件、集成电路企业优惠情况及明细表	□
A107050	税额抵免优惠明细表	□
A108000	境外所得税收抵免明细表	□
A108010	境外所得纳税调整后所得明细表	□
A108020	境外分支机构弥补亏损明细表	□
A108030	跨年度结转抵免境外所得税明细表	□
A109000	跨地区经营汇总纳税企业年度分摊企业所得税明细表	□
A109010	企业所得税汇总纳税分支机构所得税分配表	□

注:企业应根据实际情况选择需要填报的表单。选择“填报”的,在“□”内打“√”,并完成该表单内容的填报;未选择“填报”的表单,无需向税务机关报送。

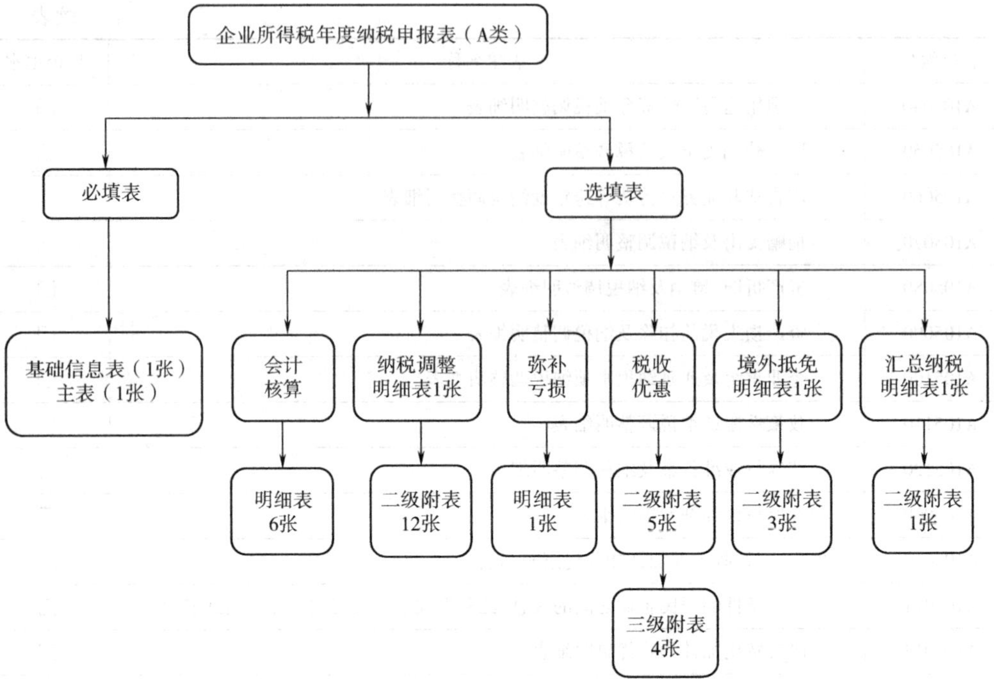

图 8–1　企业所得税年度纳税申报表表单(A 类)结构

从使用频率看,绝大部分纳税人实际填报表单的数量为 8～10 张,除 2 张必填表外,《一般企业收入明细表》《一般企业成本支出明细表》《期间费用明细表》《纳税调整项目明细表》《职工薪酬支出及纳税调整明细表》《减免所得税优惠明细表》等为常用表单,其余则应根据纳税人所在行业类型、业务发生情况正确选择填报适合本企业的表单。

企业所得税的年度纳税申报以主表为核心,主表的结构是以企业所得税的间接法原理为基础设计的。填报表单时,以利润表为起点,将财务会计利润按税法规定调整为应纳税所得额,进而计算应纳所得税额,具体包括利润总额计算、应纳税所得额计算、应纳税额计算三部分。主表数据大部分从附表中生成,个别数据从财务报表中取得。纳税申报表的每张附表既独立体现现行企业所得税政策,又与主表密切关联。

企业在计算应纳税所得额及应纳税额时,对企业财务、会计处理方法与税法规定不一致的,应当按照税法规定计算。税法规定不明确的,在未做出明确规定之前,可以暂按企业财务、会计规定计算。

通过申报表的填制,可以揭示企业税收管理、财务管理中存在的问题,正确处理所得税会计与财务会计的关系。正确填制申报表,不仅为了履行纳税义务,还可以将经营活动中容易忽视的涉税细节问题以表格的形式展现出来,可以有效规划企业涉税事项,防范企业税务风险。

(三)创业投资企业所得税年度纳税申报表及其填制

1. 股权投资税收优惠政策。只有对非上市中小高新技术企业的股权投资才能享受按照投资额的70%抵扣应纳税所得额的税收优惠,对上市企业和未被认定为高新技术企业的非上市企业的股权投资不能享受此项优惠。因此,企业应在"长期股权投资""可供出售金融资产"等相关会计记录中严格区分享受税收优惠的股权投资额与不享受税收优惠的股权投资额。如果投资时被投资企业属于非上市中小高新技术企业,之后企业规模超过中小企业标准,但仍符合高新技术企业标准的,不影响创业投资企业享受有关税收优惠。如A企业占有限合伙制创业投资企业B的出资份额为45%,B对未上市中小高新技术企业的投资额为1 000万元,则A企业可供按70%抵扣应纳税所得额的投资额为450(1 000×45%)万元。

2. 投资期限满2年方能享受税收优惠。被投资企业经认定符合高新技术企业标准的,应自其被认定为高新技术企业的年度起,计算创业投资企业的投资期限。非上市中小高新技术企业接受投资后,在2年内如果因为不符合高新技术企业标准而被取消认定,则该项股权投资不能享受税收优惠。

3. 抵扣应纳税所得额明细表的填制。在对利润总额进行纳税调整后,应先扣除享受所得减免优惠项目的金额,再弥补符合条件的以前年度亏损。如果弥补亏损后仍有余额,方可用"本年新增的可抵扣股权投资额""以前年度结转的尚未抵扣的股权投资余额"抵扣,以应纳税所得额抵扣至零为限。当年应纳税所得额不足抵扣的,可以在以后纳税年度结转抵扣。

【例8-12】某企业年度纳税调整后所得为450万元,弥补以前年度亏损为100万元,弥补亏损后金额为350(450-100)万元,应先填报"企业所得税弥补亏损明细表"。本年新增符合条件的股权投资额400万元,以前年度结转的尚未抵扣的股权投资余额110万元,本年可抵扣的股权投资额为425(450×70%+110)万元,由于弥补亏损后应纳税所得额小于可抵扣股权投资额,实际抵扣的应纳税所得额350万元为弥补亏损后可用于抵扣的应纳税所得额,可抵扣股权投资额大于弥补亏损后应纳税所得额的余额75(425-350)万元,结转以后纳税年度抵扣,应填报"抵扣应纳税所得额明细表"(见表8-7)。在"抵扣应纳税所得额明细表"第7行,将"本年实际抵扣应纳税所得额"的数据填入主表第21行,应纳税所得额计算见主表。

如果其他条件不变,纳税调整后所得为550万元,弥补亏损后金额为450万元。由于弥补亏损后应纳税所得额大于可抵扣股权投资额，实际抵扣应纳税所得额为可用于抵扣的股权投资额425万元，应纳税所得额为25(450−425)万元，结转以后年度抵扣的股权投资无余额，应填报“抵扣应纳税所得额明细表”(见表8−9)，应纳税所得额计算见主表(表8−8、表8−10)。

表8−7 A107030 抵扣应纳税所得额明细表(节录) 单位：万元

行次	项 目	金 额
1	本年新增的符合条件的股权投资额	450
2	税收规定的抵扣率	70%
3	本年新增的可抵扣的股权投资额(1×2)	315
4	以前年度结转的尚未抵扣的股权投资余额	110
5	本年可抵扣的股权投资额(3+4)	425
6	本年可用于抵扣的应纳税所得额	350
7	本年实际抵扣应纳税所得额(5≤6，本行=5行；5>6，本行=6行)	350
8	结转以后年度抵扣的股权投资余额(5>6，本行=5−7行；5≤6，本行=0)	75

表8−8 A100000 企业所得税年度纳税申报表(A类)(节录) 单位：万元

行次	项 目	金 额
19	四、纳税调整后所得(13−14+15−16−17+18)	450
20	减：所得减免(填写A107020)	0
21	减：弥补以前年度亏损(填写A106000)	100
22	减：抵扣应纳税所得额(填写A107030)	350
23	五、应纳税所得额(19−20−21−22)	0

表8−9 A107030 抵扣应纳税所得额明细表(节录) 单位：万元

行次	项 目	金 额
1	本年新增的符合条件的股权投资额	450
2	税收规定的抵扣率	70%
3	本年新增的可抵扣的股权投资额(1×2)	315
4	以前年度结转的尚未抵扣的股权投资余额	110

续表

行次	项　　目	金　额
5	本年可抵扣的股权投资额(3+4)	425
6	本年可用于抵扣的应纳税所得额	450
7	本年实际抵扣应纳税所得额(5≤6,本行=5行;5>6,本行=6行)	425
8	结转以后年度抵扣的股权投资余额(5>6,本行=5-7行;5≤6,本行=0)	0

表8-10　A100000 企业所得税年度纳税申报表(A类)(节录)　　单位:万元

行次	项　　目	金　额
19	四、纳税调整后所得(13-14+15-16-17+18)	550
20	减:所得减免(填写A107020)	0
21	减:弥补以前年度亏损(填写A106000)	100
22	减:抵扣应纳税所得额(填写A107030)	425
23	五、应纳税所得额(19-20-21-22)	25

(四)非居民企业和自行申报纳税人的纳税申报

预缴企业所得税税款时,填报《中华人民共和国非居民企业所得税预缴申报表(2019年版)》及其附表;年度企业所得税汇算清缴时,填报《中华人民共和国非居民企业所得税年度纳税申报表(2019年版)》及其附表。

源泉扣缴和指定扣缴的扣缴义务人,以及扣缴义务人未依法扣缴或无法履行扣缴义务情况下自行申报的纳税人,按次或按期扣缴或申报企业所得税税款时,填报《中华人民共和国扣缴企业所得税报告表(2019年版)》。

第四节　企业所得税的会计处理

一、企业所得税会计账簿设置和处理规则

在企业所得税的会计记录中,需要设置的最主要账簿是"应交企业所得税",它既

可以作为"应交税费"总账账户下的一个明细账户，又可以作为总账账户，反映企业所得税的应交、实际上交和退补等情况。本账户的贷方反映应交和应补交的企业所得税，借方反映实际上交和补交的企业所得税；贷方余额反映应交未交的企业所得税，借方余额反映多交的企业所得税。对企业应交的企业所得税，应借记"所得税费用——当期所得税费用"，贷记本（明细）账户；实际缴纳时，借记本（明细）账户，贷记"银行存款"账户。

执行《小企业会计准则》的企业，企业所得税会计处理保持与税法的一致性，其会计处理体现两者合一；执行《企业会计准则》的企业，企业所得税会计处理呈现与税法的差异，其会计处理体现两者分离。在一套账簿体系下，以借记"所得税费用"总账金额是否保持与贷记"应交税费——应交企业所得税"金额的一致性为识别标准。如果在贷记"应交企业所得税"依税法确认计量后，借方账户金额不再按会计准则重新确认计量，说明会计准则服从税法，即借方服从贷方，属于财务会计与税务会计两者合一模式。如果在贷记"应交企业所得税"依税法确认计量后，借方账户金额按会计准则规定重新确认计量（采用纳税影响会计法），说明财务会计和税务会计两者分离，其差额可以通过"递延税款"或"递延所得税资产""递延所得税负债"予以反映，以保持会计记录的"借贷相等"。

本节阐述的企业所得税会计处理，是以企业所得税法为主导的涉税事项。第五、六两节则是以企业会计准则为主导的所得税会计处理问题，因其属于财务会计范畴，同时也限于篇幅，本书仅是阐述其基本理论和基本方法，诸如对外捐赠、接受捐赠、计提资产减值准备、资产评估、非货币性资产投资、资产重组等具体涉税事项的会计处理未予纳入。

二、企业所得税抵免的会计处理

【例 8-13】某企业 12 月总机构损益类账户余额如下（单位：万元）：

主营业务收入	1 760
税金及附加	65
主营业务成本	780
销售费用	55
管理费用	49.2
财务费用	24
其他业务收入	130
其他业务成本	85
营业外收入	36
营业外支出	57

年末，将总机构损益类账户余额结转到“本年利润”账户结转后，丁字账的借贷余额如图 8-2 所示。

本年利润

(借)		(贷)	
	65		1 760
	780		130
	55		36
	49.2		
	24		
	85		
	57		
发生额合计	1 115.2		1 926
		贷方余额	810.8

图 8-2 某企业丁字账的借贷余额

该企业在美国的分支机构当年获利 285 714.3 美元，已在美国缴纳企业所得税 6 万美元。当年 12 月 31 日我国外汇牌价 USD1＝CNY6。另外，企业在当年度中，超过业务招待费标准的招待费支出 36 000 元，赞助支出 45 000 元。企业所得税税率为 25%。

$$企业全部利润=8\ 108\ 000+285\ 714.3\times6=9\ 822\ 285.8(元)$$

$$应纳税所得额=9\ 822\ 285.8+(36\ 000+45\ 000)=9\ 903\ 285.8(元)$$

$$境内外所得按税法计算的应纳税总额=9\ 903\ 285.8\times25\%=2\ 475\ 821.45(元)$$

$$境外所得税款扣除限额=2\ 475\ 821.45\times[(285\ 714.3\times6)\div9\ 903\ 285.8]=428\ 564.69(元)$$

$$实际在境外缴纳的所得税税额=60\ 000\times6=360\ 000(万元)$$

在境外实际缴纳的税额低于扣除限额，因此，可以从应纳税额中扣除其在境外实际缴纳的所得税税额，企业实际应缴税额计算如下：

$$企业实际应缴税额=2\ 475\ 821.45-360\ 000=2\ 115\ 821.45(元)$$

假设企业上年实际缴纳所得税 220 万元，税务机关同意当年每季按上年实缴税额的 1/4 预缴。做如下会计分录：

(1)每季预缴所得税时:

借:应交税费——应交企业所得税　　550 000

　贷:银行存款——人民币户　　550 000

(2)计算当年应交所得税时:

借:所得税费用——当期所得税费用　　2 115 821.45

　贷:应交税费——应交企业所得税　　2 115 821.45

(3)下年初收到退税款时:

借:银行存款　　84 178.55

　贷:应交税费——应交企业所得税　　84 178.55

三、企业所得税减免的会计处理

纳税人申请减免所得税时,应在年度终了后两个月内向主管税务机关提供书面资料:减免税申请报告(主要包括减免税依据、范围、年限、金额、企业的基本情况等);同期财务会计报表;工商营业执照和税务登记证的复印件;根据不同减免税项目,税务机关要求提供的其他材料。

(一)直接减免

企业申请所得税减免,仍然需要计算应交所得税,待税务机关审批之后再确认减免税。企业在计算应纳所得税时,借记"所得税费用",贷记"应交税费——应交企业所得税";税务机关确认减免时,借记"应交税费——应交企业所得税",贷记"所得税费用"。

(二)即征即退与先征后退

企业在计算应纳所得税时,借记"所得税费用",贷记"应交税费——应交企业所得税";缴纳税款时,借记"应交税费——应交企业所得税",贷记"银行存款"。确认应退税额并收到退税款时,借记"银行存款",贷记"其他收益"。

(三)有指定用途的退税

所得税退税款作为国家投资的,形成国家资本。企业收到退税款时,借记"银行存款",贷记"实收资本——国家资本金"。对有指定用途的政策性减免,可将减免的所得税额贷记"资本公积"。

企业按照国务院财政、税务主管部门有关文件规定,实际收到具有专门用途的先征后返所得税税款,按照会计准则规定应计入取得当期的利润总额,但不作为当期的应纳税所得额。

四、企业所得税纳税调整的会计处理

【例 8-14】某企业某年末“利润分配——未分配利润”账户借方余额 100 万元，企业申报亏损也是 100 万元。税务机关进行纳税检查时发现，企业当年不得在税前列支的金额为 110 万元，扣除账面亏损后，企业还盈利 10 万元。应做会计记录如下：

应补缴所得税 = 100 000×25% = 25 000(元)

税前不得支出的 110 万元属永久性差异，企业仍在税前扣除，造成虚报亏损，按逃税定性，110 万元视同应税所得，假定罚款按逃税额的 100% 计算，则应罚款 275 000 (1 100 000×25%×100%) 元。

(1) 补缴所得税时：

借：所得税费用　　25 000

　贷：应交税费——应交企业所得税　　25 000

借：应交税费——应交企业所得税　　25 000

　贷：银行存款　　25 000

(2) 缴纳罚款时：

借：营业外支出——税收罚款　　275 000

　贷：银行存款　　275 000

假定不是上述情况，而是查出企业将 10 万元收入存入小金库而未入账，那么就应该调减亏损 10 万元。调整后仍然亏损 90 万元。对这种情况，只罚不补。假定罚款按逃税额的 100% 计算，应做会计分录如下：

(1) 将未入账现金入账时：

借：银行存款　　100 000

　贷：以前年度损益调整　　100 000

(2) 缴纳罚款时：

借：营业外支出——税收罚款　　25 000

　贷：银行存款　　25 000

【例 8-15】税收征管人员到某公司进行常规检查，发现公司在被检查年度的前一年，将其自产的成本为 100 万元、正常对外销售价格为 120 万元的产品用于广告宣传，仅做了借记“销售费用”100 万元、贷记“库存商品”100 万元的会计分录。已知该公司当年可税前列支的广告费为 60 万元。

因公司未将自产产品用于广告宣传，按视同销售的规定计缴企业所得税，税务部门要求公司调增应税所得额 20 万元；由于当年可税前列支的广告费为 60 万元，公司实际扣除了100万元,税务部门还要求公司调增应税所得额40万元。两项合计调增应税所得额60万元。公司在当年按照25%的税率补缴了15万元的企业所得税,但仅做会计分录如下:

借:所得税费用——当期所得税费用　150 000
　贷:应交税费——应交企业所得税　150 000
借:本年利润　150 000
　贷:所得税费用——当期所得税费用　150 000

当时,公司并未意识到自己处理有误,此次税务部门再次检查,发现公司未将上一年度纳税调整的金额予以转回。这样,公司因没有转回上一年度的可抵扣暂时性差异,多计算了被检查年度的应税所得额60万元,从而多缴了企业所得税15万元。企业如果通过"递延所得税资产"账户进行核算,就可以避免此类情况发生。

仍以上年度调增的应税所得额为例。第一年度汇算清缴时,公司应做会计分录如下:

借:所得税费用——当期所得税费用　150 000
　贷:应交税费——应交企业所得税　150 000
借:递延所得税资产——可抵扣暂时性差异　150 000
　贷:所得税费用——递延所得税费用　150 000

第二年度汇算清缴时,应对转回的可抵扣暂时性差异60万元进行相关会计记录。假定公司当年被认定为高新技术企业,其适用税率为15%,应做会计分录如下:

借:应交税费——应交企业所得税　90 000
　贷:所得税费用——当期所得税费用　90 000
借:所得税费用——递延所得税费用　90 000
　本年利润　60 000
　贷:递延所得税资产——可抵扣暂时性差异　150 000

五、预缴和汇算清缴企业所得税的会计处理

(一)预缴企业所得税的会计处理

企业计提应预缴的企业所得税时,应借记"所得税费用——当期所得税费用",贷记"应交税费——应交企业所得税";实际缴纳税款时,借记"应交税费——应交企业所得税",贷记"银行存款"。

【例8-16】天浩公司某年第一季度会计利润总额为100万元(含国债利息收入5万元),以前年度未弥补亏损20万元,企业所得税税率为25%。

企业“长期借款”账户记载：年初向工商银行借款50万元，年利率为6%；向B公司借款100万元，年利率为8%，上述款项全部用于生产经营。另外，计提固定资产减值损失4万元。假设无其他纳税调整事项。

1. 第一季度预缴所得税的计算和会计处理。企业预缴的基数为会计利润100万元，扣除上年度亏损20万元以及不征税收入和免税收入5万元后，实际利润额为75万元。对于其他永久性差异，如长期借款利息超支的2[100×(8%-6%)]万元和暂时性差异(资产减值损失4万元)，季度预缴时不作纳税调整。做会计分录如下：

反映应交所得税：

借：所得税费用——当期所得税费用　　187 500

　贷：应交税费——应交所得税　　187 500

下月初，实际缴纳企业所得税：

借：应交税费——应交所得税　　187 500

　贷：银行存款　　187 500

2. 后三个季度预缴所得税的计算和会计处理。假设第二季度企业累计实现利润135万元，第三季度累计实现利润-20万元，第四季度累计实现利润120万元，则每季度末会计处理如下：

(1)第二季度末，做会计分录如下：

借：所得税费用——当期所得税费用　　150 000

　贷：应交税费——应交所得税[(1 350 000-750 000)×25%]　　150 000

下月初缴纳企业所得税，做会计分录如下：

借：应交税费——应交所得税　　150 000

　贷：银行存款　　150 000

(2)第三季度累计利润为亏损，不缴税也不做会计处理。

(3)第四季度累计实现利润120万元，税法规定应先预缴税款，再汇算清缴。由于第四季度累计利润小于以前季度(第二季度)累计实现利润总额，暂不缴税也不做会计处理。

3. 按照会计准则规定，对于暂时性差异产生的对递延所得税的影响，应该在差异产生时立即确认，而非在季末或者年末确认，即以上资产减值损失形成的暂时性差异，应该在当月计提时，做会计分录如下：

借：递延所得税资产　　10 000

　贷：所得税费用——递延所得税费用　　10 000

(二)汇算清缴企业所得税的会计处理

1. 不对外提供财务报表企业的所得税汇算清缴。对这类企业,所得税汇算清缴可以采用简化会计处理方法。在年终结账前,不直接进行所得税纳税调整,也不通过“以前年度损益调整”账户,而是直接冲减“利润分配——未分配利润”。进行简化会计处理,期末补缴的企业所得税也不会对决策产生重大影响,“应交税费——应交企业所得税”也能正确反映所交金额,年终保持账表一致。在税务检查和报表审计中,一般也不将其作为差错处理。

2. 公众公司所得税汇算清缴。新三板挂牌企业及上市公司办理所得税汇算清缴通常是在年度财务报表披露后至企业所得税汇缴期满前进行。上市公司所得税的汇算清缴分为以下两种情况:

(1)在年度财务报告披露之后办理汇算清缴。企业所得税汇缴是在审计后的年度财务报告基础上,对税会差异项目进行纳税调整后所形成的应纳税所得额,进而计算应纳所得税额,这是实务中比较常见的情况。

这种情形,虽然企业的年度企业所得税是在年度财务报告披露后办理纳税申报,但在年度利润表金额已经审计确定而未经股东大会批准发布之前,审核人员应根据企业所得税年度纳税申报表准确计算“应纳所得税额”,并以此确定最终的财务报告相应项目金额。

由于企业的净利润是按照审计后的会计利润扣除所得税费用后的差额确定的,因此只有先计算出所得税费用,再能得出年度净利润。

审计人员根据审计后的会计利润、所得税费用确定净利润,并形成最终的财务报告,经股东大会批准后对外披露。

(2)在年度财务报告披露之前办理汇算清缴。即企业所得税汇缴按规定在 5 月底之前已经办理,但年度财务报告是在 6 月披露的。在这种情况下,汇缴时未经审计的财务报告与披露时审计后的财务报告之间如果存在数据差异,就会影响应纳税所得额和应纳所得税额,需要进行更正申报,并重新报送审计后的年度财务报告及企业所得税年度纳税申报表。在汇缴时进行纳税调整而增加或减少的应纳企业所得税额,应视同报告年度当年发生的会计事项,调整报告年度的所得税费用和应交所得税额。

在年度财务报告金额已经确认尚未报出之前,填报企业所得税年度纳税申报表,涉及应补缴税款的,借记“所得税费用——当期所得税费用”,贷记“应交税费——应交企业所得税”,涉及应退税款的,做方向相反的会计分录。

企业所得税实行动态管理,企业所得税汇缴后,5 年内发现多缴、少缴企业所得税的,均可更正原所属年度的纳税申报表,按规定计算应补、退税款,涉及应退税款的,需出具专项报告，经税务机关审核确认后，办理退税或抵顶当期应交所得税额。

3. 相关会计处理。在汇算清缴企业所得税时，若全年应交企业所得税大于全年已预缴的企业所得税，其差额为应补缴的企业所得税，按其差额借记“以前年度损益调整”，贷记“应交税费——应交企业所得税”；实际缴纳税款时，借记“应交税费——应交企业所得税”，贷记“银行存款”。企业还应将“以前年度损益调整”账户余额转入“利润分配”，借记“利润分配——未分配利润”，贷记“以前年度损益调整——所得税费用”；同时调整盈余公积，借记“盈余公积”，贷记“利润分配——未分配利润”。

在汇算清缴企业所得税时，若全年应交企业所得税小于全年已预缴的企业所得税，其差额为多缴的企业所得税，按其差额借记“应交税费——应交企业所得税”，贷记“以前年度损益调整”。如果税务机关退还企业多缴的所得税，借记“银行存款”，贷记“应交税费——应交企业所得税”，若多缴的所得税不能办理退税，则可以挂账用以抵缴以后应预缴的企业所得税。企业还应将“以前年度损益调整”账户余额转入“利润分配”，借记“以前年度损益调整——所得税费用”，贷记“利润分配——未分配利润”；同时调整盈余公积，借记“利润分配——未分配利润”，贷记“盈余公积”。

【例 8-17】天和公司按季预缴企业所得税（税率为 25%）。1 月，公司向工商银行借款 40 万元，年利率为 6.5%，当月还向某公司借款 15 万元，年利率为 10.5%，两笔借款全部用于生产经营；计提资产价值准备 3 万元；无其他纳税调整事项。第四季度，公司实际利润额累计 280 万元。假定当年四个季度预缴企业所得税共计 68.9 万元。天洋公司于次年 4 月 15 日进行企业所得税的汇算清缴，相关会计处理如下：

年度应纳税所得额 = 2 800 000+150 000×（10%-6%）+30 000 = 2 836 000（元）

年度实际应交企业所得税 = 2 836 000×25% = 709 000（元）

汇算清缴应补缴企业所得税 = 709 000-689 000 = 20 000（元）

（1）计提应补缴企业所得税时：

借：以前年度损益调整——所得税费用　　20 000

　贷：应交税费——应交企业所得税　　20 000

（2）应补缴企业所得税时：

借：应交税费——应交企业所得税　　20 000

　贷：银行存款　　20 000

（3）将“以前年度损益调整”余额转入“利润分配”时：

借：利润分配——未分配利润　　20 000

　贷：以前年度损益调整　　20 000

（4）因净利润变动调整盈余公积时：

借：盈余公积（20 000×10%） 2 000

　贷：利润分配——未分配利润 2 000

【例 8-18】承例 8-17 资料，天和公司当年四个季度预缴企业所得税共计 72 万元，其他资料不变。公司于次年 4 月 15 日进行企业所得税汇算清缴，年度应纳税所得额和应交企业所得税同上。汇算清缴应补缴企业所得税-11 000（709 000-720 000）元。公司申请退回多预缴的企业所得税，经税务机关审核批准退还多缴的税款。

（1）计提应退的企业所得税时：

借：应交税费——应交企业所得税 11 000

　贷：以前年度损益调整——所得税费用 11 000

（2）经税务机关审核批准退还多缴税款时：

借：银行存款 11 000

　贷：应交税费——应交企业所得税 11 000

（3）将“以前年度损益调整”余额转入“利润分配”时：

借：以前年度损益调整 11 000

　贷：利润分配——未分配利润 11 000

（4）因净利润变动调整盈余公积时：

借：利润分配——未分配利润 1 100

　贷：盈余公积（11 000×10%） 1 100

【例 8-19】某上市公司按季预缴企业所得税（税率为 25%）。年度利润表中利润总额为 3 000 万元。公司当年发生诉讼，预计赔偿对方 100 万元，并计入“营业外支出”和“预计负债”；次年 3 月 15 日法院判决，该公司需赔偿对方 300 万元。假定该事项可以在所得税前列支，无其他纳税调整事项。当年四个季度预缴企业所得税共计 653.5 万元。公司于次年 4 月 15 日进行企业所得税的汇算清缴，次年 4 月 30 日对外公告财务报告，相关会计处理如下：

年度应纳税所得额＝30 000 000－（3 000 000－1 000 000）＝28 000 000（元）

年度应交企业所得税＝28 000 000×25%＝7 000 000（元）

应补缴企业所得税＝7 000 000－6 535 000＝465 000（元）

（1）计提应补缴企业所得税时：

借：以前年度损益调整——所得税费用 465 000

　贷：应交税费——应交企业所得税 465 000

（2）补缴企业所得税时：

借：应交税费——应交企业所得税 465 000

贷:银行存款 465 000

(3)将“以前年度损益调整”余额转入“利润分配”时:

借:利润分配——未分配利润 465 000

贷:以前年度损益调整 465 000

(4)因净利润变动调整盈余公积时:

借:盈余公积(465 000×10%) 46 500

贷:利润分配——未分配利润 46 500

【例 8-20】承例 8-19 资料,假设公司于次年 3 月 30 日已经对外公告财务报告,次年 4 月 15 日进行企业所得税的汇算清缴,相关会计处理如下:

$$年度应纳税所得额=30\ 000\ 000-(3\ 000\ 000-1\ 000\ 000)=28\ 000\ 000\ (元)$$

$$年度应交企业所得税=28\ 000\ 000\times25\%=7\ 000\ 000\ (元)$$

$$应补缴企业所得税=7\ 000\ 000-6\ 535\ 000=465\ 000\ (元)$$

(1)计提应补缴企业所得税时:

借:所得税费用 465 000

贷:应交税费——应交企业所得税 465 000

(2)补缴企业所得税时:

借:应交税费——应交企业所得税 465 000

贷:银行存款 465 000

六、企业清算的所得税会计处理

企业清算是指企业按章程规定解散以及因破产或其他原因宣布终止经营后,对企业的财产、债权、债务进行全面清查,并收取债权、清偿债务和分配剩余财产的经济活动。需要进行所得税清算的企业有按《公司法》《企业破产法》等规定需要进行清算的企业,还有企业重组、合并分立中需要按清算处理的企业。不论哪一种清算,均应按有关法规正确进行所得税处理。企业清算的所得税处理是企业在不能持续经营,发生结束自身业务、处置资产、偿还债务以及向所有者分配剩余财产等经济行为时,对清算所得、清算所得税、股息分配等事项的处理。企业清算的所得税处理包括如下各项:

(1)全部资产均应按可变现价值或交易价格,确认转让所得或损失。

(2)确认债权清理、债务清偿的所得或损失。

(3)对预提或待摊性质的费用进行处理。

(4)依法弥补亏损。

(5)计算并缴纳清算所得税。

(6)确定可向股东分配的剩余财产、应付股利等。

企业的全部可变现价值或交易价格,减去资产的计税基础、清算费用、相关税费,加上债务清偿损益等后的余额为清算所得。其计算公式为:

清算所得=资产变现收入+清算资产盘盈-资产计税基础的账面净值-清算费用-债权损失+无法偿还的债务收益-税前可弥补亏损

=(资产变现收入+清算资产盘盈)-清算费用-债权损失-[未付职工工资+欠税+(尚未偿付的其他各类债务-无法偿还的债务)]-累计未分配利润-资本公积-注册资本-税前可弥补亏损

企业全部资产的可变现价值或交易价格减去清算费用、未付职工工资、社会保险费用和法定补偿金,结清清算所得税、以前年度欠税等税款,清偿企业债务后,按规定计算可向所得者分配的资产为剩余财产。剩余财产计算如下:

剩余财产=全部资产的可变现价值或交易价格-清算费用-未付职工工资、社会保险费用和法定补偿金-未结清税费-其他公司债务

未结清税费=清算前未交税费+清算过程中产生的除企业所得税以外的相关税费+清算所得应交所得税税额

投资转让所得(损失)=剩余财产-股息所得-投资成本

"股息所得"为剩余财产中相当于被清算企业累计未分配利润和累计盈余公积中按该股东所占股份比例计算的部分。

【例8-21】已知居民企业甲公司的股东为A公司。某年6月,居民企业乙公司吸收合并甲公司,合并时甲公司的资产账面价值为4 500万元,计税基础为4 800万元,可变现净值为7 500万元,负债账面价值为3 000万元,计税基础为2 850万元,最终清偿额为2 700万元。乙公司支付4 800万元给A公司作为对价。假设甲公司资产、负债的账面价值与计税基础一致,不考虑其他因素。

1. 所得税的确认计量:

(1)公司合并时,甲公司资产、负债的公允价值分别为7 500万元、2 700万元,乙公司据此确认合并资产、负债的计税基础。

(2)甲公司按清算进行所得税处理。甲公司资产处置损益2 700(7 500-4 800)万元,负债清偿损益150(2 850-2 700)万元,假设清算费用、相关税费等合计300万元,不考虑其他因素。

甲公司清算所得为2 550(2 700+150-300)万元,应纳所得税额637.5(2 550×

25%)万元。

(3)甲公司清算后剩余财产的分配。不考虑其他因素,剩余财产为3 862.5(7 500-300-637.5-2 700)万元,分配归A公司所有。

(4)投资方从被清算企业分得的剩余资产,其中相当于从被清算企业累计未分配利润和累计盈余公积中应当分得的部分,应当确认为股息所得;剩余资产减除上述股息所得后的余额,超过或者低于投资成本的部分,应当确认为投资资产转让所得或者损失。因此,A公司应确认股息所得和投资资产转让所得。

假设A公司对甲公司的投资成本为1 200万元,清算时甲公司实收资本为1 200万元,资本公积为75万元,盈余公积为45万元,未分配利润为180万元,则A公司分得的剩余资产3 862.5万元中,未分配利润180万元和盈余公积45万元都应确认为股息所得,剩余资产减除股息所得后的余额为3 637.5(3 862.5-180-45)万元,该余额超过投资成本的2 437.5(3 637.5-1 200)万元应当确认为股权转让所得。

2. 所得税的会计处理:

(1)甲公司的会计处理。资产负债清算时:

借:银行存款	75 000 000	
贷:资产类科目		45 000 000
清算损益		30 000 000
借:负债类科目	30 000 000	
贷:清算损益		3 000 000
银行存款		27 000 000

发生清算税费时:

借:清算费用等	3 000 000	
贷:银行存款		3 000 000

结转损益时:

借:清算损益	33 000 000	
贷:清算所得		30 000 000
清算费用等		3 000 000

财务会计核算的清算所得为3 000万元,比税务会计计算的清算所得2 550万元多450万元,是因资产的计税基础与账面价值差异(300万元)和负债的账面价值与计税基础差异(150万元)造成的。

计算清算所得税时:

借:所得税费用	6 375 000	
贷:应交税费——应交所得税		6 375 000

借：应交税费——应交所得税　　6 375 000
　贷：银行存款　　6 375 000
结转所得税时：
借：清算所得　　6 375 000
　贷：所得税费用　　6 375 000
(2) 乙公司合并甲公司的会计处理。
借：资产类科目　　75 000 000
　贷：负债类科目　　27 000 000
　　银行存款　　48 000 000
(3) A公司的会计处理。
收回投资，确认股息所得和股权转让所得时：
借：银行存款　　38 625 000
　贷：投资收益、应收股利等科目　　26 625 000①
　　长期股权投资——甲公司　　12 000 000

【例8-22】税务部门对某非工业企业实行定率核定征收企业所得税，核定应税所得率为5%。企业在10月办理注销税务登记，终止经营活动。企业在注销过程中，清算确认其应税收入为760万元，不考虑弥补亏损等因素，进行企业清算所得的会计处理。当年企业从业人数和资产总额的具体数据见表8-11。

表8-11　企业从业人数和资产总额数据表

项目	一季度初	一季度末	二季度初	二季度末	三季度初	三季度末	10月初	10月末
从业人数(人)	78	82	75	67	73	77	85	73
资产总额(万元)	850	1 100	900	750	680	700	880	1 060

根据企业年从业人数和资产总额数据，计算全年季度平均值，判断是否属于小型微利企业。

(1) 年从业人数平均值：

一季度平均值 = (78+82) ÷ 2 = 80(人)
二季度平均值 = (75+67) ÷ 2 = 71(人)
三季度平均值 = (73+77) ÷ 2 = 75(人)

① 180万元+45万元+2 437.5万元

四季度平均值＝(85+73)÷2＝79(人)

全年季度平均值＝(80+71+75+79)÷4＝76.25<300

(2)年资产总额平均值：

一季度平均值＝(850+1 100)÷2＝975(万元)

二季度平均值＝(900+750)÷2＝825(万元)

三季度平均值＝(680+700)÷2＝690(万元)

四季度平均值＝(880+1 060)÷2＝970(万元)

全年季度平均值＝(975+825+690+970)÷4＝865<5 000

(3)应纳税所得额的计算：

应纳税所得额＝760×5%＝38(万元)<100 万元

(4)清算所得应交企业所得税：

清算所得应交企业所得税＝38×20%×50%＝3.8(万元)

会计分录如下：

借：所得税费用	38 000	
贷：应交税费——应交企业所得税		38 000
借：应交税费——应交企业所得税	38 000	
贷：银行存款		38 000

七、预提所得税代扣代缴的会计处理

外国企业在中国境内未设立机构、场所，而有取得来源于中国境内的利润(股息)、利息、租金、特许权使用费和其他所得，按规定其所得税应由支付人在每次支付的款额中扣除，并在 7 天内缴入国库。

非居民企业股权转让。在计算股权转让所得时，以非居民企业向被转让股权的中国居民企业投资时或向原投资方购买该股权时的币种计算股权转让价和股权转让成本价。扣缴义务人对外支付或到期应支付的款项为人民币以外货币的，在申报扣缴企业所得税时，应按扣缴当日国家公布的人民币汇率中间价，折合成人民币计算应纳税所得额。

【例 8-23】天欣通用污水处理有限公司系境外 KL 公司和市政排水有限公司共同出资成立的合资企业。境外 KL 公司占 51%的股权，以欧元注册资本，股权成本价为 2 580 000 欧元。今年 1 月 10 日，境外 KL 公司将其注册资本 51%的股权转让给市政排水有限公司，股权转让价为6 440 000欧元，并完成相关变更手续。假设股权转让日的汇率中间价为1欧元=7.5元人民币。

股权转让所得=6 440 000-2 580 000=3 860 000(欧元)

股权转让收益(折合人民币)=3 860 000×7.5=28 950 000(元)

应交企业所得税=28 950 000×10%=2 895 000(元)

会计分录如下：

(1)应交企业所得税。

借：其他应付款——境外KL公司　　2 895 000

　贷：应交税费——应交代扣企业所得税　　2 895 000

(2)缴纳企业所得税。

借：应交税费——应交代扣企业所得税　　2 895 000

　贷：银行存款　　2 895 000

第五节　财务会计的所得税会计基础

一、所得税会计规范概述

各国所得税会计准则大致都经历了与所得税法保持一致到逐步分离的过程。在财务会计中，所得税会计准则是对企业涉税事项出于财务报告目标而进行的会计规范，称为所得税会计处理(Accountingfor Income Taxes)；而体现所得税法要求的所得税会计(Income Taxes Accounting)则属于税务会计范畴。

美国会计师协会(AIA，现已改为AICPA)的会计程序委员会1944年发布的第23号公告是第一个建议对实际发生的应付所得税进行期内和跨期分配的权威性会计公告。1954年美国开始关于所得税分配的持久争论，在这一年中，其颁布的收入法案允许出于税法目的采用加速折旧方法，而出于会计目的计算的折旧一般采用直线法，随之产生了出于会计目的和出于税法目的而记录的折旧之间的重大差异。

1967年美国会计原则委员会(APB，美国财务会计准则委员会FASB的前身)发布了第11号意见书，取消了在所得税会计处理中的“当期计列法”(即应付税款法)，并规定采用“全面所得税分摊法”。1986年，APB发布了《所得税会计征求意见稿》。“征求意见稿”中建议采用资产债务法对当年和以前年度由企业经营活动所产生的所得税的影响进行核算。1987年12月，FASB发布了第96号公告《所得税会计》，该公告应用于1988年12月15日以后的财务年度的会计报表，但是96号公告发布后由于对所得税会计的处理原则及方法仍然存在不同的意见，FASB曾两次推迟执行时间。1992年2月公布了《SFAS109：所得税的会计处理》。

国际会计准则委员会（IASC）于1979年7月发布了第12号公告《所得税会计》，要求采用纳税影响会计法进行所得税会计处理；1985年IASC成立了课题组，专门研究修改12号公告；1989年1月，IASC发布了《所得税会计征求意见稿》（E33），建议采用利润表债务法进行所得税会计处理；1994年10月，IASC再次发布了《所得税会计征求意见稿》（E49），该征求意见稿基本上采纳了SFAS109号公告所提出的处理办法；1996年IASC正式发布了修订后的《IAS12：所得税》。2004年3月，IASB对《IAS12：所得税》进行了修订和认定。

1994年的税制改革，明确了我国税制趋于税收国际惯例的方向，2001年4月28日第九届全国人大常务委员会第二十一次会议修订的《中华人民共和国税收征收管理法》第二十条规定，从事生产、经营的纳税人的财务会计制度或者财务会计处理办法与国务院或者国务院财政、税务主管部门有关税收的规定抵触的，应当依照国务院或者国务院财政、税务部门有关税收的规定计算应纳税款、代扣代缴和代收代缴税款。

1999年修订的《中华人民共和国会计法》也明确了财务会计要根据国家统一的会计制度确认、计量、记录会计要素，提供财务会计报告，不再依附税法和财务制度。2001年企业会计制度的改革，使会计与税法对有关收入、收益、费用、损失等的确认差异越来越大。

2006年2月15日，财政部颁布的《企业会计准则第18号——所得税》，体现了我国所得税会计准则的国际趋同。

2011年10月18日，财政部颁布的《小企业会计准则》，规定小企业的所得税会计处理方法是财务会计与税务会计的协调统一，体现了税法导向原则，可以降低小企业的税务风险。

二、企业所得税会计的理论基础

（一）所得税会计目标

如前所述，以企业所得税法规定为处理依据的所得税会计是税务会计的重要组成部分，其基本目标当然要体现税务会计目标，具体目标是及时、正确地填报企业所得税纳税申报表(主表及其附表),提供符合税法要求、体现企业税收利益诉求的纳税(所得税)会计信息。

按所得税会计准则所进行的所得税会计处理当然属于财务会计范畴,其基本目标要体现财务会计目标,具体目标应是提供有助于投资人、债权人决策的涉及企业(公司)所得税的会计信息,如所得税费用、递延所得税资产、递延所得税负债等。但现行各国"所得税"会计准则对其目标的阐述比较模糊,甚至"越界",如美国的 FASB109 号《所得税的会计处理》中提出的所得税会计目标(1)是"确认当年的应交所得税或应退所得税金额"。这显然不属于会计准则的"职权范围",因为不论在哪个国家,会计准则也不可能超越税法、代替税法。

(二)所得税会计处理中的所得税性质

在进行所得税会计处理时,还应明确所得税的性质,即所得税的归属,也就是所得税项目在财务会计报表中的列示:是作为一项收益分配,还是作为一项费用。若是收益分配,则不能递延,应采用当期计列法进行所得税会计处理;若是费用,才能递延,可采用跨期所得税分摊法进行所得税会计处理。

1. 收益分配论。收益分配论的理论依据是"企业主体理论"。该理论从企业是经营实体的角度出发,认为企业应独立于企业所有者而存在,会计恒等式应表述为"资产=负债+所有者权益",企业的收益是所有者权益的体现,代表企业的经营业绩,企业可以将其用于各种经营活动之需。收益分配论认为,企业所得税是企业收益的分配,与企业收益的其他各种分配项目一样,是对国家支持的一种回报,应归入收益分配项目。所得税与债务利息、股息一样是对所有者权益的分配,企业应以资产或产权的增加、减少为依据,判定现金流入与流出是属于收入还是属于费用。因此,所得税的支付使企业的资产减少,产权减少,属于收益分配的性质。

基于收益分配论的所得税会计处理,不需要单独设置会计账户,直接在"利润分配"账户中进行核算。我国现行事业单位因其筹资的特殊性,其应交所得税的会计处理就是作为收益分配处理。

2. 费用论。费用论认为,企业所得税是企业为取得收益而发生的一种支出,与企业生产经营的各种支出一样,应归入费用项目。费用论的理论依据是"业主理论"。该理论认为,企业的所有者是企业的主体,会计恒等式应表述为"资产-负债=所有者权益",资产是所有者的资产,负债是所有者的负债,权益是所有者的净资产。在企业经营过程中,收入意味着所有者权益的增加,费用意味着所有者权益的减少,收入减费用而形成的企业收益,实际上体现了所有者财富的增加。企业应以所有者权益的增加或减少为依据,判定现金流入与流出是属于收入还是属于费用。

IASC 在《编报财务报表的框架》(2001 年 4 月被 IASB 采纳)中认为,企业的费用是指会计期间经济利益的减少,其形式表现为资产流出、资产递耗或是发生负债而引起业主产权减少,但不包括与产权所有者分配有关的类似事项,其具体表现形式是现金、现金等价物、存货和固定资产的流出或折耗。所得税是为获得收益而付出的代价,是企业现金的流出,引起经济利益的减少,与其他费用的发生、资产的折耗性质相同,因此,应作为费用确认。

三、基于收入费用观的所得税会计差异

收入费用观以利润表为重心,认为收益是一定时期内取得的收入与为取得这些收入而发生的成本费用的差额。这种计量收益的方法以交易为中心,强调收益的确定要符合权责发生制原则、配比原则、历史成本原则和谨慎性原则;财务会计处理的重心是对收入、费用会计要素的确认与计量,而资产和负债要素的确认与计量要依附于收入和费用要素,资产负债表是利润表的补充和附属。

所得税会计差异是会计收益(所得)与应税所得之间的差异额,亦称"计税差异(Tax Differences)"。会计收益(所得)与应税所得是两个不同的会计概念。由于会计准则与税法的目标不同,导致财务会计中的会计收益(所得)与税务会计中的应税所得的确认、计量原则与标准不同,因而两者之间必然存在一定程度的差异。

在递延法和利润表债务法下,按"差异"在未来是否能够转回,可将其分为永久性差异和时间性差异两类。

(一)永久性差异

永久性差异是指某一会计期间,由于会计准则、制度和税法在计算收益、费用或损失时的口径不同、标准不同,所产生的税前会计利润与应税所得之间的差异。这种差异不影响其他会计报告期,也不会在其他期间得到弥补。永久性差异是对某些收入、收益、费用的确认和计量,因会计准则、制度与所得税法规定不一致,经济政策、社会政策或者由于政府修改部分所得税法条款,提高特定经济部门的税务负担而引起的。永久性差异有四种基本类型:

1. 不征税的会计收入、可免税的会计收入。财务会计按会计准则规定确认为收入、收益,但按税法规定则可能不作为应税收入项目。如企业购买国债的利息收入,财务会计确认投资收益,年终并入利润总额,而税法规定,国债利息收入为免税收入;财务会计将长期股权投资持有期间的持有收益确认为投资收益,并入利润总额,由于股权投资所得是被投资企业的税后利润,已在被投资企业缴过所得税,税法规定,仅对投资企业与被投资企业所得税税率的差额部分进行补税。

2. 税法作为应税收益的非会计收益。在财务会计中不确认为收入,但按税法规定要作为应税收入计税。如企业与关联企业以不合理定价为手段减少应纳税所得额,税法规定税务机关有权合理调整增加企业应纳税所得额;又如价外收费、视同销售业务,会计上可能不确认为收入,但税法将其作为应税收入;再如企业销售商品(产品)时,因误开发票作废,但由于冲转发票存根未予保留,在税法上仍按销售收入确认。

3. 税法不允许扣除的会计费用或损失。某些支出,财务会计已列为费用或损失,但税法不予认定,因而使应税所得高于会计利润。计算应税所得时,应将这些项目金额加到利润总额中一并计税。其产生的原因主要有两种情况:

一是口径(范围)不同。即财务会计上作为费用或损失的项目,在税法上不作为扣除项目处理。这些项目有:①贿赂等违法支出;②违法经营的罚款和被没收财物的损失;③各项税收的滞纳金、罚金和罚款;④各种非公益性捐赠和赞助支出。这些项目及其金额,在财务会计中可列为营业外支出等,但税法规定不得扣减应税所得,要照章计税。

二是标准不同。即财务会计上作为费用或损失的项目,在税法上也可作为扣除项目处理,但规定了计税支出标准,超过限额部分不允许在税前扣除,也不允许结转到以后年度扣除。如利息支出、业务招待费、公益性捐赠、税务机关不予认定的工薪支出及相应的职工福利费支出、工会经费、职工教育经费支出等。

4. 税法作为可扣除费用的非会计费用。财务会计未确认为费用或损失,但在计算应税所得额时,允许扣减。如为鼓励企业进行新产品、新技术、新工艺的技术开发,除技术开发费可以全额在税前扣除外,还可以加扣,加扣额就是财务会计未确认的费用,但允许(符合条件时)在税前扣除。在发达国家,对自然资源开发企业,其"成本折耗",除可以据实在税前扣除外,政府为鼓励这类企业开发研制,允许企业加扣一定百分比的"成本折耗"。对加扣费用的会计处理,我国企业会计制度未涉及。国外一般有两种方法:一是增计费用法。即借记"管理费用",贷记"盈余公积(××基金)";二是税前提取扣除法。即借记"当年纳税调整"或"利润分配(增设专门二级账户)",贷记"盈余公积"。

在《企业会计准则18号——所得税》中,虽未提及永久性差异,但并不表示在所得税会计处理中就没有永久性差异了,只不过是为了符合会计准则中"计税基础"概念的引入以及利用计税基础计算差异的要求。因为永久性差异无论发生在任何会计期间,税法都是不允许抵扣的,即不存在跨期分摊问题。也就是说,永久性差异只影响发生当期的损益,不会影响未来期间的损益,是一种绝对性差异。对于资产而言,永久性差异是指一项资产在未来取得经济利益时,按税法规定是不需纳税的,未来不纳税意味着计税基础就等于其账面价值,无差额产生。对于负债而言,永久性差异是指一项负债在未来期间计算应税所得时按照税法规定可予抵扣的金额为0,此时,其计税基础还是等于其账面价值。

永久性差异的计税基础=账面价值-未来可以抵扣金额(0)=账面价值

(二)时间性差异

当收益或费用被包含在某一期间的会计利润中,但被包含在另一期间的应税所得中时,其所产生的差异通常称为时间性差异。所有的时间性差异都是暂时性差异,但并非所有的暂时性差异都是时间性差异。暂时性差异还包括因对资产或负债进行直接调整而产生账面价值与计税基础不一致的非时间性差异。比如,按购买法对企业合并进行会计处理,要求按被并购企业可辨认净资产的公允价值计价,而税法规定按账面价值计算,从而产生暂时性差异,但此暂时性差异并非时间性差异。

1. 会计收益大于应税收益的时间性差异。某些收入包括在会计收益中的期间早于其包括在应税收益中的期间,产生时间性差异。如企业进行长期股权投资,并能够对被投资单位实施重大影响,应采用权益法进行会计核算。对被投资单位当年实现的净利润,投资企业按企业所持表决权资本比例确认当期投资收益,是权益法核算的要点之一。但根据我国税法,不论企业采用何种方法进行投资核算,只有在被投资企业实际做利润分配账务处理时,投资企业才确认投资所得的实现。

某些费用包括在会计收益中的期间迟于其包括在应税收益中的期间,产生时间性差异。我国税法规定,纳税人可扣除的固定资产折旧,采用直线折旧法,但对促进科技进步、环境保护和国家鼓励投资的关键设备等,纳税人申报纳税时,可自主选择采用加速折旧法,并报主管税务机关备案。如果企业报税时采用加速折旧法,进行会计核算时采用直线法,在固定资产使用的前期,计算会计收益时扣减的折旧费用,会小于计算应纳税所得额时扣减的折旧费用。

2. 会计收益小于应税收益的时间性差异。某些收入包括在会计收益的期间迟于包括在应税收益中的期间,产生时间性差异。如提前收取的租金、利息、使用费在收到时就计税,但财务会计将其确认为负债,在以后提供商品或劳务时才确认为收入。

某些费用包括在会计收益中的期间早于其包括在应税收益中的期间,产生时间性差异。如产品质量担保费用,财务会计在销售商品时将其确认为费用,但只有在实际发生时,产品质量担保费用才可在计算应纳税所得额时作为费用扣除。

时间性差异不仅影响本期和前期的税前会计收益和应税收益两者之一,而且还影响相关未来时期所报告的税前会计收益和应税收益;随着时间的推移和影响事项的完结,这种差异会在以后期间转回,使税前会计收益和应税收益达到总量相等。

3. 非时间性差异。除上述时间性差异外,还有因税法规定致使资产、负债的计税基

础与其账面价值不同,因而产生的非时间性差异。这些差异是非因时间因素而产生的差异,如以下各项:

(1)子公司、联营企业或合营企业没有向母公司或投资者分配全部利润。

(2)资产的重估价,只产生暂时性差异而不产生时间性差异。

(3)企业合并采取购买法时,被合并企业可辨认资产或负债在会计上按公允价值入账,而税法规定报税时按账面价值计算,致使合并后的计税基础与账面价值之间产生差异。

(4)资产或负债初始确认的账面金额不同于其初始计税基础。

(5)各项资产减值准备。

(6)研究开发费用。

(7)债务重组。

(8)非货币性资产交换等。

四、基于资产负债观的所得税会计差异

资产负债观直接从资产和负债的角度确认与计量企业的收益,认为收益是企业期末净资产与期初净资产的差额,强调综合收益,收益由排除资本变动的净资产的期初期末余额之差产生。按照资产负债观的理念,真正的利润本质上是净资产的增加,真正的亏损本质上是净资产的减少。要求在计量属性上尽可能采用公允价值,强调财务会计处理的重心应该是对资产和负债要素的确认与计量,而收入和费用要素则从属于资产和负债要素;在财务报告中,强调资产负债表在整体报告体系中的核心地位,利润表只是资产负债表的附表,是对资产负债观所确定的综合收益的明细说明。

在所得税会计中,基于会计准则与税法的不同关系,形成了财务会计与税务会计不同的模式(见本书第一章),具体表现在对待差异的不同处理方法上,因而形成了不同的所得税会计处理方法(详见本章第六节)。为了提高财务会计信息质量,从各国所得税会计处理的发展趋势看,越来越多的国家开始采用体现资产负债观的资产负债表债务法。

(一)计税基础

在采用资产负债表债务法时,要求企业的资产及负债应根据会计准则与税法的不同要求分别进行计价,因而形成财务会计计价基础与税法计价基础两种计价基础。财务会计计价基础即资产(负债)的账面价值;税法计价基础即计税基础,是企业在资产负债表日,根据税法规定,为计算应交所得税所确认的资产(负债)的价值。

1. 资产的计税基础。资产的计税基础是指企业在收回资产账面价值的过程中,计算应纳税所得额时按照税法规定可以自应税经济利益中抵扣的金额,即该项资产在未

来使用或最终处置时，允许作为成本或费用于税前列支的金额。

在会计处理上，资产在初始确认时，其计税基础一般为取得成本，即企业为取得某项资产支付的成本在未来期间准予税前扣除的金额。在资产持续持有的过程中，其计税基础是指资产的取得成本减去以前期间按照税法规定已经税前扣除的金额后的余额，该余额代表的是按照税法规定，所涉及的资产在未来期间计税时仍然可以在税前扣除的金额。如固定资产、无形资产等长期资产在某一资产负债表日的计税基础，是指其成本扣除按照税法规定已在以前期间税前扣除的累计折旧额、摊销额。资产的计税基础用公式表示为：

资产的计税基础＝未来可在税前扣除的金额＝资产的账面价值－资产未来应税金额＋资产未来可抵扣金额

一般情况下，资产在取得时，其入账价值与计税基础是相同的；在后续计量过程中，因企业会计准则与税法规定不同，可能产生资产的账面价值与其计税基础的差异。

在税务处理上，企业的各项资产应以历史成本为计税基础。

企业持有期间资产的增值或减值，除国务院财政、税务主管部门规定可以确认损益外，不得调整该资产的计税基础（详见本章第二节）。以下以简例说明：

（1）一台设备成本为10 000元，已提折旧4 500元（已在当年和以前年度抵扣），剩余成本将在未来期间（折旧或处置）予以抵扣，则该项设备的税基为5 500元。若其重估价为6 000元，则有500元的暂时性差异产生。

（2）企业一笔应收账款2 000元，其相应收入已包括在应税利润（可抵扣亏损）中，即该应收账款的相应收入已经通过销售（营业）收入计入应税收入并缴纳流转税、计入应税所得并缴纳所得税。因此，在该应收账款收回时，不必再缴税了，其计税基础就是其账面价值（金额）。

（3）企业一笔应收利息1 500元，相应利息收入按现金制缴税。就计税而言，该笔金额流入企业时无抵扣金额，则该应收利息的计税基础为零。

【例8-24】AB公司某项设备原价为3 000万元，财务会计的折旧年限为3年，税务会计的折旧年限为5年，两者均采用直线法计提折旧。第2年末，公司对该项固定资产计提了60万元的固定资产减值准备。假设财务会计与税务会计预计净残值率均为0。

财务会计的账面价值＝3 000－1 000－1 000－60＝940（万元）

税务会计确认的计税基础＝3 000－600－600＝1 800（万元）

该例说明，固定资产账面价值与计税基础的差异原因有两个：一是折旧年限不同，财务会计折旧年限为3年，税务会计的折旧年限为5年，每年因折旧年限不同产生的暂时性差异400万元，2年后会计期末因折旧年限不同产生的暂时性差异合计800万元。二是计提固定资产减值准备造成的差异，第2年会计期末由于财务会计计提了减值准备60万元，税法规定固定资产减值准备在计提时不允许在税前扣除，实际发生损失时才允许在税前扣除，由此产生差异60万元。两者合计为860万元。

2. 负债的计税基础。负债的计税基础是指负债的账面价值减去该负债在未来期间计算应纳税所得额时按照税法规定可予抵扣的金额。对于预收款项产生的负债，其计税基础为账面价值减去未来期间不征税的金额。可见，负债的计税基础是在未来期间计税时不可扣除的金额。即：

负债的计税基础＝账面价值－未来可税前抵扣的金额

＝负债的账面价值＋负债未来应税金额－负债未来可抵扣金额

一般负债的确认和清偿不影响所得税的计算，差异主要是因为从费用中提取的负债。以下以简例说明：

（1）流动负债中包括账面金额为1 000元的应缴罚款，计税时，该项罚款不可抵扣，则该项罚款的税基为1 000元。此时，不存在可抵扣暂时性差异。

（2）企业一笔短期应计费用，其账面金额20 000元，计税时，相应的费用将在未来以现金予以抵扣，则该项流动负债应计费用的计税基础为零；计税时，如果相关的费用已抵扣，则该应计费用的计税基础就是20 000元。

（3）一项应付货款的账面价值为100 000元。该货款的归还不会产生纳税后果，该货款的计税基础为100 000元。

（二）暂时性差异——对未来应纳税金额的影响

暂时性差异（Temporary Differences）是指资产、负债的计税基础与其列示在财务报表上的账面金额之间的差额。该差额在以后年度当财务报表上列示的资产收回或列示的负债偿还时，会产生应纳税金额或可抵扣税金额。未作为资产和负债确认的项目，如果按照税法规定可以确定其计税基础的，该计税基础与其账面价值之间的差额也属于暂时性差异。

时间性差异侧重于从收入或费用角度分析会计利润和应税利润之间的差异，揭示的是某个会计期间内产生的差异。暂时性差异侧重于从资产和负债的角度分析某个时点上存在的账面价值与其计税基础之间的差异，这种差异可能导致相关期间会计利润和应税利润之间发生差异，也可能并不会产生相关期间会计利润和应税利润的差异。

按照暂时性差异对未来期间应税金额的影响方向（性质），可将暂时性差异分为应纳税暂时性差异和可抵扣暂时性差异。

1. 应纳税暂时性差异。应纳税暂时性差异是指在确定未来收回资产或清偿负债期间的应纳税所得额时，将导致产生应税金额的暂时性差异。当资产的账面价值大于其计税基础或者负债的账面价值小于其计税基础时，产生应纳税暂时性差异。即对于资产而言，当会计口径的价值高于税收口径的价值时，在纳税时，可以在本期抵扣不缴税，等到以后再缴税；对于负债而言，当会计口径的价值小于税收口径的价值时，在纳税时，可以在本期抵扣不缴税，等到以后再缴税。

各种应税暂时性差异均应确认为递延所得税负债，除非递延所得税负债是因两种情况产生的：①计税时，其摊销金额是不能抵扣的商誉；②具有以下特征的交易中的资产或负债的初始确认：不是企业合并；交易时既不影响合计利润，也不影响应税利润（可抵扣亏损）。但是，对于公司、分支机构和联营企业的投资以及在合营企业中的权益相关的应税暂时性差异，应根据准则有关规定确认递延所得税负债。

资产的确认意味着该资产的账面金额在未来期间将以流入企业的经济利益的形式收回。当该资产的账面金额超过其计税基础时，应税经济利益的金额也将超过计税时允许抵扣的金额。该差额就是应税暂时性差异，它构成一项递延所得税负债。当企业收回该资产账面金额时，应税暂时性差异将转回，企业将获得应税利润，这使得经济利益很可能以税款支付的方式流出企业。因此，企业应确认所有递延所得税负债。

以下为应纳税暂时性差异示例：

（1）某项固定资产成本为300万元，账面价值为200万元。计税累计折旧为180万元，该项固定资产的计税基础为120万元。为收回账面金额，企业必须赚得应税收益200万元，但只能抵扣计税折旧120万元。如果税率为25%，当企业收回该资产账面金额时，应支付所得税20（80×25%）万元。因此，账面金额200万元与其计税基础120万元之间的差额80万元为应纳税暂时性差异。

（2）某企业拥有一项交易性金融资产，成本为500万元，期末公允价值为750万元。按照企业会计准则，交易性金融资产期末按公允价值计价，但依照税法，交易性金融资产持有期间，其公允价值的变动不计入应纳税所得额，即其计税基础不变。该项交易性金融资产账面价值大于计税基础的金额250万元为应纳税暂时性差异。

2. 可抵扣暂时性差异。可抵扣暂时性差异是指在确定未来收回资产或清偿负债期间的应纳税所得额时，将导致产生可抵扣应税金额的暂时性差异。“可抵扣”一般意味着税款已经缴纳了，但按照税法规定不该在本期缴纳的，只有等到以后抵扣处理。当资产的账面价值小于其计税基础或者负债的账面价值大于其计税基础时，就会产生可抵扣暂时性差异。允许抵减以后年度利润的应抵扣亏损，视同可抵扣暂时性差异。

以下为可抵扣暂时性差异示例：

企业将产品保修费用10万元确认为负债，计入当期损益。产品保修费用于实际支付时才能抵扣应纳税所得额。该项预计负债的计税基础是0。在以账面金额清偿该负债时,企业的未来应纳税所得额减少10万元,如果税率为25%,相应减少未来所得税支出2.5万元。账面金额与计税基础之间的差额10万元是一项可抵扣暂时性差异。

应纳税暂时性差异与可抵扣暂时性差异的识别见表8-12。

表8-12　应纳税暂时性差异与可抵扣暂时性差异的识别表

账面价值与计税基础	资产	负债
账面价值>计税基础	应纳税暂时性差异（递延所得税负债）	可抵扣暂时性差异（递延所得税资产）
账面价值<计税基础	可抵扣暂时性差异（递延所得税资产）	应纳税暂时性差异（递延所得税负债）

（三）暂时性差异——差异的产生

1. 资产、负债的账面价值与计税基础不同而产生的差异。比较常见的有资产减值准备、具有融资性质的分期收款销售、固定资产折旧、无形资产的摊销、使用寿命不确定、公允价值计量的投资性房地产、公允价值计量且其变动计入当期损益的金融资产、权益法投资收益确认和补交所得税、售后服务等预计负债、某些预收账款、债务重组和应付薪酬延期支付等。

2. 企业合并中取得有关资产、负债产生的暂时性差异。企业合并准则指出,非同一控制下的吸收合并,购买方在购买日应当按照合并中取得的被购买方各项可辨认资产、负债的公允价值确定其入账价值。《国家税务总局关于企业合并分立业务有关所得税问题的通知》规定,如果合并企业支付给被合并企业或其股东的收购价款中,除合并企业股权以外的现金、有价证券和其他资产,不高于所支付的股权票面价值(或支付的股本的账面价值)20%时,被合并企业不确认全部资产的转让所得或损失,不计算缴纳所得税。合并企业接受被合并企业全部资产的计税成本,须以被合并企业原账面净值为基础确定。由此可见,如果符合上述条件,合并方资产、负债的账面价值与其计税基础之间会产生暂时性差异。

3. 不属于资产、负债的特殊项目产生的暂时性差异。

(1)某些交易或事项发生以后,因为不符合资产、负债的确认条件,账面价值为0,但按照税法规定能够确定其计税基础的,0与计税基础之间的差异也构成暂时性差异。例如,会计准则规定修理费作为当期费用,税法规定特定条件下修理费作为长期待摊费用等。

(2)按照税法规定可以结转以后年度的未弥补亏损及税款递减,虽不是因资产、负债的账面价值与计税基础不同产生的,但与可抵扣暂时性差异具有同样的作用,均能减少未来期间的应纳税所得额,进而减少未来期间的应交所得税,在会计处理上,与可抵扣暂时性差异的处理相同。按照税法规定:允许用以后5年税前所得弥补的亏损;企业购置用于环境保护、节能节水、安全生产等专用设备的投资额,可以按一定比例实行税额抵免;广告费和业务宣传费支出作为当期损益,税法规定年度广告费和业务宣传费支出不得超过销售(营业)收入的15%(另有规定除外),超过部分准许在以后纳税年度结转扣除。

【例8-25】某股份有限公司的所得税采用资产负债表债务法核算,所得税税率为25%。该公司某年资产负债表的有关项目见表8-13。

表8-13　资产负债表的有关项目　　单位:万元

项目	年初数	年末数
存货	1 400	500
长期股权投资	0	400
固定资产	2 400	2 900
预计负债	0	480
递延所得税资产	75	—
递延所得税负债	50	—

(1)“存货跌价准备”账户年初贷方余额300万元,年末贷方余额120万元。

(2)长期股权投资系当年3月1日对甲公司的投资,初始投资成本500万元,采用权益法核算。由于甲公司本年发生亏损,该公司年末按应负担的亏损份额确认投资损失100万元,同时调整长期股权投资的账面价值。年末,未对长期股权投资计提减值准备。

(3)固定资产中包括一台B设备,系上年12月25日购入,原价1 000万元,预计净残值为零。计税按年数总和法计提折旧,折旧年限为4年;财务会计采用直线法计提折旧,折旧年限为5年。

(4)预计负债为当年年末计提的产品保修费用480万元。假设除上述事项外,没有发生其他纳税调整事项。该公司当年利润表中“利润总额”项目金额为2 000万元。计算该公司年末暂时性差异及因此而形成的应纳税暂时性差异、可抵扣暂时性差异。

存货产生的暂时性差异 = 账面价值 - 计税基础 = 500 - (500 + 120) = -120(万元)

长期股权投资产生的暂时性差异 = 账面价值 - 计税基础 = 400 - 500 = -100(万元)

固定资产产生的暂时性差异 = 账面价值 - 计税基础 = 800 - 600 = 200(万元)

预计负债产生的暂时性差异 = (-1) × (账面价值 - 计税基础)

= (-1) × (480 - 0) = -480(万元)

存货、长期股权投资和预计负债三个项目产生的暂时性差异,计算结果均为负数,属于可抵扣暂时性差异;固定资产产生的暂时性差异,计算结果为正数,属于应纳税暂时性差异。

应纳税暂时性差异 = (正的)资产类差异 + (正的)负债类差异 = 200(万元)

可抵扣暂时性差异 = (负的)资产类差异 + (负的)负债类差异

= (-120) + (-100) + (-480) = -700(万元)

第六节 财务会计的所得税会计处理方法

一、企业所得税会计账户设置

由于对企业所得税采用的会计处理方法不同,因而企业所得税会计账户的设置也有所区别。

(一)"所得税费用"账户

1. 采用应付税款法的企业,期末按税法规定计算的本期应交所得税,计入其借方。

2. 采用纳税影响会计法的企业,"所得税费用"核算企业根据所得税会计准则确认的应从当期利润总额中扣除的所得税费用。

在资产负债表债务法下,本账户应按"当期所得税费用""递延所得税费用"进行明细核算。

资产负债表日,企业按照税法规定计算确定的当期应交所得税金额,借记本账户(当期所得税费用),贷记"应交税费——应交所得税"账户。

在确认相关资产、负债时,根据所得税准则应予确认的递延所得税资产,借记"递延所得税资产"账户,贷记本账户(递延所得税费用)、"资本公积——其他资本公积"等账户;应予确认的递延所得税负债,借记本账户(递延所得税费用)"资本公积——其他资本公积”等账户，贷记“递延所得税负债”账户。

资产负债表日，根据所得税准则应予确认的递延所得税资产大于“递延所得税资产”账户余额的差额，借记“递延所得税资产”账户，贷记本账户（递延所得税费用）“资本公积——其他资本公积”等账户；应予确认的递延所得税资产小于“递延所得税资产”账户余额的差额，做相反的会计分录。

企业应予确认的递延所得税负债的变动，应当比照上述原则调整“递延所得税负债”账户及有关账户。

期末，应将本账户的余额转入“本年利润”账户，结转后本账户应无余额。

（二）“递延所得税资产”账户（采用资产负债表债务法）

核算企业根据所得税准则确认的可抵扣暂时性差异产生的所得税资产。根据税法规定可用以后年度税前利润弥补的亏损产生的所得税资产，也在本账户核算；企业应当按照可抵扣暂时性差异等项目进行明细核算。

企业在确认相关资产、负债时，根据所得税准则应予确认的递延所得税资产，借记本账户，贷记“所得税费用——递延所得税费用”“资本公积——其他资本公积”等账户。

资产负债表日，企业根据所得税准则应予确认的递延所得税资产大于本账户余额的，借记本账户，贷记“所得税费用——递延所得税费用”“资本公积——其他资本公积”等账户；应予确认的递延所得税资产小于本账户余额的，做相反的会计分录。

资产负债表日，预计未来期间很可能无法获得足够的应纳税所得额用以抵扣可抵扣暂时性差异的，按应减记的金额，借记“所得税费用——当期所得税费用”“资本公积——其他资本公积”账户，贷记本账户。

本账户期末借方余额，反映企业已确认的递延所得税资产的余额。

（三）“递延所得税负债”账户（采用资产负债表债务法）

核算企业根据所得税准则确认的应纳税暂时性差异产生的所得税负债，企业应当按照应纳税暂时性差异项目进行明细核算。

企业在确认相关资产、负债时，根据所得税准则应予确认的递延所得税负债，借记“所得税费用——递延所得税费用”“资本公积——其他资本公积”等账户，贷记本账户。

资产负债表日，企业根据所得税准则应予确认的递延所得税负债大于本账户余额的，借记“所得税费用——递延所得税费用”“资本公积——其他资本公积”等账户，贷记本账户；应予确认的递延所得税负债小于本账户余额的，做相反的会计分录。

本账户期末贷方余额,反映企业已确认的递延所得税负债的余额。

(四)"递延税款"账户(采用递延法、利润表债务法)

核算企业由于时间性差异导致的税前会计利润与应税所得之间的差额所产生的影响纳税的金额,以及以后各期转销的金额。其贷方发生额,反映企业本期税前会计利润大于应税所得产生的时间性差异影响纳税的金额,及本期转销已确认的时间性差异对纳税影响的借方金额;其借方发生额,反映企业本期税前会计利润小于应税所得产生的时间性差异影响纳税的金额,以及本期转销已确认的时间性差异对纳税影响的贷方金额。采用债务法时,"递延税款"账户的贷方或借方发生额,还反映因税率变动调整的递延税款金额。"递延税款"的期末贷方(或借方)余额,反映尚未转回的时间性差异影响所得税的金额。

企业接受捐赠的非现金资产,应在弥补亏损后,按其余额计算缴纳所得税,一般不再递延纳税。

企业应当设置"递延税款备查簿",详细记录发生时间性差异的原因、金额、预计转销期限、已转销金额等。

(五)"应交税费——应交企业所得税"账户

税务会计中的"应交企业所得税"明细账户已在本章第四节述及。虽然财务会计与税务会计都需要设置该账户,但其借贷发生额是税务会计根据税法进行的确认计量,财务会计仅是接受了税务会计的计算结果而已。在资产负债表中,包括"应交企业所得税"在内的所有税金仅反映其期末余额,而且是税与费的合计余额,可以说,没有多少信息含量。

在资产负债表债务法下,所得税会计处理的核心是确认计量"递延所得税资产"和"递延所得税负债","递延所得税费用"不过是借贷(或贷借)"递延所得税资产"和"递延所得税负债"的差额。

二、应付税款法的会计处理

应付税款法(Taxes Payable Method)是企业将本期税前会计利润与应税所得额之间的差额所造成的影响纳税的金额直接记入当期损益,而不递延到以后各期的一种所得税会计处理方法。应付税款法是税法导向的会计处理方法,执行《小企业会计准则》的企业采用该处理方法。

在应付税款法下,本期发生的时间性差异不单独核算,与本期发生的永久性差异一并处理,即应税所得额=利润总额±永久性差异金额±时间性差异金额。将税前会计利润调整为应税所得,再按应税所得计算应交所得税,并作为本期所得税费用,即本期所得税费用等于本期应交所得税。时间性差异产生的影响所得税的金额,在财务会计报表中不反映为一项负债或一项资产,仅在财务会计报表附注中说明其影响。

【例 8-26】某企业全年发生超标业务招待费 3.5 万元。固定资产折旧采用直线法,本年折旧额为 50 000 元;计税采用双倍余额递减法,本年折旧额为 65 000 元。年度利润表上反映的税前会计利润为 100 万元,所得税税率为 25%。该企业本期应交所得税和所得税费用计算如下:

税前会计利润	1 000 000
加:永久性差异	35 000
减:时间性差异	15 000
应税所得额	1 020 000
所得税率 25%	
本期应交所得税	255 000
本期所得税费用	255 000

会计分录如下:

借:所得税费用——当期所得税费用 255 000

　贷:应交税费——应交企业所得税 255 000

实际上交所得税时:

借:应交税费——应交企业所得税 255 000

　贷:银行存款 255 000

三、纳税影响会计法

纳税影响会计法(Tax Effect Accounting)是将本期税前会计利润与应税所得额之间产生的暂时性差异造成的影响纳税的金额,递延和分配到以后各期(即将本期产生的暂时性差异对所得税的影响采取跨期分摊)的一类所得税会计处理方法。采用纳税影响会计法,所得税被视为企业在获得收益时发生的一种费用,并应随同有关的收入和费用计入同一纳税期内,以达到收入和费用的配比。时间性(暂时性)差异影响的所得税额,包括在利润表中的所得税费用项目以及资产负债表中的递延税款余额内。

采用纳税影响会计法时,在时间性(暂时性)差异所产生的递延税款借方金额的情况下,为了慎重起见,如在以后转回暂时性差异的影响期内(一般为 3 年),有足够的应纳税所得额予以转回的,才能确认时间性(暂时性)差异的所得税影响金额,并作为递延税款的借方反映,否则,应于发生当期视同永久性差异处理。我国的所得税会计在采用纳税影响会计法时,采用的是部分摊配方式,即对递延税款贷项不作限制,对递延税款借项作了限制,体现会计处理的谨慎性原则。

纳税影响会计法包括递延法与债务法两种方法,而债务法又分为利润表债务法(损益表债务法)和资产负债表债务法。目前,包括 FASB 颁布的《SFAS109:所得税的会计处理》(1991 年 12 月 16 日生效)、IASC 颁布的《IAS12:所得税》(1998 年 1 月 1 日或以后日期生效,IASB 于 2004 年予以确认)以及我国的《企业会计准则 18 号——所得税》等均已取消递延法(Deferred Method)①而主张采用债务法中的资产负债表债务法,但英国等国家目前则采用利润表债务法。

四、资产负债表债务法

(一)资产负债表债务法的基本含义、计算公式和基本程序

资产负债表债务法又称资产负债表法,它是以估计转销年度的所得税率为依据,计算递延税款的一种所得税会计处理方法。资产负债表债务法从暂时性差异产生的本质出发,分析暂时性差异产生的原因及其对企业期末资产和负债的影响,体现了"资产负债观"。

资产负债表债务法以资产负债表为基础,注重暂时性差异。暂时性差异侧重于从资产和负债的角度分析某个时点上存在的账面价值与其计税基础之间的差异,这种差异可能导致相关期间会计利润和应税利润之间发生差异,也可能并不会产生相关期间会计利润和应税利润的差异。

在资产负债表债务法下,仅确认暂时性差异的所得税影响,因为永久性差异不会产生资产、负债的账面价值与其计税基础的"差异",即不会形成暂时性差异,对企业在未来期间的计税没有影响,不会产生递延所得税。因此,其"差异"应在发生当期进行所得税纳税调整。

在资产负债表债务法下,应根据《企业所得税法》确认、计量企业的本期应纳税所得额,并按应纳税所得额和现行适用税率计算本期应交所得税;再根据《企业会计准则》确认、计量企业同期期末暂时性差异及结转以后年度的本期弥补亏损与所得税抵

---

① 递延法是按时间性差异产生年度的税率确认递延所得税费用,作为递延所得税贷项或递延所得税借项,并将其随时间的推移而依次逐渐转销的一种所得税费用跨期摊配方法。在递延法下,一个时期的所得税费用,除包括本期应交所得税额外,还包括本期发生而应在以后时期或从前期转来应在本期转销的时间性差异对纳税的影响额。递延法主要有三个特点:一是以利润表为导向,强调收入与费用的配比。二是本期发生的时间性差异影响所得税的金额,用现行税率计算;以前发生而在本期转回的各项时间性差异影响所得税的金额,仍用当初的税率计算转回;当时间性差异的发生和转销期内税率没有变化时,与利润表债务法无异。三是在递延法下,在资产负债表上反映的递延税款余额,并不完全代表收款的权利或付款的义务。

减，计算递延所得税负债（或资产）的期末余额，并将递延所得税负债（或资产）的期末余额与期初余额的差额，作为递延税款费用（或收益）；最后将应交所得税加、减递延税款费用（或收益），即为所得税费用（或收益）。

按照上述程序，在资产负债表债务法下，有关计算公式包括：

应交企业所得税，即应纳税额的计算公式，见本章第二节。

期末递延所得税资产＝可抵扣暂时性差异期末余额×预计税率

期末递延所得税负债＝应纳税暂时性差异期末余额×预计税率

当期递延所得税负债（资产）＝期末递延所得税负债（资产）－期初递延所得税负债（资产）

所得税费用＝应交所得税＋（期末递延所得税负债－期初递延所得税负债）－（期末递延所得税资产－期初递延所得税资产）或

＝应交所得税＋期初递延所得税净资产－期末递延所得税净资产

或＝应交所得税＋净递延所得税资产

或＝当期所得税费用±递延所得税费用（收益）

资产负债表债务法适用于对所有暂时性差异的处理，处理时应遵循以下步骤：

（1）确定一项资产或负债的税基（计税基础）。

（2）分析、计算暂时性差异。

（3）确认由于暂时性差异造成的递延所得税负债（或资产）。

（4）将递延所得税负债（或资产）及相应的所得税费用或收益在财务报表中予以列示。

（二）递延所得税负债的确认计量

在资产负债表债务法下，企业一般应于资产负债表日，分析比较资产、负债的账面价值与其计税基础，将两者之间的应纳税暂时性差异与适用税率的乘积，确认为递延所得税负债。对在企业合并等特殊交易或事项中取得的资产和负债，应于购买日确认相关的递延所得税负债。企业在确认计量递延所得税负债时，应遵循以下规则：

1. 一般情况下，对所有应纳税暂时性差异均应确认相关的递延所得税负债。在确认递延所得税负债时，一般应同时确认相应的递延所得税费用。

2. 特殊情况下，可以不确认递延所得税负债。

（1）商誉的初始确认。在非同一控制下的企业合并中，根据会计准则，合并成本大于合并中取得购买方可辨认净资产公允价值份额的差异，应确认为商誉；按税法规定，计税时如果属于免税合并，商誉的计税基础为零，其账面价值与计税基础形成应纳税暂时性差异，准则规定不确认与其相应的递延所得税负债。

(2)企业合并之外的交易事项发生时,既不影响财务会计利润,也不影响应纳税所得额,其资产负债的初始确认金额与其计税基础不同形成应纳税暂时性差异,不确认与其相应的递延所得税负债。

(3)与子公司、联营企业、合营企业投资等相关的应纳税暂时性差异,一般应确认相应的递延所得税负债,但在同时满足规定条件(投资企业能够控制暂时性差异的转回时间、该差异在可预见的未来很可能不会转回)时无需确认。

3. 资产负债表日,对递延所得税负债,应按预期清偿该负债期间的适用税率,即应纳税暂时性差异转回期间的适用税率。若预计在应纳税暂时性差异转回期间,企业所得税税率不会发生变化,可直接采用现行所得税税率;若预计转回期间会发生变动,则采用变动后的税率。

4. 我国现行会计准则规定,企业不必对递延所得税负债折现。

(三)递延所得税负债的会计处理

在确认相关资产、负债时,根据所得税准则应予确认的递延所得税资产,借记"递延所得税资产"账户,贷记"所得税费用——递延所得税费用""其他综合收益"等账户;对应予确认的递延所得税负债,借记"所得税费用——递延所得税费用""其他综合收益"等账户,贷记"递延所得税负债"账户。

资产负债表日,根据所得税准则应予确认的递延所得税负债小于"递延所得税负债"账户余额的差额,借记"递延所得税负债"账户,贷记"所得税费用——递延所得税费用""其他综合收益"等账户;对应予确认的递延所得税负债大于"递延所得税负债"账户余额的差额,做相反的会计分录。

【例 8-27】第 1 年 12 月 25 日,AT 公司购入一台价值 80 000 元不需要安装的设备。该设备预计使用期限为 4 年,财务会计采用直线法计提折旧(不考虑残值),税务会计采用年数总和法计提折旧(不考虑残值)。假定 AT 公司每年的利润总额均为 100 000 元,无其他纳税调整项目,设每年所得税税率为 25%。会计处理如下:

第 2 年,财务会计计提折旧 20 000(80 000÷4)元,设备的账面价值为 60 000(80 000-20 000)元;税务会计计提折旧 32 000[80 000×4÷(1+2+3+4)]元,设备的计税基础为 48 000(80 000-32 000)元。设备的账面价值与计税基础之间的差额 12 000(60 000-48 000)元。确认的账面价值比资产的计税基础高,应确认为递延所得税负债 3 000(12 000×25%)元。第 2 年,应交企业所得税 22 000{[100 000-(32 000-20 000)]×25%}元。

借:所得税费用　　25 000

　贷:应交税费——应交企业所得税　　22 000

递延所得税负债　　3 000

第 3 年,财务会计计提折旧 20 000 元,设备的账面价值为 40 000 元;税务会计计提折旧 24 000[80 000×3÷(1+2+3+4)]元,设备的计税基础为 24 000(48 000−24 000)元。设备的账面价值与计税基础之间的差额 16 000(40 000−24 000)元,为累计应确认的应纳税暂时性差异。确认的账面价值比资产的计税基础高,应确认为递延所得税负债。年底应保留的递延所得税负债余额为 4 000(16 000×25%)元,年初余额为 3 000 元,应再确认递延所得税负债 1 000(4 000−3000)元。第 3 年,应缴企业所得税 24 000{[100 000−(24 000−20 000)]×25%}元。

借:所得税费用　　25 000
　贷:应交税费——应交企业所得税　　24 000
　　递延所得税负债　　1 000

第 4 年,财务会计计提折旧 20 000 元,设备的账面价值为 20 000 元;税务会计计提折旧 16 000[80 000×2÷(1+2+3+4)]元,设备的计税基础为 8 000(24 000−16 000)元。设备的账面价值与计税基础之间的差额 12 000(20 000−8 000)元为累计应确认的应纳税暂时性差异,年底应保留的递延所得税负债余额为 3 000(12 000×25%)元,年初余额为 4 000 元,应转回递延所得税负债 1 000(4 000−3000)元。第 4 年,应交企业所得税 26 000{[100 000+(20 000−16 000)]×25%}元。

借:所得税费用　　25 000
　递延所得税负债　　1 000
　贷:应交税费——应交企业所得税　　26 000

第 5 年,财务会计计提折旧 20 000 元,设备的账面价值为 0;税务会计计提折旧 8 000[80 000×1÷(1+2+3+4)]元,设备的计税基础为 0(8 000−8 000)元。设备的账面价值与计税基础之间的差额为 0,年底应保留的递延所得税负债余额也为 0,年初余额为 3 000 元,应转回递延所得税负债 3 000 元。第 5 年,应交企业所得税 28 000{[100 000+(20 000−8 000)]×25%}元。

借:所得税费用　　25 000
　递延所得税负债　　3 000
　贷:应交税费——应交企业所得税　　28 000

(四)递延所得税资产的确认计量和会计处理

1. 递延所得税资产的确认。资产负债表日,分析比较资产、负债(包括筹建费用、税款抵减、未弥补亏损等)的账面价值与其计税基础,将两者之间的可抵扣暂时性差异与所得税税率的乘积,确认为递延所得税资产,其确认以未来期间可能取得的应纳税所得额为限。就是说,在可抵扣暂时性差异的转回期间,如果企业有明确的证据表明能够产生足够的应纳税所得额,可以利用可抵扣暂时性差异的影响,使与可抵扣暂时性差异相关的经济利益能够实现,则应确认递延所得税资产,否则,就不应确认。

在判断企业可抵扣暂时性差异转回期间是否会有足够的应纳税所得额时,一是指在未来期间的正常经营活动能够实现的应纳税所得额;二是要考虑此前产生的应纳税暂时性差异在未来期间转回时将增加的应纳税所得额。

企业对与子公司、联营企业及合营企业投资相关的可抵扣暂时性差异,同时满足下列条件时,应确认相应的递延所得税资产:一是暂时性差异在可预见的未来很可能转回;二是未来很可能获得用来抵扣可抵扣暂时性差异的应纳税所得额。

对于按税法规定可以结转以后年度的未弥补亏损和税款抵减,视同可抵扣暂时性差异处理。

2. 不确认递延所得税资产的情况。在某些情况下,若企业发生的某交易事项不属于企业合并,并且在交易事项发生时,既不影响会计利润,也不影响应纳税所得额,该交易事项中产生的资产、负债的初始确认金额与其计税基础不同,产生可抵扣暂时性差异的,在交易事项发生时,不确认相应的递延所得税资产。

3. 递延所得税资产的计量。与递延所得税资产的计量原则相同,在确认递延所得税资产时,也应以预期收回该资产期间的所得税适用税率为基础计量确定,而且不论可抵扣暂时性差异转回期间长短,递延所得税资产均不要求折现。

4. 递延所得税资产的会计处理。资产负债表日,根据所得税准则应予确认的递延所得税资产大于“递延所得税资产”账户余额的差额,借记“递延所得税资产”账户,贷记“所得税费用——递延所得税费用”“其他综合收益”等账户;对应予确认的递延所得税资产小于“递延所得税资产”账户余额的差额,做相反的会计分录。

【例 8-28】AM 公司第 1 年 12 月 20 日购置了一台设备,价值为 52 万元,公司预计该设备使用寿命为 5 年,预计净残值为 2 万元,采用年限平均法计提折旧。该公司第 2 年至第 6 年每年扣除折旧和所得税之前的利润为 110 万元,该项政策与税法要求相符。第 4 年 12 月 31 日,公司在进行检查时发现该设备发生减值,可收回金额为 10 万元。假设整个过程不考虑其他相关税费,该设备在第 4 年 12 月 31 日以前没有计提固定资产减值准备,重新预计净残值仍为 2 万元,预计使用寿命没有发生变更。假定按年度计提固定资产折旧,企业所得税税率为 25%,有关会计处理如下:

第一步:确定一项资产或负债的税基及其暂时性差异(见表 8-14)。

表 8-14 暂时性差异计算表 单位:万元

年份	原值	净残值	本期计提折旧	累计折旧	本期计提减值准备	累计计提准备	账面价值①	税基②	暂时性差异
第 2 年	52	2	10	10	0	0	42	42	0
第 3 年	52	2	10	20	0	0	32	32	0
第 4 年	52	2	10	30	12	12	10	22	12
第 5 年	52	2	4	34	0	12	6	12	6
第 6 年	52	2	4	38	0	12	2	2	0

注:

①账面价值为资产原值-累计折旧-累计减值准备,如第 4 年账面价值=52-10×3-12=10(万元);累计折旧、累计减值准备与账面价值之和与原值相差 2 万元是其残值。本例中,残值不存在暂时性差异。

②当企业收回该资产的账面金额时,税基为可抵扣的未来流入企业的任何应税经济利益的金额,如第 4 年税基=52-10×3=22(万元)。

本例中,第 2 年 1 月 1 日至第 3 年 12 月 31 日,甲公司每年计提折旧金额为 10[(52-2)÷5]万元,2 年累计折旧金额为 20 万元。每年会计分录为:

借:制造费用等 100 000

贷:累计折旧 100 000

设无其他纳税调整事项,在这 2 年内,无论会计或是税法,均以 10 万元折旧计提数作为利润的扣除,会计的账面价值与税基并不存在任何差异,均为 32(52-20)万元。

做计提所得税的会计分录为:

借:所得税费用(110-10)×25% 250 000

贷:应交税费——应交企业所得税(110-10)×25% 250 000

第二步,确认递延所得税资产或是递延所得税负债。

本例中,第 4 年 12 月 31 日,在不考虑计提减值准备因素情况下计算确定的固定资产账面净值为 22(52-30)万元;可收回金额为 10 万元。因此,该公司应计提固定资产减值准备金额为 12 万元,其会计分录为:

借:资产减值损失 120 000

贷:固定资产减值准备 120 000

第 4 年 12 月 31 日固定资产发生减值时,应先对固定资产计提折旧,然后才能进行计提固定资产减值准备的会计处理。

这时,资产的账面价值与其税基产生了差异。会计的账面价值为 10(52-30-12)

万元，税基为22万元，资产账面价值比资产的计税税基低，产生可抵扣暂时性差异12万元。应确认递延所得税资产3(12×25%)万元，即递延所得税资产应记借方。

第三步，以所得税费用为轧平账，编制会计分录为：

借：所得税费用　　220 000

　递延所得税资产　　30 000

　贷：应交税费——应交企业所得税　　250 000

在资产负债表债务法中，当资产的账面价值低于资产的计税基础时，应确认递延所得税资产，递延所得税资产记借方，所得税费用为应交所得税与递延所得税资产之差；反之，如果确认的资产账面价值比资产的计税基础高，则应确认为递延所得税负债，递延所得税负债记贷方，所得税费用则应为递延所得税负债与应交所得税之和。

第5年至第6年每年计提折旧时，应按该设备第4年12月31日计提减值准备后的固定资产账面价值10万元和尚可使用寿命2年，预计净残值2万元，重新计算确定折旧率和折旧额，即每年计提折旧额4[(10-2)÷2]万元。每年的会计分录为：

借：制造费用等　　40 000

　贷：累计折旧　　40 000

第5年账面价值为6万元，税基为12万元，暂时性差异为6万元，且账面价值低于税基，应确认为递延所得税资产1.5(6×25%)万元①。

借：所得税费用　　265 000

　贷：递延所得税资产　　15 000

　　应交税费——应交所得税[(1 100 000-100 000)×25%]　　250 000

第6年设备报废前计提折旧4万元，其账面价值为2万元，税基2万元，暂时性差异为零，转回递延所得税资产余额。设备报废时，残值2万元，应交所得税25.5[(110-10+2)×25%]万元，做会计分录为：

借：制造费用等　　40 000

　贷：累计折旧　　40 000

借：所得税费用　　270 000

　贷：递延所得税资产　　15 000

　　应交税费——应交所得税　　255 000

---

① 即期末应保留的账面余额，因期初递延所得税资产余额为30 000元，本期应予转回15 000元。

（五）所得税费用的会计处理

若产生递延所得税资产或负债的项目与利润相关，则递延所得税资产或负债对应的账户是"所得税费用——递延所得税费用"；若产生递延所得税资产或负债的项目与利润不相关，则递延所得税资产或负债对应的账户是相应账户，如可供出售金融资产的公允价值变动所产生的账面金额与计税金额不一致的金额，要确认递延所得税资产或负债，其相应的账户为"其他综合收益"。"其他综合收益"各项目是否产生所得税影响，取决于各项目是否产生暂时性差异。

【例 8-29】年末，天科公司可抵扣暂时性差异 2 240 万元，应纳税暂时性差异 3 000 万元，假定所有暂时性差异与直接计入所有者权益的交易事项无关，也没有可抵扣亏损和税款抵减，预计未来期间有足够的应纳税所得额用以抵扣可抵扣暂时性差异。在以下不同假定情况下，天科公司企业所得税会计处理如下：

（1）假定递延所得税资产和递延所得税负债均无期初余额。

递延所得税资产 = 2 240×25% = 560（万元）

递延所得税负债 = 3 000×25% = 750（万元）

递延所得税费用 = 750-560 = 190（万元）

借：所得税费用——递延所得税费用　　1 900 000

　　递延所得税资产　　5 600 000

　贷：递延所得税负债　　7 500 000

（2）假定递延所得税资产期初账面余额为 460 万元，递延所得税负债期初账面余额为 670 万元。

递延所得税资产 = 560-460 = 100（万元）

递延所得税负债 = 750-670 = 80（万元）

递延所得税费用 = 80-100 = -20（万元）

借：递延所得税资产　　1 000 000

　贷：递延所得税负债　　800 000

　　　所得税费用——递延所得税费用　　200 000

（3）假定递延所得税资产期初账面余额为 690 万元，递延所得税负债期初账面余额为 800 万元。

递延所得税资产 = 560-690 = -130（万元）

递延所得税负债 = 750-800 = -50（万元）

递延所得税费用=-50-(-130)=80(万元)

借:所得税费用——递延所得税费用 80 0000
　　递延所得税负债 500 000
　贷:递延所得税资产 1 300 000

(4)假定递延所得税资产期初账面余额为500万元,递延所得税负债期初账面余额为800万元。

递延所得税资产=560-500=60(万元)
递延所得税负债=750-800=-50(万元)
递延所得税费用=-50-60=-110(万元)

借:递延所得税资产 600 000
　　递延所得税负债 500 000
　贷:所得税费用——递延所得税费用 1 100 000

(5)假定递延所得税资产期初账面余额为680万元,递延所得税负债期初账面余额为690万元。

递延所得税资产=560-670=-110(万元)
递延所得税负债=750-690=60(万元)
递延所得税费用=60-(-110)=170(万元)

借:所得税费用——递延所得税费用 1 700 000
　贷:递延所得税资产 1 100 000
　　　递延所得税负债 600 000

案　例

宏达公司于上年12月底购入一台机器设备,成本为52.5万元,预计使用年限为6年,预计净残值为零。会计上按直线法计提折旧,因该设备符合税法规定的税收优惠条件,计税时可采用年数总和法计提折旧,假定税法规定的使用年限及净残值均与会计相同。假定公司每年税前会计利润为500万元,无其他纳税调整事项。每年的企业所得税税率为25%。

案例讨论：

根据上述资料，计算出宏达公司6个年度相关项目的数据，填入表8-15中，并进行相关账务处理。

表 8-15 账务处理表

项目	第1年	第2年	第3年	第4年	第5年	第6年
实际成本						
累计会计折旧						
账面价值						
累计计税折旧						
计税基础						
暂时性差异						
适用税率						
递延所得税负债余额						
税前会计利润						

思考题

1. 简述企业所得税的纳税人。

2. 何谓企业所得税的收入总额、应税收入与不征税收入？试比较收入总额、应税收入与会计准则中的“收入”确认计量有何不同。

3. 简述企业所得税的税前扣除原则、扣除项目及其扣除标准。企业已经计提而未实际发放的工薪是否允许在税前扣除？

4. 应纳税所得额与应纳所得税额如何计算？

5. 何谓税务会计的税后利润？它与利润表中的“净利润”有何不同？

6. 财务会计中的所得税会计与税务会计中的所得税会计的基本区别是什么？

7. 简述暂时性差异的产生及其分类。

8. 当企业购进设备而未能取得有关发票时，如何确认该项固定资产的计税基础？

9. 简述资产负债表债务法的会计处理程序。

10. 试述“递延所得税资产”“递延所得税负债”的账户结构。

练习题

1. 某制造企业为居民企业,某年度实际发生的经营业务汇总资料如下:

产品销售收入 8 400 万元,产品销售成本 6 000 万元;其他业务收入 1 200 万元,其他业务成本 990 万元;固定资产出租收入 90 万元,非增值税销售税金及附加 486 万元;当期发生的管理费用 1 290 万元,其中新技术的研究开发费用 450 万元;财务费用 300 万元;权益性投资收益 510 万元,为居民企业之间的股利收益,已在投资方所在地按 15%的税率缴纳了企业所得税;营业外收入 150 万元,营业外支出 375 万元(其中含公益捐赠 270 万元)。

要求:

运用企业所得税的间接计算法进行以下各项计算。

(1)该企业当年财务会计的利润总额。

(2)纳税调整增加、减少额。

(3)该企业当年应纳税所得额和应纳企业所得税额。

2. 某居民企业从事国家非限制和禁止行业,当年 1 月 1 日开业,年从业人数和资产总额具体数据见表 8-16。假定该企业年应纳税所得额为 19. 9 万元,没有以前年度未弥补亏损,计算当年应交企业所得税。

表 8-16 企业年从业人数和资产总额数据表

项目	一季度初	一季度末	二季度初	二季度末	三季度初	三季度末	四季度初	四季度末
从业人数(人)	82	102	100	92	95	115	106	98
资产总额(万元)	2 800	2 700	2 600	3 300	3 300	3 400	3 010	2 900

要求:

根据企业年从业人数和资产总额数据,计算全年季度平均值,判断是否属于小型微利企业,进行以下各项计算并做出判断。

(1)年从业人数平均值(季度、全年)。

(2)年资产总额平均值(季度、全年)。

(3)年应纳税所得额。

(4)年应交企业所得税。

3. 某公司本年度利润表中利润总额为 3 000 万元,该公司适用的企业所得税税率为 25%，递延所得税资产和递延所得税负债不存在期初余额，下面为与所得税核算有关的情况。

（1）当年 1 月开始计提折旧的一项固定资产，成本为 1 500 万元，使用年限为 10 年，净残值为 0，会计处理采用双倍余额递减法计提折旧，税收处理按照直线法计提折旧，税法规定使用年限和净残值与会计规定相同。

（2）向关联企业捐赠现金 500 万元。假定按照税法规定，企业向关联方的捐赠不允许税前扣除。

（3）当年度发生研究开发支出 1 250 万元，其中 750 万元资本化计入无形资产成本，税法规定企业发生的研究开发支出可以按照实际发生额的 150% 加计扣除。假定该公司开发的无形资产于期末达到预定使用状态。

（4）违反环保法规定应支付罚款 250 万元。

（5）期末对所持有的存货计提 75 万元的存货跌价准备。

要求：

根据上述资料，计算该公司本年度的应交所得税、递延所得税资产和递延所得税负债，并进行相关的会计处理。

第九章

个人所得税会计

本章要点

主要阐述个人所得税的税制要素、企业预扣预缴/代扣代缴个人所得税的计算、居民企业个人所得税的计算、经营所得的计算、纳税申报。应重点掌握个人所得税的综合所得中专项扣除、专项附加扣除和其他扣除的确认计量，居民个人所得税应纳税额的计算和非居民个人所得税应纳税额计算的不同以及相应的会计处理。

第一节 个人所得税税制要素

改革开放后，为了维护国家的税收权益，第五届全国人民代表大会根据国际惯例，于 1980 年 9 月通过了《中华人民共和国个人所得税法》，开征个人所得税。之后，又在 1993 年、1999 年、2005 年、2007 年、2011 年对个人所得税法进行了多次修正。2018 年 8 月 31 日，全国人大常委会表决通过关于修改《中华人民共和国个人所得税法》的决定，标志着我国在建立综合与分类相结合的个人所得税制上迈出关键的一步。自然人纳税人将由被动扣缴向主动申报转变，有利于增强纳税人的税收意识和税收认同感。

党的二十大报告明确指出，完善个人所得税制度，规范收入分配秩序，规范财富积累机制，保护合法收入，调节过高收入，取缔非法收入①。这意味着，我国将加大财税制度对收入分配的调节力度，继续完善个人所得税法条款，加强对高收入者的税收调节和监管，加大对偷逃个人所得税等违法行为的查处力度。

个人所得税作为一个重要的税收范畴，其基本功能同样是组织财政收入、收入分配和经济调节。征收个人所得税，有利于国家积累资金和平衡税收负担，也有利于在平等互利基础上的国际经济合作和技术交流。不仅有利于维护国家权益，还有利于按照平等互利原则正确处理国际间双重征税和税收抵免等问题。

一、个人所得税的纳税人和纳税范围

个人所得税（personal income tax）是对自然人取得的应税所得征收的一种直接税。根据属人与属地原则，我国个人所得税的纳税人分为居民纳税人和非居民纳税人。纳税人有中国居民身份证号码的，以居民身份证号码为纳税人识别号；没有中国居民身份证号码的个人，应在首次发生纳税义务时，由税务机关赋予其纳税人识别号。个人应当凭纳税人识别号实名办税。

1. 居民纳税人及其纳税范围。居民纳税人亦称居民个人，是指在中国境内②有住所或者无住所而在一个纳税年度内在中国境内居住累计满 183 天的个人。居民纳税人应就其来源于中国境内、境外的所得申报缴纳个人所得税，即承担无限纳税义务。

① 习近平. 高举中国特色社会主义伟大旗帜，为全面建设社会主义现代化国家而团结奋斗：中国共产党第二十次全国代表大会上的报告[M]. 北京：人民出版社，2022：47.

② 目前，不包括中国香港、澳门和台湾地区。

中国境内有住所是指因户籍、家庭、经济利益关系而在中国境内的习惯性居住，纳税年度自公历1月1日起至12月31日止。

2. 非居民纳税人及其纳税范围。非居民纳税人亦称非居民个人，是指在中国境内无住所又不居住，或者无住所而在一个纳税年度内在中国境内居住累计不满183天的个人。非居民纳税人应就其来源于中国境内的所得申报缴纳个人所得税，即负有限纳税义务。

3. 扣缴义务人。个人所得税以所得人为纳税人，以支付所得的单位或个人为扣缴义务人①。扣缴义务人应依法履行预扣预缴/代扣代缴义务，纳税人不得拒绝；若拒绝的，扣缴义务人应及时报告税务机关。扣缴义务人应依法对纳税人报送的专项附加扣除等相关涉税信息和资料保密。

二、个人所得税应税项目

我国现行个人所得税实行分类（项）课征与综合课征相结合的征收制度。以下各项个人所得，应当缴纳个人所得税：

1. 工资、薪金所得。个人因任职或受雇取得的工资、薪金、奖金、年终加薪、劳动分红、津贴、补贴以及与任职或者受雇有关的其他所得。

个人提前退休取得的一次性补贴收入，内部退养取得的一次性收入，不属于免税的离退休工资，应按“工资、薪金所得”计税。

2. 劳务报酬所得。个人从事劳务取得的所得，包括从事设计、装潢、安装、制图、化验、测试、医疗、法律、会计、咨询、讲学、翻译、审稿、书画、雕刻、影视、录音、录像、演出、表演、广告、展览、技术服务、介绍服务、经纪服务、代办服务以及其他劳务取得的所得。

3. 稿酬所得。个人因其作品以图书、报刊等形式出版、发表而取得的所得。

4. 特许权使用费所得。个人提供专利权、商标权、著作权②、非专利技术以及其他特许权的使用权取得的所得。

★居民个人取得的第1项至第4项所得称为“综合所得”，按纳税年度合并计算个人所得税；非居民个人取得的第1项至第4项所得，按月或者按次分项计算个人所得税。

5. 经营所得。包括以下各项：

（1）个体工商户从事生产、经营活动取得的所得，个人独资企业投资人、合伙企业的个人合伙人来源于境内注册的个人独资企业、合伙企业生产、经营的所得。

（2）个人依法从事办学、医疗、咨询以及其他有偿服务活动取得的所得。

（3）个人对企业、事业单位承包经营、承租经营以及转包、转租取得的所得。

---

① 即掌握纳税人所得信息并且对所得取得过程有控制权的单位，包括第三方交易平台、第三方支付平台等。

② 即提供其使用权所取得的所得，不包括稿酬所得。

(4)个人从事其他生产、经营活动取得的所得。

6. 利息、股息、红利所得。个人拥有债权、股权等取得的利息、股息、红利所得。

7. 财产租赁所得。个人出租不动产、机器设备、车船以及其他财产取得的所得。

8. 财产转让所得。个人转让有价证券、股权、合伙企业中的财产份额、不动产、机器设备、车船以及其他财产取得的所得。

9. 偶然所得。包括以下各项：

(1)个人为单位或他人提供担保获得收入。

(2)房屋产权所有人将房屋产权无偿赠与他人，受赠人因无偿受赠房屋取得的受赠收入①。

(3)企业在业务宣传、广告等活动中，随机向本单位以外的个人赠送礼品(包括网络红包，下同)；企业在年会、座谈会、庆典以及其他活动中向本单位以外的个人赠送礼品，个人取得的礼品收入(具有价格折扣或折让性质的消费券、代金券、抵用券、优惠券等礼品除外)。

(4)个人得奖、中奖、中彩以及其他偶然性质的所得。

三、个人所得税税率

(一)居民个人综合所得个人所得税税率

1. 居民个人预扣预缴个人所得税税率。

(1)工资、薪金所得，按月预扣预缴个人所得税，适用3%~45%的七级超额累进税率(见表9-1)。

表9-1 居民个人工资、薪金所得个人所得税预扣率表

级数	累计预扣预缴应纳税所得额	预扣率(%)	速算扣除数
1	不超过36 000元的	3	0
2	超过36 000元至144 000元的部分	10	2 520
3	超过144 000元至300 000元的部分	20	16 920
4	超过300 000元至420 000元的部分	25	31 920

① 如下三种情况，当事双方不缴个人所得税：房屋产权所有人将房屋产权无偿赠与配偶、父母、子女、祖父母、外祖父母、孙子女、外孙子女、兄弟姐妹；房屋产权所有人将房屋产权无偿赠与对其承担直接抚养或者赡养义务的抚养人或赡养人；房屋产权所有人死亡，依法取得房屋产权的法定继承人、遗嘱继承人或受遗赠人。

续表

级数	累计预扣预缴应纳税所得额	预扣率(%)	速算扣除数
5	超过 420 000 元至 660 000 元的部分	30	52 920
6	超过 660 000 元至 960 000 元的部分	35	85 920
7	超过 960 000 元的部分	45	181 920

(2)劳务报酬所得,按次预扣预缴个人所得税税率(见表 9-2)。

表 9-2 居民个人劳务报酬所得个人所得税预扣率表

级数	预扣预缴应纳税所得额	预扣率(%)	速算扣除数
1	不超过 20 000 元的	20	0
2	超过 20 000 元至 50 000 元的部分	30	2 000
3	超过 50 000 元的部分	40	7 000

(3)稿酬所得、特许权使用费所得,按次预扣预缴个人所得税,适用 20%的比例预扣率,其中稿酬所得"收入额"减按 70%计算。

2. 居民个人非预扣预缴综合所得个人所得税税率。居民个人取得的一次性收入以及综合所得的年终汇算清缴,即非预扣预缴个人所得税,按年计算,适用 3%~45%的七级超额累进税率(见表 9-3)。

表 9-3 居民个人综合所得个人所得税年度税率表

级数	全年应纳税所得额	预扣率(%)	速算扣除数
1	不超过 36 000 元的	3	0
2	超过 36 000 元至 144 000 元的部分	10	2 520
3	超过 144 000 元至 300 000 元的部分	20	16 920
4	超过 300 000 元至 420 000 元的部分	25	31 920
5	超过 420 000 元至 660 000 元的部分	30	52 920
6	超过 660 000 元至 960 000 元的部分	35	85 920
7	超过 960 000 元的部分	45	181 920

(二)非居民个人综合所得个人所得税税率

扣缴义务人向非居民个人支付工资、薪金所得,劳务报酬所得,稿酬所得和特许权使用费所得时,适用3%~45%的七级超额累进税率。月度税率表见表9-4。

表9-4 非居民个人综合所得个人所得税月度税率表

级数	应纳税所得额	税率(%)	速算扣除数
1	不超过3 000元的	3	0
2	超过3 000元至12 000元的部分	10	210
3	超过12 000元至25 000元的部分	20	1 410
4	超过25 000元至35 000元的部分	25	2 660
5	超过35 000元至55 000元的部分	30	4 410
6	超过55 000元至80 000元的部分	35	71 60
7	超过80 000元的部分	45	15 160

(三)居民企业经营所得个人所得税税率

居民企业经营所得适用5%~35%的五级超额累进税率。居民企业经营所得个人所得税税率表见表9-5。

表9-5 经营所得个人所得税税率表

级数	全年应纳税所得额	税率(%)	速算扣除数
1	不超过30 000元的	5	0
2	超过30 000元至90 000元的部分	10	1 500
3	超过90 000元至300 000元的部分	20	10 500
4	超过300 000元至500 000元的部分	30	40 500
5	超过500 000元的部分	35	65 500

(四)个人所得税扣缴方法和预扣/代扣税率

个人所得税扣缴方法和预扣/代扣税率见表9-6。

表 9-6　个人所得税扣缴方法及税率表

<table>
<tr><td colspan="2">所得项目</td><td colspan="2">扣缴方法</td><td>预扣/代扣税率</td></tr>
<tr><td rowspan="4">居民个人综合所得</td><td>工资薪金所得</td><td rowspan="4">预扣预缴</td><td>累计预扣法</td><td>3%~45%</td></tr>
<tr><td>劳务报酬所得</td><td rowspan="3">按月/按次预扣预缴</td><td>20%~40%</td></tr>
<tr><td>稿酬所得</td><td>20%</td></tr>
<tr><td>特许权使用费所得</td><td>20%</td></tr>
<tr><td colspan="2">非居民个人综合所得</td><td colspan="2">按月/按次代扣代缴</td><td>3%~45%</td></tr>
<tr><td colspan="2">利息、股息、红利所得</td><td rowspan="4">代扣代缴</td><td rowspan="4">按次扣缴</td><td rowspan="4">20%</td></tr>
<tr><td colspan="2">财产租赁所得</td></tr>
<tr><td colspan="2">财产转让所得</td></tr>
<tr><td colspan="2">偶然所得</td></tr>
<tr><td colspan="2">居民企业经营所得</td><td colspan="3">自行预缴(税率 3%~35%)</td></tr>
</table>

四、个人所得税的减免

下列各项个人所得,免征个人所得税:

(1)省级人民政府、国务院部委和中国人民解放军军以上单位,以及外国组织、国际组织颁发的科学、教育、技术、文化、卫生、体育、环境保护等方面的奖金。

(2)个人持有财政部发行的债券而取得的利息,个人持有经国务院批准发行的金融债券而取得的利息。

(3)按国务院规定发给的政府特殊津贴、院士津贴,以及国务院规定免予缴纳个人所得税的其他补贴、津贴。

(4)根据国家有关规定,从企业、事业单位、国家机关、社会组织提留的福利费或工会经费中支付给个人的生活补助费;各级人民政府民政部门支付给个人的生活困难补助费。

(5)保险赔款。

(6)军人的转业费、复员费、退役金。

(7)按照国家统一规定发给干部、职工的安家费、退职费、基本养老金或退休费、离休费、离休生活补助费。

(8)个人转让上市公司股票取得的所得。

(9)依照有关法律规定应予免税的各国驻华使馆、领事馆的外交代表、领事官员和其他人员的所得。

(10)中国政府参加的国际公约、签订的协议中规定免税的所得。

(11)国务院规定的其他免税所得。

有下列情形之一的,可减征个人所得税,具体幅度和期限,由省、自治区、直辖市人民政府规定,并报同级人民代表大会常务委员会备案:

(1)残疾、孤老人员和烈属的所得。

(2)因自然灾害遭受重大损失的。

(3)国务院规定的其他减税情形。

第二节　个人所得税的确认计量

一、个人所得税的计税依据

个人所得税的计税依据——应纳税所得额,是指个人取得的各项所得减去按规定项目、标准扣除费用之后的余额。

个人所得的形式,包括现金、实物、有价证券和其他形式的经济利益。所得为实物的,应按取得的凭证上所注明的价格计算应纳税所得额;无凭证的实物或凭证上所注明的价格明显偏低的,参照市场价格核定应纳税所得额。所得为有价证券的,根据票面价格和市场价格核定应纳税所得额。所得为其他形式的经济利益,参照市场价格核定应纳税所得额。

所得为人民币以外货币的,按照办理纳税申报或扣缴申报的上一月最后一日人民币汇率中间价,折合成人民币计算应纳税所得额。年度终了后办理汇算清缴的,对已按月、季或按次预缴税款的人民币以外货币所得,不再重新折算;对应当补缴税款的所得部分,按上一纳税年度最后一日人民币汇率中间价,折合成人民币计算应纳税所得额。

1. 居民个人的综合所得。以每一纳税年度收入额减去费用60 000元(免征额)以及专项扣除、专项附加扣除和依法确定的其他扣除后的余额,为年度应纳税所得额。

(1)专项扣除。包括居民个人按照国家规定的范围和标准缴纳的基本养老保险、基本医疗保险、失业保险等社会保险费和住房公积金(简称“三险一金”)。

(2)专项附加扣除。在纳税人本年度综合所得应纳税所得额中扣除,本年度扣除不完的,不得结转到以后年度扣除。具体包括:

★三岁以下婴幼儿照护。纳税人照护3岁以下婴幼儿子女的,按每个婴幼儿每月

2 000 元的标准定额扣除。父母可选择其中一方按 100%扣除,也可选择双方分别按 50%扣除。

★子女教育。纳税人的子女接受学前教育、各层次的学历教育的相关支出,按照每个子女每年 24 000 元(每月 2 000 元)的标准定额扣除。受教育子女的父母分别按扣除标准的 50%扣除;经父母约定,也可以选择由其中一方按扣除标准的 100%扣除。扣除方式在一个纳税年度内不得变更。

★继续教育。纳税人接受学历继续教育的支出,在学历教育期间按每年 4 800 元(每月 400 元)定额扣除;接受技能人员职业资格继续教育、专业技术人员职业资格继续教育支出,在取得相关证书的年度,按每年 3 600 元定额扣除。个人接受同一学历教育事项,符合规定扣除条件的,该项教育支出可由其父母按照子女教育支出扣除,也可以由本人按照继续教育支出扣除,但不得同时扣除。

★大病医疗。一个纳税年度内,在社会医疗保险管理信息系统记录的(包括医保目录范围内的自付部分和范围外的自费部分)由个人负担超过 15 000 元的医药费用支出部分,为大病医疗支出,可按每年 60 000 元标准限额,在办理汇算清缴时,凭医疗服务收费相关票据原件或复印件,由纳税人本人据实扣除。

★住房贷款利息。纳税人本人或配偶使用商业银行或住房公积金个人住房贷款为本人或其配偶购买住房,发生的首套住房贷款利息支出,在偿还贷款期间,可以按照每年 12 000 元(每月 1 000 元)标准定额扣除。经夫妻双方约定,可选择由其中一方扣除,且在一个纳税年度内不得变更。纳税人应当留存住房贷款合同、贷款还款支出凭证。

★住房租金。纳税人本人及配偶在纳税人的主要工作城市没有住房,而在主要工作城市租赁住房发生的租金支出,可以按规定标准定额扣除。直辖市、省会(首府)城市、计划单列市以及国务院确定的其他城市,扣除标准为每月 1 500 元。除上述城市以外,市辖区户籍人口超过 100 万的城市,扣除标准为每月 1 100 元;市辖区户籍人口不超过 100 万的城市,扣除标准为每月 800 元。住房租金支出由签订租赁住房合同的承租人扣除;纳税人及其配偶不得同时分别享受住房贷款利息专项附加扣除和住房租金专项附加扣除;纳税人应当留存住房租赁合同。

★赡养老人。纳税人赡养 60 岁(含)以上父母和其他法定赡养人的赡养支出,分以下两种标准定额扣除:纳税人为独生子女的,按照每年 36 000 元(每月 3 000 元)的标准定额扣除;纳税人为非独生子女的,应当与其兄弟姐妹分摊每年 36 000 元(每月 3 000 元)的扣除额度,每人不超过 1 500 元,分摊方式包括平均分摊、被赡养人指定分摊或者赡养人约定分摊,具体分摊方式在一个纳税年度内不得变更。

其他法定赡养人是指祖父母、外祖父母的子女已经去世,实际承担对祖父母、外祖父母赡养义务的孙子女、外孙子女。

(3)其他扣除。包括个人缴付符合国家规定的企业年金、职业年金,个人购买符合国家规定的商业健康保险、税收递延型商业养老保险以及国务院规定可以扣除的其他项目。

专项扣除、专项附加扣除和依法确定的其他扣除,以居民个人一个纳税年度的应纳税所得额为限额。本纳税年度扣除不完的,不得结转到以后年度扣除。

2. 居民企业经营所得。以个体工商户、个人独资企业、合伙企业以及个人从事其他生产、经营活动每一纳税年度的收入总额减去成本、费用和损失后的余额,为应纳税所得额。

成本、费用是生产、经营活动中发生的各项直接支出和分配计入成本的间接费用以及销售费用、管理费用、财务费用;损失是生产、经营活动中发生的固定资产和存货的盘亏、毁损、报废损失,转让财产损失,坏账损失,自然灾害等不可抗力因素造成的损失以及其他损失。

取得经营所得的个人,若没有综合所得的,计算其每一纳税年度应纳税所得额时,可扣除免征额6万元及专项扣除、专项附加扣除和依法确定的其他扣除,专项附加扣除在办理汇算清缴时减除。

从事生产经营活动,未提供完整、准确的纳税资料,不能正确计算应纳税所得额的,由主管税务机关核定应纳税所得额或应纳税额。

3. 财产租赁所得。每次收入不超过4 000元的,减去费用800元;4 000元以上的,减去20%的费用,其余额为应纳税所得额。

4. 财产转让所得。以转让财产的收入额减去财产原值和合理费用(卖出财产时按规定支付的有关税费)后的余额,为应纳税所得额。按下列方法计算财产原值:

(1)有价证券,为买入价和买入时按规定交纳的有关费用。

(2)不动产,为建造费或购进价格和其他有关费用。

(3)土地使用权,为取得土地使用权所支付的金额、开发土地的费用和其他有关费用。

(4)机器设备、车船,为购进价格、运输费、安装费和其他有关费用。

纳税人未提供完整、准确的财产原值凭证,不能正确计算财产原值的,由主管税务机关核定其财产原值。

5. 利息、股息、红利所得和偶然所得。以每次收入额为应纳税所得额。

6. 公益捐赠的扣除。

(1)公益捐赠金额的确定。①捐赠货币性资产的,按照实际捐赠金额确定。②捐赠股权、房产的,按照个人持有股权、房产的财产原值确定。③捐赠除股权、房产以外的其他非货币性资产的,按照非货币性资产的市场价格确定。

(2)居民个人发生的公益捐赠支出的扣除：

★在财产租赁所得、财产转让所得、利息股息红利所得、偶然所得(即“分类所得”)、综合所得、经营所得中扣除。在当期一个所得项目扣除不完的公益捐赠支出，可在其他所得项目中继续扣除。

★在综合所得、经营所得中扣除的，扣除限额分别为当年综合所得、当年经营所得应纳税所得额的30%；在分类所得中扣除的，扣除限额为当月分类所得应纳税所得额的30%。

★纳税人自行决定在综合所得、分类所得、经营所得中的扣除顺序。

★在综合所得中扣除的，按如下规定处理：①取得工资、薪金所得的，可选择在预扣预缴时扣除，也可选择在年度汇算清缴时扣除。②选择在预扣预缴时扣除的，按累计预扣法计算扣除限额，捐赠当月的扣除限额为截至当月累计应纳税所得额的30%；全额扣除的，从其规定。③取得其余三项所得的，公益捐赠支出统一在汇算清缴时扣除。④取得全年一次性奖金、股权激励等所得，采用单独计税方式处理(不并入综合所得)，其扣除比照分类所得处理。

(3)在经营所得中的扣除：

★个体工商户发生的公益捐赠支出，在经营所得中扣除。

★个人独资企业、合伙企业发生的公益捐赠支出，个人投资者应按捐赠年度合伙企业的分配比例(个人独资企业为100%)，计算归属于每一个人投资者的公益捐赠支出，在经营所得中扣除。

★可以选择在预缴税款时扣除，也可选择在汇算清缴时扣除。

★采取核定征收方式的，不得扣除公益捐赠支出。

(4)非居民个人发生的公益捐赠支出，未超过发生当月应纳税所得额30%的部分，可从其应纳税所得额中扣除。扣除不完的，可在经营所得中继续扣除。

7. 居民个人从中国境内和境外取得的综合所得、经营所得，应当分别合并计算应纳税额；从中国境内和境外取得的其他所得，应当分别单独计算应纳税额。

已在境外缴纳的个人所得税税额是居民个人来源于中国境外的所得，依照该所得来源国家(地区，下同)的法律应当缴纳并且实际已经缴纳的所得税税额。

纳税人境外所得依照税法规定计算的应纳税额，是居民个人抵免已在境外缴纳的综合所得、经营所得和其他所得的所得税税额的限额(以下简称抵免限额)。除另有规定外，来源于中国境外一个国家的综合所得抵免限额、经营所得抵免限额和其他所得抵免限额之和，为来源于该国家所得的抵免限额。抵免限额计算公式为：

来源于一国(地区)综合/经营所得的抵免限额＝中国境内、境外综合/经营所得依照个人所得税法和实施条例规定计算的综合/经营所得应纳税总额×来源于该国(地区)的综合/经营所得收入额÷中国境内、境外综合/经营所得收入总额

居民个人在中国境外某国实际已经缴纳的个人所得税税额，低于按规定计算的来源于该国所得抵免限额的，应在中国缴纳差额部分的税款；超过来源于该国所得抵免限额的，其超过部分不得在本纳税年度应纳税额中抵免，但可在以后纳税年度来源于该国所得抵免限额的余额中补扣，补扣期限最长不得超过5年。

居民个人申请抵免已在境外缴纳的个人所得税税额，应提供境外税务机关出具的税款所属年度的有关纳税凭证。

二、居民个人所得税应纳税额的计算

(一)工资、薪金所得应纳税额的计算

应纳税所得额＝工资、薪金应税收入额－专项扣除额①－免征额－专项附加扣除额－依法确定的其他扣除额

应交个人所得税＝应纳税所得额×适用税率－速算扣除数

1. 工资、薪金所得的预扣预缴。扣缴义务人向居民个人支付工资、薪金所得时，应按累计预扣法预扣预缴税款，并按月办理全员全额扣缴申报(另有规定的除外)。

累计预扣法是扣缴义务人在一个纳税年度内预扣预缴税款时，以纳税人截至当前月份累计工资、薪金所得收入额减去纳税人申报的累计减除费用(免征额)、专项扣除、专项附加扣除和依法确定的其他扣除后的余额为累计预缴应纳税所得额。根据居民个人劳务报酬所得个人所得税预扣率表(见表9-2)计算累计应预扣预缴税额，再减去已预扣预缴税额，以确定本期应预扣预缴税额的一种计算方法。当余额为负值时，暂不退税，纳税年度终了后余额仍为负值时，可通过年度汇算清缴、多退少补。计算公式为：

本期应预扣预缴个人所得税＝(累计预扣预缴应纳税所得额×预扣率－速算扣除数)－累计减免税额－累计已预扣预缴税额

累计预扣预缴应纳税所得额＝累计收入－累计免税收入－累计减除费用－累计专项扣除－累计专项附加扣除－累计依法确定的其他扣除

累计减除费用＝5 000元/月×当期月份数

① 即“三险一金”。根据实发金额，各项保险提取比例分别是：养老保险8%、医疗保险2%、失业保险0.4%、住房公积金为12%，三者之和是职工工薪收入的22.4%。

【例 9-1】

(1) 天力公司职工张强 1 月工资收入 18 000 元,当月专项扣除额("三险一金")相当于职工工薪收入的 22%,子女教育、继续教育、住房贷款利息和赡养老人等专项附加扣除额共计 4 400 元,无其他扣除额。计算应预扣预缴张强当月应交个人所得税。

$$当月应纳税所得额=18\ 000-5\ 000-18\ 000\times22\%-4\ 400=4\ 640(元)$$

$$当月预扣预缴个人所得税=4\ 640\times3\%-0=139.2(元)$$

(2) 张强 2 月工资收入 17 500 元,专项扣除额、专项附加扣除额和免征额与 1 月相同。当月张强应预扣预缴应交个人所得税计算如下:

$$累计应纳税所得额=(18\ 000+17\ 500)-5\ 000\times2-(18\ 000+17\ 500)\times22\%-4\ 400\times2=8\ 890(元)$$

$$当月预扣预缴个人所得税=8\ 890\times3\%-139.2=127.5(元)$$

2. 工资、薪金所得的汇算清缴。年度终了后,纳税人应在次年 3—6 月到主管税务机关进行个人所得税的汇算清缴。

【例 9-2】承例 9-1 资料。假设张强当年全年工资收入总额 220 000 元,全年专项附加扣除额共计 52 800 元,无其他扣除额;当年预扣预缴个人所得税合计 1 680 元。下年初,张强到主管税务机关办理汇算清缴时,应退(补)个人所得税计算如下:

$$全年应纳税所得额=220\ 000-220\ 000\times22\%-52\ 800-60\ 000=58\ 800(元)$$

$$全年应交个人所得税=58\ 800\times10\%-2\ 520=3\ 360(元)$$

$$应补交个人所得税=3\ 360-1\ 680=1\ 680(元)$$

3. 全年一次性奖金收入的计税。在 2027 年 12 月 31 日前,不并入当年综合所得,以全年一次性奖金收入除以 12 个月得到的数额,以按月换算后的综合所得个人所得税税率表(见表 9-3),确定适用税率和速算扣除数,单独计算纳税。计算公式为:

$$应纳税额=全年一次性奖金收入\times适用税率-速算扣除数$$

居民个人取得全年一次性奖金,也可以选择并入当年综合所得计算纳税。两种计算方法计算结果不同;同种计算方法对普通员工与企业高管,其计算结果也可能不同。企业应在事先测算后,选择全年一次性奖金的计税方法。

4. 一次性补贴收入的计税。应按办理提前退休、内部退养手续至法定退休年龄之间实际年度数平均分摊(相当于一次取得多年的工资),确定适用税率和速算扣除数,按表 8-3 计算纳税。计算公式如下:

应交个人所得税＝{[(一次性补贴收入÷办理提前退休、内部退养手续至法定退休年龄的实际年度数)－减除费用]×适用税率}×办理提前退休、内部退养手续至法定退休年龄的实际年度数

(二)劳务报酬所得、稿酬所得、特许权使用费所得应纳税额的计算

扣缴义务人向居民个人支付劳务报酬所得、稿酬所得、特许权使用费所得，每次收入不超过4 000(含)元的，扣除费用按800元计算；每次收入4 000元以上的，扣除费用按20%计算；稿酬所得的收入额减按70%计算，以每次收入额为应纳税所得额。

属于一次性收入的，以取得该项收入为一次；属于同一项目连续性收入的，以一个月内取得的收入为一次。

以每次收入额为预扣预缴应纳税所得额。劳务报酬所得适用20%～40%的超额累进预扣率(见表9-2)，稿酬所得、特许权使用费所得适用20%的比例预扣率。

劳务报酬所得应预扣预缴税额＝应纳税所得额×预扣率－速算扣除数

稿酬所得、特许权使用费所得应预扣预缴税额＝应纳税所得额×20%

居民个人取得劳务报酬所得、稿酬所得、特许权使用费所得，在预扣预缴税款后，应在年度终了后与工资、薪金所得合并计税，进行汇算清缴，多退少补。

1. 劳务报酬应纳税额的计算：

【例9-3】某演员系居民个人。8月在A地演出2天，共获演出收入60 000元，应扣缴个人所得税计算如下：

应纳税所得额＝60 000×(1－20%)＝48 000(元)

应交个人所得税＝48 000×30%－2 000＝12 400(元)

如果该演员将这笔收入税后全部捐赠给贫困地区(通过民政部门)，应交个人所得税计算如下：

可在税前扣除的捐赠额＝48 000×30%＝14 400(元)

实际应纳税所得额＝48 000－14 400＝33 600(元)

应交个人所得税＝33 600×30%－2 000＝8 080(元)

实际捐款金额＝60 000－8 080＝51 920(元)

【例9-4】刘明为天禹公司提供软件开发服务，合同约定税后劳务报酬40 000元，个人应交税费由企业负担。刘明的应税行为按小规模纳税人管理，增值税征收率为3%。根据有关规定，月销售额不超过10万元的，免征教育费附加、地方教育附加和水

利建设基金等附加费。假设刘明取得的含税劳务报酬为 X 万元，相关税金计算如下：

$$个人应交增值税 = X \div (1+3\%) \times 3\% = 0.029\ 1X$$

$$个人应交城建税 = 0.0291X \times 7\% = 0.002X$$

$$应交个人所得税计税所得 = 不含税收入 - 城市维护建设税 = X \div (1+3\%) - 0.029\ 1X \times 7\% = 0.968\ 8X$$

$$扣除费用 = 计税所得 \times 20\% = 0.193\ 8X$$

$$应纳税所得额 = 计税所得 - 扣除费用 = 0.968\ 8X - 0.193\ 8X = 0.775X$$

$$\begin{aligned}应交个人所得税 &= 应纳税所得额 \times 适用税率 - 速算扣除数\\ &= 0.775X \times 30\% - 2\ 000 = 0.232\ 5X - 2\ 000\end{aligned}$$

$$\begin{aligned}税后(实得)劳务报酬 &= 含税劳务报酬 - 应交增值税 - 应交城建税 - 应交个人所得税\\ &= X - 0.029\ 1X - 0.002X - (0.232\ 5X - 2\ 000) = 40\ 000(元)\end{aligned}$$

计算求出：$X = 51\ 602$(元)

即个人提供劳务，如果税后报酬是 40 000 元，则可倒推出税前报酬应是 51 602 元。为此，天禹公司应为刘明代缴相关税金并支付劳务报酬计算如下：

$$应交增值税 = 51\ 602 \times 0.029\ 1 = 1\ 502(元)$$

$$应交城建税 = 51\ 602 \times 0.002 = 103(元)$$

$$应交个人所得税 = 51\ 602 \times 0.232\ 5 - 2\ 000 = 9\ 997(元)$$

$$税后劳务报酬 = 51\ 602 - 1\ 502 - 103 - 9\ 997 = 40\ 000(元)$$

2. 稿酬所得应纳税额的计算：

【例 9-5】某作家系居民个人。当月取得一笔稿酬收入 20 000 元，应扣缴个人所得税计算如下：

$$应纳税所得额 = 20\ 000 \times (1-20\%) \times 70\% = 11\ 200(元)$$

$$应交个人所得税 = 11\ 200 \times 20\% = 2\ 240(元)$$

(三) 一次性补贴收入应纳税额的计算

个人办理提前退休手续而取得的一次性补贴收入，应按照办理提前退休手续至法定退休年龄之间实际年度数平均分摊，确定适用税率和速算扣除数，单独适用综合所得税率表(表 9-3)计算纳税。其计算公式为：

$$\begin{aligned}应纳税额 = \Big\{&\big[(一次性补贴收入 \div 办理提前退休手续至法定退休年龄的实际年度数) - \\ &费用扣除标准\big] \times 适用税率 - 速算扣除数\Big\} \times 办理提前退休手续至法定退休年龄的实际\\ &年度数\end{aligned}$$

（四）财产租赁所得应纳税额的计算

按照每次租赁收入的多少，区别情况计算应纳税额。

1. 每次收入不超过 4 000 元的，计算公式为：

应交个人所得税 =（每次收入额−800）×20%

2. 每次收入 4 000 元以上的，计算公式为：

应交个人所得税 = 每次收入额×（1−20%）×20%

（五）财产转让所得应纳税额的计算

财产转让所得应纳税额的计算公式如下：

应交个人所得税 =（财产转让收入额−财产原值−合理费用）×20%

（六）利息、股息、红利所得应纳税额的计算

利息、股息、红利所得应纳税额的计算公式如下：

应交个人所得税 = 每次收入额×20%

（七）偶然所得应纳税额的计算

偶然所得应纳税额的计算公式如下：

应交个人所得税 = 每次收入额×20%

三、非居民个人所得税应纳税额的计算

1. 非居民个人的工资、薪金所得。以每月收入额扣除免征额 5 000 元后的余额为应纳税所得额，适用按月换算后的综合所得税率表，即月度税率表（见表 9−3）计算应纳税额，计算公式为：

非居民个人综合所得应纳税额 = 应纳税所得额×税率−速算扣除数

在一个纳税年度内，在境内累计居住不超过 90 天的非居民个人，仅就归属于境内工作期间并由境内雇主支付或者负担的工资、薪金所得计算缴纳个人所得税。当月工

资、薪金收入额计算公式为：

当月工资、薪金收入额＝当月境内外工资、薪金总额×（当月境内支付的工资、薪金额/当月境内外工资、薪金总额）×（当月工薪所属工作期间境内工作天数/当月工薪所属工作期间公历天数）

在一个纳税年度内，在境内累计居住超过90天但不满183天的非居民个人，取得归属于境内工作期间的工资、薪金所得，应计算缴纳个人所得税；其取得归属于境外工作期间的工资、薪金所得，不征收个人所得税。当月工资、薪金收入额计算公式为：

当月工资、薪金收入额＝当月境内外工资、薪金总额×（当月工薪所属工作期间境内工作天数/当月工薪所属工作期间公历天数）

2. 非居民个人一个月内取得股权激励所得，按规定单独计算当月收入额，不与当月其他工资、薪金合并，按6个月分摊计税，不减除费用，适用表9-3计算应纳税额，计算公式为：

当月股权激励所得应纳税额＝[（本公历年度内股权激励所得合计额÷6）×适用税率－速算扣除数]×6－本公历年度内股权激励所得已纳税额

3. 非居民个人取得来源于境内的劳务报酬所得、稿酬所得、特许权使用费所得，以税法规定的每次收入额为应纳税所得额，适用表9-3计算应纳税额。

4. 扣缴义务人向非居民个人支付上述所得时，应当按月或按次代扣代缴个人所得税。

【例9-6】承例9-3资料，假如该演员系非居民个人，根据表9-4，应扣缴个人所得税计算如下：

应纳税所得额＝60 000×（1－20%）＝48 000（元）

应交个人所得税＝48 000×30%－4 410＝9 990（元）

承例9-5资料，假如该作家系非居民个人，根据表9-4，应扣缴个人所得税计算如下：

应交个人所得税＝11 200×10%－210＝910（元）

四、居民个人所得税的纳税调整

居民个人从中国境外取得的所得，可以从其应纳税额中抵免已在境外缴纳的个人所得税税额，但抵免额不得超过该纳税人境外所得依照税法规定计算的应纳税额。有下列情形之一的，税务机关有权按照合理方法进行纳税调整：

1. 个人与其关联方之间的业务往来不符合独立交易原则而减少本人或其关联方应纳税额，且无正当理由。

关联方是指夫妻、直系血亲、兄弟姐妹及其他抚养、赡养、扶养关系的个人，在资金、经营、购销等方面有直接、间接控制关系及其他经济利益关系。独立交易原则是指没有关联关系的交易各方，按公平成交价格和营业常规进行业务往来应遵循的原则。

2. 居民个人控制的，或者居民个人和居民企业共同控制的设立在实际税负明显偏低的国家（地区）的企业，无合理经营需要，对应当归属于居民个人的利润不作分配或减少分配。

纳税人能够提供资料证明其控制的企业满足国务院财政、税务主管部门规定条件的，可免予纳税调整。

3. 个人实施其他不具有合理商业目的（以减少、免除或推迟缴纳税款为主要目的）的安排而获取不当税收利益。

税务机关按规定作出的纳税调整，需要补征税款并依法加收利息的，纳税人应当补缴税款和利息①。有关部门依法将纳税人、扣缴义务人遵守税法的情况纳入信用信息系统，并实施联合激励或惩戒。

五、居民企业个人所得税的计算

（一）应交个人所得税的计算

个体工商户、个人独资企业、合伙企业及个人从事生产、经营所得，以每一纳税年度的收入总额，减去成本、费用、税金、损失、其他支出以及允许弥补的以前年度亏损后的余额，为应纳税所得额。从事生产经营以及与生产经营有关的活动取得的货币形式和非货币形式的各项收入为收入总额，具体包括销售货物收入、提供劳务收入、转让财产收入、利息收入、租金收入、接受捐赠收入、其他收入。个人所得税的计算公式为：

应纳税所得额＝收入总额－（成本＋费用＋税金＋损失＋其他支出＋允许弥补的以前年度亏损）

应交个人所得税＝应纳税所得额×税率－速算扣除数

未提供完整、准确的纳税资料，不能正确计算应纳税所得额的，由主管税务机关核

① 按照税款所属纳税申报期最后一日中国人民银行公布的与补税期间同期的人民币贷款基准利率计算利息，自税款纳税申报期满次日起至补缴税款期限届满之日止按日加收。纳税人在补缴税款期限届满前补缴税款的，利息加收至补缴税款之日。

定其应纳税所得额。

企业应当分别核算生产经营活动中的生产经营费用和个人、家庭费用。对于生产经营与个人、家庭生活混用难以分清的费用,其40%视为与生产经营有关费用,准予扣除。

纳税年度发生的亏损,准予向以后年度结转,结转年限最长不得超过5年。

(二)税前扣除项目和标准

1. 企业向其从业人员实际支付的合理的工资、薪金支出,允许在税前据实扣除。业主的工资、薪金支出不得税前扣除。业主的费用扣除标准,依照相关法律、法规和政策规定执行。

2. 按国务院有关主管部门或省级人民政府规定的范围和标准为其业主和从业人员缴纳的基本养老保险费、基本医疗保险费、失业保险费、生育保险费、工伤保险费和住房公积金,准予扣除。为从业人员缴纳的补充养老保险费、补充医疗保险费,分别在不超过从业人员工资总额5%标准内的部分据实扣除,超过部分不得扣除。

业主本人缴纳的补充养老保险费、补充医疗保险费,以当地(地级市)上年度社会平均工资的3倍为计算基数,分别在不超过该计算基数5%标准内的部分据实扣除,超过部分不得扣除。

3. 在生产经营活动中发生的两类利息支出准予扣除:向金融企业借款的利息支出;向非金融企业和个人借款的利息支出,不超过按照金融企业同期同类贷款利率计算的数额的部分。

4. 向当地工会组织拨缴的工会经费、实际发生的职工福利费支出、职工教育经费支出分别在工资、薪金总额①的2%、14%、8%的标准内据实扣除②。

5. 发生的与生产经营活动有关的业务招待费,按照实际发生额的60%扣除,但最高不得超过当年销售收入的5‰。

6. 每一纳税年度发生的与其生产经营活动直接相关的广告费和业务宣传费不超过当年销售收入15%的部分,可以据实扣除;超过部分,准予在以后纳税年度结转扣除。

7. 研究开发新产品、新技术、新工艺所发生的开发费用,以及研究开发新产品、新技术而购置单台价值在10万元以下的测试仪器和试验性装置的购置费准予直接扣除;单台价值在10万元以上(含10万元)的测试仪器和试验性装置,按固定资产管理,不得在当期直接扣除。

① 允许在当期税前扣除的工资薪金支出数额。

② 业主本人向当地工会组织缴纳的工会经费、实际发生的职工福利费支出、职工教育经费支出(比例同上),以当地(地级市)上年度社会平均工资的3倍为计算基数。

六、有限合伙企业出资人应纳税额的计算方法

(一)查账征收方法

凡实行查账征收方法的,根据有关规定,其扣除项目和标准如下:

1. 对合伙企业的自然人业主费用扣除标准统一确定为60 000元/年(5 000元/月)。
2. 合伙企业向其从业人员实际支付的合理的工资、薪金支出,允许在税前据实扣除。
3. 合伙企业拨缴的工会经费、发生的职工福利费、职工教育经费支出分别在工资、薪金总额2%、14%、8%的标准内据实扣除。
4. 合伙企业每一纳税年度发生的广告费和业务宣传费用不超过当年销售收入15%的部分,可据实扣除;超过部分,准予在以后纳税年度结转扣除。
5. 合伙企业每一纳税年度发生的与其生产经营业务直接相关的业务招待费支出,按照发生额的60%扣除,但最高不得超过当年销售收入的5‰。
6. 投资者及其家庭发生的生活费用不允许在税前扣除。投资者及其家庭发生的生活费用与企业生产经营费用混合在一起,并且难以划分的,全部视为投资者个人及其家庭发生的生活费用,不允许在税前扣除。
7. 企业生产经营和投资者及其家庭生活共用的固定资产难以划分的,由主管税务机关根据企业的生产经营类型、规模等具体情况,核定准予在税前扣除的折旧费用的数额或比例。
8. 企业计提的各种准备金不得扣除。

(二)核定征收方法

对合伙企业实行核定征收方法的,应交个人所得税计算公式为:

应交个人所得税=应纳税所得额×适用税率

应纳税所得额=收入总额×应税所得率

第三节 个人所得税的缴纳与申报

一、个人所得税的缴纳

个人所得税实行源泉分项/综合扣缴和纳税人自行申报两种缴纳办法,以支付所得

的单位或个人为扣缴义务人。在两处以上取得应税所得和没有扣缴义务人的,纳税人应当自行申报纳税;自行申报纳税人,应在取得所得的所在地税务机关申报纳税。纳税人从中国境外取得所得的,应在户籍所在地税务机关或指定税务机关申报纳税。在两处以上取得的所得,需要合并计算纳税的,由纳税人申请、税务机关批准,可在其中一处税务机关申报纳税。纳税人要求变更纳税申报地点的,应经原主管税务机关批准。

1. 综合所得的缴纳。综合所得按年计算个人所得税。有扣缴义务人的,扣缴义务人在向个人支付①应税款项时,应按税法规定预扣或代扣税款,并专项记载备查。

居民个人取得工资、薪金所得时,可向扣缴义务人提供专项附加扣除有关信息。扣缴义务人应按纳税人提供的信息计算税款、办理扣缴申报,不得擅自更改纳税人提供的信息。

纳税人发现扣缴义务人提供或者扣缴申报的个人信息、所得、扣缴税款等与实际情况不符的,有权要求扣缴义务人修改。扣缴义务人拒绝修改的,纳税人应当报告税务机关,税务机关应及时处理。

纳税人、扣缴义务人应按规定保存与专项附加扣除相关的资料。税务机关可对纳税人提供的专项附加扣除信息进行抽查。税务机关发现纳税人提供虚假信息的,应当责令改正并通知扣缴义务人;情节严重的,有关部门应当依法予以处理,纳入信用信息系统并实施联合惩戒。

纳税人同时从两处以上取得工资、薪金所得,并由扣缴义务人减除专项附加扣除的,对同一专项附加扣除项目,在一个纳税年度内只能选择从一处取得的所得中减除。

居民个人取得劳务报酬所得、稿酬所得、特许权使用费所得,应当在汇算清缴时向税务机关提供有关信息,减除专项附加扣除。

年度预扣预缴税额与年度应纳税额不一致时,纳税人应于次年 3 月 1 日至 6 月 30 日向主管税务机关办理综合所得年度汇算清缴,税款多退少补。纳税人可以委托扣缴义务人或者其他单位和个人办理汇算清缴。

【例 9-7】某集团公司营销高管李远兼任集团公司下属 A、B 两家公司的营销总监。A、B 公司每月各向其发放工资 1.2 万元,其社会保险和住房公积金选择在 A 公司缴纳,个人承担部分为每月 1 500 元,每月专项附加扣除合计 3 500 元。纳税人选择从 A 公司取得的所得中减去专项附加扣除金额,其个人所得税计算如下:

(1)A 公司预扣预缴。

$$全年累计应纳税所得额 = 12\ 000\times12-5\ 000\times12-1\ 500\times12-3\ 500\times12 = 24\ 000(元)$$

① 包括现金支付、汇拨支付、转账支付和以有价证券、实物以及其他形式的支付。

$$全年累计预扣预缴个人所得税=24\ 000\times 3\%=720(元)$$

(2)B 公司预扣预缴。

$$全年累计应纳税所得额=12\ 000\times 12-5\ 000\times 12=84\ 000(元)$$
$$全年累计预扣预缴个人所得税=84\ 000\times 10\%-2\ 520=5\ 880(元)$$

(3)年度汇算清缴。

$$全年应纳税所得额=(12\ 000+12\ 000)\times 12-5\ 000\times 12-1\ 500\times 12-3\ 500\times 12=168\ 000(元)$$
$$全年累计预扣预缴个人所得税=720+5\ 880=6\ 600(元)$$
$$全年应交个人所得税=168\ 000\times 20\%-16\ 920=16\ 680(元)$$

A、B 公司全年预扣预缴李远个人所得税 6 600 元,低于其应交税款 16 680 元,且综合所得年收入额减除专项扣除的余额超过 60 000 元。因此,李远应在次年规定期限内办理汇算清缴并补交个人所得税 10 080(16 680-6 600)元。

非居民个人取得工资、薪金所得,劳务报酬所得,稿酬所得和特许权使用费所得,有扣缴义务人的,由扣缴义务人按月或按次代扣代缴税款,不办理汇算清缴。

2. 经营所得的缴纳。纳税人取得经营所得,按年计算个人所得税,由纳税人在月度或季度终了后 15 日内向税务机关报送纳税申报表,并预缴税款;在取得所得的次年 3 月 31 日前办理汇算清缴。

3. 其余所得的缴纳。纳税人取得利息、股息、红利所得,财产租赁所得,财产转让所得和偶然所得,按月或按次计算个人所得税,有扣缴义务人的,由扣缴义务人按月或按次代扣代缴税款。

扣缴义务人每月或每次预扣、代扣的税款,应在次月 15 日内缴入国库,并向税务机关报送个人所得税扣缴申报表。

二、个人所得税的纳税申报

纳税年度自公历 1 月 1 日起至 12 月 31 日止。有下列情形之一的,纳税人应当依法办理纳税申报:

1. 取得综合所得,需要办理汇算清缴包括以下四种情况:

(1)从两处以上取得综合所得,且综合所得年收入额减去专项扣除的余额超过 6 万元。

(2)取得劳务报酬所得、稿酬所得、特许权使用费所得中一项或者多项所得,且综合所得年收入额减去专项扣除的余额超过 6 万元。

(3)纳税年度内预缴税额低于应纳税额。

(4)纳税人申请退税。纳税人申请退税,应提供其在中国境内开设的银行账户,并在汇算清缴地就地办理税款退库。

2. 取得应税所得,扣缴义务人未扣缴税款,应当区别以下情况办理纳税申报:

(1)居民个人取得综合所得的,按"1. 综合所得"办理。

(2)非居民个人取得工资、薪金所得,劳务报酬所得,稿酬所得,特许权使用费所得的,应在取得所得的次年6月30日前,向扣缴义务人所在地主管税务机关办理纳税申报,并报送《个人所得税自行纳税申报表(A表)》。有两个以上扣缴义务人均未扣缴税款的,选择向其中一处扣缴义务人所在地主管税务机关办理纳税申报。

3. 取得经营所得的纳税申报。个体工商户业主、个人独资企业投资者、合伙企业个人合伙人、承包承租经营者个人以及其他从事生产、经营活动的个人取得经营所得,按年计算个人所得税,由纳税人在月度或季度终了后15日内,向经营管理所在地主管税务机关办理预缴纳税申报,并报送《个人所得税经营所得纳税申报表(A表)》。在取得所得的次年3月31日前,向经营管理所在地主管税务机关办理汇算清缴,并报送《个人所得税经营所得纳税申报表(B表)》;从两处以上取得经营所得的,选择向其中一处经营管理所在地主管税务机关办理年度汇总申报,并报送《个人所得税经营所得纳税申报表(C表)》。

4. 取得境外所得的纳税申报。居民个人从中国境外取得所得的,应当在取得所得的次年3月1日至6月30日内,向中国境内任职、受雇单位所在地主管税务机关办理纳税申报;在中国境内没有任职、受雇单位的,向户籍所在地或中国境内经常居住地主管税务机关办理纳税申报。

5. 因移居境外注销中国户籍,应向税务机关申报下列事项:

(1)注销户籍当年的综合所得、经营所得汇算清缴的情况。

(2)注销户籍当年的其他所得的完税情况。

(3)以前年度欠税的情况。

6. 非居民个人在中国境内从两处以上取得工资、薪金所得。

三、个人所得税纳税申报表

个人所得税纳税申报表有个人所得税基础信息表(A、B表)、个人所得税扣缴申报表、个人所得税自行纳税申报表(A表)、个人所得税年度自行纳税申报表、个人所得税经营所得纳税申报表(A、B、C表)、合伙制创业投资企业单一投资基金核算方式备案表、单一投资基金核算的合伙制创业投资企业个人所得税扣缴申报表。

(一)个人所得税基础信息表

个人所得税基础信息表(A表)(见表9-7),适用于扣缴义务人办理全员全额扣缴申报时,填报其支付所得的纳税人的基础信息。扣缴义务人首次向纳税人支付所得,或者纳税人相关基础信息发生变化的,应填报本表,并于次月扣缴申报时向税务机关报送。表中带“＊”项目分为必填和条件必填,其余项目为选填。

个人所得税基础信息表(B表,格式略)适用于自然人纳税人基础信息的填报。自然人纳税人初次向税务机关办理相关涉税事宜时填报本表;初次申报后,以后仅需在信息发生变化时填报。表中带“＊”的项目为必填或者条件必填,其余项目为选填。

(二)个人所得税扣缴申报表

个人所得税扣缴申报表(见表9-8),适用于扣缴义务人向居民个人支付工资、薪金所得,劳务报酬所得,稿酬所得和特许权使用费所得的个人所得税全员全额预扣预缴申报;向非居民个人支付工资、薪金所得,劳务报酬所得,稿酬所得和特许权使用费所得的个人所得税全员全额扣缴申报;向居民个人和非居民个人支付利息、股息、红利所得,财产租赁所得,财产转让所得和偶然所得的个人所得税全员全额扣缴申报。

扣缴义务人应专门设立预扣预缴税收账簿,正确反映个人所得税的扣缴情况,如实填报本表及其他相关资料,在每月或每次预扣、代扣税款的次月15日内,将已扣税款缴入国库,并向税务机关报送本表。

(三)个人所得税自行纳税申报表(A表)和个人所得税年度自行纳税申报表

1. 个人所得税自行纳税申报表(A表),适用于纳税人向税务机关按月或按次办理自行纳税申报,包括居民个人取得综合所得以外的所得扣缴义务人未扣缴税款,非居民个人取得应税所得扣缴义务人未扣缴税款,非居民个人在中国境内从两处以上取得工资、薪金所得等。

适用于居民个人取得应税所得,扣缴义务人未扣缴税款,非居民个人取得应税所得扣缴义务人未扣缴税款,非居民个人在中国境内从两处以上取得工资、薪金所得等情形在办理自行纳税申报时,向税务机关报送。

(1)居民个人取得应税所得而扣缴义务人未扣缴税款的,应在取得所得的次年6月30日前办理纳税申报。

(2)非居民个人取得应税所得而扣缴义务人未扣缴税款的,应在取得所得的次年6月30日前办理纳税申报。非居民个人在次年6月30日前离境(临时离境除外)的,应当在离境前办理纳税申报。

(3)非居民个人在中国境内从两处以上取得工资、薪金所得的,应在取得所得的次月15日内办理纳税申报。

表 9-7　个人所得税基础信息表(A 表)

(适用于扣缴义务人填报)

扣缴义务人名称

扣缴义务人纳税人识别号(统一社会信用代码):□□□□□□□□□□□□□□□□□□

序号	纳税人基本信息						任职受雇从业信息					联系方式					银行账户		投资信息		其他信息		华侨、港澳台、外籍个人信息					备注
	纳税人识别号	*纳税人姓名	*身份证件类型	*身份证件号码	*出生日期	*国籍/地区	类型	职务	学历	任职受雇从业日期	离职日期	手机号码	户籍所在地	经常居住地	联系地址	电子邮箱	开户银行	银行账号	投资额(元)	投资比例	是否残疾/孤老/烈属	残疾/烈属证号	*出生地	*性别	*首次入境时间	*预计离境时间	*涉税事由	
1	2	3	4	5	6	7	8	9	10	11	12	13	14	15	16	17	18	19	20	21	22	23	24	25	26	27	28	29

声明:本表是根据国家税收法律法规及相关规定填报的,是真实的、可靠的、完整的。 扣缴义务人(签章):　　年　月　日	
经办人签字: 经办人身份证件号码: 代理机构签章: 代理机构统一社会信用代码:	受理人: 受理税务机关(章): 受理日期:　年　月　日

表 9-8 个人所得税扣缴申报表

税款所属期：　年　月　日至　年　月　日

扣缴义务人名称：

扣缴义务人纳税人识别号(统一社会信用代码)：□□□□□□□□□□□□□□□□□□□□□□□□□ 金额单位：人民币元(列至角分)

序号	姓名	身份证件类型	身份证件号码	纳税人识别号	是否为非居民个人	所得项目	本月(次)情况														累计情况										减按计税比例	准予扣除的捐赠额	税款计算							备注
							收入额计算			减除费用	专项扣除				其他扣除						累计收入额	累计减除费用	累计专项扣除	累计专项附加扣除						累计其他扣除										
							收入	费用	免税收入		基本养老保险费	基本医疗保险费	失业保险费	住房公积金	年金	商业健康保险	税延养老保险	财产原值	允许扣除的税费	其他				子女教育	继续教育	住房贷款利息	住房租金	赡养老人	3岁以上婴幼儿照护				应纳税所得额	税率/预扣率	速算扣除数	应纳税额	减免税额	已缴税额	应补/退税额	
1	2	3	4	5	6	7	8	9	10	11	12	13	14	15	16	17	18	19	20	21	22	23	24	25	26	27	28	29	30	31	32	33	34	35	36	37	38	39	40	41
会计合计																																								

声明：本表是根据国家税收法律法规及相关规定填报的，是真实的、可靠的、完整的。

扣缴义务人(签章)：　　年　月　日

经办人签字：	受理人：
经办人身份证件号码：	
代理机构签章：	受理税务机关(章)：
代理机构统一社会信用代码：	受理日期：　年　月　日

(4)其他需要纳税人办理自行申报的情形,按规定的申报期限办理。

2. 个人所得税年度自行纳税申报表适用于居民个人取得境内综合所得,按税法规定需要向主管税务机关办理汇算清缴时,应在取得所得的次年3月1日至6月30日前,报送本表。

(四)个人所得税经营所得纳税申报表

个人所得税经营所得纳税申报分为A表、B表和C表三种。

1. 个人所得税经营所得纳税申报表(A表)。个人所得税经营所得纳税申报表(A表)(见表9-9),适用于查账征收和核定征收的个体工商户业主、个人独资企业投资人、合伙企业个人合伙人、承包承租经营者个人以及其他从事生产、经营活动的个人在中国境内取得经营所得,办理个人所得税预缴纳税申报时,向税务机关报送。合伙企业有两个或者两个以上个人合伙人的,应分别填报本表。

表9-9 个人所得税经营所得纳税申报表(A表)

税款所属期: 年 月 日至 年 月 日

金额单位:人民币元(列至角分)

被投资单位信息		
名 称		
纳税人识别号(统一社会信用代码)	□□□□□□□□□□□□□□□□□□□□	
征收方式(单选)		
□查账征收(据实预缴) □查账征收(按上年应纳税所得额预缴) □核定应税所得率征收 □核定应纳税所得额征收 □税务机关认可的其他方式		
个人所得税计算		
项 目	行次	金额/比例
一、收入总额	1	—
二、成本费用	2	—
三、利润总额(第3行=第1行-第2行)	3	—
四、弥补以前年度亏损	4	—
五、应税所得率(%)	5	—
六、合伙企业个人合伙人分配比例(%)	6	—
七、允许扣除的个人费用及其他扣除(第7行=第8行+第9行+第14行)	7	—
(一)投资者减除费用	8	—
(二)专项扣除(第9行=第10行+第11行+第12行+第13行)	9	—

续表

项　　目	行次	金额/比例
1. 基本养老保险费	10	—
2. 基本医疗保险费	11	—
3. 失业保险费	12	—
4. 住房公积金	13	—
(三)依法确定的其他扣除(第 14 行=第 15 行+第 16 行+第 17 行)	14	—
1.	15	—
2.	16	—
3.	17	—
八、准予扣除的捐赠额(附报《个人所得税公益慈善事业捐赠扣除明细表》)	18	
九、应纳税所得额	19	—
十、税率(%)	20	—
十一、速算扣除数	21	—
十二、应纳税额(第 22 行=第 19 行×第 20 行-第 21 行)	22	—
十三、减免税额(附报《个人所得税减免税事项报告表》)	23	—
十四、已缴税额	24	—
十五、应补/退税额(第 25 行=第 22 行-第 23 行-第 24 行)	25	—

声明:本表是根据国家税收法律法规及相关规定填报的,本人对填报内容(附带资料)的真实性、可靠性、完整性负责。

纳税人签字:　　　　　年　　月　　日

经办人签字: 经办人身份证件类型: 经办人身份证件号码: 代理机构签章: 代理机构统一社会信用代码:	受理人: 受理税务机关(章): 受理日期:　　　　　年　　月　　日

纳税人取得经营所得,应当在月度或者季度终了后15日内,向税务机关办理预缴纳税申报。

2. 个人所得税经营所得纳税申报表(B表)。个人所得税经营所得纳税申报表(B表)(见表9-10),适用于个体工商户业主、个人独资企业投资人、合伙企业个人合伙人、承包承租经营者个人以及其他从事生产、经营活动的个人在中国境内取得经营所得,且实行查账征收的,在办理个人所得税汇算清缴纳税申报时,向税务机关报送。合伙企业有两个或者两个以上个人合伙人的,应分别填报本表。

纳税人在取得经营所得的次年3月31日前,向税务机关办理汇算清缴。

表9-10 个人所得税经营所得纳税申报表(B表)

税款所属期: 年 月 日至 年 月 日

纳税人姓名:

纳税人识别号:□□□□□□□□□□□□□□□□□□ 金额单位:人民币元(列至角分)

被投资单位信息	名称		纳税人识别号(统一社会信用代码)	
项 目			行次	金额/比例
一、收入总额			1	
其中:国债利息收入			2	
二、成本费用(3=4+5+6+7+8+9+10)			3	
(一)营业成本			4	
(二)营业费用			5	
(三)管理费用			6	
(四)财务费用			7	
(五)税金			8	
(六)损失			9	
(七)其他支出			10	
三、利润总额(11=1-2-3)			11	
四、纳税调整增加额(12=13+27)			12	
(一)超过规定标准的扣除项目金额(13=14至26之和)			13	
1. 职工福利费			14	
2. 职工教育经费			15	
3. 工会经费			16	

续表

项　　目	行次	金额/比例
4. 利息支出	17	
5. 业务招待费	18	
6. 广告费和业务宣传费	19	
7. 教育和公益事业捐赠	20	
8. 住房公积金	21	
9. 社会保险费	22	
10. 折旧费用	23	
11. 无形资产摊销	24	
12. 资产损失	25	
13. 其他	26	
(二)不允许扣除的项目金额(27=28 至 36 之和)	27	
1. 个人所得税税款	28	
2. 税收滞纳金	29	
3. 罚金、罚款和被没收财物的损失	30	
4. 不符合扣除规定的捐赠支出	31	
5. 赞助支出	32	
6. 用于个人和家庭的支出	33	
7. 与取得生产经营收入无关的其他支出	34	
8. 投资者工资薪金支出	35	
9. 其他不允许扣除的支出	36	
五、纳税调整减少额	37	
六、纳税调整后所得(38=11+12-37)	38	
七、弥补以前年度亏损	39	
八、合伙企业个人合伙人分配比例(%)	40	
九、允许扣除的个人费用及其他扣除(41=42+43+48+55)	41	
(一)投资者减除费用	42	
(二)专项扣除(43=44+45+46+47)	43	
1. 基本养老保险费	44	
2. 基本医疗保险费	45	

续表

项　　目	行次	金额/比例
3. 失业保险费	46	
4. 住房公积金	47	
（三）专项附加扣除（48=49+50+51+52+53+54）	48	
1. 子女教育	49	
2. 继续教育	50	
3. 大病医疗	51	
4. 住房贷款利息	52	
5. 住房租金	53	
6. 赡养老人	54	
（四）依法确定的其他扣除（55=56+57+58+59）	55	
1. 商业健康保险	56	
2. 税延养老保险	57	
3.	58	
4.	59	
十、投资抵扣	60	
十一、准予扣除的个人捐赠支出	61	
十二、应纳税所得额（62=38-39-41-60-61）或[62=（38-39）×40-41-60-61]	62	
十三、税率（%）	63	
十四、速算扣除数	64	
十五、应纳税额（65=62×63-64）	65	
十六、减免税额（附报《个人所得税减免税事项报告表》）	66	
十七、已缴税额	67	
十八、应补/退税额（68=65-66-67）	68	

声明：本表是根据国家税收法律法规及相关规定填报的，是真实的、可靠的、完整的。

纳税人签字：　　　年　　月　　日

经办人： 经办人身份证件号码： 代理机构签章： 代理机构统一社会信用代码：	受理人： 受理税务机关（章）： 受理日期：　　　年　　月　　日

3. 个人所得税经营所得纳税申报表(C表)。个人所得税经营所得纳税申报表(C表),适用于个体工商户业主、个人独资企业投资人、合伙企业个人合伙人、承包承租经营者个人以及其他从事生产、经营活动的个人在中国境内两处以上取得经营所得,办理合并计算个人所得税的年度汇总纳税申报时,向税务机关报送。

纳税人从两处以上取得经营所得,应当于取得所得的次年3月31日前办理年度汇总纳税申报。

(五)合伙制创业投资企业单一投资基金核算方式备案表和单一投资基金核算的合伙制创业投资企业个人所得税扣缴申报表

(略)

第四节 个人所得税的会计处理

一、企业预扣预缴/代扣代缴个人所得税的会计处理

1. 支付工资、薪金和劳务报酬预扣预缴所得税。企业作为个人所得税的扣缴义务人,应按规定扣缴职工应缴纳的个人所得税。预扣个人所得税时,借记"应付职工薪酬"账户,贷记"应交税费——应交预扣个人所得税"等账户。

【例9-8】天泰公司工程师彭诚1月工资收入25 000元,当月专项扣除额("三险一金")5 500元,专项附加扣除额1 900元,无其他扣除额。公司预扣预缴彭诚当月应交个人所得税和相关会计分录如下:

当月应纳税所得额=25 000-5 500-1 900-5 000=12 600(元)

当月预扣预缴个人所得税=12 600×20%-1 410=1 110(元)

实际发放工资(实务中,会计分录当然是按总额反映,每人的信息在明细表中)时:

借:应付职工薪酬——工资、薪金(彭诚)　　25 000
　贷:库存现金/银行存款　　18 390
　　其他应付款　　5 500
　　应交税费——应交预扣个人所得税　　1 110

财务会计反映当月应付职工薪酬时:

借:生产成本、管理费用等　　25 000
　贷:应付职工薪酬——工资、薪金(彭诚)　　25 000

【例 9-9】承例 9-4 资料,天禹公司相关会计处理如下:

借:无形资产　　51 602
　贷:应付账款——刘明　　40 000
　　应交税费——应交预扣增值税　　1 502
　　　——应交预扣城建税　　103
　　　——应交预扣个人所得税　　9 997

向刘明实际支付劳务报酬时:

借:应付账款——刘明　　40 000
　贷:银行存款　　40 000

2. 承包、承租经营所得应交所得税的会计处理。承包、承租经营有如下两种情况,个人所得税也相应涉及两个应税项目。

(1)承包、承租人对企业经营成果不拥有所有权,仅是按合同(协议)规定取得一定所得的,其所得按工资、薪金所得项目征税,适用3%~45%的超额累进税率。

(2)承包、承租人按合同(协议)的规定只向发包、出租方交纳一定费用后,企业经营成果归其所有的,承包、承租人取得的所得,按对企事业单位的承包经营、承租经营所得项目,适用5%~35%的超额累进税率。

第一种情况的会计处理方法同工薪所得扣缴所得税的会计处理;第二种情况,应由承包、承租人自行申报缴纳个人所得税,发包、出租方不做扣缴所得税的会计处理。

【例 9-10】4 月 1 日,李某与原所在事业单位签订承包合同经营招待所,合同规定承包期为一年。李某全年上交费用 100 000 元,年终招待所实现利润 400 000 元。李某应交个人所得税如下:

应纳税所得额 = 承包经营利润 - 上交承包费 - 费用扣减额
= 400 000 - 100 000 - 5 000×12 = 240 000(元)

应交个人所得税 = 应纳税所得额×适用税率 - 速算扣除数
= 240 000×20% - 10 500 = 37 500(元)

发包、出租方在收到李某缴来承包(租)费时,做会计分录如下:

借:银行存款　　100 000
　贷:其他业务收入　　100 000

3. 向股东支付股利代扣代缴所得税的会计处理。股份公司向法人股东支付股票股利、现金股利时,因法人股东不缴个人所得税,无代扣代缴问题;若以资本公积转增股本，不属股息、红利的分配，也不涉及个人所得税问题。

公司向个人支付现金股利时，应代扣代缴的个人所得税可从应付现金中直接扣除。公司按应支付给个人的现金股利金额，借记“利润分配——未分配利润”，贷记“应付股利”；当实际支付现金并代扣个人所得税时，借记“应付股利”，贷记“库存现金”“应交税费——应交代扣个人所得税”。

企业派发股票股利或以盈余公积对个人股东转增资本，也应代扣代缴个人所得税，其方法有内扣法和外扣法。

(1)内扣法。在派发股票股利或以盈余公积对个人股东转增资本的同时，从中扣除应预扣预缴的个人所得税，借记“利润分配——未分配利润”等，贷记“股本”“应交税费——应交代扣个人所得税”等。这样处理会改变股东权益结构或使公司法人股与个人股权比例频繁变动。

(2)外扣法。可由企业按增股金额，向个人收取现金以备代缴，或委托证券代理机构从个人股东账户代扣并可做会计分录。

公司派发股票股利或以盈余公积对个人股东转增资本时：

借：利润分配(转作股本的股利)、盈余公积等

　贷：股本、实收资本

计算出应扣缴个人所得税时：

借：其他应收款——代扣个人所得税(配股)

　贷：应交税费——应交代扣个人所得税

收到个人股东交来税款或证券代理机构扣缴税款时：

借：银行存款、库存现金

　贷：其他应收款——代扣个人所得税(配股)

实际上交税款时：

借：应交税费——应交代扣个人所得税

　贷：银行存款

外扣法下，向个人收取现金或委托证券代理机构从个人股东账户代扣税款都有其麻烦和困难；如果可能，公司在决定股利分配方案时，可将股票股利与现金股利结合，使现金股利相当或大于个人股东应缴的所得税，这样，即可消除上述不便。

二、居民企业个人所得税的会计处理

(一)账户设置

居民企业是指按税法规定缴纳个人所得税的企业，应设置“本年应税所得”账户，

本账户下设“本年经营所得”和“应弥补的亏损”两个明细账户。

“本年经营所得”明细账户核算企业本年生产经营活动取得的收入扣除成本费用后的余额。如果收入大于应扣除的成本费用总额,即为本年经营所得,在不存在税前弥补亏损的情况下,即为本年经营所得,应由“本年应税所得——本年经营所得”账户转入“留存利润”账户。如果计算出的结果为经营亏损,则应将本年发生的经营亏损由“本年经营所得”明细账户转入“应弥补的亏损”明细账户。

“应弥补的亏损”明细账户,核算企业发生的、可由生产经营活动所得税前弥补的亏损。发生亏损时,由“本年经营所得”明细账户转入本明细账户。生产经营过程中发生的亏损,可以由以后年度的生产经营所得在税前弥补,但延续弥补期不得超过5年。超过弥补期的亏损,不能再以生产经营所得税前弥补,应从“本年应税所得——应弥补的亏损”账户转入“留存利润”账户,减少企业的留存利润。

(二)本年应税所得的会计处理

年末,企业计算本年经营所得,应将“主营业务收入”和“其他业务收入”账户的余额转入“本年应税所得——本年经营所得”账户的贷方;将“主营业务成本”“其他业务成本”“销售费用”“税金及附加”账户余额转入“本年应税所得——本年经营所得”账户的借方。“营业外收入”和“营业外支出”账户如为借方余额,转入“本年应税所得——本年经营所得”账户的借方;如为贷方余额,转入“本年应税所得——本年经营所得”账户的贷方。

(三)应弥补亏损的会计处理

企业生产经营活动中发生的经营亏损,应由“本年经营所得”明细账户转入“应弥补亏损”明细账户。弥补亏损时,由“应弥补亏损”明细账户转入“本年经营所得”明细账户;超过弥补期的亏损,由“应弥补亏损”明细账户转入“留存利润”账户。

【例9-11】某个人独资企业某年营业收入518 000元,营业成本380 000元,销售费用70 000元,税金及附加30 000元,没有其他项目。

结转本年的收入和成本费用时做会计分录如下:

借:主营业务收入	518 000	
贷:本年应税所得——本年经营所得		518 000
借:本年应税所得——本年经营所得	480 000	
贷:主营业务成本		380 000
销售费用		70 000
税金及附加		30 000

该企业本年应纳税所得额＝518 000−380 000−70 000−30 000−5 000×12
＝−22 000(元)

转入“应弥补的亏损”明细账户,做会计分录如下:

借:本年应税所得——应弥补的亏损　　22 000
　贷:本年应税所得——本年经营所得　　22 000

(四)留存利润的会计处理

企业应设置“留存利润”账户核算非法人企业的留存利润。年度终了,计算结果如为本年经营所得,应将本年经营所得扣除可在税前弥补的以前年度亏损后的余额转入该账户的贷方,同时计算确定本年应交纳的个人所得税,计入该账户的借方,然后将税后列支费用及超过弥补期的经营亏损转入该账户的借方。该账户贷方金额减去借方金额后的余额,为留存利润额。

【例9−12】某合伙企业年度收入550 000元,可在税前扣除的成本费用345 000元,税后列支费用30 000元,超过弥补期而转入本账户的以前年度亏损20 000元。以前年度留存利润为0。

转入经营所得:

借:本年应税所得——本年经营所得　　205 000
　贷:留存利润(550 00−345 000)　　205 000

计算应交个人所得税:

应交个人所得税＝205 000×20%−10 500＝30 500(元)

借:留存利润　　30 500
　贷:应交税费——应交个人所得税　　30 500

转入税后列支费用:

借:留存利润　　30 000
　贷:税后列支费用　　30 000

转入超过弥补期的亏损:

借:留存利润　　20 000
　贷:本年应税所得——应弥补亏损　　20 000

留存利润＝205 000−30 500−30 000−20 000＝124 500(元)

（五）缴纳个人所得税的会计处理

1. 居民企业缴纳个人所得税。企业生产经营所得应交纳的个人所得税，应按年计算、分月预交、年度终了后汇算清缴。企业应在“应交税费”账户下设置“应交个人所得税”明细账户，核算企业预交和应交的个人所得税，以及年终汇算清缴个人所得税的补交和退回情况。企业按月预交个人所得税时，借记“应交税费——应交个人所得税”账户，贷记“库存现金”等账户；年度终了，计算出全年实际应交的个人所得税，借记“留存利润”账户，贷记“应交税费——应交个人所得税”账户。“应交个人所得税”明细账户的贷方金额大于借方金额的差额，为预交数小于应交数的差额。

补交个人所得税时，记入“应交个人所得税”明细账户的借方；收到退回的多交的个人所得税时，记入“应交个人所得税”明细账户的贷方。如果多交的所得税不退回，而是用来抵顶以后期间的个人所得税，多交的个人所得税金额就作为下一年度的预交个人所得税金额。

【例 9-13】某个体企业经过主管税务机关核定，按照上年度实际应交个人所得税额，确定本年各月应预交税额。假设上年实际应交个人所得税为 60 000 元，则：

本年各月应预交个人所得税 = 60 000÷12 = 5 000（元）

（1）每月预交个人所得税时：

借：应交税费——应交个人所得税　　5 000

　贷：库存现金　　5 000

（2）年终，汇算清缴全年个人所得税，确定本年度生产经营活动应交个人所得税为 80 000 元。

借：留存利润　　80 000

　贷：应交税费——应交个人所得税　　80 000

全年 1~12 月已经预交个人所得税 60 000（5 000×12）元，记入“应交个人所得税”明细账户的借方，贷方与借方差额 20 000（80 000−60 000）元为应补交的个人所得税。

（3）补交个人所得税时：

借：应交税费——应交个人所得税　　20 000

　贷：库存现金　　20 000

（4）如果汇算清缴确定的全年应交个人所得税为 50 000 元，则会计分录如下：

借：留存利润　　50 000

　贷：应交税费——应交个人所得税　　50 000

（5）已预交个人所得税金额为 60 000 元，应交数为 50 000 元，应交数小于已预交

10 000 元，由主管税务机关按规定退回。企业收到退税时，做会计分录如下：

借：库存现金　　10 000

　贷：应交税费——应交个人所得税　　10 000

如果将企业多交的 10 000 元抵顶下年的个人所得税，只需将该余额转入下一年度即可。

2. 企业预扣预缴个人所得税。企业预扣预缴从业人员的个人所得税，应在“应交税费”账户下单独设置“应交代扣个人所得税”明细账户进行核算。根据应代扣额，记入该账户的贷方；实际上交税款时，按上交金额记入该账户的借方。

（六）合伙企业预扣预缴个人所得税的会计处理

合伙企业以每一个合伙人为纳税人。合伙企业的合伙者按照合伙企业的全部生产经营所得和合伙协议约定的分配比例确定应纳税所得额，合伙协议没有约定分配比例的，以全部生产经营所得（包括企业分配给投资者个人的所得与企业当年留存利润）和合伙人数量平均计算每个投资者的应纳税所得额。投资者应纳的个人所得税税款，按年计算，分月或分季预缴，年度终了后 3 个月内汇算清缴，多退少补。合伙企业生产经营所得和其他所得采取“先分后税”的原则。

自然人合伙人缴纳的个人所得税不属于合伙企业的税款，不能记入合伙企业的费用。对合伙企业来说，该项税款属于预扣预缴税款，应记入“其他应收款”，以后从合伙企业向合伙人分配的利润中扣减①。合伙人为法人和其他组织的，该合伙人取得的生产经营所得和其他所得应缴纳企业所得税。

【例 9-14】自然人王某和天牧有限责任公司各出资 50%设立欣欣酒楼合伙企业，合伙协议约定按出资比例分配利润。某年度欣欣酒楼账面利润总额为 100 万元，经纳税调整后的生产经营所得为 140 万元。王某年应交个人所得税 179 500（700 000×35%－65 500）元。假设该年度王某每季预缴个人所得税 42 000 元，还应补缴个人所得税 11 500 元。年终，欣欣酒楼向王某、天牧有限责任公司分配利润 40 万元。

相关会计分录如下：

（1）每季计提应预缴个人所得税时：

借：其他应收款——王某　　42 000

　贷：应交税费——应交预扣个人所得税　　42 000

（2）每季预缴个人所得税时：

借：应交税费——应交预扣个人所得税　　42 000

① 该规定也适用于个人独资企业投资者缴纳个人所得税。

贷:银行存款　　42 000

(3)年终汇算清缴,补缴个人所得税 11 500 元时:

借:其他应收款——王某　　11 500

贷:应交税费——应交预扣个人所得税　　11 500

(4)缴纳应补缴税款时:

借:应交税费——应交预扣个人所得税　　11 500

贷:银行存款　　11 500

★天牧有限责任公司当年从欣欣酒楼取得的应税所得额 70 万元,应并入该公司年度应纳税所得额,计算缴纳企业所得税。

(5)年终欣欣酒楼向王某、天牧有限责任公司分配利润时:

借:利润分配——未分配利润　　800 000

贷:应付利润——王某　　400 000

——天牧有限责任公司　　400 000

(6)向王某、天牧有限责任公司支付利润时:

借:应付利润——王某　　400 000

——天牧有限责任公司　　400 000

贷:其他应收款——王某　　179 500

银行存款　　620 500

案 例

企业发生劳务派遣时,要与派遣人员签订劳动合同,派遣企业和用工单位签订劳务派遣协议,用工单位要求派遣企业根据业务的需要派遣劳务人员,并支付报酬。这种形式,一方面降低了用工单位的培训成本,规避裁员的风险;另一方面增强了用人的灵活性。因此,劳务派遣受到用工单位的青睐,成为市场发展的趋势。

一般情况下,劳务派遣人员的工资应由用工单位转账给派遣企业,再由派遣企业统一发放给劳务派遣人员。但在实务中,用工单位会直接发给劳务派遣人员部分福利,比如加班费、节假日补贴等。

宏发公司系劳务派遣企业,3 月与海天公司签订了 6 个月的劳务派遣合同。宏发公司派遣职工王梅为海天公司从事高档服装加工,合同规定劳务派遣人员的劳务报酬为 14 000 元(服务管理费用另计)。5 月 10 日,用工单位另行发给王梅加班费补贴

1 100 元。

用工单位预扣预缴王梅个人所得税计算如下：

5 月王梅的工资、薪金总额 = 14 000+1 100 = 15 100(元)

劳务派遣企业预扣预缴王梅个人所得税 =(14 000-专项扣除 3 000-免征额 5 000-专项附加扣除 4 000)×3% = 60(元)

用工单位预扣预缴王梅个人所得税 =(14 000+1 100-专项扣除 3 000-免征额 5 000-专项附加扣除 4 000)×3%-派遣企业已扣缴个税 60 = 33(元)

案例讨论：

王梅的劳务报酬，应该按“工资、薪金所得”计算个人所得税，还是按“劳务报酬所得”计算个人所得税？上述计算是否正确？

思考题

1. 试述个人所得税的纳税人与扣缴义务人。
2. 居民个人与非居民个人“工资、薪金所得”应纳税所得额计算有何不同？
3. 简述个人所得税预扣预缴与代扣代缴的适用范围。
4. 企业如何进行预扣预缴“工资、薪金所得”个人所得税的会计处理？
5. 个人所得税年终汇算清缴时，扣缴义务人是否需要做相应的会计分录？为什么？
6. 如何计算居民企业个人所得税的应纳税所得额？它与法人企业所得税应纳税所得额的计算有何不同？
7. 居民企业个人所得税如何进行相关会计处理？

练习题

一、计算题

1. 某大学教授李乾 1 月各项收入如下：

(1) 当月扣除“三险一金”后的工资收入 20 000 元，专项附加扣除合计 4 300 元。

(2) 取得股息收入 10 000 元。

(3) 为某单位做专题讲座两次，每次收入 5 000 元。

要求：

分别计算上述各项收入应交个人所得税。

2. 唐欣宁当年 1—12 月从任职单位取得工资收入合计 135 000 元。两次取得税后稿酬收入,分别是 15 000 元和 18 000 元。当年还从 A 国取得特许权使用费收入 18 000 元(人民币,下同),从 B 国取得利息收入 13 000 元,已按 A 国、B 国税法规定分别缴纳 2 100 元和 1 950 元的个人所得税。

要求:

计算该纳税人当年应交个人所得税。

3. 某个体工商户 8 月产品销售收入 18 万元,为生产应税产品耗用原材料、物料、电力等共计 4.5 万元,支付工人工资 3.8 万元,销售费用 0.6 万元,销售税金 0.5 万元,办公费用 0.2 万元。

要求:

计算该个体工商户当月应交个人所得税。

二、会计核算题

1. 根据例 9-1 计算结果,做 1、2 月份工薪所得预扣预缴个人所得税的会计分录。

2. 某大型娱乐城因业务需要,聘请某设计师对该娱乐城进行装饰设计,一次性支付劳务费用 120 000 元。

要求:

计算应预扣预缴设计师个人所得税,并做相关会计分录。

第十章

土地增值税会计

本章要点

主要阐述土地增值税的税制要素、计算步骤、计算方法，应重点掌握土地增值税的扣除项目及其金额的确认计量、土地增值税与增值税计税依据的不同，预缴土地增值税、土地增值税的清算及相应的会计处理。

第一节　土地增值税税制要素

土地增值税是对有偿转让国有土地使用权及地上建筑物、其他附着物产权的单位和个人,按其取得的增值性收入所征收的一种收益税。

为了规范土地、房地产市场的交易秩序,合理调节土地增值收益,维护国家利益,有必要设立土地增值税。1993 年 11 月 26 日,《中华人民共和国土地增值税暂行条例》在国务院第十二次常务会议通过,自 1994 年 1 月 1 日正式实施。此后,财政部又发布了《中华人民共和国土地增值税暂行条例实施细则》,从 1995 年 1 月 27 日施行。

一、土地增值税的纳税人与纳税范围

(一)土地增值税的纳税人

凡是有偿转让我国国有土地使用权、地上建筑物及其附着物(以下简称转让房地产)产权,并且取得收入的单位和个人,均为土地增值税的纳税义务人。包括:国有企业、集体企业、私营企业、外商投资企业和外国企业;机关、团体、部队、事业单位、个体工商户及其他单位和个人;外国机构、华侨、港澳台同胞及外国公民。

(二)土地增值税的纳税范围

土地增值税的纳税范围是:转让国有土地使用权;地上的建筑物及其附着物连同国有土地使用权一并转让。

“转让”是指以出售或其他方式的有偿转让,不包括以继承、赠予方式的无偿转让。

出租房地产行为,受托代建工程,由于产权没有转移,不属纳税范围。土地增值税纳税范围的界定为以下各项:

1. 以出售方式转让国有土地使用权、地上建筑物及附着物。

(1)出售国有土地使用权是指土地使用者通过出让方式,向政府交纳了土地出让金,有偿受让土地使用权后,仅对土地进行通水、通电、通路和平整地面等土地开发,不进行房产开发,然后直接将空地出售。

(2)取得国有土地使用权后进行房屋开发建造,然后出售,即通常所说的房地产开发。

(3)存量房地产的买卖:已经建成并已投入使用的房地产,其房屋产权和土地使用权一并转让给其他单位和个人。

以上三种情况,均应计算缴纳土地增值税。

2. 以继承、赠予方式转让房地产。因其只发生房地产产权转让,没有取得相应的收入,属于无偿转让房地产的行为,不缴土地增值税。

3. 房地产出租。出租人虽然取得了收入,但没有发生房产产权、土地使用权的转让,不缴土地增值税。

4. 房地产抵押。房地产在抵押期间未发生权属的变更,不缴土地增值税,抵押期满后,发生房地产权属转让的,缴纳土地增值税。

5. 房地产交换。房地产交换即发生了房产产权、土地使用权的转移,交换双方又取得了实物形态的收入,应缴纳土地增值税。

6. 以房地产投资入股进行合资或联营。因其收入以股息、红利等形式体现,是否缴纳土地增值税,由财政部门、国家税务总局另行规定。

7. 房地产联建。这是以转让部分土地使用权来换取新建成房屋部分产权的行为,是否缴纳增值税,由财政部门、国家税务总局另行规定。

8. 房地产重新评估。对房地产重新评估后升值的,因未发生房地产权属转移,土地使用人也未取得收入,不缴土地增值税。

二、土地增值税的税率

土地增值税实行的是四级超率累进税率,即以纳税对象的增值率为累进依据,按超累方式计算应纳税额的税率。采用超率累进税率,需要确定三项因素:一是纳税对象数额的相对率。土地增值税的增值额与扣除项目金额的比为相对率。二是把纳税对象的相对率从低到高划分为若干个级次。土地增值税按增值额与扣除项目金额的比率从低到高划分为四个级次。三是按各级次分别规定不同的税率。三项因素均体现在土地增值税税率表中(见表 10-1)。

表 10-1 土地增值税税率表

级次	增值额占扣除项目金额比例	税率(%)	速算扣除率(%)
1	50%(含)以下	30	0
2	50%以上~100%(含)	40	5
3	100%以上~200%(含)	50	15
4	200%以上	60	35

三、土地增值税的纳税期限与纳税地点

土地增值税的纳税人应于转让房地产合同签订之日起 7 日内到房地产所在地的税务机关办理纳税申报，并向税务机关提交房屋及建筑物产权、土地使用权证书、土地转让和房产买卖合同、房地产评估报告以及其他与转让房地产有关的资料。

纳税人因经常发生房地产转让而难以在每次转让后申报的，经税务机关审核同意后，可以定期进行纳税申报，具体期限由税务机关根据情况确定。

房地产所在地是指房地产的坐落地。纳税人转让房地产坐落在两个或两个以上地区的，应按房地产所在地分别纳税。

纳税人应按照税务机关核定的税额及规定的期限缴纳土地增值税。

纳税人没有依法缴纳土地增值税，土地管理部门、房产管理部门可以拒办权属变更手续。

四、土地增值税的减免

(1)纳税人建造普通标准住宅出售，增值额未超过扣除项目金额 20%的。

(2)因国家建设需要依法征用、收回的房地产。

(3)居民个人拥有的普通住宅，在其转让时，暂免缴纳土地增值税。

(4)以房地产进行投资、联营的，投资、联营的一方以土地(房地产)作价入股进行投资作为联营条件，将房地产转让到所投资、联营的企业时，可免缴土地增值税；一方出地，一方出资金，双方合作建房，建成后按比例分房自用的，可免缴土地增值税。

第二节　土地增值税的确认计量与申报

土地增值税是以纳税人转让房地产所取得的增值额为计税依据的，它是纳税人转让房地产所取得的收入减去规定扣除项目金额后的余额。因此，转让收入及法定扣除项目金额的确定是计算土地增值税的基础和前提。

一、转让收入的确认

纳税人转让房地产取得的应税收入是扣除增值税后的收入，即不含增值税收入，包括全部价款和有关经济利益，包括货币收入、实物收入和其他收入。

1. 货币收入。纳税人转让国有土地使用权、地上建筑物及其附着物产权而取得的

现金、银行存款、支票、银行本票、汇票等各种信用票据和国库券、金融债券、企业债券、股票等有价证券。

2. 实物收入。纳税人转让国有土地使用权、地上的建筑物及其附着物产权而取得的各种实物形态的收入,如钢材、水泥等建材,房屋、土地等不动产。

3. 其他收入。纳税人转让国有土地使用权、地上的建筑及其附着物而取得的无形资产收入或具有财产价值的权利,如专利权、商标权等。

销售额=(全部价款和价外费用-当期允许扣除的土地价款)÷(1+税率或征收率)

增值税销项税额=销售额×税率或征收率

土地增值税应税收入=全部价款和价外费用-增值税销项税额

二、扣除项目金额的确认

(一)新建房扣除项目金额的确认

1. 取得土地使用权所支付的金额。纳税人为取得土地使用权所支付的地价款或出让金及按国家统一规定缴纳的有关费用和税金。

2. 开发土地和新建房及配套设施的成本。纳税人房地产开发项目实际发生的成本(房地产开发成本),包括土地征用及拆迁补偿费、前期工程费、建筑安装工程费、基础设施费、公共配套设施费、开发间接费。其中,土地征用及拆迁补偿费包括:土地征用费、耕地占用税、劳动力安置费及有关地上、地下附着物拆迁补偿的净支出、安置动迁用房支出等;开发间接费用是指直接组织、管理开发项目发生的费用,如工资、福利费、折旧费、办公费、周转房费用摊销等。

3. 开发土地和新建房及配套设施的费用。此项费用亦称房地产开发费用。它是指与房地产开发项目有关的销售费用、管理费用、财务费用。其中:财务费用中的利息支出,在最高不超过按商业银行同类同期贷款利率计算的金额前提下,允许据实扣除;管理费用、销售费用,则按上述1、2项计算的金额之和,在5%(含)以内计算扣除(具体比例由省级政府规定)。凡不能按转让房地产项目计算分摊利息支出以及不能提供金融机构证明的房地产开发费用,按上述1、2项计算的金额之和,在10%(含)以内计算扣除(具体比例由省级政府规定)。

4. 与转让房地产有关的税金。在转让房地产时缴纳的税金及附加,即城市维护建设税、印花税和教育费附加等。在转让房地产时涉及的增值税进项税额,若允许在销项税额中计算抵扣的,不计入扣除项目;若不允许在销项税额中计算抵扣的,可以计入扣除项目。免征增值税的,确定计税依据时,成交价格、租金收入、转让房地产取得的收入不得扣减增值税税额。

5. 财政部规定的其他扣除项目。根据现行规定,对专门从事房地产开发的企业,可按上述第1、2项金额之和,加计20%的扣除,主要是考虑投资的合理回报和通货膨胀等因素。

（二）旧房及建筑物扣除项目金额的确认

旧房及建筑物扣除项目包括转让房地产的评估价格和转让中支付的相关税金。评估价格即在转让已使用的房屋及建筑物时，由政府批准设立的房地产评估机构评定的重置成本乘以成新度折扣率的价格。评估价格须经税务机关确认。

三、应交土地增值税的计算

土地增值税实行超率累进税率，若土地增值额超过扣除项目金额 50%以上时，同时适用两档或两档以上税率，就需要分档计算。因此，只有先计算出增值率，即增值额占扣除项目金额的比例后，才能确定适用税率、计算应交土地增值税。土地增值额、土地增值税的计算公式为：

$$\text{土地增值额}=\text{转让房地产的总收入}-\text{扣除项目金额增值率}=\frac{\text{增值额}}{\text{扣除项目金额}}\times 100\%$$

$$\text{应交土地增值税}=\sum(\text{每级距的土地增值额}\times\text{适用税率})$$

上述方法要分段计算、汇总合计，比较繁琐，因此，在实际工作中，一般采用速算扣除法计算。根据表 10-1 中的速算扣除率，计算公式为：

$$\text{应交土地增值税}=\text{土地增值额}\times\text{适用税率}-\text{扣除项目金额}\times\text{速算扣除率}$$

【例 10-1】某房地产开发公司转让一块已开发的土地使用权，取得转让收入 1 400 万元（不含增值税），为取得土地使用权支付 320 万元，开发土地成本 65 万元，开发土地的费用 21 万元，应纳有关税费 77.7 万元。应交各项土地增值税如下：

（1）开发费用 21 万元，未超过前两项成本之和的 10%（38.5 万元），可据实扣除。

（2）扣除项目金额＝（320+65）×（1+20%）+21+77.7＝560.7（万元）

（3）增值额＝1 400−560.7＝839.3（万元）

（4）增值额占扣除项目比例＝839.3÷560.7＝149.69%

（5）应交土地增值税＝839.3×50%−560.7×15%＝335.54（万元）

【例 10-2】天翔房地产公司系增值税一般纳税人。9 月销售本公司开发的房地产项目，取得含税销售收入 12 000 万元。在扣除项目中，土地出让金为 2 400 万元，开发成本中，建筑材料为 2 400 万元，外包建筑人工为 960 万元，房地产开发费用中的利息支出为 960 万元（不能按转让房地产项目计算分摊利息支出，也不能提供金融机构证明），房地产开发费用的计算扣除比例为 10%。假设所有成本均取得按照适用税率计税的增值税专用发票，不考虑印花税因素。相关计算如下：

$$\text{转让房地产应交增值税}=(12\,000-2\,400)\div(1+9\%)\times 9\%=792.66(\text{万元})$$

$$\text{不含税转让收入}=12\,000-792.66=11\,207.34(\text{万元})$$

各扣除项目金额的确认计量如下：

(1)土地出让金 2 400 万元。

(2)开发成本 = 2 400÷(1+13%)+800÷(1+9%) = 2 857.84(万元)

(3)开发费用 = (2 400+2 857.84)×10% = 525.78(万元)

(4)与转让房地产有关的税金 = 城市维护建设税+教育费附加+地方教育费附加 = [792.66−2 400÷(1+13%)×13%−960÷(1+9%)×9%]×(7%+3%+2%) = 437.29×12% = 52.47(万元)

(5)加计扣除 = (2 400+2 857.84)×20% = 1 051.57(万元)

以上五项扣除金额合计为 6 887.66 万元，则土地增值率 = (11 207.34−6 887.66)÷6 887.66×100% = 4 319.68÷6 887.66×100% = 62.7%，适用税税率为 40%，速算扣除系数为 5%。

应交土地增值税 = (11 207.34−6 887.66)×40%−6 887.66×5%
= 1 727.87−344.38 = 1 383.49(万元)

【例 10-3】天悦公司系增值税一般纳税人。“营改增”前从本市 TE 公司购买一处房产，取得相关发票，成交价为 1 000 万元，并办理了过户手续。今年 6 月，公司以 1 600 万元含税价将此房产销售给天力公司，选择按简易计税方法计算缴纳增值税。

(1)相关税费的计算。当初购入房产时，缴纳契税 30(1 000×3%)万元。

应交增值税 = (16 000 000−10 000 000)÷(1+5%)×5% = 285 714(元)

城市维护建设税 = 285 714×7% = 20 000(元)

教育费附加 = 285 714×3% = 8 571(元)

印花税 = 16 000 000×0.000 5 = 8 000(元)

(2)土地增值税的计算。计算土地增值税的收入是其含税销售价减去按简易计税方法计算的增值税后的余额。实际缴纳的城市维护建设税和教育费附加作为扣除额，并入土地增值税扣除项目中。

收入额 = 16 000 000−285 714 = 15 714 286(元)

扣除额 = 11 500 000+300 000+20 000+8 571+8 000 = 11 836 571(元)

“扣除额”中的第一项 11 500 000 元是购入房产的原始成本。经税务机关确认，可按发票所记载金额，并从购买年度起至转让年度止，每年加计 5%计算，即 11 500 000 [10 000 000×(1+3×5%)]元。

增值率 = (15 714 286−11 836 571)÷11 836 571×100%
= 3 877 715÷11 836 571×100% = 32.76%

应交土地增值税 = 3 877 715×30%−11 836 571×0 = 1 163 315(元)

四、土地增值税的清算

土地增值税清算是纳税人在符合清算条件后,按规定计算房地产开发项目应交土地增值税,并填写《土地增值税清算申报表》,办理土地增值税清算手续,结清该房地产项目应交土地增值税的行为。

土地增值税清算应该以有关部门审批的房地产开发项目为单位进行清算;对分期开发的项目,以分期项目为清算单位。如果开发项目中同时包含普通住宅和非普通住宅,应分别计算增值额。符合下列条件之一的,纳税人应进行土地增值税清算:

(1)房地产开发项目全部竣工、完成销售的。

(2)整体转让未竣工决算房地产开发项目的。

(3)直接转让土地使用权的。

对符合特定规定条件的,主管税务机关也可以要求纳税人进行土地增值税清算。

企业在办理清算时,已发生的利息支出可以选择据实扣除或按比例扣除。选择据实扣除的利息支出,仅限于直接向金融机构借款的利息,利率不得高于商业银行同期同类贷款利率,已经费用化的利息支出不得税前扣除,逾期利息、加罚息不得扣除。分期开发项目或同时开发多个项目的,应分别核算,未分别核算的,只能按比例扣除。

先预征后清算时,清算后预交增值税与预交土地增值税的规定和截止期有所不同。

第一,"多退少补"规定不同。预交土地增值税超过清算应交税额时,可以退税。而对预交增值税,目前仅规定未抵减完的预缴税款可以结转下期继续抵减,但未明确预交"多退"。对预交性质的税款,是在最终应交税额不确定的情况下,为了保证财政收入均衡入库而预先征收的税款,应允许纳税人"多退"。既然预交土地增值税、企业所得税等采用"多退"方式,预缴增值税也应该"多退"。

第二,预交(征)截止期不同。对于增值税,是否预交与采用的销售方式有关,只要采用预收款方式销售自行开发的房地产项目,就要求预交,与房地产是期房还是现房无关。土地增值税清算后因成本等已经确定,已不存在预征的基础。因此,清算后的收入一般都要求直接纳税申报,不再预征(交)土地增值税。

五、土地增值税的纳税申报

目前,土地增值税的纳税申报也纳入财产和行为税"十税合一"合并申报范围,即使用《财产和行为税纳税申报表》进行申报纳税。《财产和行为税纳税申报表》详见第七章表7-2,本章不再赘述。

第三节 土地增值税的会计处理

一、预缴土地增值税的会计处理

纳税人在项目全部竣工前转让房地产取得的收入，由于涉及成本计算及其他原因，而无法据以计算土地增值税，可以预缴土地增值税。待项目全部竣工、办理结算手续后再进行清算，多退少补。在计算预缴土地增值税时，其扣除项目金额的计算方法，由省、自治区、直辖市地方税务局根据当地情况制定。

预缴土地增值税的会计处理与企业上缴土地增值税相同，均是借记“应交税费——应交土地增值税”，贷记“银行存款”。

待房地产销售收入实现时，再按应交的土地增值税，借记“税金及附加”，贷记“应交税费——应交土地增值税”。

【例 10-4】天诚房地产公司7月销售A项目，取得普通住宅预收款8 880万元，开工许可证在“营改增”后取得，适用增值税一般计税方法，该省规定的土地增值税预征率为2%。

预交增值税＝8 880÷(1+9%)×3%＝244.40(万元)

预交土地增值税＝(8 880－244.40)×2%＝172.71(万元)

做会计分录如下：

(1)收到预收款时：

借：银行存款　　88 800 000

　贷：预收账款　　88 800 000

(2)次月预交增值税时：

借：应交税费——预交增值税　　2 444 000

　贷：银行存款　　2 444 000

(3)预交土地增值税时：

借：应交税费——应交土地增值税　　1 727 100

　贷：银行存款　　1 727 100

可见，预交增值税与预交土地增值税的计税依据不同。

二、现货房地产销售的涉税会计处理

在现货房地产销售情况下，采用一次性收款、房地产移交使用、发票账单提交买主、钱货两清的，应于房地产移交和发票结算账单提交买主时作为销售实现，借记“银行存款”等，贷记“主营业务收入”等。同时，计算应由实现的营业收入负担的土地增值税，借记“营业税金及附加”，贷记“应交税费——应交土地增值税”。

采用赊销、分期收款方式销售房地产的，应以合同规定的收款时间作为销售实现，分次结转收入，并计算应缴的土地增值税，借记“营业税金及附加”，贷记“应交税费——应交土地增值税”。

【例 10-5】承例 10-3 资料，做会计分录如下：

收入实现时：

借：银行存款　　15 714 286

　贷：主营业务收入　　15 714 286

计算应交土地增值税时：

借：税金及附加　　1 163 315

　贷：应交税费——应交土地增值税　　1 163 315

三、商品房预售的涉税会计处理

按照《中华人民共和国城市房地产管理法》的规定，商品房可以预售，但应符合下列条件：已交付全部土地使用权出让金，取得土地使用权证书；持有建设工程规划许可证；按提供预售的商品房计算，投入开发建设的资金达到总投资的 25%以上，并已经确定工程进度和竣工交付日期；向县级以上人民政府房产管理部门办理预售登记，取得商品房预售许可证明。

在商品房预售的情况下，商品房交付使用前采取一次性收款或分次收款的，收到购房款时，借记“银行存款”，贷记“预收账款”；按规定预缴土地增值税时，借记“应交税费——应交土地增值税”，贷记“银行存款”等；待该商品房交付使用后，开出发票结算账单交给买主时，作为收入实现，借记“应收账款”，贷记“主营业务收入”；同时，将“预收账款”转入“应收账款”，并计算由实现的营业收入负担的土地增值税，借记“税金及附加”，贷记“应交税费——应交土地增值税”。按照税法规定，该项目全部竣工、办理决算后进行清算，企业收到退回多交的土地增值税，借记“银行存款”等，贷记“应交税费——应交土地增值税”。补缴土地增值税时，做相反的会计分录。

四、转让房地产的土地增值税会计处理

企业转让国有土地使用权连同地上建筑物及其附着物，应通过“固定资产清理”等账户核算，取得的转让收入计入“固定资产清理”等账户的贷方；应缴纳的土地增值税，借记“固定资产清理”等，贷记“应交税费——应交土地增值税”等。转让以行政划拨方

式取得的国有土地使用权,转让时也应交纳土地增值税。企业先按缴纳的土地出让金作为“无形资产”入账,按转让无形资产进行会计处理。

【例 10-6】AB 公司(增值税一般纳税人)因企业现金流量不足,长期拖欠 CD 公司商品价款 3 000 万元,CD 公司已计提坏账准备 450 万元。经双方协商,于 5 月 10 日签订债务重组协议,AB 公司将其一栋商品房抵顶商品价款。商品房于“营改增”前购置,买价 1 923.08 万元,原价 2 000 万元,已提折旧 500 万元,市场公允价值 2 500 万元(含税),AB 公司另支付银行存款 250 万元,经税务机关认定的重置成本价为 3 000 万元,成新度折扣率为 65%。CD 公司将该商品房重新装修后销售,取得销售收入 3 270 万元(含税),发生装修费支出 327 万元(含税)。不考虑其他相关税费。

1. AB 公司相关会计处理:

(1)应交相关税金的计算。增值税一般纳税人销售“营改增”前取得的不动产,可以选择按简易计税方法适用征收率 5%缴纳增值税,开具增值税专用发票。

$$应交增值税=(2\ 500-1\ 923.08)\div1.05\times5\%=27.47(万元)$$

增值税专用发票上反映的税额为 27.47 万元,金额为 2 472.53(2 500-27.47)万元。

应交土地增值税的计算:

$$评估价格=3\ 000\times65\%=1\ 950(万元)$$
$$增值额=2\ 500\div1.05-1\ 950=430.95(万元)$$
$$增值率=(430.95\div1\ 950)\times100\%\approx22.1\%$$
$$应交土地增值税=430.95\times30\%-1\ 950\times0\%=129.29(万元)$$

(2)将抵债房产转入清理。

借:固定资产清理	15 000 000	
累计折旧	5 000 000	
贷:固定资产		20 000 000

(3)计提应交税费。

借:固定资产清理	1 567 600	
贷:应交税费——应交增值税(销项税额)		274 700
——应交土地增税		1 292 900

(4)抵偿债务。

借:应付账款——CD 公司	30 000 000	
贷:固定资产清理		25 000 000

银行存款	2 500 000
营业外收入——债务重组利得	2 500 000
借:固定资产清理	8 432 400
贷:资产处置损益	8 432 400

2. CD公司相关会计处理:

(1)收到抵债资产,冲销债权。

借:库存商品——待售房产	24 725 300
应交税费——应交增值税(进项税额)	274 700
库存现金	2 500 000
坏账准备	4 500 000
贷:应收账款——AB公司	30 000 000
资产减值损失	2 000 000

(2)将待售房产转入在建工程。

借:在建工程	24 725 300
贷:库存商品——待售房产	24 725 300

(3)发生工程支出。

借:在建工程	3 000 000
应交税费——应交增值税(进项税额)	270 000
贷:库存现金等	3 270 000

(4)工程完工转入库存商品,待售房产转入在建工程。

借:库存商品——待售房产	27 725 300
贷:在建工程	27 725 300

(5)开具增值税专用发票进行销售。

借:应收账款(或银行存款)	32 700 000
贷:其他业务收入	30 000 000
应交税费——应交增值税(销项税额)	2 700 000

(6)计算应缴纳土地增值税。

扣除项目金额2 772.53万元

$$增值额=3\ 270\div1.09-2\ 772.53=227.47(万元)$$

$$增值率=(227.47\div2\ 772.53)\times100\%\approx8.2\%$$

$$应交土地增值税=227.47\times30\%-2\ 772.53\times0\%=68.241(万元)$$

借:税金及附加	682 410

贷:应交税费——应交土地增值税　　682 410

(7)结转出售抵债资产成本。

借:其他业务成本　　27 725 300

贷:库存商品——待售房产　　27 725 300

案　例

某房地产开发公司是集体企业,专门从事普通住宅商品房开发,几年来有关生产经营情况在缴纳土地增值税上与税务机关存在分歧。企业于当年6月9日委托祥瑞税务师事务所对其纳税情况进行审查。经查阅有关账证,获得如下资料:

1. 上年10月3日,转让此前已签订开发合同,并投入资金建成的一栋的房屋,转让收入为1 050万元(房价中含为当地政府代收的各种费用50万元),支付的土地使用权价款100万元,房地产开发成本300万元,房地产开发费用100万元,财务费用中的利息支出无法分项目分摊,且无金融机构的证明。

2. 当年3月2日,出售普通住宅用房一栋,总收入为1 800万元。该房屋支付土地出让金200万元,房地产开发成本900万元,利息支出100万元,其中40万元为罚息(不能按收入项目准确分摊)。

3. 当年4月8日,转让上年12月签订的开发合同,但还未实际投入资金进行开发。取得转让收入1 000万元,各项税费55万元,当时支付地价款500万元。

城建税税率为7%,印花税税率为0.5‰,教育费附加征收率为3%。当地省级人民政府规定允许扣除的房地产开发费用为10%。

企业各项业务应纳土地增值税计算如下:

1. 确定转让房地产的收入为1 000(1 050-50)万元,扣除项目金额如下:

(1)允许扣除的房地产开发费用=(100+300)×10%=40(万元)

(2)允许扣除的税金=1 000×5%×(1+7%+3%)=55(万元)

(3)从事房产开发加计扣除=(100+300)×20%=80(万元)

(4)允许扣除项目金额合计=100+300+50+40+55+80=625(万元)

(5)增值额=1 000-625=375(万元)

(6)增值率=375÷625×100%=60%

(7)应纳税额=375×40%-625×5%=118.75(万元)

2. 确定转让房地产的收入为1 800万元,确定转让房地产的扣除项目金额如下:

(1)取得土地使用权支付200万元

(2)房地产开发成本900万元

(3)房地产开发费用=(200+900)×10%=110(万元)

(4)从事房地产开发加计扣除允许=(200+900)×20%=220(万元)

(5)允许扣除的税费合计=1 500×5%×(1+7%+3%)=82.5(万元)

(6)允许扣除项目金额合计=200+900+110+220+82.5+100=1 612.5(万元)

(7)增值额=1 800-1 612.5=187.5(万元)

(8)增值率=187.5÷1 612.5×100%=11.63%<20%

开发普通标准住宅且增值额未超过扣除项目金额的20%,按规定免征土地增值税。

3.应纳土地增值税的计算如下:

(1)确定收入1 000万元

(2)允许扣除的开发费用500万元

(3)允许扣除的税金55万元

(4)从事房地产开发加计扣除100(500×20%)万元

(5)允许扣除项目合计655(500+55+100)万元

(6)增值额345(1 000-655)万元

(7)增值率52.67%(345÷655×100%)

(8)应纳税额105.25(345×40%-655×5%)万元

案例讨论:

对该房产公司计算的应纳土地增值税进行分析,指出其中的错误之处,并说明理由。

思考题

1.简述土地增值税的纳税人、纳税范围与缴纳方法。

2.试述土地增值税的计算程序。

3.土地增值税的计税依据与增值税有何不同?简述其会计处理程序。

练习题

1.资料如下:

(1)某房地产公司建造普通标准住宅楼一栋,取得售房款560万元。该公司为建房支付地价款98万元,建楼成本280万元,开发费用按地价款和成本的10%计算,城建税税率为7%,教育费附加费率为3%。

(2)承资料(1),假定取得售房款7 000万元,其他不变。

(3)某房地产公司预缴土地增值税,主管税务机关核定,先按预收款的10%预缴土地增值税。公司当月预收售房款300万元,次月工程竣工,确认全部收入为650万元。按税法规定,该工程项目应缴土地增值税75万元。

要求:

根据上述资料进行有关计算,并做相应的会计处理。

2. 某非主营房地产业务的企业,向国家土地管理部门申请获得某项土地使用权,缴纳土地出让金50万元。该企业开发土地、建房和配套设施成本1 150万元,开发费用480万元(其中利息支出180万元,未超过按商业银行同类同期贷款利率计算的金额)。项目竣工后,取得售房款5 600万元(城建税税率和教育费附加费率同习题一)。

要求:

(1)进行土地增值税的计算并做有关会计处理。

(2)在上面要求的基础上,计算应缴企业所得税(税率为25%),并做相应的会计处理。

第十一章

其他税会计

本章要点

主要阐述城市维护建设税、耕地占用税、城镇土地使用税、房产税、车船税、车辆购置税、印花税和契税八个小税种的税制要素、计算方法和会计处理。应重点掌握这些税种的计税依据、应纳税额的计算方法及其会计处理的相同之处。

第一节　城市维护建设税会计

一、城市维护建设税税制要素

1985年2月8日，国务院颁布了《中华人民共和国城市维护建设税暂行条例》，并于当年1月1日起施行。2020年8月11日，第十三届全国人民代表大会常务委员会第二十一次会议通过《中华人民共和国城市维护建设税法》，自2021年9月1日起施行。

在我国境内缴纳增值税、消费税的单位和个人，为城市维护建设税（以下简称“城建税”）的纳税人。城建税的扣缴义务人为负有增值税、消费税扣缴义务的单位和个人，在扣缴增值税、消费税的同时扣缴城建税。

城建税是一种附加税，它以纳税人依法实际缴纳的增值税、消费税税额为计税依据（不包括对纳税人加收的滞纳金和罚款等非税款项），计税依据应按规定扣除期末留抵退税退还的增值税税额。

城建税的征收以跨境为界。跨境出口征收城建税，出口退税不退城建税。进口货物或者境外单位、个人向境内销售服务、无形资产缴纳的增值税、消费税税额，不征收城建税。

纳税人所在地在市区的，税率为7%；纳税人所在地在县城、镇的，税率为5%；纳税人所在地不在市区、县城或镇的，税率为1%。

城建税的纳税义务发生（申报缴纳）时间与增值税、消费税的纳税义务发生时间一致，分别与增值税、消费税同时缴纳。

企业预缴增值税时，也应同时按预缴增值税所在地的适用税率、征收率就地计算缴纳城建税和教育费附加。以预缴增值税为依据计算缴纳的城建税和教育费附加不属预缴，不存在抵税的问题。在机构所在地应缴纳的城建税和教育费附加是以实缴增值税为基数，再依照机构所在地的适用税率、征收率就地计算缴纳城建税和教育费附加。如果建筑服务发生地与机构所在地城建税税率存在差异，不再补缴或退税。对于享受增值税优惠政策（如即征即退、先征后返）的退税，不能同时退还城建税。

国务院对重大公共基础设施建设、特殊产业和群体以及重大突发事件应对等情形可以规定减征或者免征城市维护建设税，报全国人大常委会备案。

二、城市维护建设税的会计处理

企业进行城市维护建设税的会计处理时，应设置"应交税费——应交城市维护建设税"账户。

【例 11-1】5 月底，税务局退税机关已审批某企业"免、抵、退"税额 100 万元。其中，退税额 40 万元，免抵税额 60 万元。该企业在收到退税机关返还的《生产企业出口货物免、抵、退税申报汇总表》后，依据"免抵"税额计算城市维护建设税（税率为 7%）和教育费附加（费率为 3%），有关计算和账务处理如下：

（1）月底，收到《生产企业出口货物免、抵、退税申报汇总表》时：

借：其他应收款——应收出口退税（增值税） 400 000

应交税费——应交增值税（出口退税抵减应纳税额） 600 000

贷：应交税费——应交增值税（出口退税） 1 000 000

（2）计提城市维护建设税：

$$城市维护建设税=600\ 000\times 7\%=42\ 000（元）$$

借：税金及附加 42 000

贷：应交税费——应交城市维护建设税 42 000

（3）计提教育费附加：

$$教育费附加=600\ 000\times 3\%=18\ 000（元）$$

借：税金及附加 18 000

贷：应交税费——应交教育费附加 18 000

（4）上缴税费时：

借：应交税费——应交城市维护建设税 42 000

——应交教育费附加 18 000

贷：银行存款 60 000

第二节 耕地占用税会计

一、耕地占用税的特点及其征收意义

为了合理利用土地资源，加强土地管理，保护耕地，2018 年 12 月 29 日第十三届全国人大常委会第七次会议通过了《中华人民共和国耕地占用税法》。

耕地是指用于种植粮食作物、经济作物和油料作物等农作物的土地。耕地占用税的主要特点为如下“四性”：

1. 税收负担的一次性。耕地占用税是以单位和个人实际占用的耕地面积计税，按照规定的税额标准一次性征收。

2. 征收对象的特定性。耕地占用税是对特定的行为征税，即只对占用耕地建房或从事其他非农业生产建设的单位和个人征税。

3. 税收用途的补偿性。国家将征收的耕地占用税设立土地开发基金，全部用于开发农用耕地资源，而不得用于其他方面。

4. 征收标准的弹性。国家只规定每平方米的最高和最低限额，各地可根据本地人均占地面积和经济发展水平，确定当地的具体适用税额标准。

二、耕地占用税的纳税人和纳税范围

在我国境内占用耕地建设建筑物、构筑物或者从事非农业建设的单位和个人，为耕地占用税的纳税人。未经批准占用耕地的，纳税人为实际用地人。

占用耕地建设农田水利设施的，不缴纳耕地占用税。

纳税人因建设项目施工或地质勘查临时占用耕地，应按税法规定缴纳耕地占用税；纳税人在批准临时占用耕地期满之日起一年内依法复垦，恢复种植条件的，全额退还已经缴纳的耕地占用税。

占用园地、林地、草地、农田水利用地、养殖水面、渔业水域滩涂以及其他农用地建设建筑物、构筑物或者从事非农业建设的，按税法规定缴纳耕地占用税；若占用这些农用地建设直接为农业生产服务的生产设施的，不缴纳耕地占用税。

三、耕地占用税的计税依据和税率

耕地占用税以纳税人实际占用的耕地面积（包括经批准占用的耕地面积和未经批准占用的耕地面积）为计税依据，按照规定的适用税额一次性征收，应纳税额为纳税人实际占用的耕地面积（平方米）乘以适用税额。

耕地占用税的税额如下：

（1）人均耕地不超过 1 亩的地区（以县、自治县、不设区的市、市辖区为单位，下同），每平方米为 10 元至 50 元。

（2）人均耕地超过 1 亩但不超过 2 亩的地区，每平方米为 8 元至 40 元。

（3）人均耕地超过 2 亩但不超过 3 亩的地区，每平方米为 6 元至 30 元。

（4）人均耕地超过 3 亩的地区，每平方米为 5 元至 25 元。

各地区耕地占用税的适用税额，由省、自治区、直辖市人民政府根据人均耕地面积和经济发展等情况，在国家统一规定的税额幅度内提出，报同级人民代表大会常务委员会决定，并报全国人民代表大会常务委员会和国务院备案。其适用税额的平均水平，不得低于上述平均税额。

在人均耕地低于0.5亩的地区，省、自治区、直辖市，可以根据当地经济发展情况，适当提高耕地占用税的适用的税额，提高部分不得超过国家统一规定税额幅度的50%。

占用基本农田的，应按国家统一规定的税额幅度确定当地适用的税额，加按150%征收。

四、耕地占用税的减免

(1)军事设施、学校、幼儿园、社会福利机构、医疗机构占用耕地，免征耕地占用税。

(2)农村居民在规定用地标准以内占用耕地新建自用住宅，按照当地适用税额减半征收耕地占用税；其中农村居民经批准搬迁，新建自用住宅占用耕地不超过原宅基地面积的部分，免征耕地占用税。

(3)农村烈士遗属、因公牺牲军人遗属、残疾军人以及符合农村最低生活保障条件的农村居民，在规定用地标准以内新建自用住宅，免征耕地占用税。

(4)铁路线路、公路线路、飞机场跑道、停机坪、港口、航道、水利工程占用耕地，减按每平方米2元的税额征收耕地占用税。

享受免征或者减征耕地占用税的，应当留存相关证明资料备查。纳税人改变原占地用途，不再属于免征或减征耕地占用税情形的，应自改变用途之日起30日内申报补缴税款，补缴税款按改变用途的实际占用耕地面积和改变用途时当地适用税额计算。

五、耕地占用税纳税义务确认和纳税期限

耕地占用税的纳税义务发生时间为纳税人收到自然资源主管部门办理占用耕地手续的书面通知的当日。纳税人应当自纳税义务发生之日起30日内申报缴纳耕地占用税。

自然资源主管部门凭耕地占用税完税凭证或免税凭证和其他有关文件发放建设用地批准书。

六、耕地占用税的计算

耕地占用税以纳税人实际占用的耕地面积为计税依据，按照规定的适用税额一次性缴纳。

耕地占用税实行的是定额税制，采取差别税率，即按各地区人均耕地面积的数量确定每平方米的适用税额。计算公式为：

应交耕地占用税=实际占用耕地面积(平方米)×单位税额

加按150%征收耕地占用税的计算公式为:

应交耕地占用税=实际占用耕地面积(平方米)×适用的单位税额×150%

【例11-2】某民用机场征用耕地2 000万平方米。其中:修建飞机跑道、停机坪、候机楼、指挥塔、雷达设施占用耕地1 958万平方米;修建飞行员及职工、地勤人员宿舍楼用地2万平方米,修建俱乐部用地20万平方米,修建饮食服务部用地15万平方米,修建影剧院用地5万平方米。因该机场所在地区是人均耕地1亩以下的地区,政府规定缴纳耕地占用税应使用幅度税额的上限,即40元/平方米。计算该机场应纳耕地占用税。

按规定,民用机场占用耕地中,飞机跑道、停机坪、候机楼、指挥塔、雷达设施等占用部分免税。其余占用耕地应交耕地占用税计算如下:

应交耕地占用税=(20 000+200 000+150 000+50 000)×40=16 800 000(元)

【例11-3】某企业在郊区设立一家子公司,经批准占用耕地15 000平方米。其中:1 800平方米用于修建学校(其中教职工宿舍占地450平方米);750平方米修建幼儿园。两年后,经履行批准手续,该公司将幼儿园迁走,其用地改为工业建设用地。当地耕地占用税税额为20元/平方米,两年后耕地占用税税额调整为30元/平方米。耕地占用税计算如下:

(1)批准占用耕地时:

应交耕地占用税=[15 000-(1 800-450)-750] ×20=12 900×20=258 000(元)

(2)两年后,幼儿园占地用途改变后:

应补交耕地占用税=750 ×30=22 500(元)

【例11-4】某村民原有宅基地200平方米,因村里参加宅基地制度改革试点搬迁,经批准新建自用住宅265平方米,实际占用耕地275平方米。所在地区耕地占用税税额为10元/平方米。按税法规定,农村居民在规定用地标准以内占用耕地新建自用住宅,按当地适用税额减半缴税,且不超过原宅基地面积的部分免缴耕地占用税。该村民应交耕地占用税计算如下:

应交耕地占用税=(265-200)×10×50%+(275-265)×10=425 (元)

七、耕地占用税的会计处理

由于耕地占用税于占用耕地时一次性缴纳，建设单位可将其记入"长期待摊费用"账户，计算出应缴耕地占用税后，借记"长期待摊费用"账户，贷记"应交税费——应交耕地占用税"账户。持续经营中的企业因占用耕地而应缴耕地占用税时，借记"在建工程"账户，贷记"应交税费——应交耕地占用税"账户或直接贷记"银行存款"账户。

【例 11-5】某新建服装厂征用一块面积为 1 万平方米的耕地建厂，当地核定的单位税额是 20 元/平方米。

计算该厂应交耕地占用税并做会计分录如下：

$$应交耕地占用税=10\ 000\times20=200\ 000（元）$$

(1) 在筹建期间计提税金时：

借：长期待摊费用——开办费　　200 000

　贷：应交税费——应交耕地占用税　　200 000

(2) 开始生产经营当月：

借：税金及附加　　200 000

　贷：长期待摊费用——开办费　　200 000

(3) 若该厂不作为建设单位而作为生产企业时：

借：在建工程　　200 000

　贷：应交税费——应交耕地占用税　　200 000

第三节　城镇土地使用税会计

一、城镇土地使用税税制要素

城镇土地使用税是对城市、县城、建制镇和工矿区范围内使用土地的单位和个人，按实际占用土地面积征收的一种资源类税。"单位"包括国有企业、集体企业、私营企业、股份制企业、外商投资企业、外国企业以及其他企业和事业单位、社会团体、国家机关、军队以及其他单位；"个人"包括个体工商户以及其他个人。

开征城镇土地使用税有利于合理使用城镇土地，用经济手段加强对土地的控制和管理，变土地的无偿使用为有偿使用；调节不同地区、不同地段之间的土地级差收入，使各纳税人的收入水平大体均衡；促进节约使用土地，提高土地的使用效益；有利于企业加强经济核算；有利于理顺国家与土地使用者之间的分配关系，增加财政收入，促进税制改革及地方税收体系的建立。

(一)城镇土地使用税的纳税人

城镇土地使用税的纳税人是在我国境内使用土地的单位和个人。

拥有土地使用权的纳税人不在土地所在地的，该土地的代管人或实际使用人承担纳税义务；土地使用权未确定或权属纠纷未解决的，由实际使用人纳税；土地使用权为多方共有的，由共有各方分别纳税。

(二)城镇土地使用税的计税依据及其确认

城镇土地使用税的计税依据是纳税人实际占用的土地面积。

购置新建商品房，自房屋交付使用之次月起计缴房产税、城镇土地使用税；购置存量房，自办理房屋权属转移、变更登记手续，房地产权属登记机关签发房屋权属证书之次月起计缴房产税和城镇土地使用税。

纳税人因房产、土地的实物或权利状态发生变化(房屋交付使用或已经办理产权转移手续)而依法终止房产税、城镇土地使用税纳税义务的，其应纳税款的计算应截至房产、土地的实物或权利状态发生变化的当月末；房地产开发企业将开发的商品房销售交付给购房人的当月月末，其城镇土地使用税纳税义务终止。

综上所述，在商品房出售之前，应按规定计缴城镇土地使用税；终止缴纳的时间应以商品房出售双方签订销售合同生效的次月起。

(三)城镇土地使用税的税率

土地使用税采用定额税率。土地使用税定额是根据我国经济发展状况，参考城市主要经济指标，结合不同地区收取土地占用费的金额标准测算确定。

大、中、小城市以公安部门登记在册的非农业正式户口人数为依据，按照国务院颁布的《城市规划条例》中规定的标准划分。人数在50万以上的为大城市，人数介于20万至50万的为中等城市，人数在20万以下的为小城市。

各省、自治区和直辖市人民政府可根据市政建设情况和经济繁荣程度在规定税额幅度内，确定所辖地区的适用税额幅度。

土地使用税每平方米年税额如下：大城市1.5元至30元；中等城市1.2元至24元；小城市0.9元至18元；县城、建制镇、工矿区0.6元至12元。

各省(区、市)人民政府可根据本地区经济发展状况,适当降低税额,但降低额不得超过最低税额的30%;经济发达地区适用税额标准应适当提高,但须报经财政部批准。

(四)城镇土地使用税的免税

国家机关、人民团体、军队自用的土地(仅指这些单位的办公用地和公务用地)、由国家财政部门拨付事业经费的单位自用的土地;宗教寺庙、公园、名胜古迹自用的土地(公园、名胜古迹中附设的营业单位、影剧院、饮食部、茶社、照相馆、索道公司经营用地等均应按规定缴纳土地使用税)。

市政街道、广场、绿化地带等公用土地;直接用于农、林、牧、渔业的生产用地。经批准开山填海整治的土地和改造的废弃土地,从使用月份起免缴土地使用税5~10年。

农民自用住宅地。

(五)城镇土地使用税的纳税期限

城镇土地使用税按年计算,分期缴纳。缴纳期限由省(区、市)人民政府确定。

新征用的土地,如属于耕地,自批准征用之日起满一年时开始缴纳土地使用税;如属于非耕地,则自批准征用次月起缴纳土地使用税。

二、城镇土地使用税的计算

以纳税人实际使用的土地面积为依据,依照规定的税额,按年计算,分期缴纳。城镇土地使用税应纳税额的计算公式为:

应交城镇土地使用税=应税土地的实际使用面积×单位税额

【例11-6】某厂实际占用土地40 000平方米。其中,企业自办托儿所用地200平方米,企业自办医院占地2 000平方米。该厂位于中等城市,当地人民政府核定该企业的土地使用税单位税额为9元/平方米。计算该厂年度应纳土地使用税税额。

按照规定,企业自办的托儿所、医院占用的土地,可以免缴土地使用税,因而该厂年度应纳的土地使用税税额计算如下:

应交城镇土地使用税=(40 000-200-2 000)×9=340 200(元)

【例11-7】某服装厂和光明招待所共同使用一块面积为130 000平方米的土地。其中,服装厂使用78 000平方米,光明招待所用地面积为52 000平方米。服装厂和光明招待所位于30万人的城市,当地政府核定的土地使用税单位税额为该级幅度税额的最高额。计算服装厂和光明招待所各自缴纳的土地使用税税额。

土地使用权共有的,应按土地使用权共有的各方实际使用的土地面积,分别计算土地使用税。服装厂占用的土地面积是总土地面积的60%,光明招待所占用的土地面积是总面积的40%。因而,服装厂、光明招待所应分别承担土地使用税的60%和40%。该市的土地使用税单位税额为8元/平方米。则两单位土地使用税税额的计算如下:

服装厂应交城镇土地使用税=130 000×8×60%=624 000(元)

光明招待所应交城镇土地使用税=130 000×8×40%=416 000(无)

三、城镇土地使用税的会计处理

缴纳城镇土地使用税的单位,应于会计年度终了时预计应交税额,记入当期“长期待摊费用”“税金及附加”等账户;月终后,再与税务机关结算。

【例11-8】天鸿公司从事房地产开发经营业务,其开发的位于某市南区6号地块第一期住宅楼占地面积8万平方米。第二季度每月销售房屋对应的土地占用面积分别为1.5万平方米、1.2万平方米、1万平方米。截至6月末,公司已向房地产管理部门集中办理了个人土地使用证。该地块城镇土地使用税税额为每平方米5.4元/年。

首先,城镇土地使用税的计算要明确终止纳税义务的时间。公司在4、5、6月销售该地块楼房,其土地权属已经发生变化,但不能以6月实际办理土地使用证的时间确认土地权属的变化。其次,在计算土地使用税时,当月减少的面积,当月仍应计缴土地使用税,即应以各月月初实际占用土地面积为计税依据。因此,公司第二季度各月应纳税额计算如下:

4月应交城镇土地使用税=8×5.4÷12=3.6(万元)

5月应交城镇土地使用税=(8-1.5)×5.4÷12=2.925(万元)

6月应交城镇土地使用税=(8-1.5-1.2)×5.4÷12=2.385(万元)

第二季度应交城镇土地使用税=3.6+2.925+2.385=8.91(万元)

第二季度每月应交土地使用税时,做会计分录如下:

借:税金及附加　　36 000(29 250,23 850)

　贷:应交税费——应交城镇土地使用税　　36 000(29 250,23 850)

【例11-9】某商业企业占用土地10 000平方米。其中,企业办的学校自用地为3 000平方米,当地政府核定的土地使用税税额为2元/平方米。计算该企业应纳土地使用税,并做会计分录如下:

应交城镇土地使用税=(10 000-3 000)×2=14 000(元)

借:销售费用　　14 000
　贷:应交税费——应交土地使用税　　14 000
借:应交税费——应交土地使用税　　14 000
　贷:银行存款　　14 000

第四节　房产税会计

一、房产税税制要素

房产税是以房屋为征税对象,按照房屋的计税余值或租金收入,对产权所有人征收的一种财产税。国务院于 1986 年 9 月 15 日发布了《中华人民共和国房产税暂行条例》,并从当年 10 月 1 日起执行。当时规定房产税只对内资企业和中国公民征收,而对涉外企业和外籍人员仍实行原城市房地产税。由于内外两种房产税并存,企业税负不平的矛盾日益突出,迫切需要对房产税进行改革,统一房产税。自 2009 年 1 月 1 日起,外商投资企业、外国企业和组织以及外籍个人,依照《中华人民共和国房产税暂行条例》缴纳房产税。

(一)房产税的纳税人

凡在我国境内拥有房屋产权的单位和个人均为房产税的纳税人。产权属于国有的,其经营管理的单位和个人为纳税人;产权出典的,承典人为纳税人;产权所有人、承典人不在房产所在地,或者产权未确定或租典纠纷未解决的,房产代管人或者使用人为纳税人。

(二)房产税的纳税范围和计税依据

房产税的纳税对象是我国境内的房屋(房产)。目前,我国房产税的纳税范围为城市、县城、工矿区、建制镇,不涉及农村,而且仅限于经营性房屋。

房产税以房产评估值(现按原值)为计税依据。房产评估值是指房产在评估时的市场价值。房产评估值由省级人民政府认定的专门资产评估机构进行评估,房产评估值由评估机构每 3~5 年评估一次,具体时间由省级人民政府确定。

对按照房产原值计税的房产,无论财务会计如何核算,房产原值均应包含地价,包括为取得土地使用权支付的价款、开发土地发生的成本费用等。宗地容积率低于 0.5

的，按房产建筑面积的2倍计算土地面积并据此确定计入房产原值的地价。

凡在房产税征收范围内的具备房屋功能的地下建筑，包括与地上房屋相连的地下建筑以及完全建在地面以下的建筑、地下人防设施等，均应当依照有关规定缴纳房产税。

对于与地上房屋相连的地下建筑，如房屋的地下室、地下停车场、商场的地下部分等，应将地下部分与地上房屋视为一个整体，按照地上房屋建筑的有关规定计算缴纳房产税。

（三）房产税的税率

房产税以房产的计税余值或租金收入为计税依据，采用比例税率。按房产余值计征的，税率为1.2%；按租金收入计征的，税率为12%。

对个人出租住房，不区分用途，按4%的税率征收房产税；对企事业单位、社会团体以及其他组织按市场价格向个人出租用于居住的住房，减按4%的税率征收房产税。

（四）房产税的减免

免缴房产税的房产是：国家机关、人民团体、军队的房产；由国家财政部门拨付事业经费的单位的房产；高校学生公寓（为高校学生提供住宿服务，按照国家规定收费标准收取住宿费的学生公寓）；宗教寺庙、公园，名胜古迹的房产；个人的房产。这些单位和个人用于生产经营的房产除外。

房地产开发企业建造的商品房，在售出前免缴房产税；但在售出前本企业已使用或出租、出借的商品房，应按规定缴纳房产税。

二、房产税的计算和缴纳

购置新建商品房、存量房，出租、出借房产，房地产开发企业自用、出租、出借自建商品房，自交付使用或办理权属转移之次月起，计缴房产税和城镇土地使用税。纳税人因房产、土地的实物或权利状态发生变化而依法终止房产税、城镇土地使用税纳税义务的，其应纳税款的计算应截至房产、土地的实物或权利状态发生变化的当月末。房产税的基本计算公式为：

$$应交房产税=房产评估值\times 适用税率$$

在实务中，一般房产的计税方法为：

（1）按房产原值一次减除10%~30%后的余值计算：

$$应交房产税=房产账面原值\times(1-一次性减除率)\times1.2\%$$

(2)按租金收入(不含增值税)计算:

$$年应交房产税=年租金收入\div(1+9\%)\times适用税率(12\%)$$

对自用地下建筑,按以下方法计税:

(1)工业用途房产,以房屋原价的50%~60%作为应税房产原值:

$$应交房产税=应税房产原值\times[1-(10\%\sim30\%)]\times1.2\%$$

(2)商业和其他用途房产,以房屋原价的70%~80%作为应税房产原值:

$$应交房产税=应税房产原值\times[1-(10\%\sim30\%)]\times1.2\%$$

房屋原价折算为应税房产原值的具体比例,由各省、自治区、直辖市和计划单列市财政和地方税务部门在上述幅度内自行确定。

房产税按年计算,在房产所在地分期(月、季、半年)缴纳。

【例11-10】天科公司为扩大生产规模,上年9月取得一块面积5万平方米的土地建厂房,支付的9 000万元地价款计入无形资产。厂房建筑面积11万平方米,建筑成本5 200万元,今年11月交付使用。

新建厂房宗地容积率为2.2(11÷5),大于0.5,应将全部地价款一并计入房产原值。

$$当年应交房产税=(9\ 000+5\ 200)\times(1-30\%)\times1.2\%=119.28(万元)$$

三、房产税的会计处理

企业按规定缴纳的房产税,应在"管理费用"账户中据实列支。

企业按规定计算或预提的房产税,应借记"税金及附加"等,贷记"应交税费——应交房产税"。

【例11-11】某企业某年1月1日"固定资产"分类账中,房产原值为240万元,当年2月,企业将50万元的房产租给其他单位使用,每年收租金6万元。3月房产无变化。当地政府规定,企业自用房屋,按房产原值一次减除20%后作为房产余值纳税。房产税按年计算,分季缴纳。

1.房产税的计算:

(1)1月按房产余值计算应交房产税:

$$年应交房产税=2\ 400\ 000\times(1-20\%)\times1.2\%=23\ 040(元)$$

$$月应交房产税=23\ 040\div12=1\ 920(元)$$

(2)2月应交房产税的计算,按房产余值计算:

年应交房产税=(2 400 000-500 000)×(1-20%)×1.2%=18 240(元)
月应交房产税=18 240÷12=1 520(元)

按租金收入计算:

月应交房产税=60 000÷(1+10%)×12%÷12=545(元)
2月应交房产税合计=1 520+545=2 065(元)

(3)3月应交房产税与2月相同。

2. 相关会计分录:

(1)1月预提税金时:

借:税金及附加　　1 920
　贷:应交税费——应交房产税　　1 920

(2)2月预提税金时:

借:税金及附加　　2 065
　贷:应交税费——应交房产税　　2 065

3月交税与2月相同(分录略)。

(3)缴纳第一季度房产税时:

借:应交税费——应交房产税　　6 050
　贷:银行存款　　6 050

第五节　车船税会计

一、车船税税制要素

2006年12月29日,国务院第162次常务会议通过了《中华人民共和国车船税暂行条例》①(中华人民共和国国务院第482号令),自2007年1月1日起施行。2011年

① 此前是"车船使用税"和"车船使用牌照税"。前者对内资企业和中国公民征收,后者则属涉外税种,对外资企业和外籍人员征收。由于两者并存,使我国对车船的征税既烦琐又复杂,不利于公平税负。

2月25日第十一届全国人民代表大会常务委员会第十九次会议通过《中华人民共和国车船税法》,自2012年1月1日起施行。

(一)车船税的纳税人和扣缴义务人

车船税是对在我国境内所规定车辆和船舶的所有人或管理人征收的一种财产税。"车辆、船舶"是指依法应当在车船登记管理部门登记的机动车辆和船舶;依法不需要在车船登记管理部门登记的在单位内部场所行驶或者作业的机动车辆和船舶。已缴纳车船税的车船在同一纳税年度内办理转让过户的,不另纳税,也不退税。

从事机动车第三者责任强制保险业务的保险机构为机动车车船税的扣缴义务人,应当在收取保险费时依法代收车船税,并出具代收税款凭证。扣缴义务人在代收车船税时,应当在机动车交通事故责任强制保险的保险单以及保费发票上注明已收税款的信息,作为代收税款凭证。扣缴义务人已代收代缴车船税的,纳税人不再向车辆登记地的主管税务机关申报缴纳车船税。没有扣缴义务人的,纳税人应当向主管税务机关自行申报缴纳车船税。

已完税或依法减免税的车辆,纳税人应当向扣缴义务人提供登记地的主管税务机关出具的完税凭证或者减免税证明。纳税人没有按照规定期限缴纳车船税的,扣缴义务人在代收代缴税款时,可以一并代收代缴欠缴税款的滞纳金。

(二)车船税的计税依据和单位税额

车船税属于财产税类,本应按其价值、采用比例税率计税,但鉴于车船种类繁多、变动频繁,若每次计税都要按其价格或评估价值,难度太大,不易操作,因此,采用从量定额计税,计税依据是车船的排气量、整备质量、核定载客人数、净吨位、千瓦、艇身长度,以车船登记管理部门核发的车船登记证书或者行驶证所载数据为准;依法不需要办理登记的车船和应依法登记而未办理登记或者不能提供车船登记证书、行驶证的车船,以车船出厂合格证明或者进口凭证标注的技术参数、数据为准;不能提供车船出厂合格证明或者进口凭证的,由主管税务机关参照国家相关标准核定,没有国家相关标准的参照同类车船核定。

乘用车依排气量从小到大递增税额。其中,客车按照核定载客人数20人以下和20人(含)以上两档划分递增税额;机动船舶按其净吨位递增税额;拖船按照发动机功率每1千瓦折合净吨位0.67吨计算征收车船税。

车船税的适用税额,见《车船税税目税额表》(见表11-1)。国务院财政部门、税务主管部门可以根据实际情况,在《车船税税目税额表》规定的税目范围和税额幅度内,划分子税目，并明确车辆的子税目税额幅度和船舶的具体适用税额。车船的具体适用税额由省、自治区、直辖市人民政府在规定的子税目税额幅度内确定。

表 11-1　车船税税目、税额表

<table>
<tr><th colspan="2">税目</th><th>计税单位</th><th>年基准税额(元)</th><th>备注</th></tr>
<tr><td rowspan="7">乘用车按发动机气缸容量(排气量分档)</td><td>1.0 升(含)以下的</td><td rowspan="7">每辆</td><td>60~360</td><td rowspan="7">核定载客人数 9 人(含)以下</td></tr>
<tr><td>1.0 升以上至 1.6 升(含)</td><td>360~660</td></tr>
<tr><td>1.6 升以上至 2.0 升(含)</td><td>660~960</td></tr>
<tr><td>2.0 升以上至 2.5 升(含)</td><td>960~1 620</td></tr>
<tr><td>2.5 升以上至 3.0 升(含)</td><td>1 620~2 460</td></tr>
<tr><td>3.0 升以上至 4.0 升(含)</td><td>2 460~3 600</td></tr>
<tr><td>4.0 升以上的</td><td>3 600~5 400</td></tr>
<tr><td rowspan="2">商用车</td><td>客车</td><td>每辆</td><td>480~1 440</td><td>核定载客人数 9 人(包括电车)</td></tr>
<tr><td>货车</td><td>整备质量每吨</td><td>16~120</td><td>1. 包括半挂牵引车、挂车、客货两用汽车、三轮汽车和低速载货汽车
2. 挂车按照货车税额的 50%计算</td></tr>
<tr><td rowspan="2">其他车辆</td><td>专用作业车</td><td>整备质量每吨</td><td>16~120</td><td rowspan="2">不包括拖拉机</td></tr>
<tr><td>轮式专用机械车</td><td>整备质量每吨</td><td>16~120</td></tr>
<tr><td>摩托车</td><td></td><td>每辆</td><td>36~180</td><td></td></tr>
<tr><td rowspan="2">船舶</td><td>机动船舶</td><td>净吨位每吨</td><td>3~6</td><td rowspan="2">拖船、非机动驳船分别按机动船舶税额的 50%计算；游艇的税额另行规定</td></tr>
<tr><td>游艇</td><td>艇身长度每米</td><td>600~2 000</td></tr>
</table>

(三) 车船税的减免

捕捞、养殖渔船，军队、武警专用的车船，警用车船，依照法律规定应当予以免税的外国驻华使领馆、国际组织驻华代表机构及其有关人员的车船免征车船税。

对使用符合条件的新能源车船免征车船税；对符合条件的节约能源车船，减半征收车船税。

省、自治区、直辖市人民政府根据当地实际情况，可以对公共交通车船，农村居民拥有并主要在农村地区使用的摩托车、三轮汽车和低速载货汽车定期减征或者免征车船税。

临时入境的外国车船和中国香港、澳门、台湾地区的车船，不征收车船税。按照规定缴纳船舶吨税的机动船舶，自车船税法实施之日起 5 年内免征车船税。依法不需要在车船登记管理部门登记的机场、港口、铁路站场内部行驶或者作业的车船，自车船税法实施之日起 5 年内免征车船税。

(四) 车船税纳税期限、纳税地点

车船税按年申报，分月计算，一次性缴纳。纳税年度为公历 1 月 1 日至 12 月 31 日。车船税的纳税地点为车船的登记地或者车船税扣缴义务人所在地。依法不需要办理登记的车船，车船税的纳税地点为车船的所有人或者管理人所在地。

二、车船税纳税义务的确认和应纳税额的计算

(一) 纳税义务的确认

车船税纳税义务发生时间为取得车船所有权或者管理权的当月（以购买车船的发票或者其他证明文件所载日期的当月为准）。纳税人在购车缴纳交强险的同时，由保险机构代收代缴车船税。

(二) 应纳税额的计算

(1) 乘用车、商用车客车、摩托车：

$$应交车船税=应税车辆数\times单位税额$$

(2) 商用车货车、挂车、其他车辆：

$$应交车船税=整备质量吨数\times单位税额$$

(3) 机动船舶：

$$应交车船税=净吨位数\times单位税额$$

(4) 购置的新车船，购置当年的应纳税额自纳税义务发生的当月起按月计算。应

纳税额为年应纳税额除以 12 再乘以应纳税月份数。

对整备质量、净吨位、艇身长度等有尾数的计税单位，一律按含尾数的计税单位据实计算车船税应纳税额。计算金额小数点后超过两位的可四舍五入保留两位小数；乘用车以车辆登记管理部门核发的机动车登记证书或行驶证书所载的排气量毫升数确定税额区间。

【例 11-12】某运输公司拥有商用货车 10 辆(整备质量 20 吨)，商用客车 30 辆，乘用车 5 辆。

假设商用货车每吨车船税 60 元，商用客车每辆车船税 1 000 元，乘用车每辆车船税 500 元。公司年应纳车船税计算如下：

商用货车应交车船税 = 10×20×60 = 12 000(元)

商用客车应交车船税 = 30×1 000 = 30 000(元)

乘用车应交车船税 = 5×500 = 2 500(元)

应交车船税合计 = 12 000+30 000+2 500 = 44 500 元

【例 11-13】某船务公司 3 月购入一艘净吨位为 10 050 的船舶，一艘 2 000 千瓦拖船，发票日期为当月。拖船按照发动机功率每 1 千瓦折合净吨位 0. 67 吨计缴车船税。计算购入船舶和拖船当年应交车船税。

拖船的功率数折合为净吨位数 = 0. 67×20 000 = 13 400(吨)

船舶、拖船相应税目的适用税额为每吨 6 元，则：

船舶当年应交车船税 = 10 050×6×10/12 = 50 250(元)

拖船当年应交车船税 = 13 400×6×10/12×50% = 33 500(元)

应交车船税合计 = 50 250+33 500 = 83 750(元)

三、车船税的会计处理

企业按规定缴纳的车船税，一般可在“税金及附加”账户中列支。

【例 11-14】根据例 11-12 的计算结果，该运输公司做会计分录如下：

(1)计算应交车船税时：

借：税金及附加　　44 500

　贷：应交税费——应交车船税　　44 500

(2)实际缴纳车船税时：

借：应交税费——应交车船税　　44 500

　贷：银行存款　　44 500

第六节 车辆购置税会计

一、车辆购置税的纳税人

为进一步规范政府行为，深化财税体制改革，正确处理税费关系，以税收为主体筹集交通基础设施维护和建设资金，促进汽车工业及道路运输等相关事业的健康发展，2018年12月29日第十三届全国人大常委会第七次会议通过了《中华人民共和国车辆购置税法》。

在我国境内购置汽车、有轨电车、汽车挂车、排气量超过150毫升的摩托车（以下统称"应税车辆"）的单位和个人，为车辆购置税的纳税人。购置包括购买、进口、自产、受赠、获奖或以其他方式取得并自用应税车辆的行为。

二、车辆购置税的计税价格

车辆购置税的计税价格为实际成交价格，纳税人应如实申报应税车辆的计税价格。如果纳税人申报的应税车辆计税价格明显偏低，又无正当理由的，由税务机关依法核定其计税价格。应税车辆计税价格具体确认如下：

（1）纳税人购买自用应税车辆的计税价格，为纳税人实际支付给销售者的全部价款和价外费用（不含增值税）。

（2）纳税人进口自用应税车辆的计税价格，为关税计税价格加上关税和消费税。

（3）纳税人以受赠、获奖或者其他方式取得自用应税车辆的计税价格，按照购置应税车辆时相关凭证载明的价格确定（不含增值税）。

三、车辆购置税的减免

纳税人在办理车辆购置税减税、免税时，应提供车辆合格证明和车辆相关价格凭证，并根据不同的减免税情况，分别提供相关资料的原件、复印件。

（1）外国驻华使馆、领事馆和国际组织驻华机构及其有关人员自用车辆，提供机构证明和外交部门出具的身份证明。

（2）中国人民解放军和中国人民武装警察部队列入装备订货计划的车辆。

（3）悬挂应急救援专用号牌的国家综合性消防救援车辆，提供中华人民共和国应急管理部批准的相关文件。

(4)城市公交企业购置的公共汽电车辆,提供所在地县级(含)以上交通运输主管部门出具的公共汽电车辆认定表。

(5)设有固定装置的非运输专用作业车辆。

(6)自2018年1月1日至2022年12月31日,对购置的新能源汽车(纯电动汽车、插电式混合动力汽车、燃料电池汽车)免征车辆购置税。

四、车辆购置税的税率和应纳税额的计算

(1)车辆购置税税率为10%。应交车辆购置税计算如下:

应交车辆购置税=计税价格×税率

若发票中的销售价格含增值税,在计算应交车辆购置税时,应将含税销售价换算为不含税销售价,再乘以车辆购置税税率,计算公式为:

应交车辆购置税=含税价格÷(1+增值税税率或征收率)×车辆购置税税率

【例11-15】某企业9月购买一辆进口轿车,关税计税价格50万元,消费税税率为12%,关税税率为15%。应交车辆购置税计算如下:

应交关税=50×15%=7.5(万元)

应交消费税=(50+7.5)÷(1−12%)×12%=7.840 9(万元)

应交车辆购置税=(50+7.5+7.840 9)×10%=6.534 1(万元)

(2)减免税车辆因转让、改变用途等原因不再属于减免税范围的,应缴纳车辆购置税,并如实填报《车辆购置税纳税申报表》。其计算公式为:

应交车辆购置税=初次办理纳税申报时的计税价格×(1−使用年限①×10%)×10%−已交车辆购置税

【例11-16】某公交公司当年3月1日购进一辆营运公共汽车,不含增值税市场价为20万元,预计可使用年限为10年,营运公共汽车免缴车辆购置税。假定两年后的5月1日,因车辆更新,公交公司将已使用3年2个月的车辆卖给个体户李某。李某在办理过户交易时,应交车辆购置税计算如下:

应交车辆购置税=20×(1−3×10%)×10%=1.4(万元)

① 使用年限为自初次办理纳税申报之日起,至不再属于免、减税范围的情形发生之日止。使用年限取整计算,不满一年的不计算在内。

(3)已经缴纳车辆购置税的,纳税人按规定向原征收机关申请退税时,应如实填报《车辆购置税退税申请表》,提供纳税人身份证明和相关资料。车辆购置税应退税额的计算公式为:

$$应退车辆购置税=已交车辆购置税\times(1-使用年限^{①}\times10\%)$$

五、车辆购置税的申报缴纳

1. 申报纳税地点。需要办理车辆登记的,向车辆登记地的主管税务机关申报纳税;不需要办理车辆登记的,单位纳税人向其机构所在地的主管税务机关申报纳税,个人纳税人向其户籍所在地或者经常居住地的主管税务机关申报纳税。

2. 纳税义务发生时间。

(1)购买自用应税车辆的为购买之日,即车辆相关价格凭证的开具日期。相关凭证是指原车辆所有人购置或者以其他方式取得应税车辆时载明价格的凭证;无法提供相关凭证的,参照同类应税车辆市场平均交易价格确定其计税价格。

(2)进口自用应税车辆的为进口之日,即《海关进口增值税专用缴款书》或者其他有效凭证的开具日期。

(3)自产、受赠、获奖或者以其他方式取得并自用应税车辆的为取得之日,即合同、法律文书或者其他有效凭证的生效或者开具日期。

3. 申报缴纳。车辆购置税实行"一车一申报"制度,纳税人办理纳税申报时应当如实填报《车辆购置税纳税申报表》,同时提供车辆合格证明和车辆相关价格凭证。

纳税人购买自用应税车辆的,应自购买之日起60日内申报纳税;进口自用应税车辆的,应自进口之日起60日内申报纳税;自产、受赠、获奖或者以其他方式取得并自用应税车辆的,应自取得之日起60日内申报纳税。

车辆购置税为一次征收制,纳税人应一次缴清。纳税人应在向公安机关车辆管理机构办理车辆登记注册前缴纳车辆购置税。缴税后,主管税务机关应为纳税人开具"车辆购置税完税证明",纳税人需持"车辆购置税完税证明"到公安机关办理车辆登记注册手续;"完税证明"每车一证,随车携带,以备检查。

六、车辆购置税的会计处理

企业购买、进口、自产、受赠、获奖以及以其他方式取得并自用的应税车辆应缴纳的车辆购置税,或者当初购置的属于减免税的车辆在转让或改变用途后,按规定应补缴的

---

① 使用年限为自纳税人缴纳税款之日起,至申请退税之日止。

车辆购置税,借记“固定资产”等,贷记“银行存款”“应交税费”等。作为固定资产成本构成的车辆购置税,在车辆使用期间,采用计提折旧方式的,可以在税前扣除。

【例 11-17】某公司 8 月购进一辆小汽车,增值税专用发票所列价款 22 万元,增值税额 2.86 万元。9 月到主管税务机关缴纳车辆购置税。

$$应交车辆购置税 = 220\ 000 \times 10\% = 22\ 000(元)$$

做会计分录如下:

(1)购置时:

借:固定资产——小汽车	242 000
应交税费——应交增值税(进项税额)	28 600
贷:银行存款/应付账款等	248 600
应交税费——应交车辆购置税	22 000

如果是执行《小企业会计准则》的企业,以收付实现制为会计基础,其缴纳的印花税、耕地占用税、契税、车辆购置税等,不通过“应交税费”科目,直接记入“税金及附加”“在建工程”“固定资产”“无形资产”等相应科目。如本例,小企业购置小汽车,确认实际支付或应付价款及相关税费时,做会计分录如下:

借:固定资产——小汽车	270 600
贷:银行存款/应付账款等	270 600

(2)下个月公司缴纳车辆购置税时:

借:应交税费——应交车辆购置税	22 000
贷:银行存款	22 000

第七节　印花税会计

一、印花税税制要素

(一)印花税的性质和意义

印花税是一种行为税,因其采用在应税凭证上粘贴印花税票的方法作为完税的标记,故称印花税。对应税凭证征税,实质上就是对经济行为的课税。

1624年,荷兰首创印花税。中华人民共和国成立后,1950年1月政务院颁布了《全国税政实施要则》,规定印花税为全国统一开征的税种。2021年6月10日,第十三届全国人民代表大会常务委员会第二十九次会议通过《中华人民共和国印花税法》,自2022年7月1日起施行。征收印花税有以下四个方面的意义:

第一,可以通过对各种应税凭证贴花和检查,加强对凭证的管理,及时了解和掌握纳税人的经济活动情况和税源变化情况,有助于对其他税种的征管;促使各种经济活动合法化、规范化,促进经济往来各方信守合同,提高合同兑现率。

第二,印花税由纳税人自行贴花完税,并实行轻税重罚,有助于提高纳税人自觉纳税的法治观念。

第三,印花税虽然税负很轻,但征收面广,可以积少成多,有利于国家积累资金。

第四,印花税是多数国家采用的税种,开征印花税有利于在对外经济活动中维护我国的经济权益。

(二)印花税的纳税人和计税依据

1. 印花税纳税人和纳税义务确认。印花税的纳税人是订立、领受在我国境内具有法律效力的应税凭证,或者在我国境内进行证券交易的单位和个人。证券交易印花税的扣缴义务人是证券登记结算机构。

应税凭证是指《印花税税目税率表》规定的书面形式的合同、产权转移书据、营业账簿和权利、许可证照;证券交易是指在依法设立的证券交易所上市交易或者在国务院批准的其他证券交易场所转让公司股票和以股票为基础发行的存托凭证。

印花税纳税义务发生时间为纳税人订立、领受应税凭证或者完成证券交易的当日,证券交易印花税扣缴义务发生时间为证券交易完成的当日。

2. 印花税计税依据。

(1)应税合同的计税依据,为合同列明的价款或者报酬(不含增值税税款);合同中价款或者报酬与增值税税款未分开列明的,按照合计金额确定。

(2)应税产权转移书据的计税依据,为产权转移书据列明的价款(不含增值税税款);产权转移书据中价款与增值税税款未分开列明的,按照合计金额确定。

(3)应税营业账簿的计税依据,为营业账簿记载的实收资本(股本)、资本公积合计金额。

(4)应税权利、许可证照的计税依据,按件确定。

(5)证券交易的计税依据,为成交金额。

(6)应税合同、产权转移书据未列明价款或者报酬的,按照订立合同、产权转移书据时的市场价格确定;依法应当执行政府定价的,按照其规定确定。

除上述情况外,按照实际结算价款或者报酬确定。

(7)以非集中交易方式转让证券时无转让价格的,按办理过户登记手续前一个交易日收盘价计算确定计税依据;办理过户登记手续前一个交易日无收盘价的,按证券面值计算确定计税依据。

(三)印花税的税目及税率

1. 印花税税目。印花税的税目分为五大类,即经济合同,产权转移书据,权利、许可证照,营业账簿,证券交易。

2. 印花税税率。印花税采用比例税率和定额税率两种税率。

(1)比例税率。印花税的比例税率分为五个档次,即1‰、0.5‰、0.3‰、0.25‰、0.05‰。按比例税率征税的有各类经济合同、产权转移书据、营业账簿、证券交易等。

(2)定额税率。印花税的定额税率是按件定额贴花,每件5元。适用于权利、许可证照。这些凭证不属资金账或没有金额记载,按件定额征税,以方便纳税和简化征管。

印花税税目税率表如表11-2所示。

表11-2 印花税税目税率表

税目		税率	备注
合同	买卖合同	支付价款的0.3‰	指动产买卖合同
	借款合同	借款金额的0.05‰	指银行业金融机构和借款人(不包括银行同业拆借)订立的借款合同
	融资租赁合同	租金的0.05‰	
	租赁合同	租金的1‰	
	承揽合同	支付报酬的0.3‰	
	建筑工程合同	支付价款的0.3‰	
	运输合同	运输费用的0.3‰	指运货合同和多式联运合同(不包括管道运输合同)
	技术合同	支付价款、报酬或使用费的0.3‰	
	保管合同	保管费的1‰	
	仓储合同	仓储费的1‰	
	财产保险合同	保险费的1‰	不包括再保险合同

续表

税目		税率	备注
产权转移书据	土地使用权出让和转让书据；房屋等建筑物、构筑物所有权、股权（不包括上市和挂牌公司股票）、商标专用权、专利权、著作权、专有技术使用权转让书据	支付价款的0.5‰	
权利、许可证照	不动产权证书、营业执照、商标注册证、专利证书	每件5元	
营业账簿		实收资本（股本）、资本公积①合计金额的0.25‰	
证券交易		成交金额的1‰	自2023年8月28日起，证券交易印花税减半征收

（四）印花税的免征

（1）应税凭证的副本或者抄本，免征印花税。

（2）农民、农民专业合作社、农村集体经济组织、村民委员会购买农业生产资料或者销售自产农产品订立的买卖合同和农业保险合同，免征印花税。

（3）无息或者贴息借款合同、国际金融组织向我国提供优惠贷款订立的借款合同、金融机构与小型微型企业订立的借款合同，免征印花税。

（4）财产所有权人将财产赠与政府、学校、社会福利机构订立的产权转移书据，免征印花税。

（5）军队、武警部队订立、领受的应税凭证，免征印花税。

① 企业在实际收到出资时确认纳税义务，即以实际投入的资本或股本为实收资本。企业可供出售金融资产按公允价值变动而增加的“资本公积”，应按年补交印花税。

(6)高校学生签订的高校学生公寓租赁合同,免征印花税。

(7)国务院规定免征或者减征印花税的其他情形。

(五)印花税的贴花

(1)纳税人在应纳税凭证订立或领受时即行贴花完税,不得延至凭证生效日期贴花。

(2)印花税票应贴在应纳税凭证上,并由纳税人在每枚税票的骑缝处盖戳注销或划销,严禁揭下重用。

(3)已贴花的凭证,凡修改后所载金额增加的部分,应补贴印花。

(4)对已贴花的各类应纳税凭证,纳税人须按规定期限保管,不得私自销毁。

(5)合同在签订时无法确定计税金额时,采取两次纳税方法。签订合同时,先按每件合同定额贴花5元;结算时,再按实际金额和适用税率计税,补贴印花。

(6)不论合同是否兑现或是否按期兑现,已贴印花不得撕下重用,已缴纳的印花税款不予退税。

(7)未贴或少贴印花税票,除补贴印花税票外,应处以应补印花税票金额3~5倍罚款;已粘贴的印花税票,未注销或未划销的,处以未注销、未划销印花税票金额1~3倍罚款;已贴用的印花税票揭下重用的,处以重用印花税票金额5倍或2 000元以上、10 000元以下的罚款。

(8)一份凭证应纳税额超过500元的,纳税人可以采取将税收缴款书、完税证明其中一联粘贴在凭证上或者由地方税务机关在凭证上加注完税标记代替贴花。

(9)同一种类应纳税凭证,需频繁贴花的,纳税人根据实际情况自行决定是否采用按期汇总申报缴纳印花税的方式。汇总申报缴纳的期限不得超过一个月。采用按期汇总申报缴纳方式的,一年内不得改变。

(10)多贴印花税票的,不得申请退税或者抵用。

二、印花税的计算和缴纳

(一)印花税的计算

应交印花税的基本计算公式为:

$$应交印花税=计税依据\times适用税率/适用单位税额$$

(1)应税合同的应纳税额为价款、报酬、租金等乘以适用税率。

(2)应税产权转移书据的应纳税额为价款乘以适用税率。

(3)应税营业账簿的应纳税额为实收资本(股本)、资本公积合计金额乘以适用税率。

(4)应税权利、许可证照的应纳税额为适用税额。

(5)证券交易的应纳税额为成交金额或者按规定计算确定的计税依据乘以适用税率。

(6)同一应税凭证载有两个或两个以上经济事项并分别列明价款或报酬的,按各自适用税目税率计算应纳税额;未分别列明价款或报酬的,按税率高的计算应纳税额。

(7)同一应税凭证由两方或者两方以上当事人订立的,应按各自涉及的价款或报酬分别计算应纳税额。

印花税票面额最低为0.10元,按适用税率计算出的应纳税额不足0.10元的凭证,免贴印花税。应纳税额在0.10元以上的,按四舍五入规则,尾数不满0.05元的不计,满0.05元的按0.10元计算。财产租赁合同最低纳税起点为1元,即税额超过0.10元,但不足1元的,按1元纳税。

【例11-18】某企业在与客户签订的房屋租赁合同中,约定年租金12万元(不含税),增值税税额1.32万元。以12万元作为印花税的计税依据,财产租赁合同按租赁金额1‰贴花。

$$应交印花税=120\ 000\times 1‰=120(元)$$

如果在合同中约定年租金13.32万元(含税),未单独记载增值税税额,则:

$$应交印花税=133\ 200\times 1‰=133.2(元)$$

【例11-19】某企业于某年1月1日新启用“实收资本”和“资本公积”账簿,期初余额分别为240万元和80万元。

年初,该企业的“实收资本”和“资本公积”账簿应交印花税的计算如下:

$$应交印花税=(2\ 400\ 000+800\ 000)\times 0.25‰=800(元)$$

当年年末,“实收资本”和“资本公积”账簿的余额分别为280万元和120万元,应按增加金额计税(如果年末该账簿的金额减少,不退印花税):

$$年末应交印花税=(2\ 800\ 000-2\ 400\ 000+1\ 200\ 000-800\ 000)\times 0.25‰=200(元)$$

(二)印花税的缴纳

单位纳税人应当向其机构所在地主管税务机关申报缴纳印花税;个人纳税人应当向

应税凭证订立、领受地或者居住地的税务机关申报缴纳印花税。目前,印花税的纳税申报纳入财产和行为税"十税合一"合并申报范围,使用《财产和行为税纳税申报表》进行申报纳税。《财产和行为税纳税申报表》详见第七章表 7-2,本章不再赘述。

纳税人出让或转让不动产产权的,应向不动产所在地的税务机关申报缴纳印花税。

证券交易印花税的扣缴义务人应向其机构所在地主管税务机关申报缴纳扣缴的税款。

印花税按季、按年或者按次计征。实行按季、按年计征的,纳税人应当于季度、年度终了之日起 15 日内申报并缴纳税款。实行按次计征的,纳税人应当于纳税义务发生之日起 15 日内申报并缴纳税款。

证券交易印花税按周解缴,扣缴义务人应于每周终了之日起 5 日内申报解缴税款及孳息。

已缴纳印花税的凭证所载价款或者报酬增加的,纳税人应当补缴印花税;已缴纳印花税的凭证所载价款或者报酬减少的,纳税人可以向主管税务机关申请退还印花税税款。

三、印花税的会计处理

企业在发生纳税义务时,凡是不需要预计应缴税款的,或者与税务机关不存在结算、清算关系的(不会形成税款债务),则直接计算缴纳的税金,在进行会计处理时,可以不通过"应交税费"账户核算,如印花税、车辆购置税、耕地占用税、契税等。这样进行会计处理,固然可以简化工作量,但"应交税费"及其二级账户不能反映企业缴纳的全部税种及其金额,不能通过一个账户了解企业纳税的全貌,从而不便于分析企业的整体税负。因此,本书对包括印花税在内的所有税种,不论大小(税种、金额),也不论是否会形成税金负债,均通过"应交税费"账户核算。

由于印花税的适用范围较广,记入的账户应视业务的具体情况予以确定:若是固定资产、无形资产购销、转让、租赁,作为购买方或承受方、承租方,其支付的印花税应借记"固定资产""无形资产""税金及附加"等;作为销售方或转让方、出租方,其支付的印花税应借记"固定资产清理""其他业务支出"等。在其他情况下,企业支付的印花税应借记"税金及附加"(如果一次购买印花税和缴纳税额较大,需分期摊入费用,可采用"待摊费用"账户)。企业在债务重组时,债务人应缴的印花税应借记"税金及附加",贷记"银行存款";债权人应借记"长期股权投资",贷记"银行存款"。

【例 11-20】某建筑安装公司 8 月承包某工厂一项建筑工程,工程造价为 6 000 万元,双方依法签订建筑承包工程合同。订立建筑安装承包合同,应按合同金额 0.3‰贴花。

计算应交印花税并做会计分录如下：

$$应交印花税 = 60\ 000\ 000 \times 0.3‰ = 18\ 000（元）$$

借：税金及附加　　18 000
　贷：应交税费——应交印花税　　18 000

实际缴纳税款时：

借：应交税费——应交印花税　　18 000
　贷：银行存款　　18 000

各种合同应于合同正式签订时贴花。建筑公司应在自己的合同正本上贴花 18 000 元。由于该份合同应纳税额超过 500 元，该公司应向税务机关申请填写缴款书或完税证，将其中一联粘贴在合同上或由税务机关在合同上加注完税标记。

【例 11-21】M 公司向 N 公司转让一项专利权，转让价格为 45 万元，已提减值准备 8 000 元，账面余额 38 万元，M 公司增值税税率为 6%。双方各自会计处理如下：

$$应交印花税 = 450\ 000 \times 0.5‰ = 225（元）$$

$$M 公司应交增值税 = 450\ 000 \div (1+6\%) \times 6\% = 25\ 472（元）$$

（1）M 公司做会计分录如下：

借：银行存款　　450 000
　无形资产减值准备　　8 000
贷：应交税费——应交增值税　　25 472
　无形资产　　380 000
　资产处置损益——转让专利权　　52 528
借：税金及附加　　225
　贷：应交税费——应交印花税　　225

（2）N 公司做会计分录（价款及税款）如下：

借：无形资产——××专利权　　450 225
　贷：银行存款　　450 225

【例 11-22】某厂经营情况良好，但某年初，只就 5 份委托加工合同（合同总标的 150 万元）按每份 5 元粘贴了印花税票。税务机关稽查发现，委托加工合同不能按件贴印花税票。该厂在此期间还与其他企业签订买卖合同 20 份，合同总标的 800 万元。税务机关做出补缴印花税的决定，并对逃税行为做出应补缴印花税票款 4 倍罚款的决定。其补缴印花税的计算和会计分录如下：

$$委托加工合同应补缴印花税 = 1\ 500\ 000 \times 0.3‰ - 25 = 425（元）$$

买卖合同应补缴印花税 = 8 000 000×0.3‰ = 2 400(元)

(1)应补缴印花税:

借:税金及附加　　2 825

　贷:应交税费——应交印花税(425+2 400)　　2 825

(2)实际补缴印花税时:

借:应交税费——应交印花税　　2 825

　贷:银行存款　　2 825

(3)上缴罚款时:

借:营业外支出——税务罚款　　11 300

　贷:银行存款[(425+2 400)×4]　　11 300

【例 11-23】某企业根据其日常经营情况,当月向主管税务机关购买印花税票 8 000 元备用,并在当月应税凭证上粘贴 2 500 元,做会计分录如下:

借:待摊费用　　8 000

　贷:银行存款　　8 000

借:税金及附加　　2 500

　贷:待摊费用　　2 500

第八节　契税会计

一、契税税制要素

契税是以境内土地、房屋权属发生转移的不动产为征税对象,以当事人双方签订的合同契约为依据,向产权承受人一次性征收的一种财产税。

契税在我国有悠久的历史,它起源于东晋的"估税"。1950 年 4 月 3 日,政务院颁布《契税暂行条例》,在全国城市和已完成土改的乡村征收契税。改革开放后,我国从 1990 年恢复征收契税。1997 年 7 月 7 日国务院发布《中华人民共和国契税暂行条例》;2020 年 8 月 11 日,第十三届全国人民代表大会常务委员会第二十一次会议通过《中华人民共和国契税法》,自 2021 年 9 月 1 日起施行。

(一)契税的纳税人和纳税范围

在我国境内转移土地、房屋权属,承受的单位和个人为契税的纳税人。

转移土地、房屋权属是指:(1)土地使用权出让(不包括土地承包经营权和土地经营权的转移);(2)土地使用权转让,包括出售、赠与、互换;(3)房屋买卖、赠与、互换。

以作价投资(入股)、偿还债务、划转、奖励等方式转移土地、房屋权属的,应按税法规定计算缴纳契税。

(二)契税的计税依据

1. 土地使用权出让、出售,房屋买卖,为土地、房屋权属转移合同确定的成交价格,包括应交付的货币以及实物、其他经济利益对应的价款;

2. 土地使用权互换、房屋互换,为所互换的土地使用权、房屋价格的差额;

3. 土地使用权赠与、房屋赠与以及其他没有价格的转移土地、房屋权属行为,为税务机关参照土地使用权出售、房屋买卖的市场价格依法核定的价格。

纳税人申报的成交价格、互换价格差额明显偏低且无正当理由的,由税务机关依照《中华人民共和国税收征收管理法》的规定核定。

计税依据(成交价格、互换价格)不含增值税;若是免征增值税,其计税依据不得扣减增值税。

(三)契税的税率

契税实行幅度比例税率,税率为3%~5%。

具体适用税率,由省、自治区、直辖市人民政府在规定的税率幅度内提出,报同级人大常委会决定,并报全国人大常委会和国务院备案;省级政府可按规定程序对不同主体、不同地区、不同类型住房的权属转移确定差别税率。

(四)契税的减免

1. 免征契税

(1)国家机关、事业单位、社会团体、军事单位承受土地、房屋权属用于办公、教学、医疗、科研、军事设施;

(2)非营利性的学校、医疗机构、社会福利机构承受土地、房屋权属用于办公、教学、医疗、科研、养老、救助;

(3)承受荒山、荒地、荒滩土地使用权用于农、林、牧、渔业生产;

(4)婚姻关系存续期间夫妻之间变更土地、房屋权属;

(5)法定继承人通过继承承受土地、房屋权属;

(6)依照法律规定应当予以免税的外国驻华使馆、领事馆和国际组织驻华代表机构承受土地、房屋权属。

2. 国务院对居民住房需求保障、企业改制重组、灾后重建等情形可以规定免征或减征契税，报全国人大常委会备案；省级政府可以决定对下列情形免征或减征契税：

(1)因土地、房屋被县级以上人民政府征收、征用，重新承受土地、房屋权属；

(2)因不可抗力灭失住房，重新承受住房权属。

免征、减征契税的具体办法，由省级政府提出，报同级人大常委会决定，并报全国人大常委会和国务院备案。

3. 纳税人改变有关土地、房屋的用途，或者有其他不再属于本法第六条规定的免征、减征契税情形的，应当缴纳已经免征、减征的税款。

(五)契税的缴纳

契税的纳税义务发生时间，为纳税人签订土地、房屋权属转移合同的当天，或者纳税人取得其他具有土地、房屋权属转移合同性质凭证的当天。

纳税人应当自纳税义务发生之日起10日内，向土地、房屋所在地的契税征收机关办理纳税申报，并在契税征收机关核定的期限内缴纳税款。

纳税人办理纳税事宜后，契税征收机关应当向纳税人开具契税完税凭证。

纳税人应当持契税完税凭证和其他规定的文件材料，依法向土地管理部门、房产管理部门办理有关土地、房屋的权属变更登记手续。

目前，契税的纳税申报纳入财产和行为税“十税合一”合并申报范围，使用《财产和行为税纳税申报表》进行申报纳税。《财产和行为税纳税申报表》详见第七章表7-2，本章不再赘述。

二、契税的计算与会计处理

转移土地、房屋权属以外汇结算的，按照纳税义务发生之日中国人民银行公布的人民币市场汇率中间价折合成人民币结算。契税的计算公式如下：

$$应纳税额=计税依据\times 税率$$

企业按规定计算的应交契税，应借记“固定资产”“无形资产”等，贷记“应交税费——应交契税”。

企业也可以不通过“应交税费——应交契税”账户，当实际缴纳契税时，借记“固定资产”“无形资产”账户，贷记“银行存款”账户。

【例11-24】某企业以1 000万元购得一块土地的使用权，当地规定契税税率为3%，应做会计分录如下：

$$\text{应交契税}=1\ 000\times3\%=30(\text{万元})$$

借:无形资产——土地使用权　　300 000

　贷:银行存款　　300 000

【例 11-25】M 公司接受张某赠予房屋一栋,赠予契约未标明价格。经主管税务机关核定房屋现值为 460 万元(假定评估价值与此相同),设契税税率为 4%。M 公司应做会计分录如下:

$$\text{应交契税}=460\times4\%=18.4(\text{万元})$$

借:固定资产　　4 784 000

　贷:营业外收入　　3 450 000

　　递延所得税负债　　1 150 000

　　应交税费——应交契税　　184 000

上交契税时:

借:应交税费——应交契税　　184 000

　贷:银行存款　　184 000

【例 11-26】A 企业以一栋房屋换取 B 公司一栋房屋,房屋契约写明:A 企业房屋价值 5 000 万元,B 公司房屋价值 3 800 万元。经税务机关核定,认为 A、B 双方房屋价值与契约写明价值基本相符。此项房屋交换,B 公司应是房屋产权的承受人,是多得的一方,应为契税的纳税人。假设 B 公司所在地契税税率为 5%。B 公司应做会计处理如下:

$$\text{应交契税}=(5\ 000-3\ 800)\times5\%=60(\text{万元})$$

借:固定资产　　12 600 000

　贷:应付账款——A 企业　　12 000 000

　　应交税费——应交契税　　600 000

案　例

一、城市维护建设税

1. 位于某县城市区的振兴铸钢厂,年度实现增值税 150 万元,由于资金紧张等原因,当年实际缴纳增值税 100 万元。假设年初增值税无欠税,则当年该企业应纳城市维护建设税税额 7.5(150×5%)万元。

2. 设立在某市区的外商投资企业,3 月缴纳增值税 120 000 元,当月应纳城市维护建设税税额 8 400(120 000×7%)元。

3. 某市商业银行下设 10 个营业所,两个营业所在市区,5 个营业所在农村建制镇,3 个营业所在三个乡政府所在地。该行核算地在市区。4 月取得利息收入 300 万元,其中,150 万元来自各城镇的营业所,100 万元来自各乡营业所,50 万元来自市区营业所。当月应纳城市维护建设税税额为 0.55(150×5%×5%+50×5%×7%)万元。

4. 位于某城镇的国有粮食白酒生产企业,5 月接受某个体户(位于某乡村)委托加工粮食白酒 10 吨,同类产品不含税售价 10 000 元/吨,当月将加工好的产品发给该个体户,并按规定代收代缴消费税 25 000 元。因该个体户属于农户,故不需代收代缴城市维护建设税税额。

5. 某民政福利企业(位于某市市区)享受增值税"先征后返"税收优惠政策,缴纳增值税时,城市维护建设税随同缴纳。6 月收到增值税退税额 15 万元,当月应退城市维护建设税税额 1.05(15×7%)万元。

6. 某日用化学品厂(位于某市市区),7 月进口一批化妆品,到岸价格 28 000 元,关税税率为 50%。该企业在报关进口时,海关应代征城市维护建设税税额为 0。

案例讨论:

分析上述城市维护建设税的计算是否正确,指出其错误,并说明理由。

二、印花税

某企业于 4 年前投资开办,今年 1 月,祥瑞税务师事务所受托代理审查该企业上年度印花税缴纳情况。经审查有关账簿凭证,获得下列资料:

1. 1 月 5 日,与 A 企业签订一份以货易货合同。合同规定,该企业以价值 30 万元的产品换取 A 企业 32 万元的货物作为原材料。由于种种原因,该合同在规定的期限内未履行。

2. 接受 B 企业委托加工产品。合同载明,原材料及辅助材料由该企业提供,价值 30 万元,另收取加工费 10 万元,合计价款 40 万元。

3. 2 月 15 日,与市工商银行签订周转性流动资金借款合同。合同规定的最高借款限额为 500 万元,本年度在规定的限额内共借款 3 次,随借随还,金额分别为 300 万元、400 万元、350 万元;4 月 12 日与 C 企业签订借款合同一份,金额为 100 万元;5 月 12 日,签订无息贷款合同一份,金额 40 万元。无息贷款合同免予贴花。

4. 与 C 企业签订仓储保管合同一份,货物总价值 100 万元,保管费 15 万元。

5. 本年度共对外捐赠财产 3 次,分别书立产权转移书据。其中,将财产赠给政府所立书据金额为 40 万元;将财产赠给另一关联企业所立书据金额为 15 万元;将财产赠给学校所立书据金额为20万元。

6. 企业生产经营用账册共10本。其中,资金账簿1本,账面反映年初实收资本500万元,资本公积金100万元,年末实收资本余额600万元,资本公积金余额150万元;其他营业账簿9本,其中,固定资产明细账从2017年开办以来一直使用。另外还有不包括在上述10本账册范围的车间统计簿2本。

企业应交各项印花税计算如下:

(1)因本合同未履行,故不需贴花。

(2)应交印花税=(30+10)×0.3‰=120(元)

(3)应交印花税=(500+100+40)×0.05‰=320(元)

(4)应交印花税=15×1‰=150(元)

(5)应交印花税=15×0.5‰=75(元)

(6)应交印花税=[(600−500)+(150−100)]×0.25‰+10×5=425(元)

(7)应交印花税合计=120+320+150+75+425=1 090(元)

案例讨论:

分析该企业印花税的计算是否正确,指出其错误,并说明理由。

三、城镇土地使用税

A公司为位于某城市郊区的国有企业。近日,某税务师事务所的注册税务师接受了该企业的委托,为其代理某年1—6月纳税审查,在审查土地使用税纳税情况时,主要获得下列资料:

A公司提供的政府部门核发的土地使用证书显示,A公司实际占地面积50 000平方米。其中:

1. 企业内学校和医院共占地1 000平方米。

2. 厂区以外的公用绿化用地5 000平方米,厂区内生活小区的绿化用地600平方米。

3. 3月30日,A公司将一块2 000平方米的土地对外出租给另一企业生产经营使用。

4. 4月30日,将一块900平方米的土地无偿借给某国家机关用于公务。

5. 与某外商投资企业共同拥有一块面积为3 000平方米的土地,其中A公司实际使用2 000平方米,其余归外商投资企业使用。

6. 5月16日,新征用厂区附近的两块土地共计2 500平方米。其中:一块是征用的耕地,面积为1 000平方米;另一块是征用的非耕地,面积为1 500平方米。

7. 除上述土地外,其余土地均为A公司生产经营用地。该地区每平方米土地年税额为1元。

企业应纳各项土地使用税计算如下：

(1)企业办的学校、医院自用的土地，比照由国家财政部门拨付事业经费的单位自用的土地，免征土地使用税。

(2)对企业厂区的绿化用地，暂免征收土地使用税。

(3)应交城镇土地使用税＝2 000×1×6÷12＝1 000(元)

(4)应交城镇土地使用税＝900×1×6÷12＝450(元)

(5)应交城镇土地使用税＝2 000×1÷2＝1 000(元)

(6)应交城镇土地使用税＝2 500×1÷12＝208.33(元)

(7)应纳土地使用税税额＝(50 000－1 000－5 000－600－2 000－900－3 000－2 500)×1÷2＝17 500(元)

当年1-6月合计应纳土地使用税＝1 000+450+1 000+208.33+17 500＝19 158.33(元)

案例讨论：

分析上述计算是否正确，并说明理由。

四、房产税

A企业位于某市市区。某年1月，某税务师事务所的税务代理人员受托对该企业上年房产税纳税情况进行审查，获得资料如下：

1. A企业上年初固定资产账面显示房屋及建筑物原价5 000万元。其中：管理部门及生产用房4栋，原值3 700万元；企业自办幼儿园用房200万元，医务室300万元；围墙50万元；其余闲置用房4栋，原值分别为300万元、200万元、150万元、100万元。

2. 2月20日，为新建成的生产车间办理竣工决算，并于当月投入使用。新车间原值200万元。3月5日，企业因资金紧张，将新车间抵押给工商银行取得贷款80万元，抵押期间新车间仍由企业使用。

3. 4月30日，将原值200万元的闲置用房向B企业投资。协议规定，A企业每月向B企业收取固定收入2万元，B企业的经营盈亏情况与A企业无关。A企业当年获得收益16万元。

4. 5月7日，将原值100万元的闲置房产出典给某金融机构，获得资金50万元，出典期间房屋空置。

5. 7月7日，将原值150万元的闲置房产转让给C企业，转让价100万元。房产转让过程中发生的税金及费用10万元，账面显示该房产已提折旧40万元。

6. 9月3日，将原值300万元的房产融资租赁给D企业，租期共5年，每年收取租金80万元，租金于每期期初支付。当地税务机关规定，租赁期内的房产税由出租方缴纳。

A企业应纳各项房产税计算如下：

(1)根据规定，企业办的各类学校、医院、托儿所、幼儿园自用的房产，免征房产税。因此，A企业幼儿园及医务室用房不交房产税；围墙系独立于房屋之外的建筑物，不属于房产的范畴，不交房产税；闲置不用的房产不征税。管理部门及生产用房应交房产税。

$$应交房产税=3\ 700\times(1-30\%)\times1.2\%=31.08(万元)$$

(2)纳税人自建的房屋，自建成之日的次月起征收房产税：

$$应交房产税=200\times(1-30\%)\times1.2\%\times10\div12=1.4(万元)$$

(3)应交房产税：

$$应交房产税=16\times12\%=1.92(万元)$$

(4)应交房产税：

$$应交房产税=100\times(1-30\%)\times1.2\%=0.84(万元)$$

(5)从房屋转让后的下月起不交房产税：

$$1—7月应交房产税=150\times(1-30\%)\times1.2\%\times7\div12=0.74(万元)$$

(6)应交房产税：

$$应交房产税=300\times(1-30\%)\times1.2\%\times8\div12+80\times12\%\times4\div12=4.88(万元)$$

(7)年度应交房产税：

$$年度应交房产税合计=31.08+1.4+1.92+0.84+0.74+4.88=40.86(万元)$$

案例讨论：

分析A企业应交房产税的计算是否正确，并说明理由。

五、车船税

A公司拥有的车船情况如下：

1.载货汽车8辆，其中2辆新购买的汽车尚未使用，净吨位均为5吨。

2.4辆6座客货两用汽车，载重净吨位均为5吨。

3. 45 座的大客车 3 辆。其中 1 辆专门由企业开办的学校使用。

4. 小轿车 2 辆。其中 1 辆通过租赁方式从某国家机关取得，租赁双方约定，车船税由出租方缴纳。

5. 拖拉机 1 辆，净吨位为 2 吨；带有挂车的货车 1 辆，汽车净吨位和挂车净吨位均为 4 吨。

6. 小货车 1 辆，净吨位为 2.5 吨，此车只在公司内装卸货使用，既不领取行驶执照，也不上公路行驶。

7. 企业无租使用甲单位 15 座的面包车 1 辆；无租使用乙单位净吨位为 3.4 吨的货车 1 辆。

已知该地车船税的年税额载重汽车按净吨位每吨 40 元，乘用车 10 座以下每辆 140 元，11 座至 20 座每辆 160 元，21 座至 30 座每辆 180 元，31 座以上每辆 200 元。

A 公司应交各项车船税计算如下：

(1) 应交车船税 $=8\times5\times40=1\ 600$(元)

(2) 应交车船税 $=4\times5\times40=800$(元)

(3) 应交车船税 $=(3-1)\times200=400$(元)

(4) 应交车船税 $=(2-1)\times140=140$(元)

(5) 应交车船税 $=2\times40\times50\%=4\times40\times50\%=280$(元)

(6) 小货车只在公司内行驶，不需纳税。

(7) 应交车船税 $=160+3\times40=280$(元)

(8) 应交车船税合计 $=1\ 600+800+400+140+280+280=3\ 500$(元)

案例讨论：

对 A 公司应纳车船税的计算进行分析，指出其错误之处，并说明理由。

六、契税

某企业发生转移土地、房屋权属业务如下：

1. 取得一块土地的使用权，支付出让金 200 万元。

2. 某单位因无力偿还该企业债务，双方协商，该单位以自有原值为 50 万元的房产抵偿该企业 60 万元的债务。

3. 因生产经营需要，该企业用价值 100 万元的房屋与另一企业价值 170 万元的房屋交换，支付差价款 70 万元。

4. 购买一栋房产，成交价格为 800 万元。

5. 接受某国有企业以房产投资入股，该房产的市场价格为 140 万元。

企业应纳各项契税计算如下：

(1)应交契税=200×4%=8(万元)

(2)应交契税=50×4%=2(万元)

(3)应交契税=170×4%=6.8(万元)

(4)应纳税额=800×4%=32(万元)

(5)接受房产投资入股,不需纳税;

(6)应交契税合计=8+2+6.8+32=48.8(万元)

案例讨论:

上述计算是否正确,指出其错误之处,并说明理由。

思考题

1. 简述城市维护建设税的计税依据及其会计处理。

2. 简述城镇土地使用税、房产税的计税依据及其会计处理。

3. 试述车船税、车辆购置税的特点及其会计处理。

4. 试述契税的特点及其会计处理。

5. 试述印花税的特点及其会计处理。

练习题

1. 位于市区的某企业,3 月实际缴纳增值税 45 万元、消费税 61 万元。其中,出口退税(增值税)2 万元,进口货物由海关代征增值税 8 万元,消费税 11 万元。

要求:

计算应缴城市维护建设税和教育费附加,并做相应的会计处理。

2. 某公司 1 月实际占用土地 2 万平方米,其中职工医院占地 3 000 平方米。该公司地处大城市,当地政府规定土地使用税为 11 元/平方米。按季纳税。

要求:

计算该公司第一季度应缴土地使用税,并做相应的会计处理。

3. 1 月 10 日,经主管税务机关核定,某公司房产价值为 5 500 万元。其中,幼儿园房产价值为 200 万元,适用税率为 2.5%。

要求:

计算该公司年度应缴房产税,并做 1 月按月上缴房产税的会计处理。

4. 资料如下:

(1)某海洋运输公司某年拥有机动船 12 艘(其中:净吨位 1 万吨的机动船 5 艘,

1.5 万吨机动船 6 艘,2 万吨机动船 4 艘),非机动船 8 艘(其中:载重吨位 300 吨的 5 艘,150 吨的 3 艘)。按税务部门规定按季缴纳车船税。

(2)某汽车运输公司某年 1 月拥有 8 吨载重货车 10 辆,4.5 吨载重货车 5 辆,2 吨客货两用汽车 5 辆,大客车 9 辆,中型面包车 4 辆,小轿车 2 辆。按税务部门规定:载货汽车每吨年税额为 60 元,大客车每辆 250 元,中型面包车每辆 200 元,小轿车每辆 150 元。2 月,公司购入 4.5 吨载重货车 2 辆,中型面包车 2 辆,3 月投入运营。按税务部门规定按季缴纳车船税。

要求:

根据上述材料,分别计算各公司应缴纳的车船税,并做相应的会计处理。

5. 某公司 1 月购进国产卡车 2 辆,增值税专用发票注明价款 45 万元,增值税 7.2 万元;进口小汽车(排气量 2.2 升)1 辆,CIF 价格折合人民币 26 万元,关税税率为 15%,消费税税率为 9%,增值税税率为 16%。当月已向主管税务机关、海关缴纳车辆购置税。

要求:计算应缴车辆购置税,确认卡车、小汽车的入账价值,并做相应的会计处理。

6. 某企业 5 月与 N 公司签订一份购货合同,总价值 16 万元;与 B 企业签订一份设备购置合同,价值 11 万元。当月转让股票,转让额 450 万元;将购置的车辆投保,保险费金额 2.5 万元。

要求:

计算应缴印花税,并做相应的会计处理。

7. 某公司 6 月以 5 600 万元购入楼房一栋,并以价值 500 万元的房屋换入价值 530 万元的房屋;接受捐赠房屋,价值 300 万元;当月出售楼房,收入 4 100 万元。设契税税率为 5%。

要求:

计算该公司应缴契税,并做相应的会计处理。

参考文献

[1]盖地.税务会计原则、财务会计原则的比较与思考[N].会计研究,2006(2).
[2]盖地.增值税会计:税法导向、还是财税分离[N].会计研究,2008(6).
[3]盖地,孙雪娇.税务会计计量属性及其与财务会计计量属性的比较[N].会计研究,2009(4).
[4]盖地.税务会计概念框架构想[N].会计研究,2014(10).
[5]盖地.税务会计理论研究[M].北京:清华大学出版社,2015.
[6]盖地.税收法规与会计准则的“文明互鉴”[N].财务与会计,2018(6).
[7]盖地.税收与会计:依存与共生[M].北京:中国财政经济出版社,2018.
[8]财政部会计司编写组.企业会计准则应用指南汇编2024(上册)[M].北京:中国财政经济出版社,2024.
[9]财政部会计司编写组.企业会计准则应用指南汇编2024(下册)[M].北京:中国财政经济出版社,2024.
[10]企业会计准则编审委员会.企业会计准则案例讲解(2024年版)[M].上海:立信会计出版社,2024.
[11]国家税务总局.中华人民共和国税收基本法规(2024年版)[M].北京:中国税务出版社,2024.
[12]本书编写组.《中华人民共和国发票管理办法》及其实施细则新旧对照[M].北京:中国税务出版社,2024.

教学目标与教学安排

一、教学目标

本课程应在学过《(中级)财务会计》之后开设,即在掌握财务会计专业知识的基础上,通过比较系统地学习我国现行税收法规,尤其是税收实体法的税制要素,理解并掌握主要税种的税务会计确认、计量、记录和申报的程序及处理方法,正确界定税务会计与财务会计的协同效应关系,充分认识税务会计在加强企业税务管理、提高企业绩效中的重要作用。

二、教学安排

本课程为学期课,根据大多数院校每学期20教学周(授课18周,复习、考试2周)、每周4课时计算分配,制定如下"课时分配表",供用书单位参考。从总课时80节课中扣除总复习8节课后,按72节课在课堂讲授与实训操作分配课时,其中:讲授58课时,占81%;实训操作14课时,占19%。

如果所在学校本课程的教学周、周课时以及课堂讲授与实训操作要求与此有所不同,可以酌情调整。

课时分配表

章　次	总计课时 (1)=(2)+(3)	讲授课时 (2)	实训操作 (3)
第一章　税务会计概念结构	4	4	—
第二章　纳税基础	4	4	—
第三章　增值税会计	16	12	4
第四章　消费税会计	4	3.5	0.5
第五章　关税会计	2	2	—
第六章　出口货物退免税会计	4	3	1
第七章　资源税会计	3	2.5	0.5
第八章　企业所得税会计	16	12	4
第九章　个人所得税会计	10	7.5	2.5
第十章　土地增值税会计	2.5	2	0.5
第十一章　其他税会计	6.5	5.5	1
合　计	72	58	14
复习、考试(第19、20周)	8		
总　计	80		